"지난 몇 년 동안 빠르게 변하  ...비을 알려주는 여러 책을 읽었는데, 이 책이 그중 단연코 으뜸이다. 기업... ...론한 모든 사람들에게 새로운 영역을 제시하는 ...

빌 쇼어, 굶주림 없는 세상을 만... ...설립자 겸 CEO

"단언컨대, 이 책에서 다루는 회복하는 힘은 앞으로의 10년을 ... ...이다."
재드 아붐래드, 라디오랩 설립자 겸 진행자

"위기는 일상이 되었다. 어떻게 대처할 것인가? 앤드루 졸리는 매력적인 사례를 통해 가장 효과적으로 충격을 흡수하고 변화에 대처하는 방법을 탐구해냈다." 크리스 앤더슨, 《롱테일 법칙》의 저자

"왜 어떤 시스템은 실패하고 어떤 시스템은 회복에 성공하는가?《회복하는 힘》은 생물학적 시스템부터 지역사회와 기업에 이르기까지, 지금처럼 변화의 속도가 빠른 시대에 가장 근본이 되는 회복력의 중요성을 통합적으로 다루고 있다."
댄 애리얼리,《상식 밖의 경제학》의 저자, 듀크대학교 경제학과 교수

"또다시 혼란이 발생하면 누군가는 무너질 테지만 이 책의 내용을 따른다면 다시 일어설 수 있을 것이다." 후안 엔리퀘즈,《호모 에볼루티스Homo Evolutis》의 저자, 엑셀 벤처 매니지먼트 관리이사

"회복하는 힘은 가장 위험한 시기를 맞이한 인류를 치유할 마지막 열쇠이다. 우리 자신의 건강과 생존을 위해서는 지속 가능성이나 기업의 책임보다 훨씬 본질적인 회복하는 힘을 이해해야 한다." 제프리 홀렌더, 세븐스 제너레이션 공동 설립자 겸 제프리 홀렌더 파트너스 설립자

"그 어디에서도 접해볼 수 없었던 획기적인 방식으로 회복하는 힘의 작동 원리를 밝혀낸 유용한 책이다. 조직, 기업, 사회 등 자신이 속한 시스템의 붕괴를 막으려고 하는 사람이라면 꼭 읽어야 한다." 데이비드 이글먼,《인코그니토》의 저자, 신경과학자

"일상적으로 벌어지는 일에 대한 우리의 접근방식을 자체를 바꿔놓을 만큼 뛰어나다. 회복력은 미래를 계획하는 데 반드시 필요한 전략이다."
데이비드 아구스,《질병의 종말》의 저자, 서던캘리포니아대학교 의학교수 겸 공학교수

"앤드루 졸리의 생각을 들여다보면 앞으로 다가올 세기에 생존과 지속을 결정지을 심층 구조를 파악할 수 있다." 브루스 마우, 매시브 체인지 네트워크 공동 설립자 겸 이사

회복하는 힘

회복하는 힘

1판 1쇄 인쇄 2015. 4. 13.
1판 1쇄 발행 2015. 4. 24.

지은이 앤드루 졸리·앤 마리 힐리
옮긴이 김현정

발행인 김강유
책임 편집 성화현
책임 디자인 정지현
제작 김주용, 박상현
마케팅 김용환, 이헌영, 박준기, 박치우, 김재연, 백선미, 고은미, 김새로미
온라인홍보 고우리
제작처 재원프린팅, 금성엘엔에스, 정문바인텍

발행인 김영사
등록 1979년 5월 17일(제406-2003-036호)
주소 경기도 파주시 문발로 197(문발동) 우편번호 413-120
전화 마케팅부 031)955-3100, 편집부 031)955-3250
팩스 031)955-3111

값은 뒤표지에 있습니다.
ISBN 978-89-349-7050-7 03320

독자 의견 전화 031)955-3200
홈페이지 www.gimmyoung.com 카페 cafe.naver.com/gimmyoung
페이스북 facebook.com/gybooks 이메일 bestbook@gimmyoung.com
좋은 독자가 좋은 책을 만듭니다.
김영사는 독자 여러분의 의견에 항상 귀 기울이고 있습니다.

이 도서의 국립중앙도서관 출판시도서목록(CIP)은 서지정보유통지원시스템 홈페이지 (http://seoji.nl.go.kr)와
국가자료공동목록시스템(http://www.nl.go.kr/kolisnet)에서 이용하실 수 있습니다.(CIP제어번호: 2015009272)

회복하는 힘

앤드루 졸리·앤 마리 힐리

김현정 옮김

누구나
쓰러지는

때가
있다

김영사

회복하는 힘이 필요한 시대

2008년 1월 31일 오전, 멕시코시티의 좁은 골목과 널따란 대로는 여느 날과 다르지 않게 이른 아침을 알리는 소리로 가득 찼다. 열린 문 사이로 다람쥐처럼 요리조리 뛰어다니는 아이들, 새로운 하루를 준비하는 가족, 멕시코 사람들의 주식 중 하나인 토르티야를 즉석에서 만들어 파는 노점 상들이 만들어내는 소리가 온 도시를 가득 채워갔다.

한데 전혀 평범하지 않은 어떤 하루가 멕시코 사람들을 기다리는 중이 었다. 2008년 1월 31일, 토르티야의 주재료인 옥수수 가격이 사상 최고 치로 치솟았다. 1년 전만 하더라도 파운드당 35센트[1]라는 가격은 상상조 차 할 수 없었다. 단 3개월 만에[2] 옥수수 가격이 무려 400%나 폭등했던 것이다. 전체 멕시코 국민 중 절반이 빈곤선 이하의 삶을 살고 있는 상황 이다 보니 이토록 갑작스러운 옥수수 가격폭등은 단순히 골칫거리 정도 로 여겨지지 않았다. 예상치 못한 옥수수 가격폭등 현상 뒤로 인도주의적 위기, 혹은 정치적 위기가 발발할 위험이 도사리고 있었다.

해가 중천까지 솟아오르자 멕시코시티의 중앙광장에서 수만 명의 시민, 농부, 노조 활동가들의 목소리가 울려 퍼졌다. 시위대는 무기가 아니라 옥수수자루를 머리 위로 들어 올렸다. 이후 '토르티야 폭동'이라고 불리는 그날의 시위는 도시 전체로 확산되었고 시위대는 멕시코시티의 중심가 중 한 곳을 장악해 펠리페 칼데론Felipe Calderon 대통령이 지휘하는 새 정부와 맞섰다. 그날 저녁까지 시위대는 "토르티야 시, 판 노!Tortillas si, pan no!"라는 구호를 외쳐댔다. '판'은 스페인어로 '빵'을 나타내는 단어이지만 그와 동시에 칼데론 대통령이 이끄는 멕시코 국민행동당National Action Party, PAN의 머리글자를 조합해 만든 'PAN'을 뜻하는 표현이기도 했다. 시위대는 단순히 분노를 표출하는 데서 그치지 않고 정부, 대기업, 멕시코의 부유한 엘리트 계층[3]이 옥수수 가격폭등을 조장한 것이 아니냐는 강력한 의혹을 제기했다. 노조 지도부와 유명 인사들은 언론에 얼굴을 내밀어 한 푼이라도 더 벌려고 가격을 담합하는 대기업과 소와 돼지를 사육하려고 필요 이상으로 곡물을 쌓아두는 농장주를 맹비난했다.

하위 계층에 속하는 사람들이 계층 간 불평등에 대해서 분노를 표출할 때면 으레 농장주와 정계 지도자들이 비난의 대상이 되곤 한다. 하지만 적어도 이번만큼은 이들이 옥수수 가격폭등을 야기한 주범이 아니었다. 시위대는 무엇이 옥수수 가격폭등을 초래했는지 전혀 짐작조차 하지 못했다. 옥수수 가격급등을 초래한 도화선에 불이 붙은 것은 이미 여러 해 전부터였다. 게다가 도화선에 불을 당겨 느린 속도로 서서히 타들어가게 만든 사건은 무려 천 마일이나 떨어진 곳에서 발생했으니, 짐짓 아무런 관련이 없어 보이는 허리케인 카트리나였다.

어떻게 미국 남부지역을 강타한 허리케인 카트리나가 멕시코에서 토르티야 가격급등을 야기한 것일까? 사건의 전말은 이러하다. 2005년 8월, 파괴적인 위력을 지닌 허리케인 카트리나가 곧 상륙할 것이라는 일기예보가 발표되자 정유 회사들은 텍사스에서 루이지애나에 이르기까지 멕시코 만 연안에 늘어서 있던 2,900개의 석유 굴착 장치[4]를 모두 폐쇄하고 철수시켰다. 이후 몇 달 동안[5] 멕시코 만 연안 지역의 석유 생산량이 약 95% 감소했다. 카트리나가 미국 남부를 초토화시킨 후, 미국에서 휘발유 가격이 폭등했다. 일부 지역에서는 단 하루 만에[6] 갤런당 유가가 무려 40센트나 치솟았다. 유가가 급등하자 대체 연료 에탄올의 주원료인 옥수수 가격이 상대적으로 저렴하다는 게 눈에 들어왔다. 결국 미국 내에서 에탄올 생산 투자가 늘어났다. 전 세계에서 가장 생산성이 높고 정부로부터 가장 많은 보조금을 받는 것으로 알려진 미국 농부들은 식용 옥수수 대신 에탄올 생산에 적합한 비식용 옥수수 품종을 재배하기 시작했다. 2007년이 되자 급기야 미 의회까지 가세했다. 미 의회가 바이오연료 생산을 5배 늘리고 전체 바이오연료 중 40%를 옥수수에서 추출할 것을 요구하는 법안을 통과시켰던 것이다.

에탄올에 투자하면 많은 돈을 벌 수 있을 것이라는 기대감에 사로잡힌 투자자들이 경쟁적으로 에탄올에 돈을 쏟아부었지만 과도한 에탄올 생산이 멕시코의 영세농민들에게 어떤 영향을 미칠지 고민하는 사람이 있을 리 없었다. 멕시코의 영세농민들은 북미자유무역협정North American Free Trade Agreement, NAFTA이 체결된 후 카트리나가 상륙할 때까지 10년이 넘는 기간 동안 멕시코 국경 북쪽에서 맹위를 떨치는 미국의 위협적인 기업식 농업에 맞서 국제 경쟁을 펼쳐야만 했다. 그렇지만 이 멕시코 영세농민들은 어떠한 관심이나 보호도 받지 못했다. 미국의 옥수수 재배업자들은 생산 가격[7]보다 거의 20%나 낮은 가격의 옥수수를 멕시코 시장에 내다 팔곤 했다.(덤핑이라고 말하는 사람도 많다) 멕시코 정부 역시 자국 농부들에게 보조금을 지급했지만 미국의 기업식 농업에 맞서기에는 역부족이었다. 결국 가격 경쟁을 버텨내지 못한 멕시코의 수많은 농부들은 다른 품종의 옥수수를 재배해야 했다. 옥수수 생산을 포기하고 다른 작물을 택하는 경우도 있었고 아예 농사 자체를 포기하는 경우도 있었다. 결국, 멕시코시티의 최하층으로 분류되는 빈민의 숫자가 나날이 늘어났고 멕시코는 미국에서 생산되는 저렴한 농작물을 판매하기에 적합한 최고의 시장으로 부상했다.

멕시코의 옥수수 수입량은 나날이 늘어갔다. 또한 날이 갈수록 북미자유무역협정의 영향력이 커지자 막강한 힘을 자랑하는 일부 다국적 기업들이 멕시코의 옥수수 수입 시장을 한층 강력하게 지배하게 되었다. 카길, 아처 다니엘스 미들랜드 등 다국적 기업들은 대개 미국에 본사를 둔 채 멕시코에 있는 자회사[8]를 통해 멕시코 시장에 대한 지배력을 키워나갔다. 이 기업들은 힘을 집중시키고, 시장에 대한 지배력을 강화하고, 소규모 공급업체를 몰아내는[9] 등 지배적인 힘을 갖고 있는 기성업체가 본능적으로 택하는 전략을 동원해 멕시코를 한층 빠른 속도로 옥수수 자급자족 국가에서 옥수수 수입국으로 바꾸는 데 총력을 기울였다. 그 결과, 만 년 전에 옥수수를 재배하는 방법을 발견한 지역이라고 알려진 멕시코가 짧은 시간 내에 식품 수입국가[10]로 전락하고 말았다. 그뿐만 아니라 멕시코는 세계에서 세 번째로 미국산 농산물을 많이 수입하는 국가[11]가 되었다. 그중 상당 부분은 몇 안 되는 다국적 식품 기업을 통해 멕시코로 수입되었다.

이런 상황 탓에 카트리나가 발생한 이듬해에 미국에서 생산된 옥수수 중 에탄올 연료 생산에 투입되는 옥수수의 양이 점차 늘어나게 되면서 옥수수 가격은 불가피하게 유가와 동조화되었다. 에탄올과 석유가 비슷한 연료라는 점이 옥수수 가격과 유가의 동조화 현상에 영향을 미쳤지만, 애당초 옥수수를 재배할 때 석유에서 추출된 어마어마한 양의 비료가 사용된다는 사실 또한 가격 동조화 현상을 부추겼다. 배럴당 유가가 불안정하게 등락을 거듭하자 부셸당 옥수수 가격 또한 유가를 따라 요동쳤다. 세계 석유 시장에 쏟아진 투기 자본으로 인해 배럴당 유가가 140달러에 육박하는 수준으로 치솟자, 유가를 따라 오르내리는 신세가 되어버린 옥수수 가격 또한 하늘 높은 줄 모르고 치솟았다. 그 결과, 21세기를 살아가는 사람이라면 누구든지 흔하게 겪게 될 수 있는 식량 폭동이 일어났다.

물론 우리는 이런 이야기에 익숙하다. 우리가 살아온 인생을 돌아보면 서로 중복되고 복잡하게 얽혀 있는 사회, 정치, 경제, 기술, 환경 시스템 내에서 매주 예기치 못한 혼란이 발생하여 인간의 삶을 장악한 듯 보인다. 혼란이 발생하는 속도는 점점 빨라지고 있다. 하지만 그 속도는 일정하지 않을 뿐만 아니라 대개 예상치 못한 곳에서 혼란이 발생하며, 언제 어디에서 이러한 혼란이 일어날지 예측하는 것은 불가능하다. 극도의 혼란은 한 사회와 관련된 문화의 기준이 되기도 한다. 아주 간단하게 몇 가지만 언급하면 허리케인 카트리나, 아이티 지진, BP 석유유출 사건, 후쿠시마 쓰나미, 주식시장 폭락, 대공황, 2011년 영국 폭동, 아랍의 봄 등등이 있다. 그 외에도 경제적인 혼란으로 인해 존재를 위협 받고 있는 미국 중서부의 도시, 세계화로 인해 사라져버린 기업, 생태계의 변화로 인해 불가능해진 생활양식, 정치적인 문제로 인해 발생한 부채 위기 등 특별한 이름조차 붙여지지 않은 혼란이 수도 없이 많다. 또한 서서히 파고드는 취약성은 혼란을 더욱 가중시킨다. 혼란이 발생하는 속도가 날이 갈수록 빨라지는 듯한 기분이 드는가? 사실 그렇게 생각하는 사람이 많다. 2011년은 자연재해로 인해 가장 많은 비용이 발생한 해로 기록되었다. 하지만 1년이 아니라 단 6개월 만에 예년의 기록을 훌쩍 뛰어넘었다. 보험회사들은 자연재해 발생 빈도가 증가한 것이 모두 기후 변화 때문이라고[12] 명확하게 못 박았다. 종류를 막론한 각종 변동성이 뉴노멀new normal(새로운 표준을 뜻함—옮긴이)이 되어버렸고 변동성이라는 표준은 이제 우리 생활의 일부로 자리 잡았다.

세부적인 내용이야 항상 다르게 마련이지만, 최근 지구촌을 강타한 금융위기건, 이라크에서 전쟁이 초래한 지정학적 결과건, 자연재해의 놀라운 결과건 혼란 가운데 있는 몇 가지 특성들은 놀라울 정도로 유사하다. 이런 사건들에는 한 가지 예상하기 힘든 특징이 있다. 그것은 바로 이런 사건들로 인해, 숨어 있었던 상호의존성이 수면으로 드러난다는 것이다. 실제로는 상호의존적임에도 불구하고 개별적으로 연구되고 논의되는 탓에 연관성이 전혀 없는 것처럼 보였던 영역 간의 상호의존성이 만천하에 드러나는 것이다. 가령, 토르티야 폭동 사건의 전말을 파헤쳐보면 에너지 부문(석유 굴착 장치), 생태계(카트리나), 농경 부문(옥수수 수확), 세계 무역(북미자유무역협정), 사회적 요인(도시화와 빈곤), 멕시코와 미국의 정치 제도 간의 연결 고리가 명확하게 드러난다.

우리가 이런 이야기를 끄집어내는 것은 현대 사회(전혀 무해한 것처럼 보이는 사건으로 인해 별다른 경고도 없이 엄청난 변화가 발생하며 그로 인해 그동안 감춰져 있었으며 거의 부조리하게 느껴질 정도로 터무니없는 상관관계가 밝혀지는 그런 사회)가 갖고 있는 이해하기 힘든 수준의 복잡성, 상호연결성, 변동성과 마주한 상황에서 겸손해야 한다는 점을 강조하기 위해서이다. 옆으로 한 올 빠져나온 실을 잡아당기면 옷이 통째로 풀려버린다. 하지만 그와 동시에 구성 요소들이 원래 어떻게 엮여 있었는지 한눈에 파악할 수 있다. 마찬가지로 우리는 혼란이 발생한 이후에 돌이켜 생각하면서 비로소 사건의 전말을 깨닫는다. 사건과 관련된 개별 시스템을 심도 깊게 이해한다 하더라도 일련의 인과관계를 정확하게 이해하기 힘든 경우가 많다. 또한 사람들은 정보사회를 요란하게 찬양하고 정보사회가 마치 대단한 힘을 갖고 있는 존재인 것처럼 추상한다. 하지만 단순히 좀 더 많은 데이터를 갖고 있다고 해서 무조건적으로 도움이 되는 것은 아니다. 인터넷을 통해 고동쳐 흐르는 개별 데이터 패킷 하나하나, 혹은 기후에 영향을 미치는 복잡한 화학적 상호작용 하나하나를 실제로 볼 수 있게 되면 그 모든 것을 이해할 수 있을까? 이 모든 시스템이 어디로 향할지, 혹은 그 과정에서 어떤 이상한 결과가 발생할지 장기적으로 예측할 수 있을까? 제 아무리 완벽한 지식을 갖고 있다 하더라도 마치 지뢰밭 한가운데서 사교춤을 추듯 상황과 전혀 맞지 않는 엉뚱한 행동을 하고 있을지도 모른다는 의심을 내려놓기는 힘들다.

그렇다면 어떻게 해야 할까?

변덕스러운 변화의 물결을 제어할 수 없다 하더라도, 배를 좀 더 튼튼하게 만드는 방법을 익힐 수는 있다. 좀 더 효과적으로 혼란을 받아들이고, 좀 더 다양한 조건하에서 원활하게 작동하고, 하나의 환경에서 다른 환경으로 좀 더 부드럽게 이동할 수 있도록 각종 조직과 기관, 시스템을 설계할 수 있다.(혹은 재설계할 수 있다) 이를 위해서 우리는 최근 새롭게 떠오르고 있는 회복력 분야를 제대로 이해해야 한다.

경제학, 생태학, 정치학, 인지과학, 디지털 네트워킹 등 서로 전혀 관련이 없어 보이는 분야에서 활동하는 전 세계의 과학자, 정책 입안자, 기술전문가, 재계 지도자, 활동가들은 모두 비슷비슷한 근본적인 질문을 던진다. 어떤 시스템은 망가지고 어떤 시스템은 회복되는 이유는 무엇일까? 어떤 시스템이 완전성과 원래의 목적을 잃지 않는 범위 내에서 얼마나 많은 변화를 받아들일 수 있을까? 시스템에 내재된 어떤 특성이 변화에 적응하는 데 도움이 될까? 요즘처럼 끊임없이 혼란이 발생하는 시대에 자기 자신, 지역사회, 기업, 경제, 사회, 지구를 위해 좀 더 충격을 잘 흡수하는 시스템을 만들려면 어떻게 해야 하는가?

마치 현상 중인 폴라로이드 사진처럼 이들이 연구를 통해 찾아낸 통찰력과 교훈, 경험 법칙은 완전히 새로운 분야가 존재함을 알려주었다. 혼란을 예측하고, 문제가 생겼을 때 스스로 치유하며, 환경이 급격하게 변화할 때에도 핵심 목표를 잊지 않도록 스스로 개편하는 능력을 갖고 있는 사회, 경제, 기술, 비즈니스 시스템을 만들어내는 데 도움이 되며 보편화시킬 수 있는 통찰력이 바로 그것이다.

이러한 내용을 염두에 두고, 멕시코인들이 옥수수 가격폭등이라는 곤경을 피하려면 어떻게 했어야 하는지 생각해보자. 좀 더 많은 양의 옥수수를 비축하거나 좀 더 적극적으로 식용 작물을 다각화했더라면 도움이 되었을 것이다. 또한 좀 더 효과적으로 실시간 데이터를 수집했더라면 도움이 되었을 것이다. 옥수수의 용도 전환을 장려하는 미국의 정책이 어떤 영향을 미칠지 예측하는 모형을 좀 더 효과적으로 제작했더라면 틀림없이 도움이 되었을 것이다. 위기 발생 시에 미국을 대신해 옥수수를 공급해줄 공급처를 좀 더 신속하게 찾아낼 수 있도록 도와주는 메커니즘이 있었더라도 도움이 되었을 것이다. 독점기업이 세력을 떨치지 않게 시장 구조조정을 단행하거나 빈곤층을 위한 사회적 프로그램에 투자해 가격급등이 미치는 영향력 완화를 위해 노력했어도 역시 도움이 되었을 것이다. 혹은 애당초 초대형 허리케인이 불어닥치더라도 옥수수가 식용이 아닌 에탄올 생산용으로 사용되지 못하도록 일련의 인과관계가 진행 중일 때 필요에 따라 적절히 개입할 준비를 하고 있었더라면(예를 들자면 미국의 에너지 생산 다각화 같은) 역시 커다란 도움이 되었을 것이다.

각각의 개입 방안에는 어떤 상황에서건 모두에게 원활히 공급할 수 있도록 충분한 양을 비축해두는 전략, 투입을 다각화하는 전략, 운영 및 성과에 대한 양질의 실시간 데이터를 수집하는 전략, 구성 요소에 한층 뛰어난 자율성을 부여하는 전략, 한 부분에서 문제가 발생하더라도 전체가 파괴되지 않도록 방화대를 설계하는 전략 등 다양한 전략이 포함되어 있다. 이 모든 전략은 결국 회복력을 강조하는 전략이다. 지금부터 자세히 살펴보겠지만, 전 세계에서부터 지역사회, 각종 조직, 개개인의 삶에 이르기까지 규모를 막론한 모든 것에 이런 전략을 적용할 수 있다.

회복력에 대해 좀 더 정확하게 정의하기는 힘들다. 회복력이라는 단어가 갖는 의미는 분야에 따라 조금씩 달라지기 때문이다. 엔지니어링 분야에서는 대개 교량, 건물 같은 구조물이 곤란을 겪은 후 기준 상태로 되돌아오는 정도를 표현하기 위해 회복력이라는 단어를 사용한다. 비상 대응 분야에서는 지진이나 홍수 같은 사건이 발생한 후 주요 시스템이 정상 수준으로 회복되는 속도를 일컬어 회복력이라고 표현한다. 생태학에서 사용되는 회복력이라는 단어에는, 돌이킬 수 없을 정도로 망가지지 않도록 스스로를 보호하는 생태계의 능력이라는 의미가 함축되어 있다. 심리학에서는 회복력이라는 단어가 트라우마에 효과적으로 대처하는 개개인의 능력을 나타낸다. 비즈니스에서는 자연재해나 인재가 발생하더라도 지속적인 운영이 가능하도록 백업 데이터와 예비 자원을 준비해두는 방안을 일컬어 회복력이라는 표현을 사용하는 경우가 많다. 강조하는 부분이 조금 다르긴 하지만, 이 모든 정의는 회복력에 내재되어 있는 가장 중요한 두 개의 측면(연속성, 변화 발생 시 복구하는 능력) 중 하나를 바탕으로 한다.

우리는 이 책 전반에 걸쳐 시스템 측면에서의 회복력과 인간이 갖고 있는 회복력에 대해 모두 살펴보려 한다. 따라서 이 책에서는 생태학과 사회학에서 사용되는 표현을 빌려 회복력을 '급격한 환경 변화에 직면했을 때 핵심적인 목적과 완전성을 유지하는 시스템, 기업, 인간의 능력'이라고 정의하려 한다.

좀 더 정확한 의미 파악을 위해 회복력 연구[13]에서 널리 사용되는 비유를 살펴보자. 잠깐 동안 가상의 언덕과 계곡이 사방팔방으로 뻗어 있는 광활한 대지를 바라보고 있다고 상상해보자. 마치 호르헤 보르헤스Jorge Borges(아르헨티나의 소설가 겸 시인—옮긴이)의 공상소설에 등장하는 한 장면처럼 계곡을 지날 때마다 환경이 급격하게 변한다. 다시 말해서 각각의 계곡은 고유의 특성과 기회, 자원, 위험[14]을 갖고 있는 대체 현실과 같다. 각각의 언덕은 이 세상을 가르는 중요한 한계선, 혹은 경계로 생각할 수 있다. 일단 정상을 지나면 좋든 나쁘든 언덕 바로 아래에 떡 하니 자리를 잡고 있는 계곡[15]으로 갈 수밖에 없다. 새로운 환경이 꽤 편안하게 느껴지는 경우도 있을 테고, 도전 의식이 샘솟는 경우도 있을 것이다. 혹은 새로운 현실이 너무도 힘겨워 적응하는 것 자체가 거의 불가능하다는 생각이 들 때도 더러 있을 것이다.

현실에서와 마찬가지로 갑작스럽고 심각한 수차례의 혼란으로 인해 당면한 환경과 새로운 환경을 구분 짓는 한계선 너머로 '팅겨나갈' 수도 있다. 홍수나 가뭄, 침략이나 지진 등을 겪게 될 수도 있고, 머물고 있는 계곡의 인구 밀도가 지나치게 낮거나 높은 탓에 문제가 되는 경우도 있다. 사업을 하던 중 경제 위기나 오일 쇼크, 기술적인 변화, 경쟁 환경의 변화, 갑작스러운 원자재 부족 현상, 과거에는 전혀 고려되지 않았던 환경 요소를 비용에 포함시킬 것을 요구하는 상황 변화 등에 직면하게 될 수도 있다. 안타깝게도 환경의 변화를 암시하는 한계선이 나타났을 때 단 한 방향으로만 이동 가능한 경우가 많다. 일단 여러 가지 힘에 의해 새로운 환경 속으로 밀려들어갔다면 이전의 환경으로 되돌아가는 것이 불가능할 수도 있다. 뉴노멀에 발을 들여놓은 것이다.

회복력을 강화한다는 것은 곧, 필요한 경우 수용할 수 있는 대체 방안의 범위를 넓히는 동시에 자신이 좋아하는 계곡에서 밀려나지 않도록 저항하는 능력을 키운다는 뜻이다. 회복력에 대해 연구를 하는 학자들은 이를 일컬어 '적응 능력(자신의 핵심 목표를 충족시키는 동시에 바뀐 환경에 적응하는 능력)을 보존한다'고 표현한다. 예측 불가능한 혼란과 변동성으로 가득한 시대에는 이런 능력을 갖추는 것이 무엇보다 중요하다.

물론 거주 가능한 장소의 범위를 넓히기 위한 방법은 많다. 물질적인 욕구를 줄이면 자원이 부족한 환경에서도 얼마든지 살아남을 수 있다. 맥가이버처럼 다양한 자원을 활용하는 방법을 익히면 어떤 자원이 주어지건 얼마든지 생존할 수 있다. 신기술을 개발하면 전통적인 제약 조건으로부터 자유로워질 수 있다. 하나의 환경에 어울리는 도구를 수정하면 또 다른 환경에서도 얼마든지 활용할 수 있다. 현지인(혹은 현지에 서식하는 생물)들과 협력하는 법을 익히면 더 이상 모든 일을 혼자 해낼 필요가 없어진다.

인간뿐 아니라 시스템, 기업, 국가, 지구도 마찬가지이다. 모두가 셀 수 없이 다양하고 안정적인 상태를 가질 수 있다. 또한 매우 바람직한 일부 환경에서부터 그렇지 않은 것까지 그 종류도 매우 많다. 행성 경계planetary boundary(회복력 전문가 요한 록스트룀Johan Rockström과 스톡홀름 회복력 센터에서 일하는 록스트룀의 동료들이 붙인 이름)는 갑작스러우면서도 비극적으로 방식으로 생물권 전체가 새로운 상태에 빠져들지 않도록 막아주는 한계선의 역할을 한다. 대양의 산성화, 생물의 다양성 감소, 인간이 초래한 대지의 변화, 지구상에 존재하는 깨끗한[16] 물 등의 요인이 모두 행성 경계의 일부이다. 록스트룀 연구팀이 밝혀낸 9개의 행성 경계 중 3개는 이미 파괴되었으며 또 다른 4개는 한계점과 가까워지고 있다. 러시아의 마트료시카 인형처럼 록스트룀 연구팀이 찾아낸 9개의 행성 경계는 정착과 이주에서부터 충돌과 상거래에 이르는 모든 인간 활동에 관한 한계점과 맥락을 결정하며 새로운 형태의 기술 및 교환이 발전할 수 있도록 박차를 가한다.

생태계나 경제, 지역사회의 회복력을 강화하기 위해서는 다음과 같은 두 가지 방법을 활용할 수 있다. 첫째, 이따금 영구적인 손상을 초래하기도 하는 한계선을 벗어나 내쳐지지 않도록 저항하는 능력을 키우면 회복력을 강화하는 데 도움이 된다. 둘째, 이와 같은 한계선을 지나 억지로 밀려났을 때 그 시스템이 건강하게 적응할 수 있도록 영역의 범위를 확장하는 방법 역시 도움이 된다.

원칙적으로는 하나의 복잡계가 적응해나가야 할 환경의 숫자만큼 적응 방법 또한 많다. 하지만 조직의 효율성을 강화시키기 위한 끊임없는 노력, 과도한 압박을 받고 있는 생태계, 우리 모두를 하나로 이어주는 상호연결성 등으로 대표되는 이 시대의 역학관계로 인해 일부 접근방법들은 주목을 받고 있다. 회복력이 관찰되는 모든 곳에서 이런 패턴과 주제, 전략이 크고 작은 방식으로 쉼 없이 모습을 드러내고 있다.

회복력의 패턴

경제에서부터 생태계에 이르기까지, 회복력이 있는 사실상 모든 시스템은 갑작스러운 변화나 중요한 경계와 가까워지는 시점을 파악하기 위해 엄격한 피드백 메커니즘을 활용한다. 1장에서 살펴보겠지만 산호초와 같은 생태계 내에서는 일부 종이 시스템의 상태 악화를 막기 위해 아예 행동 자체를 수정하기도 한다. 인간 사회의 경우에도 마찬가지다. 물론 인간의 경우에는 행동을 수정할 때 상황 인식 능력을 강화하는 데 도움이 되는 다양한 도구와 기술의 도움을 받는 경우가 많다.

예컨대, 자동차 계기판 엔진 점검등에 불이 들어와 있는 경우를 생각해 보자. 물론 자동차의 상태에 관심을 갖고 계기판을 유심히 지켜봐야 점검등이 켜진 사실을 인지할 수 있다. 불이 켜진 엔진 점검등은 운전자가 보닛 아래에서 무언가 문제가 발생하고 있다는 사실을 인지할 수 있도록 주의를 주는 신호, 혹은 운전자에게 서둘러 정비소를 찾을 것을 권해 엔진의 회복력을 유지하려는 신호로 해석할 수 있다. 물론 이런 과정을 통해 운전자의 회복력 역시 회복된다면 더할 나위 없이 좋을 것이다. 우리는 지금 엔진 점검등보다 훨씬 정교하지만 상당히 유사한 방식으로 엄청난 규모의 실시간 도구화가 진행되는 상황에 놓여 있다. 의료 서비스에서부터 비즈니스 운영, 국제 개발에 이르기까지 인간과 관련된 수많은 시스템 내에서 이런 현상이 벌어지고 있다. 우리는 세계 곳곳에 감지 장치를 달아두고 있다. 이 감지 장치들이 만들어내는 피드백 데이터는 시스템의 성과를 관리하고 회복력을 강화하기 위한 강력한 도구의 역할을 한다.(이런 데이터가 다른 시스템이 생성해낸 데이터와 상관관계를 갖고 있을 때는 특히 그렇다)

예컨대, 미 지질학회U. S. Geological Society는 지진계와 소셜 미디어 서비스[17] 트위터를 연계해 트위터 지진 탐지기Twitter Earthquake Detecter, TED라 불리는 도구를 구축하고 있다. 지진이 감지되면 TED가 즉각 위치, 피해 규모 등에 관한 트윗을 검색하고 관련 정보를 지리적으로 표현한 지도를 제작하여 좀 더 신속하고 정확하게 재난 대처를 돕는다. 마찬가지로, 사하라 사막 이남에 위치한 아프리카 지역에서는 질병 발생 예측을 위한 효과적인 모형 구축이 한창이다. 이를 위해 보건 전문가들은 사람들의 휴대전화 사용 정보를 바탕으로 이동 패턴을 연구하며 사람들이 어디로 전화를 거는지 분석하여 사람들이 어디로 이동하는지 추론한다. 또한 그 결과를 바탕으로 지금 당장 의료 자원을 필요로 하는[18] 곳뿐 아니라 향후에 의료 자원을 필요로 할 곳에 자원을 할당한다. 보건 전문가들은 휴대전화 사용자들이 어떤 단위로 휴대전화를 충전하는지 간접적으로 연구하면 지역 주민들의 경제 상황을 파악할 수 있다는 사실을 발견했다. 1달러 단위로 충전한다는 것은 곧 10센트 단위로 충전하는 것보다 경제적으로 넉넉하다는 신호이다. 갑작스레 하향 곡선을 그리는 충전 단위는 경제적인 혼란이 눈앞에 닥쳤음을 알려주는[19] 조기 경보일 수도 있다. 이 모든 접근방법을 활용하려면 방대한 규모의 감지 네트워크가 생산해내는 개방형 실시간 데이터를 분류하고 면밀히 검토하고 통합한 다음 데이터를 활용해 의미 있는 피드백 고리를 만들어야 한다.

진정한 회복력을 갖춘 시스템은 이런 감지 장치들이 중요한 한계선에 가까워지고 있다는(혹은 한계선이 파괴되었다는) 신호를 보내오면 연속성을 유지하기 위해 목적을 달성하는 방법과 시스템 운영 규모를 적극적으로 조정한다. 연속성을 유지시키기 위해 회복력을 갖춘 수많은 시스템들이 기본적으로 시스템에 내재되어 있긴 하지만 위기가 발생하기 전에는 아무런 활동도 하지 않는 역메커니즘의 도움을 받는다. 위기가 발생하면 역메커니즘이 발효되어 시스템을 정상 상태로 복구하기 위한 노력이 이뤄진다. 가령 혈액 속에 있는 항체와도 같다.

시스템의 기저에 깔려 있는 물질적인 요구를 약화시키거나 시스템을 물질적인 요구와 비동조화시키거나 주어진 과제를 완수하기 위해 활용 가능한 자원을 다각화하는 방법 또한 시스템의 회복력을 강화하는 데 도움이 된다. 회복력이 있는 일부 시스템은 압박을 받으면 운영 범위를 제한하고 의존도를 낮추는 등 좀 더 범위가 넓은 주변 환경에서 완전히 벗어날 수도 있다.

예컨대, 수많은 글로벌 기업들은 농업과 인간, 산업 등이 물을 얻기 위해 치열한 경쟁을 벌이고 있는 탓에 안정적인 수자원 접근성의 측면에서 중요한 한계점과 가까워지고 있다는 사실에 눈을 뜨고 있다. 나이키의 지속 가능성 전문가들은 최근 유기농 면으로 만들어진 단 한 장의 티셔츠[20]를 생산하려면 무려 7백 갤런의 물이 필요하다는 수치를 내놓았다. 다음 번에 월마트에 들러 3달러짜리 티가 수북이 쌓여 있는 판매대를 지나게 되거든 이 같은 사실을 떠올려보기 바란다. 요즘 의류업체들은 목화를 생산하고 섬유를 염색할 때 가급적 적은 양의 물을 사용하기 위해 노력한다. 나이키를 비롯한 의류업체들이 목화 생산, 의류 염색 시에 사용되는 물의 양을 줄이는 등 의류를 생산하고 제조할 때 가급적 물을 적게 사용할 방법을 찾기 위해 부단히 노력을 기울이는 것은 전혀 놀라운 일이 아니다. 이들은 물과 의류를 비동조화시키기 위해 가능한 한 많은 노력을 기울이고 있고 것이다.

이런 유형의 재편성이 가능한 것은 회복력이 있는 시스템에 내재되어 있는 구조적인 특성 때문이다. 이런 시스템들은 겉으로 보기에는 복잡해 보이지만 내부 구조 자체가 단순한 모듈 방식으로 되어 있는 경우가 많다. 모듈 방식의 구조하에서는 마치 레고 조각을 맞추듯 구성 요소들을 끼워 맞출 수 있으며 필요에 따라 얼마든지 구성 요소들을 서로 분리할 수 있다.(전자 못지않게 후자도 중요하다) 혼란이 발생했을 때 주변 환경에 맞춰 시스템이 적절히 변화할 수 있는 것도 모두 이 같은 모듈 방식 때문이다. 모듈 구조는 시스템의 한 부분에서 발생한 문제가 시스템 전체로 확산되지 않도록 막아주며 적당한 때에 시스템의 규모가 커지거나 작아질 수 있도록 도와준다. 박식한 심리학자이자 정치학자이며 경제학자이자 컴퓨터 과학자인 허브 사이먼Herb Simon은 두 명의 시계 기술자 호라와 템푸스[21]에 관한 유명한 우화를 통해 모듈 방식이 얼마나 중요한지 설명했다. 두 사람은 똑같이 수백 개의 부품으로 구성된 복잡하고 아름다운 시계를 만들어냈다. 하지만 호라의 사업은 번성했고 템푸스의 시계 사업은 망했다.

그 이유가 무엇일까? 호라는 각 부품을 순서대로 조립해 끼워 넣어 시계를 완성하는 모듈 방식으로 시계를 만들었다. 하지만 템푸스는 하나의 시계를 붙들고 처음부터 끝까지 완성해나가는 아주 단순한 방식을 택했다.

사이먼의 우화에서 두 시계 기술자들은 시계를 만드는 도중에 이따금 추가로 시계를 만들어달라는 주문 전화를 받곤 했다. 호라와 템푸스는 그럴 때마다 통화가 끝난 후에 전화가 걸려오기 전에 하던 작업을 다시 시작해야 했다. 누구라도 짐작할 수 있듯이 호라는 전화를 받기 전에 하던 일을 뒤이어 할 수 있었지만 템푸스는 방해 요인이 발생할 때마다 시계를 맨 처음부터 또다시 만들곤 했다. 이런 차이가 두 사람의 작업에 실질적인 영향을 미칠까? 전체 업무 시간 중 두 사람이 전화로 인해 작업을 방해받는 시간이 차지하는 비중이 1%에 불과하다고 생각해보자. 이 경우, 호라는 자신이 만들고자 한 열 개의 시계 중 아홉 개를 성공적으로 만들어낼 수 있다. 하지만 템푸스는 백만 번이나 시도를 한 끝에 고작 44개의 시계를 만들어낼 수 있을 뿐이다.

회복력을 갖춘 시스템들도 가장자리는 복잡하지만 중심부는 단순한 경우가 많다. 세포 DNA나 인터넷 통신 프로토콜의 경우를 생각해보자. 전문화된 언어로서의 DNA와 통신 프로토콜은 온갖 투입물과 산출물을 암호화한다. 하지만 프로토콜의 측면에서 보면 DNA와 통신 프로토콜 모두 매우 기초적인 차원을 벗어나지 않을뿐더러 진화 속도도 느리다. 아예 진화하지 않는 경우도 많다. 예컨대, 전력망은 원자력 발전소에서 풍차에 이르는 수많은 에너지원에서 생겨난 에너지를 셀 수 없이 많은 유용한 업무 형태로 전환시킨다. 이처럼 방대한 장치의 중심부에 놓여 있는 것은 전류, 전압, 전자 등 불변의 언어이다. 전력망에 전력을 공급하는 에너지원의 다양성을 확대하고 전력망에서 만들어낸 전기를 사용하는 업무의 효율성을 높이면 전체 전력망의 회복력이 개선된다. 하지만 전력망이라는 시스템의 기저에 깔려 있는 가장 중요한 프로토콜은 변하지 않는다. 그 반대로도 설명할 수 있다. 멕시코 식량 문제에서 보듯 전력망에 전력을 공급하는 에너지원의 다양성이 줄어들면 전력 시스템의 회복력이 약화된다.

이와 같은 모듈 구조, 단순성, 상호 운용성 덕에 회복력을 갖춘 시스템을 구성하는 각종 구성 요소들은 적절한 때가 되면 찌르레기처럼 떼를 지어 모여들었다가 압박을 받으면 여기저기로 흩어지는 것이다. 클라우드 컴퓨팅 등이 가능한 것도, 회복력 있는 시스템의 이런 특성 때문이다. 클라우드 컴퓨팅 환경하에서는 서로 연결되고 중복된 서버들이 무리를 이뤄 주어진 업무를 완수하기 위해 규모를 늘렸다가 줄이는 등 하나의 집합으로 활동하다가 더 이상 필요가 없어지면 해체하는 현상이 벌어진다. 서로 전혀 관련성이 없어 보이는 영역인 박테리아와 전쟁터를 통해서도 회복력이 유사한 기능을 하는 모습을 확인할 수 있다.

하지만 모듈 방식의 분산 구조가 회복력의 전부는 아니다. 역설적으로 들릴 수도 있겠지만 적절한 방식으로 클러스터를 형성하면, 즉 다양한 자원을 서로 좀 더 가까운 위치에 배치하면 회복력이 강해질 수도 있다. 단, 회복력을 강화하려면 인재, 자원, 도구, 모형, 아이디어 등의 밀도와 다양성을 고려해 특수한 방식으로 클러스터를 형성해야 한다. 실리콘 밸리를 비롯한 혁신 허브, 오래된 숲 등이 회복력을 갖는 것도, 바로 이처럼 하나의 클러스터가 형성되어 있는 가운데 그 속에 다양성이 존재하기 때문이다.

엄격한 피드백 고리, 역동적인 재편성, 시스템 속에 내재되어 있는 역메커니즘, 비동조화, 다양성, 모듈 구조, 단순성, 스워밍, 클러스터링 등의 원칙은 시스템의 회복력을 강하게 만드는 방안에서도 중요한 부분을 차지한다. 이런 원칙들을 종합하면 도시, 경제, 현대를 살아가는 인간의 삶을 뒷받침하는 중요한 인프라 등 규모가 큰 시스템의 회복력이나 취약성을 평가할 수 있는 효과적인 어휘를 만들어낼 수 있다. 그렇다면 이와 같은 각종 도구를 활용해 다음과 같은 질문을 던져볼 수 있겠다. 우리의 행동과 결과 사이에서 좀 더 효과적인 피드백 고리를 만들려면 어떻게 해야 할까? 부족한 기초 자원과 인간을 비동조화시키려면 어떻게 해야 할까, 혹은 우리가 사용 중인 인프라를 좀 더 탄탄한 모듈 구조를 지닌 인프라로 개선하려면 어떻게 해야 할까?

이런 원칙을 이해하면 회복력이 몇 가지 중요한 관련 아이디어와 어떤 관계를 갖고 있으며, 또 어떤 차이점을 갖고 있는지 파악하는 데 도움이 된다. 가령, 회복력이라는 단어와 견고성이라는 단어가 혼용되는 경우가 많다. 하지만 견고성이라는 것은, 시스템이 갖고 있는 자산이 확고해지는 현상을 일컫는 것으로 회복력과는 다르다. 이집트에 있는 피라미드의 경우를 생각해보자. 피라미드는 놀라울 만큼 견고한 건축물이다. 앞으로 몇천 년이 흘러도 끄떡없이 그 자리에 서 있을 가능성이 크다. 하지만 피라미드는 한 번 쓰러지고 나면 다시 원상태로 돌아가지 못한다.

중복성도 마찬가지이다. 오랜 세월에 걸쳐 중복성을 발휘하는 시스템은 위태로운 상황에 처하더라도 망가지지 않고 지속될 가능성이 크다는 사실이 입증되었다. 하지만 그렇다 하더라도 중복성과 회복력은 동의어가 될 수 없다. 운전을 하다가 타이어가 펑크 났지만 여분의 타이어도 없고 도로를 오가는 차가 한 대도 없는 상황에 처해본 사람이라면 누구나 알고 있겠지만 만일의 경우에 대비해 중요한 구성 요소와 하위 시스템을 대체할 예비책을 마련해두는 것은 현명한 행동이다. 높은 수준의 회복력을 갖고 있는 시스템이 높은 수준의 중복성을 갖는 경우가 많다. 하지만 예비책을 마련하려면 돈이 많이 들 뿐만 아니라 아무런 문제도 없는 호시절에는 효율성 개선을 위해 예비책을 제거하라는 엄청난 압박이 가해질 수도 있다. 설상가상으로 환경이 급격하게 변하면 많은 돈을 들여 마련해놓은 예비책이 전혀, 혹은 거의 쓸모없는 것으로 전락할 수도 있다.

마지막으로(어쩌면 가장 반직관적일수도 있겠지만), 회복력이란 것은 반드시 어떤 시스템이 원래의 상태로 되돌아가는 것을 의미하지 않을 수도 있다. 회복력이 있는 일부 시스템은 주변 환경이 파괴되거나 환경에 급격한 변화가 생긴 후에 원래의 상태로 되돌아갈 수도 있다. 하지만 항상 그래야 하는 것은 아니다. 가장 이론적인 방식으로 설명을 해보자면 회복력을 갖고 있는 시스템이 되돌아갈 기준점 자체가 없을 수도 있다. 다시 말해, 회복력을 가진 시스템은 목적 달성을 위해 꾸준히 노력하는 한편, 끊임없이 변하는 환경에 적응하기 위해 지속적이고 유동적인 방식으로 자체적인 변화를 추구할 수도 있다.

그렇다고 해서 회복력이 있는 시스템이 어떤 경우에도 실패하지 않는다는 뜻은 아니다. 수많은 형태의 회복력이 힘을 발휘하기 위해서는 적당한 규모의 주기적인 실패가 무엇보다 중요하다. 이런 유형의 실패를 경험해야 시스템이 자원 중 일부를 방출하고 재조직할 수 있게 된다. 예컨대, 심각하지 않은 수준의 산불은 삼림을 통째로 파괴하는 것이 아니라 영양분을 재분배하고 새롭게 성장할 수 있는 기회를 준다.(역설적이게도 산불은 숲의 영양분을 재분배하고 새로운 성장을 위한 기회를 만들어내는 역할을 한다. 산불은 숲이 울창하게 자라는 과정에서 내화성 수목이 비내화성 수목에 설 자리를 통째로 빼앗기는 일을 막아준다) 소규모 화재는 숲의 건강한 성장을 위해 반드시 필요하다. 하지만 인간이 이와 같은 주기적인 과정에 개입해 소규모 화재가 발생하지 않도록 예방하는 데 치중하면 불쏘시개가 될 만한 수목의 비중이 지나치게 높아진다. 또한 비내화성 수목의 비중이 높아지면 사소한 실화失火가 재앙으로 이어질 수 있다. 잘 이해가 되지 않는다면 누구든 캘리포니아 사람을 붙들고 한 번 물어보기 바란다.

좀 더 포괄적으로 설명하면, 회복력이 있는 시스템은 우아하게 실패한다. 이런 시스템은 위험한 환경을 피하고, 침입을 포착하고, 구성 요소의 피해를 최소화하고 분리시키며, 소비 자원을 다각화하고, 필요한 경우 축소된 상태로 작동하며, 파괴가 발생할 경우 자기 조직화를 통해 자체적으로 치유하기 위한 전략을 갖고 있다. 이런 시스템은 결코 완벽하지 않다. 사실, 정반대이다. 겉으로 보기에 완벽하게 느껴지는 시스템이 가장 취약한 경우가 많은 반면 이따금 실패를 겪는 역동적인 시스템이 가장 견고한 경우도 있다. 삶과 마찬가지로 회복력은 엉망인 데다 불완전하고 비효율적이다. 하지만 그렇기 때문에 살아남을 수 있다.

시스템에서 사람으로

이 책의 뒷부분에서는 시스템이 갖고 있는 회복력에서 관심을 돌려 수많은 시스템과 함께 살아가는 사람 그리고 지역사회가 갖고 있는 회복력에 관한 이야기를 집중적으로 다뤄볼 생각이다. 앞서 언급한 주제를 다시 언급한 부분도 있고 새로운 주제를 다루는 부분도 있다.

먼저 개개인이 갖고 있는 회복력에 관한 새로운 통찰력을 살펴보는 데서부터 출발할 것이다. 한 가지 좋은 사실이 있다. 최근, 예전에 사람들이 생각했던 것보다 개인적이고 초자연적인 회복력이 좀 더 널리 확산되어 있고 개선 및 학습 가능성이 좀 더 높다는 연구 결과가 발표되었다. 그 이유가 무엇일까? 인간이 갖고 있는 회복력이 신념과 가치관, 성격, 경험, 유전자뿐 아니라 마음의 습관에 뿌리를 두고 있기 때문이다. 마음의 습관은 우리 인간이 직접 기르고 변화시킬 수 있는 습관으로 회복력에서 중요한 역할을 한다. 범위를 넓혀 집단이 갖고 있는 회복력을 언급한 대목에서는 새로운 주제가 등장한다. 그중 가장 중요한 것은 신뢰와 협력(필요한 경우에 적절히 협력하는 사람들의 능력)의 중요한 역할이다. 위기가 발생한 가운데 어떤 식으로 협력이 진행되었는지 두 개의 사례를 살펴보고 협력 시스템을 구축하고 활용하기 위한 구체적인 방안을 살펴볼 것이다. 첫 번째는 아이티 지진 사례로, 아이티에서 지진이 발생했을 때 어떤 식으로 협력이 이뤄졌는지 살펴볼 것이다. 두 번째는 월가Wall Street 사례로 금융위기 당시 월가 은행가들이 얼마나 협력에 부정적이었는지 살펴볼 것이다.

여러 번에 걸쳐 반복적으로 언급하겠지만 다양성 '온난 지대warm zone'는 회복력에서 매우 중요한 역할을 하며 회복력과 관련 있는 가장 중요한 요소 중 하나이기도 하다. 산호초의 생물학적 다양성이건 집단의 인지 다양성이건 간에 시스템을 구성하는 요소의 다양성을 강화하면 혼란이 발생하더라도 즉각 대응할 수 있는 폭넓고 다양한 대처 방안을 마련할 수 있다. 상황의 요구에 따라 다양한 주체가 또 다른 주체와 협력할 수 있도록 보장하는 메커니즘과 다양성 사이에서 균형점을 찾아내는 것이 중요하다.

우리는 이 책을 집필하기 위해 여행을 하던 중 사회적 회복력이 탄탄한 경우에는 지역사회 역시 탄탄하다는 사실을 발견했다. 물론 오로지 부에 관한 이야기를 하려는 게 아니다. 지역사회가 보유한 자원이 회복력을 전적으로 좌우하는 것은 아니다.(물론 자원이 풍부하면 도움이 되기는 한다) 그뿐만 아니라 공식적인 기관이 갖고 있는 힘이 회복력을 전적으로 좌우하는 것도 아니다.(이것 역시 도움이 되기는 한다) 회복력을 갖춘 지역사회가 혼란과 맞서 싸우고 혼란을 치유하기 위해 탄탄한 자원과 강력한 공식 기관 못지않게 자주 의존하는 대상이 있다. 바로 신뢰를 기반으로 하는 비공식적 네트워크이다. 상의하달 방식으로 회복력 강화를 위한 노력을 기울이면 실패할 확률이 크다. 하지만 사람들의 일상생활에 영향을 미치는 관계 내에서 회복력을 키우기 위해 진정 어린 노력을 기울이면 회복력이 무럭무럭 자랄 수 있다.

마지막으로, 회복력을 가진 지역사회나 조직의 중심 혹은 중심과 가까운 곳에는 거의 항상 매우 특별한 부류의 리더가 존재한다. 남녀노소를 불문하고 이와 같은 중개형 리더translational leader는 구성원들을 잇고 다양한 네트워크, 관점, 지식 체계, 의제를 엮어 하나의 일관성 있는 덩어리로 만드는 등 중요한 역할을 한다. 또한 이들은 전면에 모습을 드러내지 않고 막후에서 조용히 일을 처리하는 경우가 많다. 중개형 리더들은 이 과정에서 적응적 통치(위기가 발생했을 때 공식적인 기관 및 비공식적인 네트워크가 협력하도록 장려하는 능력)를 장려한다.

신념, 가치관, 마음의 습관, 신뢰와 협력, 인지 다양성, 탄탄한 지역사회, 중개형 리더십, 적응적 통치 등의 요소가 더해져 사회의 회복력이 자라는 비옥한 토양이 된다. 이런 요소들을 모두 더하면 지역사회와 조직, 그 속에서 살아가는 사람들의 회복력을 강화할 수 있는 새로운 방법이 찾아질 것이다.

회복력이라는 개념은 중요한 문제를 새로운 시각으로 바라보는 데 도움이 되는 효과적인 렌즈이다. 즉, 비즈니스 계획(뜻밖의 환경에 대처하려면 기업 전략상 어떤 방어책을 수립해야 할까?) 중심의 시각에서 벗어나 사회적 발전(위험에 처한 지역사회의 회복력을 높이려면 어떻게 해야 할까?), 도시 계획(재앙에 직면한 상황에서 도시가 계속해서 제 역할을 하도록 만들려면 어떻게 해야 할까?), 국가 차원의 에너지 안보(시스템에 닥칠 불가피한 충격과 맞서 싸우기 위해 에너지원과 인프라를 적절히 조합한 방안을 구축하려면 어떻게 해야 할까?)를 고려한 시각을 받아들이는 데 도움이 되는 것이다. 이 모든 것들이 개개인에게 중요한 영향을 미치는 하나의 환경, 즉 자기 자신을 둘러싼 환경(인생을 살아가다가 불가피하게 어려움에 직면했을 때 한 개인으로서 회복력을 발휘하려면 어떻게 해야 할까?)에 영향을 미친다.

이 모든 상황에서 회복력은 실패의 가능성을(그리고 심지어 실패의 필요성까지도) 심각하게 받아들이고 인간의 지식 및 앞을 내다보는 능력에는 한계가 있다는 사실을 인정할 것을 강요한다. 회복력은 우리 인간이 모든 답을 갖고 있지 않으며 세상을 살다 보면 깜짝 놀라고 실수를 하게 마련이라고 가정한다. 이 책에서 우리는 회복력이 바람직한 목표라며 옹호하고 있지만 시스템이 갖고 있는 속성이라는 관점에서 봤을 때 회복력이라는 것 자체가 항상 좋기만 한 것은 아니다. 테러리스트와 범죄 조직 역시 매우 높은 수준의 회복력을 갖고 있다. 물론 앞서 언급한 이유들로 인해 그런 경우가 많다. 앞으로 살펴보겠지만 회복력에 대해 살펴보다 보면 '선량하지 않은 사람들' 역시 '선량한 사람들' 못지않게 회복력과 관련해 많은 교훈을 주는 걸 알게 될 것이다.

하지만 불확실성과 위험을 피하기 위해 방어적으로 몸을 웅크려야만 회복력 중심의 사고가 되는 것은 아니다. 회복력 중심의 사고는 적응, 민첩성, 협력, 연결성, 다양성을 장려하여 우리 인간에게 이 세상에서 살아가기 위한 새로운 존재의 방식을 일깨워준다. 또한 회복력 중심의 사고는 새로운 방식을 몸소 실천하기 위해 적극 노력할 것을 요구한다. 새로운 충격이 찾아왔을 때 생존할 가능성을 높이는 것이 중요하다. 하지만 그것만이 회복력이 갖고 있는 유일한 장점은 아니다.

이 책에서 반복적으로 등장하는 또 다른 원칙들도 있다. 그중 첫 번째가 전체론이다. 복잡계에서 조직을 구성하는 단 하나의 부분이나 차원의 회복력을 강화하기 위해 애쓰다 보면 의도치 않게 또 다른 부분이나 차원이 취약해지기도 한다. 그뿐만 아니라 조직의 일부가 취약해진 탓에 조직 전체가 망가질 수도 있다. 반면 전체가 서로 연결되어 있다는 점이 도움이 될 수도 있다. 시스템 내의 한 부분에서만 회복력 강화를 위한 노력을 기울였음에도 불구하고 또 다른 부분의 회복력이 한층 커질 수도 있기 때문이다.

이 같은 사실을 바탕으로, 회복력을 강화하려면 한 번에 하나의 방식, 하나의 영역, 하나의 범위에만 관심을 집중시키는 태도에서 벗어나 좀 더 다양한 방식과 영역, 범위를 고려해야 할 때가 많다는 교훈을 얻을 수 있다. 그러므로 시스템을 구성하는 측면 중 우리가 관심을 갖고 있는 측면보다 좀 더 느리게 움직이는 부분이나 혹은 좀 더 빠르게 움직이는 부분에 대해서 고민을 해야 한다. 혹은 좀 더 세부적이고 좀 더 전반적인 측면을 동시에 두루 살펴봐야 한다. 예컨대, 토르티야 폭동 사례에서 다양한 힘이 어떻게 작용했는지 생각해보자. 카트리나와 같은 몇몇 요소는 매우 빠른 속도로 움직였다. 옥수수 가격과 유가 간의 상관관계 강화와 같은 일부 요소들은 좀 더 완만한 속도로 움직였다. 또한 국제 수입 시장의 경제력 집중 현상과 같은 일부 요소들은 좀 더 느린 속도로 움직였다. 각자 다른 속도로 움직이는 각기 다른 시스템 간의 전단력剪斷力은 혼란을 가중시키는 역할을 했다. 여러 요소들 간의 상호작용을 고려하지 않고는 그 어떤 노력을 기울이더라도 시스템을 바로잡을 수 있는 장기적인 성공을 장담할 수 없는 상황이었다.

또한 회복력 전략이 개별 세포와 종, 전체 생태계 등 실제로 존재하는 살아 있는 생명체 내에서 가장 순수한 방식으로 표현되는 원칙이라는 사실도 깨닫게 될 것이다. 이 같은 사실에 놀랄 필요는 없다. 회복력은 오랜 기간 동안 지속되어온 역동적인 시스템들이 갖고 있는 공통점이며 지구에서의 삶은 인간이 맞닥뜨린 그 어떤 시스템보다 역동적이고 영속적인 시스템이다.

하지만 그렇다고 해서 모호하기 짝이 없는 '쿰바야(흑인들이 부르는 영가―옮긴이)'식 자연주의에 힘을 실으려는 건 아니다. 생명을 갖고 있는 시스템은 혼란스럽고 복잡하며 완벽할 정도로 효율적인 것과는 전혀 거리가 먼 방식으로 움직인다. 또한 이런 시스템은 지속적이고 역동적인 불균형 상태에 놓여 있다. 각 시스템 내에는 평소에는 모습을 드러내지 않다가 필요한 일이 생겼을 때 가끔씩만 사용되는(물론 전혀 사용되지 않는 경우도 많다) 각종 도구와 전략이 숨겨져 있다. 사용되는 일이 드물긴 하지만 어떤 상황에서는 커다란 도움이 되는 메커니즘을 유지하려면 세포나 유기체, 생태계가 실질적인 부담을 감당해야 한다. 시스템의 복잡성이 증대되고, 성장 속도가 둔화되며, 최대 효율성이 감소하고, 전체를 희생시키는 대신 개별 구성 요소를 육성하기 위해 사용 가능한 자원이 제한되기 때문이다.

마찬가지로 우리 인간이 살고 있는 실제 세계에 이 같은 전략을 적용하기는 쉽지 않다. 특히 정치적으로 생각해보면 이런 전략을 적용하기란 매우 힘들다. 인간 세상에 회복력 전략을 적용하려면, 결코 도래되지 않을 법한 가상의 위기 상황을 피하거나 견뎌낼 것이라는 가능성만 믿고 단기적으로 얻을 수 있는 효율성이라는 확실함을 포기해야 한다. 주변 상황이 제아무리 좋다 하더라도 해가 떠 있을 때 우산을 팔기는 쉽지 않다. 정말인지 확인하고 싶다면 정부나 기업을 이끌어나가는 리더들을 붙들고 직접 물어보기 바란다. 하지만 인내심이 없는 주주, 분기별 수익 보고서, 1년에 두 차례씩 진행되는 선출 과정, 제한된 시 예산 등 단기적인 성과에 사로잡힌 세상에서는 장기적인 시각으로 미래에 대비하도록 설득하기가 훨씬 힘들다. 만일 그렇지 않았더라면, 우리는 지금쯤 쉽게 거품이 끼어들지 않는 그런 세상을 살고 있을 테고 소방 훈련을 하느라 줄을 서며 투덜대는 사람도 없을 것이다.

생명체를 갖고 있는 시스템은 매우 주기적인 성질을 갖고 있다. 주기적이라는 표현은 회복력 연구의 창시자 중 한 사람인 생태학자 '버즈' 홀링C. S. 'Buzz' Holling이 이름 붙인 '적응 주기adaptive cycle'에서 비롯된 것이다. 적응 주기는 하나의 고리를 형성하는 4개의 단계로 구성되어 있다. 적응 주기는 일단 기반이 되는 자원이 서로 결합해 상호작용을 시작하고 갓 형성되기 시작한 숲과 마찬가지로 서로를 발판 삼아 성장하는 급속 성장 단계에서부터 출발한다. 2단계는 보존 단계로, 이 단계에서는 좀 더 성숙한 숲이 그렇듯 자원을 보존하고 활용하는 일과 관련해서는 효율성이 점차 높아지지만 그 과정에서 회복력은 점차 약해진다. 3단계, 즉 방출 단계에서는 자원이 흩어지는 현상이 벌어지는데 혼란이나 붕괴로 인해 자원이 흩어지는 경우가 많다. 급속 성장과 보존, 방출 과정을 모두 거친 적응 주기는

재편성 단계에 접어들고, 재편성 단계에서 새롭게 주기가 시작된다.[22]

모든 시스템이 정확하게 이와 같은 단계를 거치는 것은 아니지만, 적응 주기를 알면 생태학의 영역을 넘어서 수많은 존재가 갖고 있는 회복력을 이해하는 데 도움이 된다. 산업의 경우를 생각해보면 적응 주기는 어디에나 존재한다. 비즈니스 부문에서 이런 이야기가 얼마나 자주 반복되는지 (그리고 경험되는지) 생각해보기 바란다. 기업가 정신을 토대로 설립된 창업기업은 새롭고 매우 가치 있는 제품이나 서비스를 창조해낸다. 그런 다음 이 같은 혁신을 최적화하고 자사의 제품이나 서비스를 대신할 수 있는 대체물을 철저하게 없애는 방법을 통해 매우 빠른 속도로 성장한다. 매우 높은 수익성을 자랑하는 기업으로 우뚝 솟아올라 덩치가 작은 경쟁업체들을 밀어낸다. 그런 다음 경쟁업체가 내놓은 파괴적인 혁신이 시장을 장악하면 자사에 성공을 안겨줬던 바로 그 최적화가 환경 변화에 적응하는 데 방해가 된다는 사실을 불현듯 깨닫게 된다. 이런 깨달음을 얻은 후 조직은 빠른 속도로 쇠퇴한다. 그 결과, 인적 자원 방출이 진행되고 기업 주기가 새롭게 시작된다. 성장, 보존, 방출, 재편성. 비슷하게 들리는가? 1970년대에 오일 쇼크가 일어났을 때 미 자동차 업계도 이런 식의 흥망성쇠를 경험했다. 마이크로소프트 역시 인터넷이 한창 발달했던 1990년대에 이와 같은 단계를 밟았다. 2000년대에는 소니와 아이팟이 같은 경험을 했다.

네트워크는 수많은 복잡계를 통해 정보와 자원, 행동이 어떻게 흘러가는지 설명해주는 보편적이고 추상적인 기준 시스템의 근간이 된다. 이와 같은 성질을 갖고 있는 네트워크의 중요성 또한 회복력을 논할 때 관련 주제로 자주 언급되곤 한다. 공통분모가 있으면 연구진이 생물, 경제, 생태 시스템을 묘사하기 위해 서로 매우 다른 특성을 갖고 있는 개체들이 유사한 문제에 접근하는 방식을 비교할 수 있다. 가령, 진짜 바이러스건 금융위기건 원치 않는 행동이건 환경오염 물질이건 각종 위험 물질이 퍼져나가기 시작한 시점에 추가로 퍼져나가는 일을 막으려고 각 개체가 어떻게 접근하는지 비교해볼 수 있다. 공통된 기준이 있으면 하나의 영역에서 성공적이었던 전술이 또 다른 영역에서 어떻게 적용될 수 있는지 생각해볼 수 있다. 생태 금융과 같이 새롭게 떠오르는 분야를 통해 이 책의 뒷부분에서 관련 내용을 좀 더 자세히 살펴볼 계획이다.

물론 우리가 마주한 긴급한 문제들은 대부분 다른 종류의 경계에 위치한 것들이다. 즉, 기술, 생태, 금융, 사회 시스템 등이 사람과 상호작용하는 지점에서 문제가 발생하는 것이다. 시스템 분석 언어로 표현하자면, 허리케인 카트리나가 발생한 이후 옥수수 가격과 유가가 동조화된 것처럼 이와 같은 인간 시스템과 비인간 시스템도 동조화되어 있다. 다시 말해서, 각 시스템의 행동이 복잡한 피드백 고리 내에서 다른 시스템의 행동에 영향을 미치며 그 결과를 추적하기가 쉽지 않을 수도 있다. 이 부분 역시 본문에서 자세히 살펴보겠지만 안타깝게도 동조화된 시스템은 대부분 시간이 흐를수록 점차 불안정해지고 적응 능력을 얻기보다 잃는 경향이 있다. 이렇게 되면 시스템이 급변하는(좀 더 바람직하지 않은 쪽으로 변하는 경우가 많다) 현상을 피하기란 한층 힘들어진다.

어떤 의미에서 보면 세계화는 모든 동조화 시스템의 근원과도 같다. 세계화는 수많은 장점과 놀라운 효과를 갖고 있다. 하지만 그와 동시에 적응 능력을 한층 빠른 속도로 파괴하는 것 또한 사실이다. 지구 전체를 이해할 수 없을 정도로 방대하며 서로 연결되어 있는 망으로 뒤덮어 곳곳에 흩어져 있는 온갖 개체들 간의 의존성을 강화하기 때문이다. 세계화가 단하나의 변수(예: 자원 채취, 자원 소비)를 최적화하고 최적화와 관련된 환경 피드백을 일시적으로 지연시키거나 숨기는 데 도움이 되는 경우가 많다. 또한, 세계화는 근본적으로 전혀 다른 박자표(예: 밀리세컨드 단위의 짧은 순간 동안 발생한 금융 거래, 몇 년에 걸쳐 발전한 사회적 규범, 대개 수천 년이 걸리는 생태학적 과정)와 여러 시스템을 하나로 묶는다. 이런 상호작용이 증대되면 혼란을 초래할 가능성이 있는 모든 원천, 혼란의 속도와 결과 등이 증폭되어버린다. 물론 그와 더불어 실제로 혼란이 발생했을 때 우리가 느끼는 고통(개인적인 삶, 지역사회, 기관, 환경 속에서 느끼는 고통)도 커지게 마련이다.

완화, 적응 그리고 변화

끝없이 증대되는 복잡성과 취약성으로 인해 폭넓은 사회정치적 반응을 요구하는 목소리가 커지고 있다. '이카루스' 진영에 속하는 사람들은 우리 인간이 인류의 발자국을 적당히 잘라내고, 나아가는 속도를 늦추고, 간소화하고, 자신이 거주 중인 현지의 상황을 고민해야 한다고 이야기한다. 예컨대, 이카루스 진영에서 활동 중인 영국과 미국의 활동가들은 이미 '트랜지션 타운'을 계획하고 있다. 트랜지션 타운이란, 세계 시장에서 갑작스럽긴 하지만 오래전부터 예견되어왔던 대로 석유 공급이 중단되고 석유 공급 중단 못지않게 갑작스럽게 기후 변화가 찾아오더라도[23] 견뎌낼 수 있도록 조성된 지역사회를 뜻한다. 이들이 갖고 있는 전략은 텃밭 가꾸기에서부터 자체 에너지 생산에 이르기까지, 다양한 방법을 동원해 좀 더 범위가 넓고 탄화수소 의존 현상이 심각한 경제에 대한 의존성을 낮추는 것이다. 이카루스 진영에서 활동하는 많은 사람들은 붕괴가 임박한 상황을 두려워할 것이 아니라 있는 그대로 받아들여야 한다고 생각한다. 실제로 붕괴가 발생하고 나면 좀 더 균형 잡히고, 덜 소모적이며, 좀 더 보람 있는 삶의 방식이 등장할 것이라고 생각하기 때문이다.

이카루스 추종자들은 좀 더 작은 규모로 회귀할 것을 주장하지만 '명백한 운명' 진영은 역행은 불가하며 앞으로 다가올 수밖에 없는 수많은 문제를 헤치고 나아갈 방법을 찾아야 한다고 주장한다. 명백한 운명 진영에서 활동하는 사람들은 좋건 나쁘건 우리 인간이 지구를 관리하고 있다고 주장한다. 부유하고 낭비 성향을 갖고 있는 수십억 명의 사람들이 이 지구에서 살아가고 있으며, 수십억 명에 달하는 빈곤층이 부자 반열에 올라설 기회를 거머쥐기 위해 안간힘을 쓰는 데다 아직 태어나지도 않은 또 다른 수십억 명이 지구상의 인구를 늘리는 데 기여할 것이 명확한 상황인 만큼, 자원 개발을 피할 수 없다는 것이 이들의 설명이다.

이런 사실을 인정하기는 쉽지 않다. 하지만 명백한 운명 진영 사람들은 이와 같은 도전 과제들이 새롭고 좀 더 효율적인 혁신을 부추기는 기폭제 역할을 할 것이라고 생각한다. 또한 이들은 이미 이런 과정을 통해 생겨난 혁신 중 상당수를 사용할 수 있게 되었으며 혁신을 적극 활용하면 인류가 지구와 평형을 이룰 수 있는 지점에 한층 가까워질 것이라고 믿고 있다. 하지만 그와 동시에 명백한 운명 진영은 인류가 인간이 지구에 미치는 불가피한 영향에 대해 책임을 져야 한다는 사실을 받아들이고 이미 사용 가능한 상태에 놓여 있는 기술 도구를 활용해 그 여파를 완화하기 위해 노력해야 한다고 주장한다. 크기를 줄일 수는 없으니 좀 더 영리해져야 한다는 것이 주장의 요지이다.

이처럼 극단적인 두 진영 사이에 위치한 것이 바로 지속 가능성이다. 지난 10년 동안 세계가 직면한 위험에 적응하는 방법에 관해 숱한 논의가 이루어져왔으며 그중 상당 부분을 차지한 것이 이제는 너무도 흔해져버린 말, 지속 가능성이다.

지속 가능성이란 개념이 맨 처음 등장할 당시에는, 인류와 지구 사이에서 포괄적인 균형점을 찾겠다는 목표를 갖고 있었다. 이 같은 목표 자체는 존경할 만한 데다 이론을 제기할 여지도 없다. 하지만 실질적인 조직 원칙의 측면에서 따져보면 지속 가능성은 이제 너무 오래된 것처럼 느껴진다. 어떻게 보면 당연한 일이다. 대부분의 아이디어에는 사회적 수명과 반감기가 있을 뿐만 아니라 지속 가능성 운동이 시작된 지 이미 40년쯤 되었으니 대다수의 다른 운동보다 훨씬 오랫동안 살아남았다고 볼 수 있다. 하지만, 그 기간 동안 '지속 가능'한 것으로 여겨지는 것의 범위가 꾸준히 늘어나 아무런 의미가 없는 지경에 이르렀다.(필자들은 최근 껍질을 벗기지 않은 바나나를 낱개로 비닐에 넣어 판매하는 방식이 '지속 가능하다'고 홍보한 델몬트 사례를 가장 자주 언급했다. 델몬트는 비닐로 포장한 바나나를 자판기 안에 넣어두면 신선도가 훨씬 오래 유지되고 바나나를 소비자에게 공급하기 위해 배송해야 하는 횟수가 줄어든다고[24] 설명했다. 껍질을 벗기지 않은 과일을 석유 추출물로 만들어진 포장재로 감싸는 방식이 지속 가능하다면, 무엇인들 지속 가능하지 않겠는가?)

좀 더 심층적으로 설명을 해보자면, 지속 가능성은 두 가지 측면에서 문제를 갖고 있다. 첫째, 지속 가능성 목표를 통해 단 하나의 균형점을 찾아야 한다는 개념 자체가 수많은 자연 시스템이 실제로 작용하는 방식과 위배된다. 사실 하나의 고정된 상태가 아니라 건강하게 움직이는 상태를 목표로 정해야 옳다. 둘째, 지속 가능성은 인류가 직면한 혼란이 점차 늘어나고 있음에도 불구하고 이러한 혼란과 맞서 싸우는 데 도움이 되는 실용적인 방안을 거의 제시하지 못하고 있다. 반면 회복력 중심의 사고를 하면 좀 더 포괄적이고, 좀 더 역동적이며, 좀 더 적절한 아이디어와 도구, 접근방법을 제시할 수 있다. 변동성이 계속해서 지금처럼 커다란 영향력을 발휘하게 되면 회복력 중심의 사고가 지속 가능성 체제를 강화할 수도 있고 아예 대체해버릴 수도 있다.

그 이유가 궁금하다면 다음과 같은 사고 실험을 해보자.

전 세계에 많은 영향을 미치는 혼란(돌이킬 수 없는 기후 변화도 좋고 앞으로 닥쳐올 어떤 심각한 위기도 좋다)을 걱정하는 사람들을 한자리에 모아 한 대의 차량에 태운다고 생각해보자. 물론 비유적인 표현이다. 그런 다음 기후 변화를 믿지 않거나 기후 변화가 심각한 일이라고 생각하지 않는 사람들을 모두 차에서 하차시키자. 이번에는 절벽(기후학적인 측면에서 되돌아올 수 없는 지점)을 향해 달리는 자동차의 가속 페달을 밟는다고 상상해보자. 물론 사고 실험이니까 가능한 상상이다.

자동차 여행이 시작되면 차량 안에 있는 한 무리의 사람들, 즉 위험 완화를 지지하는 사람들이 도덕적 권위를 갖는다. 이런 부류에 속하는 사람들은 소리를 지른다. "차를 돌려요!" "브레이크를 밟아요! 그게 안 된다면 그냥 가속 페달에서 발을 떼기라도 해요!" 차가 절벽을 향해 내달리는 상황에서는 이들이 주장하는 것이야말로 도덕적이고 적절한 방법이다.

하지만 이들의 요구가 묵살되고 자동차가 브레이크를 밟는다 하더라도 절벽 너머로 미끄러져 내리고 말 지점과 가까워지면 또 다른 무리의 사람들, 즉 위험 적응을 지지하는 사람들이 도덕적 우위를 주장하고 나서게 된다. 이런 부류의 사람들은 이렇게 이야기한다. "에어백과 낙하산을 만드는 게 좋을 겁니다. 좋건 싫건 떨어지는 건 어쩔 수 없는 현실이니까요." 좀 전에 이야기한 것처럼 이쯤 되면 이들의 주장이야말로 도덕적이고 적절한 방법이다.

두 지점 사이에는 위험을 피하는 것이 최고의 방법이라고 믿는 사람들에게서 위험이 발생한 이후를 대비하려는 사람들에게로 주도권이 넘어가는 과도기가 있다.(세대가 교체될 때 과도기가 발생하는 경우도 있다) 과도기 초반에는 위험 완화를 주장하는 사람들이 너무 일찍 포기하고 패배를 인정했다며 적응주의자들을 비난한다. 그러다 시간이 흐르면 적응주의자들이 쓸데없이 시간만 낭비하고 어쩔 도리가 없는 변화를 막는 데 자원을 허비했다며 완화주의자들을 비난한다.

대체로 보면, 현대의 지속 가능성 운동은 언젠가부터 위험 완화에 몰두하고 있다. 물론 그런 현상 자체에 문제가 있다는 건 아니다. 하지만 돌이킬 수 없는 온갖 종류의 세계적인 변화를 받아들여야 할 시기가 점차 가까워지자 변화에 적응하기 위한 움직임이 나타나기 시작했다. 또한 이와 더불어 회복력에 대한 관심이 높아지고 있다. 비단 지속 가능성뿐 아니라 세계 경제에서부터 공중위생, 빈곤 완화, 기업 전략에 이르기까지 미래에 발생할 중대한 위험과 관련된 수많은 영역에서 이런 현상이 나타나고 있다.

물론 그렇다고 해서 인류가 희망을 버리고 모든 재앙을 불가피한 것으로 받아들여야 한다는 뜻은 아니다. 대신, 회복력이라는 틀은 현대적이고도 색다르게 완화에 도움이 되는 노력을 제시한다. 인간 사회의 근간이 되는 조직을 재설계하고, 지역사회를 강화하고, 혁신과 실험을 장려하고, 예기치 못한 사건과 혼란을 막기 위해 노력을 하는 동시에, 사람들이 이런 사태에 대비하고 대처할 수 있게끔 도움 되는 방식을 지원해야 한다. 이런 노력을 기울이면 장기간에 걸쳐 서서히 진행되는 변화를 받아들일 만한 시간을 벌 수 있다. 앞서 사고 실험에서 언급했던 비유를 다시 활용해보면, 우리가 타고 있는 자동차와 자동차가 점점 가까이 다가가는 대상인 절벽, 둘 모두를 완전히 새롭게 재고안할 수 있는 것이다. 자동차에 날

개를 달아주면 상황 자체를 통째로 바꾸어 브레이크나 낙하산을 사용해야 할 필요성 자체를 없애버릴 수 있다.

하지만 이를 위해서는 먼저, 취약성이 어디에서 비롯되는지 이해해야 한다. 우리가 가장 먼저 살펴봐야 할 지점이 바로 여기부터이다.

1장

견고하지만 취약한 시스템

★ 사람과 지역사회, 기업과 기관, 경제와 생태계 등 모든 존재가 회복력을 발휘한다. 회복력의 패턴을 이해하고 수용하면 이 세계를 좀 더 강인한 장소로 발전시키고 그 세계 속에 살고 있는 우리 스스로를 좀 더 강인한 존재로 키워나갈 수 있다.

이 책의 목적은 회복력의 근원을 파헤쳐보는 것이다.

필요한 상황이 되면 사람과 지역사회, 기업과 기관, 경제와 생태계 등 모든 존재가 회복력을 발휘한다. 우리가 살고 있는 장소, 우리가 일하는 회사도 그렇다. 물론 깨닫지 못할 수도 있지만 심지어 우리 자신도 마찬가지다. 모든 존재가 나름의 방식으로 회복력을 발휘한다.(혹은 적절한 환경이 조성되지 않으면 회복력을 발휘하지 못할 수도 있다) 그뿐만 아니라 각각의 존재는 나름의 방식으로 모두가 공유하는 주제와 원칙으로 이루어진 공통의 보고寶庫 한 귀퉁이를 밝게 비춘다. 이와 같은 회복력의 패턴을 이해하고 수용하면 이 세계를 좀 더 강인한 장소로 발전시키고 그 세계 속에서 살고 있는 우리 스스로를 좀 더 강인한 존재로 키워나갈 수 있다.

하지만 산산이 흩어진 것들이 어떤 과정을 통해서 다시 하나로 뭉치는지 이해하려고 노력하기에 앞서 먼저 하나로 모여 있던 것이 흩어지는 이유를 이해해야 한다. 사고 실험에서부터 출발해보자.

자, 여러분이 빈 땅[1]에 묘목을 심어서 기르는 양묘 업자라고 생각해보

자. 농사를 짓는 사람이라면 누구나 그러하듯 땅을 잘 활용하려면 악천후, 가뭄, 상품 가격 변화 등 예측 가능한 다양한 문제와 씨름해야 한다. 그중에서도 특히 화재를 조심해야 한다.

다행스럽게도 이와 같은 잠재 위험으로부터 양묘장을 보호하는 데 도움이 되는 몇 가지 방법이 있다. 먼저 화재 발생 위험을 낮추려면 규칙적이고 넓은 간격으로 묘목을 심어야 한다. 가령 묘목 간 거리를 10미터 정도로 유지하면 화재 발생 위험을 낮출 수 있다. 묘목 간 거리를 넓게 유지하면 수목이 성장해 나뭇가지와 잎이 우거지더라도 서로 닿지 않는다. 설사 불꽃이 일더라도 다른 나무로 쉽게 옮겨가지 않는다. 상당히 안전하긴 하지만 효율성은 떨어지는 조림 방식이다. 다시 말해서 애써 가꾼 수목이 잿더미가 되는 사고가 발생할 가능성은 낮지만 대신 이런 식으로 조림을 해서는 땅의 생산성을 최대로 높일 수 없다.

이번에는 수확량을 늘리기 위해 규칙적으로 배열된 수목 사이에 아무렇게나 묘목을 심는 경우를 상상해보자. 빈 공간에 닥치는 대로 나무를 심으면 당연히 수목 간 거리가 가까워지고, 나무가 성장해 나뭇가지와 잎이 우거지면 주변 나무에서 뻗어 나온 나뭇가지나 잎과 맞닿을 수밖에 없다. 이런 식으로 조림을 하면 수확량은 늘어나지만 그와 동시에 위험도 커진다. 빈 공간에 닥치는 대로 심어놓은 수목이나 주변에 위치한 수목에서 화재가 발생하면 나뭇가지와 잎을 타고 주위의 다른 나무로 불길이 옮겨갈 가능성이 훨씬 높다.

계속해서 빈 공간이 눈에 띌 때마다 아무렇게나 나무를 심다 보면 어느 순간 모든 나무의 나뭇가지와 잎이 서로 맞닿아 하나의 울창한 숲이 형성된다.(사용 가능한 공간을 60% 정도 채우면 이런 현상이 나타난다) 처음에 세웠던 전략과는 정반대로 매우 효율적인 설계 방식이다. 적어도 조림이나 토지 활용의 관점에서 봤을 때는 그렇다. 하지만 나무가 빽빽하게 들어서 있으면 매우 위험하다. 조그마한 불꽃만 일어도 숲 전체가 막대한 피해를 입을 가능성이 크다.

물론 여러분은 노련한 양묘 업자라 너무 듬성듬성하거나 빽빽하게 나무를 심지는 않는다. 대신, 여러분은 땅 전체를 여러 구역으로 나눈 다음 각 구역 내에 빽빽하게 나무를 심되 통로를 만드는 방법을 택한다. 통로를 만들면 숲 속 깊숙한 곳까지 쉽게 접근할 수 있을 뿐만 아니라 통로는 각 구역을 분리하며 한 구역에서 화재가 발생하더라도 나머지 구역을 보호하는 방화선의 역할을 한다.

물론 통로를 만들려면 돈이 든다. 통로를 만들면 나무를 심는 용도로 활용할 수 있는 면적이 줄어들기 때문에 통로를 하나 만들 때마다 비용이 추가로 발생한다. 따라서 통로를 만들 때는 주의를 기울여야 한다. 통로를 너무 많이 만드는 것 역시 통로를 너무 적게 만드는 것 못지않게 나쁜 방법이다. 하지만 수차례의 시행착오를 거치고 현지의 날씨 변화, 토양 조건, 지형 등을 꼼꼼하게 살피다 보면 각 양묘장과 어울리는 완벽에 가까운 설계, 즉 수목 밀도를 최대화하는 동시에 수목에 접근하기 위해 마련된 통로를 현명하고 효율적으로 활용하기 위한 방법을 찾게 될 수도 있다. 이처럼 훌륭하게 설계된 양묘장은 화재가 발생하더라도 전소되는 일 없이 잘 견뎌낸다. 또한 이런 양묘장에서는 계절에 따른 변동은 있지만 품질의 차이가 크지 않은 목재를 꾸준히 확보할 수 있다.

이번에는 예기치 못한 사건을 접하고 경악하는 장면을 상상해보자. 완벽하게 설계된 양묘장이 나날이 발전하는 모습을 흐뭇하게 바라보던 어느 날, 양묘장 내 대다수 구역에서 외래종 곤충이 수목을 갉아먹는 장면을 목격한다면 공포에 휩싸일 것이다. 다른 지역에서 서식하는 조그만 곤충이 해외 공급업체의 화물에 딸려 국내로 들어온 다음 여러분이 신고 있는 부츠에 달라붙어 양묘장의 중심부까지 파고든 것이다. 자, 여러분은 화재가 발생할 위험에 대비해 수많은 시행착오를 거친 후 가장 효율적인 방식으로 양묘장 내에 통로를 배치했다. 하지만 부츠에 들러붙어 양묘장 내로 들어온 외래종 곤충은 울창한 숲과 통로가 적절히 어우러진 양묘장의 절묘한 구조 덕에 빠른 속도로 번식할 수 있었다.

사고 실험을 진행하다가 바로 이 순간이 되면 각고의 노력 끝에 고안해낸 양묘장 설계가 견고하지만 취약하다robust-yet-fragile(각 단어의 첫 글자를 따 RYF라고도 표현한다)는 고통스러운 사실을 깨닫게 된다. '견고하지만 취약하다'라는 이 시스템 용어는 예상된 위험(이 경우에는 화재)이 발생했을 때는 회복력을 발휘하지만 예상치 못한 위협(이 경우에는 외래종 곤충[2])에는 매우 취약한 복잡계complex systems를 묘사하기 위해 캘리포니아 공대에서 과학 연구 활동을 하고 있는 존 도일John Doyle이 만들어낸 표현이다.

지금 언급한 사고 실험과 유사한 실제 사례는 뉴스를 틀면 늘 넘쳐난다. 세상에서 가장 중요한 것으로 여겨지는 수많은 시스템(산호초와 지역사회에서부터 기업과 금융시장에 이르는 다양한 시스템)이 이와 유사한 역학 관계, 즉 견고하지만 취약한 역학 관계를 갖고 있다. 다시 말해 흔히 발생하는 수많은 혼란 상황에는 훌륭하게 대처할 수 있지만 흔치 않고 예상하기 힘든 상황이 벌어지면 제대로 대처하지 못하는 것이다.

양묘장 사례에서 보듯이 견고하지만 취약한 시스템 내에서는 양립할 수 있는 두 가지 조건을 적절히 버무려 균형을 유지해야 한다. 즉, 효율성을 얻는 대신 취약성을 감수하는 방법과 비효율성을 감수하는 대신 견고성을 얻는 방법 사이에서 적절한 균형점을 찾아야 하는 것이다. 수목이 빽빽하게 들어서 있는 양묘장처럼 완벽하게 효율적인 시스템이 재앙에 가장 취약하다. 반면 수목 밀도가 매우 낮게 설계된 양묘장처럼 완벽하게 견고한 시스템은 효율성이 너무 떨어지는 탓에 유용하게 활용할 수 없다. 견고하지만 취약한 시스템은 수많은 설계 변화를 통해 두 개의 극단적인 방안 사이에서 중간 지점(양묘장 중간 중간에 통로를 배치한 설계처럼 당면한 환경에 어울리는 방식으로 효율성과 견고성이 균형을 이루는 균형점)을 찾아낸다.

그 결과로 탄생한 보정 시스템(앞서 언급한 사례에서는 통로와 숲으로 이루어진 네트워크)에 내재되어 있는 복잡성은 균형을 맞추는 과정에서 발생한 부산물이다. 하지만 역설적이게도 시간이 흐르면 보정 시스템의 복잡성이 한층 증대되고 복잡성 증대는 또다시 취약성을 초래하는 원인이 된다. 맞춤한 환경이 조성되기만 하면 아주 사소한 방해 요인만 있어도 얼마든지 시스템이 통째로 망가질 수 있는 티핑 포인트에 가까워지는 것이다. 따라서 그 어떤 견고하지만 취약한 설계 방식도 결코 '완벽'할 수가 없다. 견고성을 다지기 위한 전략을 추진하다 보면 자연히 닮은꼴을 하고 있는 (드물긴 하지만) 취약성이 생겨날 수밖에 없다. 견고하지만 취약한 시스템에는 '블랙 스완', 즉 발생 가능성 자체는 낮지만 일단 발생하면 엄청난 충격을 안기는 사건이 발생할 가능성이 들어 있다.

이와 같은 견고하지만 취약한 역학을 관찰할 수 있는 완벽한 사례가 바로 인터넷이다. 1960년대에 미군은 재난이 발생하더라도 통신이 두절되지 않도록 인터넷 프로젝트에 투자를 했다. 당시 미군 지도부는 소련이 미국의 통신 허브에 선제 핵공격을 가하면 명령 체계가 파괴될 수 있음을 우려했다. 역공 명령을 내린다 하더라도 지휘 벙커에서 노스다코타에 위치한 미사일 격납고에 있는 담당 병사들에게 명령이 제대로 전달되지 않을 수도 있다고 걱정했다. 미군 지도부는 이런 우려 때문에 인터넷을 처음 설계한 전문가들에게 이런 부류의 공격으로 인해 통신 장비가 불가피하게 제 기능을 하지 못하게 될 경우 그 같은 사실을 즉시 감지하고 자동적으로 통신 업무를 우회시키는 시스템을 설계해달라고 주문했다.

인터넷은 단순하지만 기발한 방식으로 이와 같이 놀라운 위업을 이뤄냈다. 인터넷은 사람들이 전송하는 모든 이메일, 웹페이지, 비디오를 정보 패킷으로 쪼개 미로처럼 얽혀 있는 복잡한 라우터(네트워크상에서 하나 이상의 교점과 중복해서 연결되어 있는 특수화된 네트워크 컴퓨터) 네트워크를 통해 전송한다. 각 라우터에는 주기적으로 업데이트되는 라우팅 테이블이 있다.(라우팅 테이블은 각 기차역의 열차 시간표와 유사하다) 데이터 패킷이 도착하면 라우터는 라우팅 테이블을 참고하여 데이터 패킷이 최종 목적지에 도달하기 위해 흔히 사용되는 방향으로 해당 데이터 패킷을 전달한다. 최적의 경로가 막혀 있거나 정체되어 있거나 훼손되어 있는 경우에는 라우팅 테이블이 업데이트되고 패킷은 또 다른 경로를 통해 전달된다. 또 다른 경로에 들어선 패킷은 다음 라우터로 전달되고 똑같은 과정이 반복된다. 데이터 패킷이 컴퓨터를 출발해 사용자가 가장 좋아하는 웹사이트에 도달하기까지의 시간이 매우 짧게 느껴질 수도 있다. 하지만 그 시간동안 일반적인 웹 검색 결과를 포함하는 패킷이 수십 개의 인터넷 라우터와 링크를 지날 수도 있다. 또한 여러 개의 정체 지점이나 오프라인 컴퓨터를 우회할 수도 있다.

이처럼 라우팅 시스템 자체가 고도로 분산된 성질을 갖고 있기 때문에 악의적인 해커가 인터넷을 통해 임의로 선택한 한 대의 컴퓨터를 파괴하려 든다 하더라도, 혹은 물리적으로 컴퓨터를 아예 날려버리려 든다 하더라도 네트워크 자체는 영향을 받지 않을 가능성이 크다. 근처에 위치한 라우터의 라우팅 테이블이 간단한 업데이트 과정을 거친 후 손상된 기기를 우회해 네트워크 트래픽을 전송할 수 있기 때문이다. 인터넷은 이와 같은 방식으로 기계 장치 고장이라는 예상된 위협에 직면했을 때조차 견고성을 유지하도록 설계되어 있다.

하지만 현대의 인터넷은 인터넷이 맨 처음 발명되었을 당시 전혀 예상할 수 없었던 유형의 공격에 매우 취약하다. 문제가 있는 기계를 우회해 데이터 패킷을 전송하는 것이 아니라 인터넷에 쓸모없고 불필요한 정보[3]를 잔뜩 쏟아놓을 목적으로 이런 구조를 악용하는 경우가 있기 때문이다. 인터넷 스팸업자, 컴퓨터 웜과 바이러스, 봇넷, 디도스(DDoS, 분산 서비스 거부) 등이 바로 이런 일을 한다. 이들은 네트워크에 아무런 내용도 들어 있지 않은 텅 빈 패킷을 쏟아낸다. 한 번에 여러 곳에서 이런 공격을 감행하는 경우도 있다. 쇄도하는 데이터 패킷은 이런 문제만 아니었다면 얼마든지 유익하게 여겨졌을 법한 네트워크의 장점들을 악용해 시스템을 혼잡하게 만들고 특정한 컴퓨터나 중앙 허브, 심지어 네트워크 전체를 정지시켜버린다.

비밀 폭로 조직 위키리크스가 미 국무부의 비밀 외교 전문을 공개하기 시작한 2010년 말에 이런 전략의 실체가 완벽하게 드러났다. 위키리크스와 지지 세력은 예상되는 미 정부의 보복으로부터 위키리크스라는 조직을 보호하기 위해 네트워크에 산재한[4] 수천 개의 서버에서 사용할 수 있도록 사본을 만들어두었다. 또한 위키리크스는 좀 더 파괴적인 정보를 담고 있을 가능성이 있으며 암호화된 보호 파일의 형태로 사본을 준비했다. 설사 미 정부가 위키리크스의 폭로를 저지할 수 있는 기술 역량과 법적 권한을 갖고 있었다 하더라도(실제로는 그렇지 않았다) 어떻게 해볼 수 있는 차원을 훨씬 넘어선 대처방안이었다. 그 어떤 곳에도 소속되지 않은 채 느슨하게 엮여 있으며 스스로를 '어나니머스Anonymous('익명'이라는 뜻―옮긴이)라 칭하는 위키리크스 지지 세력은 사이버 시위[5]를 조직해 페이팔, 마스터카드 등 일부 기업 웹사이트 서버를 일시적으로 마비시키는 등 위키리크스와 거래를 끊은 기업의 웹사이트에 디도스 공격을 가하기 시작했다.

앞서 설명했듯이 인터넷은 원래 소련의 미사일 공격 위협에 대응하기 위해 개발되었고 인터넷이 갖고 있는 중복성과 개방성은 소련의 미사일 공격이라는 (이제는 사라져버린) 위험으로부터 네트워크를 보호하는 역할을 했다. 하지만 위키리크스와 어나니머스는 전혀 다른 목적을 위해 인터넷의 중복성과 개방성을 활용했다. 인터넷이 처음 발명된 시점으로부터 40년이 흐른 후, 좀 더 전통적인 공격을 막기 위해 고안된 네트워크의 특성들이 새로운 유형의 공격(적어도 미국 정부의 관점에서 보면 공격이라고 볼 수 있다)에 사용되었다. 이 과정에서 공격을 감행하는 조직들은 자신들이 매우 강력한 회복력을 갖고 있음을 증명해 보였다. 미 정부의 입장에서 보면 인터넷 자체를 파괴해버리지 않는 이상 위키리크스를 무너뜨리고 어나니머스의 공격을 중단시킬 방법이 없었다. 물론 인터넷 자체를 없애버리는 방법은 실현 가능한 방법이 아니다.

도일은 인간 면역체계 내에서 이와 꽤 흡사한 방식으로 작용하는 힘에 대해 이야기한다. "비만, 당뇨, 암, 자기 면역 질환 등 현대의 인류를 괴롭히는 질병에 대해 생각해보십시오. 지방 축적, 인슐린 저항 조절, 조직 재생, 염증 등은 인체 내에서 일어나는 중요한 제어 과정입니다. 사실 이런 과정은 너무도 기초적이어서 사람들은 대개 염두에도 두지 않지요. 하지만 이런 과정들이 나쁜 방식으로 표출된 것이 바로 질병입니다. 우리의 선조들은 수렵과 채집을 하며 살았습니다. 음식을 구할 수 없는 기나긴 시간이 또다시 찾아오기 전에 미리 에너지를 축적해 두뇌의 당 수치를 일정 수준으로 유지하고 근육에 에너지를 공급해야만 했기 때문이지요. 앞서 언급한 제어 과정들은 그 시대의 선조들에게 어울리는 방식으로 발전했습니다. 이와 같은 생물학적 과정 덕에 우리의 선조들은 매우 높은 수준의 견고성을 얻었습니다. 하지만 이제는 칼로리는 높고 영양가는 낮은 정크 식품을 다량 섭취하는 시대가 되었습니다. 환경의 변화 탓에 과거에는 인간의 건강 유지에 없어서는 안 될 정도로 중요한 역할을 했던 인체 시스템이 지금은 질병과 쇠락을 초래하는 도구로 악용되고 있습니다."

인터넷 전문가들은 인터넷이 악용될 위험에 대처하기 위해 라우터에 정교한 소프트웨어 필터를 추가한다. 소프트웨어 필터는 들어오고 나가는 데이터 패킷을 분석해 악의적인 의도가 있음을 명확하게 알려주는 신호를 포착해내는 역할을 한다. 기업과 개인은 중앙 집중화된 초고속 인터넷 통신망에서부터 개인용 노트북에 이르기까지 네트워크 조직의 모든 차원에서 방화벽과 바이러스 퇴치용 소프트웨어를 설치한다. 인터넷 서비스 공급업체는 맹공격이 가해지더라도 네트워크가 제 기능을 할 수 있도록 방대한 양의 용량을 추가로 확보한다.

정도의 차이는 있겠지만 시스템 내에 분산화 정보 및 중복성을 확산시키기 위해 총력을 기울이면 예상되는 위협 가운데 어느 정도는 저지할 수도 있다. 하지만 지금껏 이런 노력을 기울여왔음에도 취약성이 발생할 가능성 자체가 사라진 것은 아니다. 취약성은 그저 다른 곳으로 옮겨질 뿐 예측할 수 없는 방향에서 또다시 모습을 드러낸다. 한층 더 심각한 문제는 견고하지만 취약한 성질을 갖고 있는 모든 시스템이 그렇듯 시간이 흐르면 보정 시스템(바이러스 퇴치용 소프트웨어, 방화벽)의 복잡성이 증대돼 보정 시스템 자체가 취약성을 초래할 수 있는 요소가 되어버린다. 중요한 이메일이 스팸 메일로 분류되는 현상을 경험해본 사람이라면 쉽게 이해할 수 있을 것이다.

그렇다면 견고하지만 취약한 시스템이 아주 흔한 문제를 계속 성공적으로 처리해내면 어떤 일이 벌어질까? 역설적이게도 시스템의 중심부에 내재되어 있는 취약성이 너무 오래 모습을 드러내지 않은 탓에 시스템이 파멸을 초래하는 티핑 포인트를 넘어서는 일이 벌어지고 만다. 놀랍지 않은가! 이런 일이 벌어지기 전까지는 모든 것이 좋아 보인다. 설계 당시에 의도된 것처럼 시스템은 사전에 예상되긴 했지만 제법 심각한 혼란까지도 아무런 문제없이 흡수한다. 시스템이 계속 이런 식으로 돌아가면 사용자는 안전하다는 느낌을 받는다. 가령, 불가피한 장비 고장에도 불구하고 계속해서 제 기능을 해내는 인터넷, 인슐린 쇼크를 야기하지 않고 체내에 흡수된 패스트푸드 음식을 원활하게 대사해내는 인체, 호황과 불황을 오가며 사업을 하는 기업, 다양한 종류의 충격을 잘 처리하는 세계 경제 등을 예로 들 수 있다. 그러다가 그다지 심각하지 않은 자극으로 인해 시스템이 한계선을 넘어서면 순식간에 아수라장이 되어버린다.

이런 사태가 벌어지면 사람들은 매우 중요한 시스템에 대비를 위한 메커니즘이 없다는 사실을 깨닫고 충격을 받는다. 가령, 대형 금융기관의 파산에 대처하거나 심해에서 발생한 기름 유출을 막을 방법이 없다는 사실에 충격을 받는 것이다.

우리는 이런 재앙이 벌어지고 나면 그런 일이 벌어진 이유가 무엇인지 그 원인을 찾기 위해 만화에나 등장할 법한 악당을 앞세워 너무도 단순하고 도덕주의적인 이야기를 만들어내곤 한다. 하지만 우리가 거의 감지하지 못하는 사이, 별로 중요해 보이지도 않고 고도로 분산되어 있는 수많은 결정이 차곡차곡 쌓여 심각한 문제가 발생하는 경우가 많다. 결정을 하나하나 따로 떼어놓고 보면 그 범위가 너무 좁아서 어떤 결정을 내리든 아무런 해가 되지 않을 것처럼 보이지만 실제로는 그런 결정들이 모여 시스템의 완충 지대와 적응력을 서서히 파괴한다. 감시해야 할 여러 목표

중 하나를 외면하는 안전 감시관, 유권자들을 대신해 벌금을 낮추도록 규제기관에 압박을 가하는 정치인, 팀원들에게 시간 외 근무를 강요해 실적을 높이려 하는 관리자, 분기별 성과를 맞추는 데 혈안이 돼 미래를 위해 반드시 필요한 투자를 연기하려는 기업 임원 등이, 얼핏 보기에 사소해 보이지만 모이면 커다란 문제가 되는 요소들이다.

이들 중 개개인의 선택이 모여 어떤 결과가 초래될지 알고 있는 사람은 아무도 없다. 오차 범위가 알아차리기 힘들 정도로 서서히 좁아지는 데다 이들이 속해 있는 시스템은 돌이킬 수 없는 방식으로 조금씩 불안정해지기 때문이다. 시스템에 속해 있는 개개인은 전반적인 상황을 완벽하게 이해하지 못한다. 따라서 자기 자신에게는 상당한 이익이 되지만 시스템에는 그리 커다란 위협이 가해지지 않는 방식으로 친구, 유권자, 주주 등을 도우라는 강력한 사회적 자극에 반응하며 합리적으로 행동한다. 하지만 시간이 흐르면 이런 결정들 하나하나가 모여 시스템의 문화 규범이 서서히 변한다. 안전하지 않은 선택을 했음에도 불구하고 그에 상응하는 부정적인 결과가 바로 나타나지 않으면, 사람들은 좀 더 위험한 선택과 행동도 용인될 것이라고 생각한다. 가끔씩만 허용될 수 있는 예외가 일상이 되어버리는 것이다. 과거의 방식을 고집하는 사람들은 바보나 편집증 환자, 파티의 흥을 깨는 사람, 절망적일 정도로 새로운 현실을 이해하지 못하는 사람쯤으로 여겨진다. 심지어 성장을 방해하는 적, 아무런 말도 하지 않고 가만히 입을 닫고 있어야 할 존재로 여겨지기도 한다. 전반적인 시스템은 아무런 소리도 내지 않은 채 서서히 재앙을 향해 한 걸음씩 다가가며 시스템 과학자들이 '자기 조직화된 임계self-organized criticality'라 부르는 모습을 드러낸다. 중요한 한계선과 조금씩 가까워지는 것이다.

산호초 생태계와 글로벌 금융은 둘 다 견고하지만 취약한 시스템이다.

둘은 서로 전혀 다른 성질을 갖고 있지만 이와 같은 역학이 공통적으로 관찰된다. 또한 두 시스템을 통해 견고하지만 취약한 시스템의 회복력을 강화할 방법에 관한 첫 번째 힌트를 얻을 수 있다. 새로운 분석 도구를 토대로 두 시스템은 서로에게서 성장의 기회를 찾아내기 시작했다.

어장과 금융

1950년대 자메이카에서는 산호초가 번성했다. 자메이카의 바다는 카리브해의 아름다운 풍광을 대표하는 엽서 사진으로 흔히 등장했을 정도였다. 아름다운 색깔의 해면동물과 딱딱한 산호 바닥에서 자라는 깃털 모양의 팔방산호 등 수많은 생명체가 서식했다. 자메이카의 산호초는 상어, 도미, 그루퍼, 강꼬치고기 등 어부들이 현지인들에게 공급하기 위해 포획하는 대형 포식성 어류를 비롯한 수백 종의 어류에게 삶의 터전이 되었다.

1970년대에도 별다른 변화가 없는 것처럼 보였다. 하지만 20년 동안 자메이카의 인구가 무려 3분의 1이나 늘어났다. 나날이 늘어나는 주민들에게 먹을거리를 제공하기 위해 고군분투하던 현지 어부들은 포식성 어류뿐 아니라 검은쥐치, 비늘돔 등 덩치가 작은 초식성 어류를 잡기 위해 모터가 달린 배를 사용하기 시작했다. 그럼에도 산호초는 여전히 건강해 보였고 산호초에서 서식하는 생명체들도 계속해서 번성하는 것처럼 보였다. 주식인 조류를 차지하기 위해 초식성 어류들과 경쟁할 필요가 없어진 성게는 특히 잘 자랐다.

거의 40여 년 동안 거센 폭풍우를 단 한 차례도 겪지 않은 채 평화를 누려왔던 자메이카 앞바다에 마침내 엄청난 위력의 폭풍우가 몰아닥쳤다.

1980년 8월 6일, 카리브해 지역에 상륙한 가장 강력한 허리케인 중 하나로 꼽히는 앨런이 자메이카와 산호초를 덮쳤다. 시속 175마일이 넘는 바람이 만들어낸 40피트 높이의 폭풍해일은 인정사정없이 산호초를 강타했다.[6] 얕은 바다에서 서식하던 산호는 완전히 파괴되었다. 하지만 해수면과 멀리 떨어진 심해에 서식하던 산호는 상대적으로 별다른 피해를 입지 않았다. 사실 엄청난 허리케인이 휩쓸고 지나간 후 몇 달 동안 심해에서는 상당한 수준의 산호 보충 현상(어린 산호가 성체 산호로 진입했음을 알려주는 척도)이 관찰되었다. 이후 3년 동안 산호가 덮인 지역은 차츰차츰 늘어났다.

당시 해양 생물학자들은 허리케인 앨런이 가한 충격이 엄청났음에도 자메이카의 산호초가 무사히 살아남았다고 판단했다. 데이터를 분석해보니 산호초가 허리케인의 공격을 무사히 견뎌냈을 뿐 아니라 자메이카와 멀지 않은 곳에 위치한 심해에서는 산호초가 오히려 번성하는 결과가 나타난 듯했다.

하지만 1983년이 되자 자메이카의 바다 깊은 곳에서 끔찍한 일이 벌어졌다. 정체 모를 병원체로 인해 자메이카 앞바다에 서식하던 롱핀 성게[7]가 모조리 죽어버리는 재앙이 일어난 것이다. 치사율과 확산 속도 면에서 롱핀 성게를 공격한 질병은 전례가 없을 정도로 막강한 위력을 자랑했다. 이런 증상이 처음 나타난 지 얼마 되지 않았을 무렵 어느 지역 주민은 이렇게 말했다. "옛날에는 초가 성게로 뒤덮여 온통 검은빛을 냈어요. 하지만 이제는 한 시간 동안 바닷속을 수영을 해도 살아 있는 성게가 단 한 마리도 보이지 않습니다."[8] 1984년 2월이 되자, 자메이카 바다에서 성게가 사실상 자취를 감춰버렸다. 해양 생명체[9]와 관련해 지금껏 발표된 그 어떤 집단폐사 사례보다 가장 광범위하고 심각한 사건이었다.[10]

어류 남획으로 인해 자메이카의 초식성 토착 어류 개체가 오랜 기간에 걸쳐 서서히 줄어드는 가운데 성게의 집단 폐사 사태는 자메이카의 산호초에 재앙을 안겼다. 성게가 사라지고 수많은 어류의 개체 수가 줄어들자 조류는 아무런 제약도 없이 초의 구석구석을 점령하기에 이르렀다. 초 표면의 92%를 뒤덮은 조류는 산호의 생명을 서서히 앗아갔다. 수천 년 동안 수백 종의 어류를 품어왔던 산호가 사라지자 남아 있던 어류는 갑작스레 아무것도 없이 텅 빈 채 조류에 점령당한 황무지와 맞닥뜨리게 되었다.

초가 건강한 상태라면 하나의 종(예: 성게)을 말살시키는 새로운 병원체가 재앙과 같은 결과를 초래하지 않을 가능성이 크다. 한 개 이상의 종이 초가 맡고 있는 필수적인 역할(예: 조류의 무분별한 확산을 막는 것)을 대신 수행할 수 있는 능력을 갖고 있기 때문이다. 하지만 자메이카의 초는 상당히 훼손되어 있었고 조류의 무분별한 확산을 저지하는 역할을 하던 종이 지속적으로 그 역할을 해낼 수 있는지에 따라 생태계의 번성이 결정될 수밖에 없는 상황이었다. 자메이카의 초가 훼손되지 않았더라면, 성게 대량 폐사 사태가 그다지 심각하지 않은 자극이 되었을 수도 있다. 하지만 자메이카 바다에서 성게가 사라지자 사실상 하룻밤 새 초 생태계가 붕괴되었다.

하지만 1982년에 해양 과학자에게 초의 상태가 어떤지 물어봤더라면 허리케인에서부터 어류 남획에 이르는 심각한 방해 요인에도 불구하고 초가 견고하다는 것이 증명되었다는 긍정적인 답변만 돌아왔을 것이다. 실제로는 생물의 다양성이 서서히 줄어드는 탓에 숨겨져 있었던 취약성이 점차 악화되고 있었지만 그 같은 사실을 알려주는 근거가 거의 없었다.

지금에 와서 당시를 돌이켜보면 모든 것이 명확하다. 하지만 당시에 이런 시스템을 관리하기 위해 노력을 기울이는 과정에서 어떤 문제에 직면했을지 생각해보자. 초의 건강에 영향을 미치는 다양한 동인(어류, 성게, 조류, 산호, 인간) 간의 상호작용이 제대로 이해되지 않았고 상호작용 자체도 비선형 방식(비선형 방식하에서는 작은 변화가 심각한 결과로 이어질 수도 있고, 그 반대의 경우도 가능하다)으로 이루어졌다. 또한 여러 동인 간의 의존성 역시 가려져 있었다. 성게가 사라지기 전에는 초식성 어류가 사라지는 현상이 심각한 영향을 미칠지 아무런 영향도 미치지 않을지 가늠하기 힘들었다. 그뿐만 아니라 최근의 경험으로 미뤄보면 허리케인과 같은 엄청난 규모의 문제가 발생하더라도 초 생태계가 얼마든지 회복할 수 있을 것처럼 보였다. 건강한 초 생태계도 매우 가변적인 방식으로 움직일 수 있다. 어류 자원은 원래 늘어났다가 줄어들곤 한다. 그러니 정상 상태에서 발생하는 가변성과 붕괴의 시작을 어떻게 구별할 수 있겠는가?

상호의존적인 요소들로 구성되어 있는 복잡계를 관리하다 보면 항상 비슷한 질문과 맞닥뜨리게 된다. 그 대상이 어류 자원이건 주식이건, 시스템 전체의 회복력을 개선하려면 먼저 시스템을 구성하는 개별 요소뿐 아니라 시스템 전반의 건전성을 고려하는 측정 도구가 필요하다. 계속 해산물을 섭취할 생각이라면 그래야 한다.

자메이카에서 해양 자원 파괴 사건이 은밀하게 시작되었던 1950년대에 캘리포니아에서도 정어리 산업이 심각한 문제에 봉착했다. 수산업의 호황은 존 스타인벡의 소설 《통조림공장 골목Cannery Row》의 극적인 배경이 되기도 했다. 1930년대 중반에 캘리포니아 해역에서 상업용으로 포획된 정어리의 양은 무려 79만 톤에 이른다. 하지만 1953년이 되자 정어리 어획량이 만 5천 톤 이하로 급락했다. 어획량이 98%나 줄어든 것이다.[11]

정어리의 개체 수가 급락한 사태를 설명하는, 서로 상충되는 두 개의 가설이 있다. 첫 번째 가설은 단순한 정어리 남획이 문제라고 지적했고 두 번째 가설은 라니냐 현상으로 인한 캘리포니아 바다의 수온 하락이 문제라고 설명했다. 그런데 2006년 스크립스 해양연구소의 이론 생태학자 겸 수학자인 조지 스기하라George Sugihara는 정어리 유충과 관련해 50년 동안 누적된 데이터를 연구한 끝에 두 개의 가설 모두 틀렸다는 사실을 증명해 보였다.[12] 정어리 개체 수가 급감한 것은 어민들이 정어리 치어를 너무 많이 잡아서가 아니라 정어리 성어를 너무 많이 잡은 탓이었다. 스기하라는 데이터 분석을 통해 캘리포니아의 어업이 고도로 산업화된 탓에 정어리 성어만 잘 골라낼 수 있게 되었고 그 결과 캘리포니아 해역에 서식하는 정어리 전체의 연령 구성이 대폭 바뀌었다는 사실을 발견했다. 1949년과 1950년에는 정어리 남획으로 인해 정어리 성어가 사라졌지만 당시 치어였던 정어리들은 알을 낳을 수 없었고 자연계에서 또 다른 스트레스 요인이 등장하자 정어리 개체 수 자체가 급락했다.

충분한 시간이 주어졌다면 외적인 도움 없이 정어리가 자력으로 개체 수를 회복했을 수도 있다. 이런 종류의 불안정성은 이따금 자연스럽게 생태계에서 발생한다. 하지만 안타깝게도 당시의 수산업계는 이런 유형의 불안정성을 제대로 고려하지 않았다. 20세기에는 대개(그리고 지금도 세계 곳곳에서) 최대 지속 수확량maximum sustainable yield, MSY, 혹은 명확하게 정의되지 않은 기간 동안 포획할 수 있는 최대 어획량을 기준으로 어류를 포획했다.

최대 지속 수확량 모형은 안정적인 균형점이 있는 선형 시스템을 기반으로 한다. 또한 최대 지속 수확량 모형은 한 번에 한 종류의 어류만 고려하고 그 외 모든 변수들은 고정불변이라고 가정한다. 따라서 정어리 개체 수가 줄어들기 시작한 후에도 상업적으로 정어리를 포획하는 캘리포니아

어선을 향해 절제를 요구하는 목소리는 들리지 않았다. 개체 수 감소로 경제적인 압박이 심화되자 캘리포니아의 어선들은 정어리 잡이에 더욱 열을 올렸고 생태계는 결국 회복 가능한 수준을 넘어서게 되었다. 어획량이 감소했음에도 정어리를 잡는 방식이 전혀 바뀌지 않았던 것이다.

최대 지속 수확량 중심의 접근방법은 지금도 널리 사용되고 있다. 세계 곳곳에서 어류 자원이 감소하는 현상 역시 이 같은 추론을 뒷받침한다. 현재, 세계에서 포획되는 모든 어종 중 63%가 남획으로[13] 인해 위험에 빠졌으며 개체 수가 급감한 어종이 무려 29%에 달한다. 개체 수가 급감했다는 것은 정어리의 경우와 마찬가지로 과거의 최대 어획 수준[14]에 비해 어획량이 최소한 90% 이상 줄어들었다는 뜻이다. 2006년에 캐나다 댈하우지 대학의 보리스 웜Boris Worm이 이끄는 국제 연구팀은 이런 추세가 지속되면 2048년 무렵 지구상에서 모든 상업적 어업이 중단될 것이라는 충격적인 결과를 내놓았다. 다시 말해서 바다에 더 이상 물고기가 없는[15] 날이 온다는 것이다.

스기하라를 비롯한 전문가들은 이런 재앙을 막기 위해 최대 지속 수확량 대신 사용할 수 있는 좀 더 전체론적인 대안, 즉 생태계 기반 수산자원 관리ecosystem-based fishery management, EBFM 방안을 제시한다. 시스템 전체를 강조하는 생태계 기반 수산자원 관리 모형은 생태계 내에는 한계점이 존재하며 생태계가 한계점을 넘어설 경우(예: 캘리포니아의 정어리 개체 수) 시스템 전체가 붕괴되거나 재구성될 수 있다는 관찰 결과를 바탕으로 한다. 한계점은 끊임없이 변하기 때문에 생태계에 관한 모형을 만들고 예측하기가 힘들다는 점 또한 생태계 기반 수산자원 관리 모형의 등장에 기여했다. 생태계 기반 수산자원 관리방법은 생태계가 갖고 있는 이 같은 특성에 대응하기 위해 범위가 넓지 않은 작은 구역에서부터 넓은 해역에 이르는 모든 조직 차원에서 언제 어디서건 생물의 다양성을 유지하는 것이 해양 자원 관리를 위한 중요한 목표라는 점을 강조한다.

생태계 기반 수산자원 관리 방식은 어획이 이루어지는 생태계 내에서 어떤 일이 벌어지고 있는지 매우 다른 시스템을 활용하여 측정하는 데서부터 출발한다. 최대 지속 수확량 방식하에서는 어장 관리자들이 주로 포획된 어종에 관한 정보를 수집하고 분석했을 뿐 다른 어종에는 별다른 관심을 기울이지 않았다. 하지만 생태계 기반 수산자원 관리 방식으로는 포획된 어종과 더불어 포획되지 않은 어종에 대해서도 평가를 한다. 연안 용승(차갑고 영양분이 풍부한 바닷물을 해변과 가까운 해수면으로 밀어내 먹이사슬의 하부를 구성하는 플랑크톤에 먹이를 공급하는 현상) 등 생태계 지표라고 알려진 또 다른 여러 요인들에 관한 정보도 수집하고 요인들 간의 상관관계도 파악해야 한다. 결정적으로, 생태계 기반 수산자원 관리 방식은 바다에서 벌어지는 현상뿐 아니라 육지에서 나타나는 사회적 추세까지 분석해 상관관계를 찾아낼 것을 요구한다. 즉, 사회적인 그림과 생태학적인 그림을 더해 완성도가 높은 하나의 그림을 그려내는 것이다.

비선형적인 복잡계를 바탕으로 하는 이와 같은 전체론적인 관리 체제는 정치적으로 많은 지지를 받고 있다. 하지만 생태계 기반 수산자원 관리 방식을 실행하기란 여전히 쉽지 않다. 어장을 관리하는 수많은 기관 중 최대 지속 수확량 체제의 근거가 되는 좀 더 단순한 균형 모형에서 벗어나기 위해 필요한 전문성과 역사, 자원, 노하우를 갖고 있는 곳은 매우 드물다.

스기하라는 이렇게 말한다. "사람들은 이 세상이 각자 독립적이고 선형적인 방식으로 연구될 수 있는 여러 개의 조각들로 이루어져 있다고 생각합니다. 그런 다음 이런 조각들을 하나하나 더하면 큰 그림이 나온다고요. 전문가들은 이를 위해 수많은 분석기법과 통계자료를 만들어냈습니다. 단순한 기기를 연구할 때에는 이런 방식이 큰 도움이 되는 것은 사실입니다. 하지만 사람들은 복잡하고 비선형적인 시스템을 대할 때조차 선형적인 도구와 모형을 고집합니다. 캄캄한 곳에서 열쇠를 잃어버려놓고선 좀 더 밝다는 이유만으로 가로등 아래에서 열쇠를 찾아 헤매는 꼴이지요."

생태학자들은 어업에 종사하는 사람들이 최대 지속 수확량 방식을 버리고 생태계 기반 수산자원 관리 방식을 받아들일 수 있게 노력하고 있다. 그들이 생태계 기반 수산자원 관리 원칙을 좀 더 쉽게 실행할 수 있게 도움 되는 방안을 고심하면서 말이다. 이를 위해 생태학자들은 금융 부문에서 사용되는 중요한 개념인 포트폴리오 모형을 차용하고 있다. 생태계 내에서 서로 상호작용하는 여러 종은 상관 관계가 있는 하나의 자산 집합으로 서로 연결되어 있다. 또한 금융 포트폴리오의 경우가 그렇듯 어장 관리자들은 위험과 수익 간의 균형을 고려해 결정을 내린다. 포트폴리오 방식하에서 특정한 종을 평가하려면 개별적인 성과가 아니라 생태계의 전반적인 성과에 어떤 식으로 기여하는지를 판단의 기준으로 삼아야 한다. 특정한 주식이 다각화된 펀드의 가치에 기여하는 것과 같은 방식이다. 두 경우 모두, 자산이나 종에 내재된 본질적인 가치라는 것은 애당초 존재하지 않는다. 주변 상황과 맥락이 모든 것을 결정짓는다.

이런 방식으로 상호작용하는 모든 종을 관리하면, 그렇게 하지 않을 경우 자칫 매우 복잡하고 비선형적인 의존성을 갖게 될 가능성이 많은 요소들을 단순화시킬 수 있다. 포트폴리오 접근방법으로 인해 시스템에 가해질 잠재적인 위험이 훨씬 명확하게 드러날 수도 있다. 하지만 절대적인 수치가 아니라 여러 종 범주 간의 관계에 주목하면 환경 변화, 어업 기술의 발달 등과 같은 복잡한 요소를 고려하기가 한층 수월해진다. 투자 상담가가 나이가 많지 않고 위험을 기꺼이 감수하는 적극적인 투자자와 퇴직 후에 위험을 회피하는 방식으로 투자하는 사람들에게 전혀 다른 투자 포트폴리오를 제시하듯 현지 생태계의 상황 변화에 따라 다양한 종이 포함되어 있는 포트폴리오를 조정할 수 있다.

포트폴리오 접근방법에는 또 다른 장점도 있다. 금융시장에서 다양한 자산에 투자를 하는 투자자들은 수익의 가변성을 낮추고 수익의 확실성을 높일 수 있다. 적절히 균형 잡힌 포트폴리오에는 다양한 전략과 대비책이 포함되어 있다. 그래야 시장이 호황이건 불황이건 비슷한 수준의 이익을 낼 수 있기 때문이다. 호황기에 공격적인 성장주와 상품이 섞여 있는 포트폴리오를 갖고 있으면 페라리를 구입할 수 있을 정도로 많은 수익을 올리지 못할 수도 있다. 하지만 이런 포트폴리오는 불황기에도 가난의 나락으로 떨어지지 않게끔 도움을 준다. 마찬가지로 다양한 종의 균형을 고려해 '포트폴리오'를 구축하면 어장 관리자가 연간 어획량의 가변성을 낮추고(어류와 어부, 모두에게 커다란 이익이 되는 방식) 그 대신 안정성을 높일 수 있다. 버지니아 주와 메릴랜드 주 사이에 위치한 체사피크 만에 관한 연구를 진행한 생태 경제학자 마틴 스미스Martin Smith와 더글러스 립턴Douglas Lipton은 이와 같은 포트폴리오 중심적인 방법을 활용했을 뿐인데 1962년부터 2003년까지 체사피크 만의 어업 관리자들이 어업을 통해 좀 더 많은 이익을 올리고 계절에 따른 어획량 가변성을 줄일 수 있었다는 사실을 발견했다. 진정한 원-윈 전략[16]이라고 할 수 있다.

포트폴리오 중심의 접근방법은 금융 및 어업과 관련해 우리에게 선택권을 준다. 특정한 수준의 수익을 원한다면 위험을 줄이되 그 수준의 수익을 보장하는 포트폴리오를 택하면 된다. 반대로 특정한 수준의 위험을 감내하는 것이 아무렇지도 않다면 바로 그 수준만큼의 위험을 받아들이되 수익을 극대화하는 포트폴리오를 선택할 수 있다.

은행가를 위한 생태학

금융 부문에서 비롯된 개념이 어장과 같은 생태계의 회복력을 강화하는 데 도움 되는 새로운 전략을 제시한 가운데 그 반대의 현상도 나타나고 있다. 새로운 세대의 경제학자 및 금융 전문가들은 글로벌 금융 경제의 회복력 개선을 위해 생태계에서 중요한 교훈을 찾기 시작했다. 이런 통찰력이 생태금융ecofinance이라는 완전히 새로운 분야의 탄생에 불을 지피고 있다.

앞서 언급했던 자메이카의 산호초 파괴 현상과 최근에 벌어진 글로벌 금융위기 간의 몇 가지 유사점을 생각해보자. 2008년 9월 중순, 리먼 브라더스는 6천억 달러의 부채를 견뎌내지 못하고 파산을 신청했다. 갑작스러운 성게 개체 수 급락 현상이 그랬듯, 무려 70조 달러에 이르는 세계 경제 규모를 고려하면 글로벌 금융위기를 촉발한 리먼 브라더스의 파산은 그리 심각하지 않은 사건이었다. 자메이카의 산호초가 허리케인 앨런을 견뎌냈듯이 금융시장은 리먼 브라더스가 파산하기 전 10년 동안 닷컴 버블, 오일 쇼크, 중동에서 벌어진 전쟁 등 거대한 혼란을 흔들림 없이 잘 견뎌냈다. 하지만 리먼 브라더스가 파산하도록 내버려두겠다는 미 정부의 결정으로 인해 공포와 불확실성이 급속히 확산되었고 결국 세계의 자본시장 전체가 아예 멈춰서는 사태가 벌어졌다.(리먼 브라더스의 파산에 대해서는 뒷부분에서 좀 더 자세히 살펴볼 계획이다)

자메이카 산호초의 생물학적 다양성이 수십 년에 걸쳐 서서히 파괴된 것처럼 금융시장 역시 더딘 속도로 서서히 진행된 시장의 구조 변화로 인해 비극적인 시장 붕괴를 맞이했다. 인체나 인터넷 등 견고하지만 취약한 특성을 갖고 있는 다른 시스템에서 살펴보았듯 금융시장의 취약성이 마침내 모습을 드러내자 정상적인 상태하에서라면 글로벌 금융 시스템 내에서 유익한 역할을 했을 요소들이(예: 금융 시스템의 구조, 위험 관리 접근방식, 피드백 메커니즘, 투명성 수준, 제품 혁신) 악용되었고 결국 금융시장 붕괴의 여파는 한층 증폭되었다.

2008년에 캘리포니아에서 정어리 개체 수가 급락한 현상의 근본 원인을 파헤쳤던 바로 그 생태학자인 조지 스기하라는 또 다른 두 명의 생태학자 사이먼 레빈Simon Levin, 로버트 메이Robert May와 함께《네이처》에 〈은행가를 위한 생태학Ecology for Bankers〉[17]이라는 논문을 발표했다. 스기하라와 레빈, 메이는 금융시장에도 전체론적이고 생태계를 기반으로 하는 관리 방식을 적용할 수 있게끔 도우려 했다. 나무가 빽빽하게 들어서 있는 양묘장과 마찬가지로 금융시장과 생태계는 모두 효율성을 증대시키기 위한 방식으로 관리되어왔다. 하지만 그와 동시에 복잡성과 취약성도 함께 증가했다. 또한 금융시장과 생태계는 유사한 방식의 위험 관리기법을 활용했다. 어업 부문에서 수확량을 극대화하기 위해 최대 지속 수확량 방식을 하나의 어종에 적용했던 것처럼 은행 부문에서도 단 하나의 기업만을 분석하는 위험 분석 기법이 만연해 있었다. 이런 특성 때문에 시스템 전반의 상호연결성은 전혀 고려하지 않은 채 개별 은행의 위험만 파고드는 경우가 많았다. 설상가상으로 금융회사들은 단순히 위험을 더하는 방식을 택하는 경향을 보였다.(물론 지금도 그렇다) 좀 더 구체적으로 설명하자면 각각의 거래에 수반되어 있는 개별적인 위험을 고려하여 단순한 방식으로 더한 다음 총 노출 수준을 산출했다. 이런 식으로 위험을 계산하면 금융 시스템 자체가 실제보다 훨씬 안전해 보인다. 사실 해양 생태계와 마찬가지로 금융 네트워크의 비선형적 본질은 증식력을 갖고 있다. 즉, 특정한 유형의 실패가 또 다른 실패가 발생할 위험을 대폭 증가시키는 것이다.

스기하라는 이렇게 설명한다. "경제 문제는 대개 세계적인 시스템 문제로 여겨지지 않습니다. 투자은행들은 좁은 시야를 갖고 있는 것으로 알려져 있습니다. 개별 기업 차원에서 위험 관리에 집중하는 대신 까다롭고 좀 더 많은 비용이 드는 시스템적인 관점을 외면하는 거지요. 서로 맞물리는 대차대조표를 활용해 생태계와 유사한 기업 네트워크를 감시하는 것은 기업 위험 관리자의 업무로 여겨지지 않습니다. 하지만 이와 같은 계약 당사자의 의무와 상호의존성을 외면한 탓에 금융기관들은 위험을 포착하고 적절하게 평가하지 못했던 겁니다. 결국 그런 문제 때문에 최근의 경제위기가 매우 심각해진 겁니다."

2006년에는 뉴욕연방준비은행, 미국 학술원, 미국 국립연구회의의 후원으로 시스템 측면의 위험에 대한 참신한 사고 장려를 목적으로 하는 고위급 컨퍼런스가 개최되었다. 컨퍼런스가 열린 직후에 《네이처》에 논문이 실렸다. 스기하라와 레빈은 컨퍼런스에 참석한 은행가들에게 영양망trophic web(생태계 내에서 에너지와 영양의 흐름이 서로 다른 종을 이어주는 방식)의 개념을 소개했다.

초등학교에서 과학 수업을 들었다면 영양망의 기본적인 개념이 낯설지 않을 것이다. 영양망의 기본 개념은 다음과 같다. 먼저 수생 식물은 태양으로부터 얻은 에너지를 식량으로 전환한다. 수생 식물은 작은 물고기의 먹이가 된다. 작은 물고기는 좀 더 덩치가 큰 물고기의 먹이가 된다. 목숨을 잃은 물고기와 식물은 작은 유기체에 영양을 공급하고 시스템을 통해 재생된다. 영양망은 이와 같은 에너지의 이동 관계를 자세히 보여준다.

비슷한 틀을 사용하면 금융 네트워크상의 가치 이동도 분석할 수 있다. 하지만 생태학에서는 자세한 영양망을 만들어내는 활동이 보편적이지만 규모가 큰 금융 네트워크에서 영양망처럼 구체적인 흐름도를 만들어내는 일은 그리 흔치 않다. 2006년, 뉴욕연방준비은행은 이 같은 문제를 해결하기 위해 미국 은행 간 자금 결제[18] 메커니즘인 페드와이어Fedwire 시스템에서 은행 간 지불 흐름이 어떤 모습을 띠고 있는지 연구를 의뢰했다. 미금융 시스템의 근간과 같은 페드와이어는 하루 평균 무려 약 50만 건의 은행 간 지불 거래를 처리하며 하루 동안 취급하는 금액이 약 2조 4천억 달러[19]에 이른다.(이 책을 쓸 당시 활용할 수 있었던 최신 데이터였던 2010년 데이터를 기준으로 한 수치이다) 은행 간 지불은 서로 종이 다른 기관 사이에서 오고 가는 금융 생태계 내의 에너지와 영양분에 비유할 수 있다.

일상적인 하루의 데이터를 기준으로 5천 개가 넘는 은행이 관련된 약 70만 건의 지불 거래가 연구를 위한 표본으로 선정되었다. 분석을 통해 얻은 그림은 놀라웠다. 대부분의 은행은 소수의 관계만 유지했다. 하지만 소수의 허브는 수천 개의 관계를 맺고 있었다. 네트워크의 중심부에서는 불과 66개 은행이 일일 거래 금액 중 75%를 차지했다.[20] 네트워크 접속 현황을 분석한 결과 최대 규모의 은행 25개가 완전히 연결된 상태라는 놀라운 결과를 발견할 수 있었다. 서로 밀접하게 뒤얽혀 있는 탓에 그중 한 곳에서만 문제가 발생하더라도 모두가 어려움을 겪게 될 만한 상황이었다. '대마불사'[21]의 정의가 그대로 반영된 구조였다.

국제 금융 부문으로 고개를 돌리자 미국의 금융 부문 중심부에서 관찰된 현상이 한층 두드러졌다. 18개국 금융시장 간의 관계를 분석하자 지난 20년 동안 런던, 홍콩 등 전 세계의 금융 허브로 여겨졌던 지역의 규모가 초창기 규모의 약 14배 수준으로 증가했다는 사실이 드러났다. 그와 동시에 금융 허브 간의 연결 고리는 6배 증가했다.[22]

확대된 규모, 연결성, 금융 시스템을 통해 흘러가는 자본량 등이 본질적으로 나쁜 것은 아니다. 사실 금융 환경이 좀 더 건전했었던 과거에는 이 요소들이 가장 필요로 하는 곳으로 (그리고 적기에) 자본이 흘러갈 수 있도록 보장하는 역할을 했고, 그 결과 수익이 증대되고 시스템의 유동성이 유지되었다. 금융위기가 닥치기 전에는 이와 같은 연결성이 위험을 집중시키는 것이 아니라 분산시키는 데 도움이 되는 도구라고 칭송받았다. 인터넷의 경우가 그렇듯, 시장의 구성 요소들 역시 조밀하게 연결되어 있기 때문에 글로벌 금융 시스템에 속해 있는 수많은 은행 중 하나가 문을 닫는다 하더라도 시스템 전체에 문제가 생길 가능성은 적다. 통계적으로 따져보면 네트워크 안에 있는 대다수의 은행들은 매우 제한된 숫자의 허브와 연결된 스포크의 끝 부분에 위치해 있기 때문이다. 하지만 중앙에 위치한 허브 중 한 곳에 문제가 생기면(흔히 발생하지는 않지만 실제로 발생할 경우에는 위험한 사건) 허브와 직접적으로 연결된 수천 개의 은행뿐 아니라 또 다른 여러 개의 허브, 다른 허브와 연결된 수천 개의 기관들이 줄줄이 무너진다. 젠가 게임을 할 때와 마찬가지로 쌓여 있는 수많은 조각 중 하나를 임의로 골라 빼내더라도 아무 일도 벌어지지 않는다. 하지만 빼서는 안 될 조각을 빼면 견고하지만 취약한 방식으로 쌓아 올린 탑 전체가 무너져 내린다.

세계 금융시장에서 바로 이런 일이 벌어졌다. 인터넷 기업의 몰락에서부터 오일 쇼크에 이르기까지, 수십 년 동안 수많은 문제들이 금융 시스템을 괴롭혔다. 그다지 심각하지 않은 문제도 있었지만 꽤 심각한 문제도 있었다. 하지만 금융 시스템은 훌륭하게 대처해냈고 하나의 문제가 해결될 때마다 시스템 전반의 혼란 관리 능력에 대한 사람들의 신뢰는 나날이 커져만 갔다. 그러다가 허브가 실패하는 사태가 벌어졌다. 극심한 공포가 네트워크 전반으로 확산되었고 순식간에 모든 것이 멈춰서버렸다. 레빈의 이야기처럼 "허브의 규모가 커서 실패하지 않았던 것이 아니라 허브의 상호연결성이 지나치게 강했던 탓에 실패를 허용할 수 없었던 것"이다. 일단 재앙이 닥치자 서로 밀접하게 연결되어 있는 요소들을 분리하거나 비동조화시킬 방법이 없었다.

금융 시스템이 일상 업무 활동을 위해 은행 사이에서 오고 가는 자금이라는 형태로만 서로 연결되어 있었던 것은 아니다. 채권과 보험으로 이뤄진 새로운 형태의 복잡한 파생상품들이 금융 시스템의 상호연결성을 강화하는 역할을 했다. 금융기관들은 자산담보부증권collateralized debt obligations, CDO이라는 파생상품을 통해 위험천만한 주택담보대출 채권을 쪼개서 재구성한 다음 다른 금융기관에 팔아넘겼다. 또한 금융기관들은 금융 상호 의존성이라는 거대한 망 안에서 은행들을 묶어주는 보험 계약 신용부도스와프credit default swap, CDS도 적극 활용했다. CDO와 CDS는 금융 시스템 내에 존재하는 질산 및 글리세린과 같았다. 소량이 사용되면 심장이 잘 뛰도록 돕는 역할을 하지만 투입량이 필요 이상으로 늘어나면 심각한 문제를 일으킬 수 있다.

금융 클러스터를 파괴하는 폭탄

CDO라는 금융상품을 이해하는 데 가장 도움이 되는 방법은 피라미드 모양으로 쌓아 올린 와인잔을 떠올리는 것이다. 피라미드 꼭대기에서 샴

페인을 쏟아부으면 맨 위에 있는 유리잔이 가장 먼저 채워지고 중간에 있는 유리잔은 그다음에, 바닥에 놓여 있는 유리잔은 가장 마지막에 채워진다. CDO도 이런 형태를 띠고 있었다. 다만 와인 대신 주택담보대출 상환금에서 나온 돈을 특수 채권에 쏟아붓는다는 점이 달랐을 뿐이다.

은행은 CDO를 만들기 위해 미국의 평범한 주택 소유주들이 갖고 있는 주택담보대출을 한데 묶었다. 매달 주택 소유주들이 그달치 주택담보대출을 상환하기 위해 수표를 쓰면 은행이 그 돈을 모아 와인잔과 같은 형태로 쌓여 있는 트랑슈라는 채권을 사들였다. 피라미드 꼭대기에 있는 와인잔과 마찬가지로 가장 높은 곳에 있는 트랑슈가 가장 먼저 돈을 받았고 그런 다음 아래쪽에 있는 트랑슈에 차례로 돈이 지급되었다. 가장 바닥에 있는 트랑슈가 돈을 받게 되거나 자금이 모두 동날 때까지 이 과정이 진행되었다.

당연하게도 가장 꼭대기에 위치한 트랑슈는 돈을 받기 위한 길게 늘어선 행렬에서 제일 앞에 있는 셈이니 위험도가 가장 낮았다. 따라서 무디스, 스탠다드 앤드 푸어스 같은 신용평가사들은 이런 트랑슈에 AAA라는 최고 신용등급을 부여했다. 하지만 신용등급이 높은 만큼 수익률도 약 2% 수준으로 낮은 편이었다. 반면 가장 낮은 곳에 위치한 트랑슈는 가장 위험했다. CDO에 포함되어 있는 주택담보대출을 갚아야 할 사람이 제때 대출을 갚지 못하면 가장 낮은 곳에 위치한 트랑슈가 가장 먼저 손해를 입는 구조였기 때문에 최하위 트랑슈는 가장 낮은 신용등급(BB)을 받았다. 대신 수익률은 약 10% 수준으로 가장 높았다.

여기까지는 아무런 문제가 없다. 하지만 이후부터 문제가 시작됐다. CDO 금융 공학이 단기간 내에 불분명한 지역으로 들어섰던 것이다. 예를 들어, 어떤 은행이 특정 CDO(편의를 위해 루시퍼라고 해두자)에 포함되어 있는 트랑슈 중 가장 등급이 낮은 트랑슈(BB)를 사들인 다음 자체적으로 새로운 CDO(데미안이라고 해두자)를 만든 경우를 생각해보자. 정크 본드, 즉 데미안으로 이루어져 있는 CDO임에도 불구하고 금융공학의 마법을 통해 최하위 등급의 트랑슈 내에서 또다시 등급이 나뉘었고 그중에서 가장 상위에 위치한 트랑슈는 AAA 등급을 받았다. 이처럼 불합리한 구조로 인해 상품의 근간이 되는 자산(루시퍼의 가장 하위에 위치한 BB 등급 트랑슈)이 부실한 데다 매우 위험도가 높은 정크 본드라는 사실이 감춰졌다. "이 집은 유독성 폐기물을 이용해 지을 수 있는 건축물 중에서 가장 안전한 집입니다"라고 이야기를 해야 하는 상황에서, 건축자재가 유독성 물질이라는 사실만 쏙 빼놓고 말하는 것과 다를 바가 없다. 혹은 접착제 공장에서 다리를 절뚝이는 10여 필의 말을 데려다가 속도가 빠른 순서대로 줄을 세운 후 가장 빠른 말을 순종이라고 부르는 것과 같다고나 할까.

루시퍼에 속하는 주택담보대출을 보유한 주택 소유주 중 일부가 대출을 갚지 못하면 BB 등급 트랑슈를 소유한 사람들이 손해를 볼 뿐 아니라 데미안에 속하는 트랑슈를 보유한 사람들도 피해를 입게 된다. AAA 등급을 받았다 해도 다르지 않다. 바로 이 대목에서 진정한 비극이 시작된다. 연금기금, 지방자치단체, 401k(확정 기여형 연금제도) 등 관리 상태가 좋고 위험을 회피하는 기관들이 데미안에 속하는 AAA 등급 트랑슈를 보유하고 있었던 것이다.

CDO를 건강식품으로 잘못 표기되어 있긴 하지만 실제로는 콜레스테롤을 다량 함유하고 있는 정크 푸드라고 할 수 있다면 CDS는 어떤 부위에서건 동맥이 막히기만 하면 곧장 심장마비가 발생하도록 보장하는 메커니즘에 비유할 수 있다. CDS는 자동차, 주택, 생명에 대한 보험에 가입하기 위해 서명하는 계약과 매우 유사한 보험 계약이다. 보험회사에 매달

보험료를 내면 재난이 발생했을 때 모든 피해를 보상해준다. 마찬가지로, 은행은 이와 같은 보험 계약을 통해 자사가 구매한 주식이나 채권의 가치가 훼손될 위험에 대비해 보험을 들 수 있었다. 예를 들어, 은행 A가 천만 달러어치의 회사채를 사들였다가 채권의 가치가 2백만 달러 하락하면 보험을 제공한 은행 B가 차액을 제공하는 식이다. 물론 건강과 자동차와 관련된 위험에 대비하기 위해 보험료를 지불하듯 은행 A도 이와 같은 보험 서비스를 이용하려면 은행 B에게 보험료를 내야 한다.

하지만 CDS와 전통적인 보험 간에는 몇 가지 중요한 차이점이 있었다. 첫째, CDS 계약은 아무런 감독이나 규제 없이 투자자에서 또 다른 투자자에게로 넘어갈 수 있었다. 다시 말해서 보험을 제공하는 측이 실제로 손해를 보상해줘야 하는 상황이 발생했을 때, 그만한 능력이 있는지 확인하는 장치가 전혀 없었던 것이다. 이런 계약을 보험이 아닌 스와프라 부르기 때문에 CDS 투자자들은 전통적인 보험업계와는 달리 지급준비율, 규제 감독 등을 피할 수 있었다.(아마 이것이 CDS의 중심부에 위치한 '혁신'이었던 듯하다)

둘째, 기업은 CDS를 통해 자사가 투자한 상품과 관련된 채무불이행뿐 아니라 다른 기업의 자산과 관련해 발생 가능한 채무불이행에 대해서도 보험을 들 수 있었다. 이웃이 타는 페라리에 대해 보험을 드는 것과 다르지 않다. 기업들은 스와프를 투기를 위한 도구로 여겼다. 즉, 어떤 회사가 망할 가능성을 두고 돈을 걸었던 것이다. 전통적인 보험 시장에서는 무려 1700년대에 이런 관행이 불법으로 규정되었다. 1700년대 이전에는 누구든 자신이 직접 소유하지 않은 영국 선박에 대한 보험을 구입하는 것이 합법적이었다. 하지만 이런 관행으로 인해 항해를 하는 데 아무런 문제도 없는 선박들이 이상하게도 템스 강 바닥으로 침몰하는 사건이 연이어 발생했다. 결국 영국 의회는 '피보험 이익'의 개념을 성문화했다. 보험 가입 대상 자산에 실질적인 경제적 이해관계가 걸려 있는 경우에만 보험을 들 수 있도록 규정한 것이다. CDS가 인기를 끌기 전까지 무려 250여 년 동안 이 개념에 이의를 제기하는 사람은 아무도 없었다.

마지막으로, CDS 계약은 개별적으로 판매되고 거래되었다. 다시 말해서 '장외에서 거래'되었던 것이다. 이와 같은 CDS의 특성으로 인해 CDS 거래를 하는 기업의 위험성이 대폭 증가했다. 하지만 전통적인 대차대조표에는 그 같은 사실이 드러나지 않았다. 막상 위기가 닥치자 누가 누구에게 얼마만큼 빚을 지고 있는지, 금융위기가 누군가의 손익에 어떤 영향을 미칠지 제대로 이해하는 사람이 아무도 없었다. 맨 처음 등장했을 당시의 CDO와 CDS는 시장이 제법 유익한 두 가지 일을 하게끔 돕는 것을 목표로 삼았다. 첫 번째 목표는 위험을 감수할 의향이 있고 가장 높은 수준의 위험 감수 역량을 갖고 있는 대상에게 위험을 분산시키는 것이었다. 두 번째 목표는 은행이 자사의 활동 중 일부와 다른 은행의 활동을 적절히 짜 맞춰 포트폴리오를 다각화할 수 있도록 돕는 것이었다. 대형 은행은 대개 직접 주택담보대출 프로그램을 운영하기도 하고 다른 은행으로부터 주택담보대출을 사들이기도 한다. 또한 이 둘을 섞은 주택저당증권mortgage-backed securities, MBS을 판매하며 다른 은행에서 판매하는 상품에 문제가 생겼을 때 금전적인 손해를 보상해주는 것을 골자로 하는 보험도 판매한다. 얼핏 생각하면 이 모든 것들이 다각화처럼 보일 수도 있다. 즉, 효율성과 견고성 사이에서 적절한 균형을 잡기 위한 현명한 전략처럼 보일수도 있는 것이다.

하지만 부채와 융자, 위험을 트랑슈로 쪼개 여러 개를 더했다가 판매하고 다시 새로운 조합을 만들어 판매하고 재판매하는 과정을 통해 금융기관 간의 상호의존성이 심각할 정도로 복잡해졌다. 기본이 되는 자산의 관리 연속성이 이해 불가능한 수준으로 늘어났기 때문이다.

게다가 막상 위기가 닥치자, 그 어떤 은행도 자사와 계약 관계에 놓여 있는 다른 기관들이 또 다른 기관들과 맺고 있는 계약으로 인해 비극이 초래될 수도 있다는 사실을 제대로 이해하지 못했다. 이것이 바로 거래상대방 위험counterparty risk이다. 거래상대방 위험이란, 자사가 빚을 갚지 못할 위험, 혹은 자사의 파트너에게 문제가 생길 위험이 아니라 파트너의 파트너에게 문제가 발생할 위험을 뜻한다.

개별 은행의 관점에서 생각해보면 금융위기가 발생하기 전 위험도가 낮았던 시절에는 또 다른 은행과 계약을 맺는 것이 좋은 일로 여겨졌다.(거래를 맺는 상대 은행은 자체적으로 수많은 비즈니스 관계를 보유하고 있다) 또 다른 은행과 계약을 맺고 있다는 사실 자체에 다각화되어 있으며 위험이 낮다는 의미가 내포되어 있었다. 규모가 큰 포트폴리오 내에 포함된 수많은 계약이 동시에 문제가 될 가능성이 얼마나 되겠는가? 하지만 금융위기가 닥치고 위험이 높은 시대가 도래하자 수많은 거래상대와 계약을 맺고 있는 또 다른 은행과 계약 관계에 놓여 있는 현실 자체가 악몽이 되어버렸다. 결국 언제든 망해버릴 수 있고 누군지도 모르는 제3자와 계약을 맺고 있을지도 모를 일이었기 때문이다. 다른 은행이 얼마나 신뢰할 만한지 어떻게 판단할 수 있었겠는가? 그 은행이 얼마만큼의 채무를 갖고 있는지 어떻게 파악할 수 있었겠는가? 혹은 그 은행이 거래하는 거래상대와 계약을 맺고 있는 거래상대는 어떨까? 그 누구든 어떻게 신뢰할 수 있었겠는가?

시장이 붕괴되자 투명성이라는 느낌이 순식간에 모두 사라져버렸다. 그와 더불어 시스템 내에 존재하는 가장 중요한 변수인 신뢰도 사라져버렸다. 신뢰에 관한 내용은 이 책의 뒷부분에서 따로 살펴볼 예정이다.

파생상품 계약 자체가 믿기 어려울 정도로 복잡하다는 점도 전혀 도움이 되지 않았다. 가장 단순한 형태의 계약조차도 그 길이가 2백 쪽에 달할 정도였다. 가장 복잡한 부류의 계약을 제대로 이해하려면 10억 쪽[23]이 넘는 문서를 읽어야 할 정도였다.(한 쪽을 읽는 데 1분이 걸린다고 가정하면 수많은 파생상품 중 하나와 관련된 계약서를 읽는 데만 1,900년이 넘는 시간이 걸린다는 이야기이다) 기업들은 아예 실사를 포기하고 계약을 있는 그대로 통째로 받아들였다. 시장이 붕괴되자 누가 누구에게 얼마를 줘야 하는 상황인지 파악하기 힘든 정도가 아니라 아예 불가능했다. 리먼 브라더스, 베어스턴스, AIG 파이낸셜 프러덕츠 등 금융위기가 한창일 때 사라져버린 금융기관들이 가장 높은 수준의 거래상대방 위험을 갖고 있었던 곳 중 일부라는 사실은 전혀 놀랍지 않다. 한마디로 크기를 가늠할 수 없는 닻을 붙들고 있었던 셈이다.

이처럼 복잡한 파생상품은 또한 다른 미묘한 방식으로 영향을 미치기도 했다. 높은 수익과 놀랄 만큼 낮은 위험을 보장하겠다는 약속에 매료된 각종 금융기관들은 이런 부류의 파생상품을 적극 활용하기 위해 수익 창출을 위한 방법과 위험 관리 전략을 사실상 통일시켜버렸다. 시중 은행에서부터 헤지 펀드에 이르기까지, 시장에서 활동하는 수많은 주체들이 동일한 방식으로 동일한 부류의 자산과 부채를 동일한 비중으로 보유하고, 동일한 목표를 추구하는 등, 다른 주체의 비즈니스를 파고들기 시작했다. 시장에서 활동하는 각 주체들이 날이 갈수록 증대되는 시장의 복잡성 중 점차 많은 부분을 흡수하기 시작하자 시장의 위험이 곧 내부 위험이 되어버렸다. 아무런 차이점이 없는 다각화 방식이었다. 모든 사람들의 눈앞에서 세계 금융시장이라는 복잡한 생태계가 매우 복잡한 나그네쥐(바다를 향해 집단으로 이동한 후 빠져죽으며 북유럽에 서식하는 설치류의 동물―옮긴이)로 가득한 단일 문화로 바뀌게 된 것이다.

시스템의 급반전이 임박했음을 알려주는 명백한 신호

스기하라의 설명에 의하면, 복잡한 시스템 내에는 중대한 변화, 혹은 시스템의 급반전이 임박했음을 알려주는 명백한 경고 신호가 있다. 금융위기가 발발하기 전에도 이런 신호들이 위험을 경고했다. 그중 한 가지가 '임계 둔화critical slowing', 즉 한계점에 가까워질수록 시스템이 점차 불안정한 경향을 보이는 현상이다. "압박이 가해지면 시스템이 좀 더 쉽게 균형 상태를 벗어나게 될 수 있습니다. 또한 회복 속도도 더뎌집니다. 회복 시간이 충분히 주어지지 않으면 작은 변화마저도 증폭되어 시스템이 통제 불가능한 수준으로 치닫게 될 수 있습니다. 빙판길에서 운전자의 의사와 상관없이 휙 꺾이는 차량처럼 하나의 안정된 상태에서 또 다른 상태로 급격히 넘어가버릴 수도 있습니다."

역설적이게도 이와 같은 불안정한 상황이 발생하기 직전에 시스템이 동시성을 경험할 수도 있다. 시스템 내에서 활동하는 주체들이 혼란 속으로 빠져들기 직전에 일시적으로 동일한 방식으로 행동하기 때문이다. 예를 들면, 간질 발작이 발생하기 몇 분 전에 간질을 일으키는 뇌세포에서 동시성이 관찰되기도 한다. 붕괴 직전의 금융시장에서도 이런 현상이 명백하게 관찰되었다. 대출이 한창 증가했던 2004년부터 2007년까지는 금융계 내 모든 부문의 성과가 90% 이상 연관되어 있었다. 이는 곧 시장에서 활동하는 다양한 주체들이[24] 유사성을 갖고 있다는 뜻이었다. 스기하라는 이 같은 현상을 두고 "위험이 임박했다는 초기 지표인 것이 확실했다"고 지적한다.

레빈은 "동인이나 압박으로 인해 개별 주체들이 걸음걸이를 맞추고 유사한 선택을 한다는 것은 동시성이 존재한다는 명확한 신호"라고 덧붙인다. "사람들이 동시화되어 있지 않은 경우에는 어떤 사람은 번성하고 다른 사람은 쇠락합니다. 사람들이 동시화되어 있는 경우에는 한 장소에서 붕괴 현상이 일어나면 모든 곳이 붕괴됩니다."

금융 시스템의 상태가 건전하면 상호연결성, 위험 관리, 다각화, 제품 혁신이 위험을 분산시키고 불가피한 실패의 여파를 완화시키는 등 충격을 흡수하는 역할을 한다. 하지만 금융시장 붕괴를 앞둔 시점에는 시장의 다양성이 서서히 약화되었으며 시장에서 활동하는 여러 주체의 행동이 동시화되었으며 이들 간의 상호의존성을 파악할 수 없게 되었다. 자메이카에서 성게가 자취를 감추었을 때 그랬던 것처럼 리먼 브라더스가 무너져 내리자 유례없을 정도로 치명적인 영향을 미치는 바이러스가 등장해 매우 빠른 속도로 금융 시스템 내에 존재하는 가장 중요한 자원인 신뢰를 말살시켜버렸다. 이런 상황이 벌어지자 금융 시스템 내에서 충격을 흡수하는 역할을 하던 요소들이 악용되기 시작했고 안전하다는 인식이 아니라 불확실성을 확산시키는 등 오히려 충격을 증폭시키는 역할을 하기 시작했다.

은행가들은 이처럼 불확실한 상황에서 당연히 취할 수 있을 법한 합리적인 행동을 했다. 현금을 축적하고 장부에 기록되어 있는 부실자산을 팔아치우기 위해 안간힘을 썼다. 하지만 대부분의 은행들은 금융위기가 발생하기 전에 유사한 비즈니스 전략을 활용했었다. 따라서 금융위기가 벌어진 이후에 등장한 합리적인 대응이라는 것 역시 대동소이했다. 네트워크 자체가 마치 복제품처럼 유사한 기관들로 조밀하게 연결되어 있는 데다 모든 기관들이 비슷한 방식으로 집단적인 반응을 보이자 상황은 더욱 악화되었다. 현금을 쌓아두자 유동성 위기가 발생했고, 유동성 위기가 닥치자 돈을 쌓아두는 은행을 포함한 모든 은행들이 매일 갚아야 할 채무를 해결하기가 한층 힘들어졌다. 부실자산을 매각하려는 움직임이 대거 나타나자 모든 사람의 재무제표에 남아 있는 자산의 가치가 더욱 빠른 속도로 줄어들었다. 자산 가치가 줄어들자 좀 더 건전한 상태에 놓여 있던 은행의 재무제표가 악화되었고 좀 더 많은 기관들이 혼란의 소용돌이로 빠져들었다. 이런 시각에서 보면 미 재무부가 수천억의 구제금융을 쏟아부었음에도 불구하고 은행들이 다시 대출에 뛰어들기를 그토록 꺼린 이유가 무엇인지 쉽게 이해할 수 있다.

세계 금융시장과 견고하지만 취약한 생태계가 갖고 있는 역학 관계 중 공통적인 부분이 많을 수도 있다. 하지만 그렇다고 해서 다음 위기를 피하거나 위기의 강도를 약화시키는 데 도움이 될까? 결국, 시장이 견고하지만 취약한 시스템의 본질을 갖고 있다는 것은 곧 미래에 재앙이 발생할 위험이 방정식에 내포되어 있다는 뜻 아닐까?

스기하라, 레빈 등 생태금융 이론가들뿐 아니라 위험 관리 부문에서 두각을 나타내고 있는 앤드루 홀데인Andy Haldane(세계에서 가장 유서 깊은 금융기관 중 하나로 꼽히는 잉글랜드 은행에서 금융 안정성 부문을 총괄 책임지고 있는 인물)을 비롯해 세계 금융 정책에 공식적으로 영향을 미치는 금융계 지도자들도 이런 질문에 점차 지대한 관심을 보이고 있다.

레빈, 스기하라와 마찬가지로 홀데인은 시스템의 복잡성(금융기관들 간의 상호의존성이 넘쳐나는 상태)과 금융기관들이 채택한 동일한 비즈니스 전략 때문에 금융 질서에 문제가 생겼다고 지적한다. 홀데인이 금융 네트워크의 회복력 개선을 위해 제시한 방안은 생태학자들이 생태계의 회복력 개선을 위해 내놓은 처방과 놀라울 정도로 일치한다. "우리에게 필요한 것은 금융 시스템의 건전성과 시스템 내 다양한 기관들 간의 의존성을 측정해낼 수 있는 좀 더 완벽하고 전체론적인 지표입니다. 위기나 시스템 대반전이 임박한 상황에서는 사람들에게 이 부분을 좀 더 잘 전달해야 합니다. 그리고 금융 시스템의 다양성을 개선하기 위해 노력해야 합니다."

금융을 바라보는 전체적인 시각

세계 금융 네트워크의 건전성을 평가하기 위해 좀 더 전체론적이고 생태계 기반 수산자원 관리 방식과 유사한 지표를 만들려면 먼저 훨씬 많은 양의 데이터를 수집해야 한다. 홀데인도 같은 생각이다. "지금은 금융 시스템 내의 위험을 측정하려면 하나하나 따져봐야 합니다. 각 금융기관, 각 교점을 따로 떼어놓고 판단하는 거지요. 하지만 시스템에 문제가 발생하면 정책을 만드는 사람들이(그리고 모든 사람들이) 자욱한 안개 속에서 힘겹게 길을 찾아 헤맵니다."

상황을 개선하려면 규제기관과 정부가 다양한 기관 및 시장 사이에 존재하는 연결 관계, 흐름, 상호의존성의 숫자, 규모, 유형을 한눈에 파악할 수 있어야 한다. 금융 관측소를 만들어 지속적으로 페드와이어 연구를 반복해야 하는 것이다. 대신 훨씬 크고, 훨씬 포괄적이고, 훨씬 시의적절하며, 훨씬 국제적인 규모로 연구를 진행해야 한다.

이런 식으로 연구를 진행하려면 분산된 감지 네트워크를 구축해 세계 금융 시스템을 감시하고 더욱 많은 거래를 투명하게 진행해야 한다. 이미 이런 일이 일어나기 시작했다. 예컨대, 2008년 금융위기 이후에 미국에서 통과된 금융개혁법은 거래상대방 위험을 완화시키는 데 도움이 되는 메커니즘을 통해 CDS와 같은 파생상품을 거래하도록 명시하고 있다. 거래상대방 위험 완화를 위한 메커니즘은 중앙집중화된 거래상대방 정보 센터centralized counterparty clearinghouses, CCP라 불린다.

금융위기가 발생하기 전에는 모든 은행들이 다른 은행과 거래를 할 때 독립적인 방식으로 직접 거래를 했다. 따라서 위기가 닥치자 은행들은 자사와 거래 중인 거래상대방이 자사가 감당할 수 없을 정도로 많은 계약을 맺고 있는 것이 아닌지 확신할 수가 없었다. 하지만 정보 센터가 있으면 이처럼 불확실한 상황이 한결 명확해진다. 정보 센터가 모든 거래의 중간에 서서 구매자가 각 판매자와 적합한지 평가한 다음 방향을 틀어 판매자가 각 구매자와 적합한지 판단한다. 거래에 개입된 곳 중 파산하는 곳이 있으면 CCP가 계약 내용 중 책임이 있는 부분에 대해 보상을 제공한다.

이론상 이와 같은 방식을 도입하면 당장 여러 가지 장점을 얻을 수 있다. 먼저, 정보 센터는 책임 범위 내에 있는 구매자와 판매자 간의 모든 관계를 한눈에 파악할 수 있기 때문에 금융 당사자 간의 복잡한 관계망을 도식화하기가 한층 수월해진다. 홀데인은 "정보 센터는 매우 다양한 차원으로 구성된 금융 책임망을 압축해 중앙 정산소가 존재하는 일련의 쌍방 관계로 만든다"고 설명한다. "중앙에는 허브가 위치해 있고 허브를 중심으로 바큇살처럼 뻗어 있는 단순한 형태의 네트워크지요. 길게 늘어진 관계사슬이 하나의 고리로 압축되는 겁니다." 따라서 설사 위기가 발생하더라도 은행은 어차피 정보 센터하고만 거래 관계를 갖고 있을 뿐이니 자사의 비즈니스 파트너들이 어떤 상대와 거래를 맺고 있는지 걱정을 할 필요가 없다. 홀데인은 "연결고리 자체가 안전하면, 즉 허브의 회복력을 의심할 필요가 없다면 거래당사자로 인한 불확실성이 사실상 제거된다"고 덧붙인다.

CCP는 당사자 간의 복잡한 상쇄 권리를 간소화하고 줄이는 역할도 한다. 예를 들어, 제1국영은행이 10여 건의 파생상품 계약으로 인해 제2국영은행에 5천만 달러를 지급해야 하고, 또 다른 여러 건의 계약으로 인해 제2국영은행이 제1국영은행에 비슷한 금액을 지불해야 하는 경우라면 CCP가 네팅netting이라는 과정을 통해 상호간의 권리를 상쇄시킬 수 있다. (금융위기가 발생한 이후에 CDS 시장에서 수동적으로 이런 일을 해내기 위한 노력이 진행되었다. 서로 중복되고 상쇄되는 권리를 없애는 방법으로 계약의 규모를 75% 이상[25] 줄였던 것이다. 중앙 집중화된 정보 센터는 이런 과정을 자동으로 처리한다.)

CCP는 각각의 거래당사자가 실제로 계약금을 치를 수 있도록 보장하는 메커니즘도 제공한다. CCP가 각 당사자에게 마치 매일 채무를 정산하기라도 해야 하는 것처럼(흔히 '일일 정산 회계 방식'이라고 알려져 있다) 계약을 이행하기에 충분한 자금을 떼어놓을 것을 요구하기 때문이다. 그뿐만 아니라 CCP는 개별 기업의 위험 노출도가 얼마나 높은지 항상 주시하기 때문에 CCP가 있으면 (AIG와 리먼 브라더스가 그랬던 것처럼) 아무도 모르게 특정 기업의 위험 노출 수준이 위험할 정도로 높아지는 일이 벌어질 가능성이 현저하게 낮아진다.

미국은 CCP를 활용하는 데서 그치지 않고 증권 거래소와 같은 방식으로 파생상품을 거래할 수 있는 개방형 거래소를 활용하는 등 최근 투명성 강화를 의무화하기 위해 노력을 기울이고 있다. 거래소를 통해 파생상품을 거래하는 방식의 최대 장점은, 시장 가격을 정할 수 있다는 것이다. 금융위기가 터지기 전 은행끼리 직접 거래를 하던 시절에는 이런 계약을 맺기 위해 누가 얼마를 지불하는지 그 누구도 알지 못했다. 하지만 파생상품 거래에 시장을 기반으로 하는 시스템이 도입되자 누구든지 현행 가격이 얼마인지 확인할 수 있게 되었고 바가지를 쓰게 될 가능성이 대폭 줄어들었다.

물론 모두가 이런 방식에 만족한 것은 아니었다. 파생상품 거래에 투명성이 도입되기 전에는 투자회사들이 남들이 모르는 은밀한 투자 전략을 활용해 성공을 거두곤 했다. 하지만 파생상품 거래의 투명성이 높아지자 일부 투자회사가 활용하는 근본적인 투자 전략이 한층 명확하게 드러나고 말았다. 월가에서 파생상품을 사고파는 사람들은 좀 더 단순한 또 다른 이유 때문에 거래소 기반 파생상품 거래 방식을 싫어한다. 누가 파생상품 계약을 위해 얼마를 내는지 아무도 몰랐던 시절에는 얼마든지 원하는 금액을 갖다 붙일 수 있었다. 하지만 거래소를 통해서 파생상품을 판매하기 시작하자 가격 역시 투명해졌고 가격이 투명해지자 이윤이 줄어들고 말았다.

물론 파생상품 거래에 CCP를 개입시킨다고 해서 모든 문제가 해결되는 것은 아니다. CCP도 금융 네트워크의 취약성을 완전히 제거하지는 못한다. 다만 취약성을 CCP의 위험 관리 전략으로 이동시킬 뿐이다. 제대로 관리가 되면 CCP가 시장 전체가 직면한 위험을 실질적으로 완화시킬 수 있다. 하지만 CCP가 제대로 관리되지 않는 상황에서 또다시 위기가 발생하면 중앙 집중화된 CCP의 지위로 인해 CCP가 위기 발생의 중요한 원인이 될 수도 있다.

하지만 CCP가 있으면 시장 활동에 관한 방대한 정보를 수집하고 시장 활동의 투명성을 강화할 수 있다. CCP가 수집한 데이터와 수많은 기타 경로를 통해 수집된 데이터를 더해 생태계 기반 수산자원 관리와 유사한 방식으로 기관의 규모와 행동뿐 아니라 연결성을 드러내 보여주는 정교하고 포괄적인 측정 도구에 정보를 제공할 수도 있다.

공중위생 분야를 살펴보면, 의사들은 초확산자super spreader, 즉 전염병을 일으키거나 유행시킬 위험성이 가장 큰 사람들을 찾아내 예방 주사를 놓기 위해 비공식적 사회 연결망을 활용하곤 한다. 금융 부문에서도 마찬가지이다. 홀데인의 이야기를 들어보자. "2007년 초를 살펴보면 세계에서 가장 규모가 큰 금융기관 중 많은 곳들이 AIG와 2~3단계 이상 떨어져 있었는지 의심스럽습니다. 이번 금융위기를 기준으로 가장 최근에 위기가 발생했던 1998년을 돌아보더라도 마찬가지입니다. 당시, 금융위기를 초래한 건 롱텀 캐피털 매니지먼트였습니다. 세계에서 가장 규모가 큰 은행 중 상당수가 롱텀 캐피털 매니지먼트와 1~2단계 이상 떨어져 있지 않았던 것으로 보입니다. 금융망 내의 연결고리를 지도로 표시하면 블랙홀이 너무 많은 행성을 집어삼키기 전에 금융 부문의 블랙홀을 찾아내는 데 도움이 됩니다."

하지만 금융위기가 닥치기 전에는, 가장 중요한 금융기관의 규모와 미연에 잠재해 있는 문제를 감당하고자 이런 조직들이 마련해둔 보유고 사이에는 사실상 아무런 상관관계가 없었다. 초대형 금융기관들은 금융시장에서 이른바 중요한 위치를 차지하고 있었다. 그러함에도(어쩌면 중요성 때문이라고 보는 편이 좀 더 정확할 수도 있다) 중요한 역할을 맡고 있는 초대형 금융기관들은 규모가 작은 금융기관들과 비교했을 때 전체 자산 대비 보유고의 비중이 적은 편이었다. 이런 현상에 대해 홀데인은 이런 설명을 내놓았다. "먼저, 대형 은행들이 자사가 다각화를 하고 있기 때문에 좀 더 큰 위험을 감당할 수 있을 거라고 생각했던 것 같습니다. 혹은 이렇게도 생각해볼 수 있겠지요. 상황이 나빠지면 정부가 도움을 준다는 암묵적인 약속 때문에 대형 은행들이 덜 보수적인 방식으로 영업을 하더라도 시장이 내버려둔 측면이 있습니다. 이유가 무엇이건 금융 부문에서 전염병을 확산시키는 초확산자를 찾아 확실하게 예방접종을 하는 데 실패했던 겁니다."

초확산자의 적절한 예방접종 수준을 파악하는 데 가장 도움이 되는 방법은 위험이 발생하기 전에 모형을 만드는 것이다. 2009년에 한계는 있었지만 이런 형태의 모형이 만들어졌다. 당시, 미 연방준비제도는 정부로부터 구제 금융을 받은 은행들이 오랜 기간 동안 지속되는 높은 실업률, 계속되는 담보대출 채무 불이행 등 힘든 상황을 견뎌내기에 충분한 자본을 갖고 있는지 확인하기 위해 은행들을 상대로 스트레스 테스트를 시작했다. 스트레스 테스트는 각 은행의 건전성과 위험 노출도를 간략하게 확인하는 데 도움이 되었다. 첫 번째 테스트가 진행된 기간 동안, 규제기관들은 스트레스 테스트 중인 은행 중 절반 이상이 추가 자본을 필요로 한다는 사실을 발견했다. 하지만 이처럼 한계가 있는 스트레스 테스트조차 감사와 다를 바 없이 1년에 한 번 시행되는 연례행사에 불과하다. 또한 이러한 스트레스 테스트로는 시스템 내의 주체 중 누군가가 무너졌을 때 시스템 전체가 어떤 영향을 받을지 분석할 수 없다. 전력 시스템, 군사 시스템, 항공 교통 시스템 등 다른 네트워크 시스템에서도 이런 유형의 테스트와 시뮬레이션이 일상적으로 진행된다. 금융 시스템도 스트레스 테스트와 시뮬레이션을 일상적으로 활용해야 한다. 일부 금융시장 허브가 아닌 모든 곳에서 그래야 한다.

그런데 이런 방법은 보정을 위한 방법일 뿐이다. 이런 유형의 테스트와 시뮬레이션은 시스템의 취약성이 드러났을 때 피해를 억제하고 최소화하는 데 도움이 된다. 하지만 시스템이 다시 바람직한 상태로 되돌아가도록 만들지는 못한다. 금융시장이 좀 더 효과적으로 자체 규제를 하도록 만들 방법이 있을까? 다시 한 번 산호초에서 흥미로운 단서를 찾아보자.

제비활치와 WIR

데이비드 벨우드David Bellwood의 머릿속은 온통 물고기에 대한 생각뿐이었다. 벨우드의 친구들은 무슨 이야기를 하건 결국 물고기에 대한 이야기로 되돌아간다며 항상 벨우드를 놀려댄다. 북부 잉글랜드 지역에서 성장한 벨우드는 어린 시절에 초에서 서식하는 물고기를 관찰하기 위해 수족관을 만들었을 정도로 물고기에 대한 관심이 지대했다. 벨우드는 물고기에 대한 관심 때문에 바스 대학에서 학사 학위를 받기에 이르렀다. 벨우드는 바스 대학에서 수족관 산업에 대한 우등생 프로젝트를 진행했는데, 이후 호주로 건너가 제임스 쿡 대학에서 박사 학위를 받고 교수 생활을 했다. 20년이 넘는 기간 동안 벨우드는 지금은 자신의 공식적인 전문 분야이자 비공식적인 집착의 대상이 된 파랑비늘돔에 주목해왔다.

벨우드가 아름다운 색상의 파랑비늘돔에 마음을 빼앗긴 이유를 추측해보는 일은 그다지 어렵지 않다. 파랑비늘돔은 산호초에서 서식하는 중요한 생물 중 하나인 데다 몇 가지 매우 흥미로운 특성을 갖고 있다. 파랑비늘돔은 성별을 바꿀 수 있으며(무리를 이끄는 수컷이 죽으면 암컷 파랑비늘돔이 수컷으로 성별을 바꿀 수 있다) 일부 어종은 머리 부분에 있는 기관에서 나온 점성 물질로 투명한 보호막을 만들어 온몸을 감쌀 수 있다. 직접 만들어낸 침낭은 야간에 파랑비늘돔의 냄새를 숨겨준다. 파랑비늘돔은 보호막 덕에 야간에 활동하는 포식자들로부터 안전하게 몸을 숨길 수 있는 것이다.

하지만 벨우드는 뜯겨져 나온 산호 덩어리에 붙어 있는 조류를 다량 섭취하는 파랑비늘돔의 행동에 특히 많은 관심을 가졌다. 파랑비늘돔은 게걸스럽게 조류를 먹어치웠다. 벨우드는 파랑비늘돔을 '잔디 깎는 기계'라고 불렀다. 파랑비늘돔은 건강한 초에서 조류와 산호 간의 경쟁 관계를 조절하는 중요한 역할을 한다. 파랑비늘돔은 필요 이상으로 번식한 조류를 제거하고 새로 자라난 산호가 필요한 공간을 확보할 수 있도록 돕는다. 이와 같은 방식으로 파랑비늘돔은 산호가 장악하고 있는 초를 계속해서 자가 발전적인 상태로 유지시키고 조류가 초를 장악하지 못하도록 보호한다. 특히, 자메이카 사태를 통해 뼈아픈 교훈을 얻은 후에는 파랑비늘돔과 다른 초식성 어류를 보호하는 것이 산호초를 회복시키기 위한 수많은 전략에서 중요한 부분을 차지하게 되었다.

하지만 최근 벨우드는 그레이트 배리어 리프에서 연구를 실시한 결과 초를 관리하는 메커니즘이 그동안 해양 생태학자들이 생각했던 것보다 훨씬 복잡하다는 사실을 발견했다. 벨우드가 발견한 현상은 미래의 초 관리를 비롯한 여러 분야에 중요한 영향을 미친다.

대조 실험을 진행한 벨우드와 연구진은 초 꼭대기에 작은 사무실만 한 크기의 커다란 개방형 우리를 몇 개 설치했다. 연구진은 조류가 초 생태계를 완전히 장악하도록 만들기 위해 각 우리에 대형 조류를 조밀하게 설치했다. 파랑비늘돔의 시각에서 보면 원하는 것을 무엇이든 먹을 수 있는 뷔페가 차려진 셈이었다.

벨우드 연구팀은 어떤 일이 벌어지는지 포착하기 위해 여러 대의 수중 카메라를 설치했다. "근처에 45종의 초식성 어류가 서식하고 있었고 파랑비늘돔의 개체 수가 무척 많았기 때문에 장관이 연출될 거라고 생각했습니다. 조류를 먹어치우려고 물고기들이 미친 듯이 달려들 거라고 생각한 거죠."

실험을 위해 설치를 모두 마친 후 연구팀은 기대에 부풀어 몇 시간 동안 가만히 앉아 기다렸다. 하지만 기대는 곧 좌절로 바뀌고 말았다. 수중 카메라가 포착한 것이라곤 해류를 따라 흔들리는 다량의 조류뿐이었다. 파랑비늘돔을 비롯해서 어느 물고기도 모습을 드러내지 않았다.

"조명! 카메라! 액션! 모든 것이 준비되었지만 아무런 일도 일어나지 않았습니다. 물고기들이 번식을 하고 있었을까요? 그렇지 않으면 다른 곳으로 사라졌던 걸까요? 무려 3미터나 되는 아름다운 조류들이 너울거리고 있었거든요. 우리가 기다렸던 건 초식성 어류였습니다. 신나게 파티를 즐겨야 되는 거 아니었나요?"

이후 몇 주 동안 연구팀은 조류의 두께가 서서히 옅어지는 현상을 포착했다. "사람이 나이가 들면 서서히 머리칼이 빠집니다. 조류도 꼭 그랬습니다. 물론 꼭대기까지 뻗어 있는 조류도 있었습니다만 중간 부분은 눈에 띄게 옅어졌지요. 결국 조류가 거의 남지 않게 되었습니다."

실험을 고안할 당시 벨우드는 초식성 어류, 특히 파랑비늘돔이 달려들어 24시간 안에 조류를 먹어치울 것이라고 생각했었다. 하지만 조류는 서서히 물고기에게 물어뜯기고 파괴되다가 3주 만에 모두 사라졌다. 그렇다면 도대체 누가 조류를 먹은 것일까? 전혀 예상치 못한 결과가 나오자 벨우드와 과학자들은 눈앞에서 벌어진 현상을 도무지 설명할 수가 없었다. 연구팀이 할 수 있는 것이라고는 영상을 되돌려보고 또 보는 것뿐이었다.

연구팀은 궁금증을 해소하기 위해 반복해서 영상을 돌려보던 중 전혀 예상치 못한 장면을 포착했다. 어두운 곳에서 조류와 전혀 관련성이 없는 어종이 등장했다. 몸체의 가장자리 부분이 금색으로 둘러져 있고 몸집이 크지 않은 검은 빛깔 물고기 제비활치가 나타난 것이다. 그러다 제비활치가 서서히 조류를 먹어치우기 시작하자 사람들은 충격에 빠졌다.

"우리가 놀란 이유는 두 가지 때문이었습니다. 먼저, 제비활치는 조류를 먹지 않습니다. 제비활치는 초식성 어류가 아니라 무척추동물을 먹는 어류입니다. 두 번째로, 제비활치가 조류를 먹는 모습을 본 적이 없었습니다. 우리가 물속으로 들어가면 제비활치들은 곧장 다른 곳으로 헤엄쳐 가곤 했어요. 〈건너편Far Side〉이라는 만화의 한 장면처럼 느껴졌어요. 소 떼가 모여 대화를 나누고 있다가 자동차가 다가오면 갑자기 다시 풀을 먹기 시작하는 그런 장면 말입니다."

벨우드의 연구를 통해 파랑비늘돔이 초에 서식하는 조류를 먹어치우는 역할을 하긴 하지만 파랑비늘돔은 초가 건강하고 산호가 지배적으로 많은 상태일 때만 조류를 먹는다는 사실이 밝혀졌다. 시스템이 뒤집혀 조류가 초를 장악하면 파랑비늘돔은 더 이상 조류를 제거하는 역할을 하지 못했다. 이 시점이 되면 평소에는 조류를 먹지 않는 제비활치가 불균형을 바로잡는 임무를 띠고 초에 '배치'되는 것이다. 파랑비늘돔은 시스템이 뒤집히지 않도록 예방하는 역할을 하고 제비활치는 이미 뒤집힌 시스템을 바로잡는 역할을 한다.

벨우드는 초를 골프장에 비유한다. "보통 때는 잔디 깎는 기계가 필요하지요. 그래야 잔디를 보기 좋게 적당히 깎을 수 있으니까요. 산호초에서 조류를 뜯어먹고 산호초를 말쑥하게 유지하는 역할을 하는 것이 바로 파랑비늘돔, 검은쥐치 등이지요. 하지만 어떤 이유에서건 잔디 깎는 기계가 망가지면 잡초가 웃자라고 조만간 방치된 뒤뜰처럼 골프장이 무성한 잔디로 뒤덮이겠지요. 이쯤 되면 잔디 깎는 기계를 갖고 오더라도 도움이 안 됩니다. 동력 사슬톱과 덤불을 제거하기 위한 특수톱이 필요합니다. 무척 놀랍게도 우리는 연구를 통해 제비활치가 바로 이런 역할을 한다는 사실을 발견했습니다."

제비활치는 벨우드가 '비활동 기능 집단sleeping functional group'이라고 칭하는 어종(특수한 기능을 수행할 수 있는 역량을 갖고 있지만 이례적인 상황에서만[26] 그 기능을 수행하는 하나의 어종, 혹은 여러 어종) 중 하나이다.

비활동 어종을 발견한 벨우드 연구팀은 기쁨과 혼란을 동시에 느꼈다. 시스템 자체가 뒤집혔을 때 조류 지배적인 상태에서 산호 지배적인 상태로 시스템을 되돌릴 수 있는 능력을 가진 어종이 존재한다는 것은 좋은 소식임에 틀림이 없었다. 하지만 과학자들이 어떤 물고기가 그런 능력을 갖고 있는지 모르는 경우가 많다는 것은 나쁜 소식이었다. 이런 어종이 오직 예외적인 상황에서만 시스템을 회복시키는 기능을 하는 탓에 50년이 넘는 연구 역사에도 불구하고 벨우드가 이 같은 중요한 사실을 찾아내기 전에는 그 누구도 제비활치를 산호와 조류 간의 상호작용과 연결 지어 생각하지 못했다.

금융 시스템 내에 제비활치와 같은 비활동 기능 집단(금융 시스템 내에서 동면하고 있다가 2008년의 금융위기처럼 시스템이 뒤집히는 상황이 발생하면 모습을 드러내는 주기 조정 전략)이 존재한다면 어떤 모습을 하고 있을까? 어쩌면 금융도 스위스라는 작은 나라에서 금융판 제비활치를 찾아냈다고 볼 수도 있다. WIR(비어, 우리라는 뜻)라고 불리는 독특한 대체화폐가 바로 그것이다.

지난 몇십 년 동안 스위스를 여행한 적이 있다면 상점이나 가게 창문에 'WIR를 받습니다'라는 문구가 적힌 스티커가 붙어 있는 것을 본 적이 있을 것이다. 어쩌면 WIR를 받는 곳의 이름이 주르륵 적혀 있는 화려한 WIR 카탈로그를 본 적이 있을지도 모르겠다. 호텔에 머무른 적이 있다면 직원에게 WIR로 지불하겠냐는 질문을 받아봤을 수도 있다. 물론 상대가 스위스 사람이 아니라는 사실을 깨달은 즉시 직원은 WIR로 지불하겠냐는 제안을 철회했을 것이다.

WIR라는 기이한 대체화폐의 정체는 무엇이며, WIR는 도대체 어떻게 움직이는 것일까?

25년 이상 화폐 시스템을 연구해 온 벨기에 경제학자 베르나르 리에테르Bernard Lietaer는 몇 년 동안 스위스의 대안화폐에 많은 관심을 가졌다. 리에테르 외에도 WIR에 관심을 갖는 사람들은 많다. 수많은 거시경제 전문가들이 WIR가 어떤 식으로 기능하는지 좀 더 유심히 관찰하기 시작했다.

독일어에서 파생된 WIR는 대공황이 한창일 때 '순환'이라는 뜻을 갖고 처음 등장했다. 1929년에 주식시장이 붕괴되자 전 세계의 무역이 급감했다. 세계의 무역량은 1930년에는 20%, 1931년에는 29%, 1932년에는 32%[27] 감소했다. 실업자의 수는 무려 3천만 명[28]에 달했다. 주식의 가치가 거의 90%가량[29] 폭락하는 초유의 사태가 발생하자 한때는 확실해 보였던 부가 모두 사라졌고 굳건히 버텨줄 것처럼 보였던 은행이 갑자기 무너져 내렸다.

스위스는 일부 유럽 국가보다 더딘 속도로 위기에 빠져들었고 그만큼 회복 속도도 느렸다. 1934년이 되자 미국과 독일에서는 희미하게 회복 신호가 나타나기 시작했지만 스위스는 여전히 불황의 늪에서 허우적댔다. 파산하는 기업의 숫자가 사상 최고로 늘어났고 무역과 여행업은 심각한 타격을 입었다. 스위스 철도 SBB는 연방 예산의 두 배에 달하는 적자에 허덕였다. 실업은 예외적인 현상이 아니라 일상적인 일이었다. 1934년에는 73명의 구직자가[30] 일자리 하나를 놓고 다퉈야 할 만큼 상황이 좋지 않았다.

이처럼 경제 상황이 좋지 않은 가운데 16명의 사업가들이 자구책을 마련하기로 했다. 16명의 사업가와 이들이 상대하는 고객들은 은행에서 더 이상 대출을 해줄 수 없다는 통보를 받은 상황이었다. 돈을 구하지 못하면 파산을 면할 도리가 없었다. 사업가들은 가만히 앉아서 사업이 망하는 꼴을 보느니 상호보완적인 형태의 화폐를 만들기로 결심했다.

그 결과 탄생한 WIR는 일종의 상호신용 시스템이다. WIR 시스템 내에서 돈을 빌리면 네트워크에 속해 있는 다른 누군가와 물물교환 방식으로 거래해 부채를 상환할 수도 있고 전액을 스위스의 공식 화폐로 갚을 수도 있었다. 시간이 흐르면서 WIR 네트워크가 점차 확대되어 스위스 내의 모든 사업체 중 4분의 1이 WIR 네트워크에 가입하기에 이르렀다. WIR는 현재 스위스에서 상호보완적인 기능을 하는 화폐로 인정받고 있으며 WIR를 토대로 하는 물물교환 네트워크는 나날이 발전하고 있다.

거시경제학자 제임스 스타더James Stodder는 60년이 넘는 기간 동안 누적된 WIR 데이터를 분석한 결과 불황이 찾아올 때마다 비공식적인 화폐인 WIR를 기반으로 하는 네트워크 내의 거래량이 대폭 증가해 판매 감소, 실업 증가[31] 등이 초래하는 부정적인 여파를 흡수한다는 사실을 발견했다. 경제가 호황기에 접어들면 공식적인 화폐를 기반으로 하는 거래가 증가하는 반면 비공식적 화폐를 기반으로 하는 활동은 비례해서 줄어들었다. 과거에는 사람들이 실용주의와 검약을 중시하는 문화 덕에 스위스의 경제가 번성했다고 생각했다. 하지만 스타더의 연구로 인해 스위스가 놀라울 정도의 안정성과 경제 회복력을 자랑할 수 있었던 것은 소규모 대체 화폐 시스템이 담당해온 자발적인 경기 조정 활동 때문이었다는 예기치 못한 사실이 드러났다.

WIR과 제비활치는 정확하게 같은 역할을 한다. 평소에는 잠복해 있다가 경제 환경이 급변하거나 급변할 시점이 가까워오면 발효되는 긴급 시스템의 역할을 하는 것이다. 리에테르는 EU와 미국이 WIR 같은 기능을 하며 상호보완성이 좀 더 강한 화폐를 도입해야 한다고 주장한다. "세계 경제 네트워크를 순환하는 물질, 즉 돈은 독점적인 지위를 유지해왔습니다. 이자를 내고 은행에서 빌린 돈이라는 단 한 가지 유형의 화폐뿐이지요. 단 한 종류의 식물이나 동물만 받아들이는 행성 생태계를 상상해보세요. 딱 그 종류의 생명체만 그 행성에서 공식적으로 살아갈 수 있고 다양성이 발현되면 시스템 전체의 효율성을 떨어뜨린다며 '경쟁자'로 낙인찍혀 완전히 근절되어버리는 그런 생태계 말입니다."

방식 자체는 매우 다르지만 제비활치와 WIR는 회복력이 있는 수많은 시스템 안에 어떤 전략이 들어 있는지 잘 보여준다. 제비활치와 WIR는 혼란이 발생할 경우 적절하게 대처할 수 있는 역량을 갖고 있다. 그리고 시스템 내에 내재되어 있는 경기 조정형 구조이다. 이런 구조는 회복력을 갖고 있는 시스템 내에서 흔히 발견되며 매우 중요하고 다양한 도구 중 하나다. 제비활치는 생물의 다양성을 나타내는 사례고 WIR는 경제의 다양성을 보여주는 사례이다. 재고를 유지하려면 비용이 들듯 이런 식의 다양성을 보존하려면 비용이 든다. 또한 이런 구조는 시스템 내에 잠복해 있기 때문에(위기가 발생해야만 모습을 드러낸다) 특별한 문제가 없을 때는 이런 구조에 가치를 부여하기 힘들 수도 있다. 무작정 시스템의 효율성을 높이기 위해 노력하다 보면 이와 같은 다양성은 사라지고 그 누구도 다양성의 훼손을 애석해하지 않을 수도 있다. 그러다가 다양성의 중요성을 깨닫는다 해도 너무 늦어서 돌이킬 수 없는 경우가 많다.

지금껏 살펴봤듯이 대부분의 시스템이 취약성과 회복력을 갖는 것은 구조 때문이다. 시스템의 복잡성, 집중성, 동질성은 취약성을 더욱 증폭시킬 수 있는 반면, 적절한 유형의 단순성, 지역성Localism, 다양성은 회복력을 강화시킬 수 있다. 회복력을 강화하려면, 무에서 부를 창조해내는 듯한 최근의 금융 시스템보다 진정으로 다양한 주체들이 참여하고, 좀 더 규모가 작고 단순하며, 좀 더 정확하게 책임을 지고, 좀 더 비동조화되어 있으며, 원래의 목적(조직과 개인에게 유동성 공급)과 더 부합하는 금융 시스템이 필요하다.

하지만 적합한 구조가 있다고 해서 반드시 회복력을 갖게 되는 것은 아니다. 회복력을 원한다면 적절한 유형의 프로세스와 관행이 필요하다. 생태계 기반 수산자원 관리와 같은 방식으로 시스템의 전반적인 건전성을 측정하고, 페드와이어 연구와 같은 방식으로 시스템에 관한 모형을 만들고 스트레스 테스트를 시행한다든지, 앞서 제안한 금융 관측소처럼 새롭게 생성 중인 혼란을 포착하고, 실제로 혼란이 발생하면 적절하고 포괄적인 반응을 동원하고, 제비활치와 WIR처럼 시스템을 보호하기 위한 피드백과 보정 시스템을 구축해야 한다. 그중에서도 시스템이 언제든 역동성을 유지하고 필요에 따라 적절히 구조를 변경할 수 있도록 하는 것이 중요하다. 뒤이어 살펴보겠지만, 수많은 시스템들이 회복력을 지닐 수 있는 것은 역동적인 활력이 있어서이다.

2장

감지,
규모 조절,
스워밍

★
상황을 감지하고, 규모를 키우고, 스워밍 방식으로 공략하는 전술을 활용하면 좀 더 긍정적
으로 인간 문명에 보탬이 되는 시스템의 회복력을 강화시킬 수 있다. 회복력에 영향을 미치
는 다양한 역학관계를 들여다보자.

회복력은 사람들이 높게 평가하는 시스템에서만 발견되는 것이 아니다. 이따금 사람들이 혐오하는 시스템에서 회복력이 찾아지기도 한다. 테러 조직, 수많은 질병 들 역시 매우 강인한 회복력을 갖고 있다. 그동안 인간은 테러 조직과 숱한 질병을 근절하고 제거하기 위해 오랫동안 엄청난 노력을 쏟아부어왔다. 하지만 이것들은 끈덕지게 살아남았다. 심지어 나날이 번성하며 기승을 부리기도 한다. 어떻게 이런 일이 가능한 것일까? 외부의 공격에도 불구하고 꿋꿋하게 살아남는 이들의 전략을 어떻게 하면 좀 더 긍정적인 방식으로 활용할 수 있을까?

지금부터 자세히 살펴보겠지만, 이런 존재들이 갖고 있는 역동성에서 대답이 찾아지는 수가 많다. 예를 들어, 테러 조직과 수많은 세균성 전염병이 활용하는 생존 전략 중 하나는 환경에 맞춰 '대사'를 늘렸다가 줄이는 것이다. 다시 말해서, 오랜 기간 동안 활동 자체를 휴면 상태에 가까울 정도로 줄였다가 적절한 때가 되었다고 감지하는 순간 규모를 늘려 매우 효과적으로 조직된 무리의 형태로 공격을 감행하는 것이다. 테러 조직이나 전염병과는 전혀 다른 맥락에서 상황을 감지하고, 규모를 키우고, 스워밍swarming 방식으로 공략하는 전술을 활용하면 좀 더 긍정적으로 인간 문명에 보탬이 되는 시스템의 회복력을 강화시킬 수 있다.

출혈작전

2010년 11월, 그다지 평판이 좋지 않은 몇몇 인터넷 사이트에서 보기 드문 문서가 유포되기 시작했다. 얼핏 보면 업계 간행물[1]처럼 보이기도 하는 총천연색 디지털 잡지였다. 하지만 그 잡지는 업계 간행물이 아니라 국제적인 테러 조직 알카에다의 지부로 예멘에 근거지를 둔 알카에다 아라비아반도 지부AQAP가 발행한 영문 잡지《인스파이어Inspire》3호였다.

《인스파이어》는 미국 시민권을 갖고 있으나 급진주의에 빠져 알카에다로 전향한 사미르 칸Samir Khan이 발행하는 잡지로 미국과 영국의 젊은이들을 겨냥한 선전물로 가득하다.《인스파이어》를 들춰보면 성전을 홍보하는 내용, 집에서 테러 활동을 벌이는 방법(대표적인 기사 제목: '엄마의 주방에서 폭탄을 만들라'), 주르륵 늘어놓은 알카에다 지도부의 이력 등이 눈에 띈다. 잡지에 실린 천진난만한 글에는 젊은이 특유의 패기와 진정 어린 마음이 배어 있다. 또한 이 잡지는 불만에 가득 찬 서양의 십대를 겨냥해 이들이 이해할 수 있는 언어로 기술한 반체제적인 미사여구로 그득하다.

하지만 UPS 화물기를 흐릿하게 보여주는 사진에 '4,200달러'라는 문구 하나만 굵게 적어 놓은 표지가 암시하듯,《인스파이어》3호는 이전에 발행된 잡지와는 약간 다른 곳에 초점을 두고 있었다.

달러 표시는 알카에다 아라비아반도 지부가 '출혈작전'이라는 테러 음모를 실행하는 데 투입한 총비용을 의미하는 것이었다. 출혈작전이란, 미국으로 화물을 실어 나르는 두 대의 화물기(UPS 화물기와 페덱스 화물기)를 폭파시키기 위해 알카에다 아라비아반도 지부가 계획한 작전이었다. 집지에 상세하게 기술돼 있었던 것처럼, 알카에다 아라비아반도 지부 소속 폭탄 제조자들은 철저한 계획하에 두 개의 탁상용 프린터 카트리지 속을 비워내고 여기에 고성능 폭탄을 숨겼다. 이들은 카트리지를 기폭 장치와 휴대전화에서 빼낸 회로판과 연결시킨 다음 프린터에 다시 장착하는 수법을 써 폭탄이 숨겨진 프린터가 공장에서 곧장 포장돼 나온 제품처럼 보이도록 만들었다. 알카에다 아라비아반도 지부 조직원들은 폭탄이 장착된 프린터를 예멘의 수도 사나에서 오바마 대통령의 고향인 시카고에 있는 진보적인 성향의 유대교 예배당으로 발송했다.

폭탄이 담긴 소포는 레이날드 크랙Reynald Krak과 디에고 디아즈Diego Diaz가 수령인으로 기록돼 있었다. 십자군전쟁과 15세기에 스페인에서 이단자를 처단할 목적으로 진행된 종교 재판과 관련 있는 역사적인 인물들의 이름을 따서 만들어낸 가상의 이름이었다. 폭탄을 발송한 사람들은 좀 더 강렬한 문학적 기교를 곁들여 찰스 디킨스의 《위대한 유산》도 한 권 동봉했다. 이들이 《위대한 유산》을 동봉한 데는 두 가지 이유가 있다. 먼저, 테러리스트들은 테러 음모가 성공하기를 바라는 낙관적인 마음을 《위대한 유산》이라는 책을 통해 표현했다. 둘째, 알카에다 아라비아반도 지부의 최고 이론가이자 종교 지도자인 안와르 알 올라키Anwar al-Awlaki가 이슬람 서적 열람이[2] 금지된 예멘 감옥에서 수감 생활을 하던 중 디킨스의 팬이 됐다는 점 또한 《위대한 유산》을 소포에 동봉하는 데 영향을 미쳤다.(칸과 마찬가지로 알 올라키 역시 무인 항공기를 이용한 미국의 공습으로 사망했다)

하지만 이와 같은 수사적인 미사여구는 테러 음모의 요점이라고 보기 힘들다. 《인스파이어》가 장황하게 설명을 늘어놓았듯, 알카에다 아라비아 반도 지부는 크게 두 가지 목표를 두고 출혈작전을 벌였다. 첫째, 폭탄은 감지기의 역할을 한다. 최신형 항공화물 보안 장비를 통과한 폭탄은 알카에다 아라비아반도 지부에게 서방의 폭탄 감지 능력이 어느 정도인지 감지하는 훌륭한 정보를 제공해준다. 둘째, 폭탄은 서방을 자극하는 역할을 한다. 폭탄으로 인해 안보에 대한 두려움이 증폭되면 서방은 새로운 보안 방법에 수십억 달러를 투자할 수밖에 없다.

> 애당초 우리의 목표는 경제적인 것이었다. (……) 항공화물 산업은 그 규모가 몇십억 달러에 달한다. (……) 북미와 유럽 간의 무역에 있어서 항공화물은 없어서는 안 될 존재며 우리의 폭탄을 막을 수 있을 정도로 엄격한 안보 방안을 구축하도록 서방을 밀어붙일 수만 있다면 이미 흔들리고 있는[3] 서방 경제에 엄청난 경제적 부담을 추가적으로 떠안길 수 있을 것이다.

출혈작전을 감행하기 몇 달 전, 알카에다 아라비아반도 지부는 미리 예행연습을 했다. 출혈작전에 사용된 것과 유사한 모양의 폭탄을 이용해 두바이 국제공항을 이륙하는 UPS 화물기를 추락시켰다. 당시 비행기에 탑승했던 조종사 두 명이 사망했다. 대테러 책임자들은 당시 알카에다 아라비아반도 지부가 UPS 화물기 추락 사건에 연루됐다고 발표하지 않고 기계적인 결함[4]으로 인해 항공기가 추락했다고 해명했다.

하지만 이번에는 알카에다 아라비아반도 지부의 작전 시일이 다가왔을 때 사우디아라비아 정보국이 폭탄 테러 작전에 관한 소문을 듣고 영국과 두바이 정부에 폭탄이 장착된 소포가 예멘에서 유럽을 거쳐 미국으로 배송 중이라는 사실을 전했다. 보안 담당관들은 영국 노팅엄에 위치한 이스트 미들랜즈 공항에 기착 중인 쾰른발 시카고행 UPS 화물기에서 두 개의 폭탄 중 하나를 찾아냈다. 나머지 폭탄 한 개는 두바이에 위치한 페덱스 창고[5]에서 발견됐다. 별도로 확인한 바는 없지만 프랑스 내무부장관[6]의 발표에 의하면 두 개의 폭탄 중 하나는 폭발 예정 시간 불과 17분 전에 도화선이 제거됐다.

작전 자체는 누가 봐도 실패가 분명했지만 알카에다 아라비아반도 지부는 출혈작전이 대성공을 거뒀다고 자평했다.

> 한 대당 150달러에 불과한 노키아 휴대전화 두 대. 한 대당 3백 달러 하는 HP 프린터 두 대. 거기에다 운송료, 교통비, 잡비를 더해도 총 비용은 4,200달러에 불과하다. 출혈작전을 시행하기 위해 우리가 지출한 돈은 4,200달러가 전부다. 처음부터 끝까지 작전을 계획하고 실행하는 데도 불과 석 달이 걸렸을 뿐이다. 반면 우리의 몇몇 적들이 표현하는 대로 우리의 작전을 '실패로 끝나버린 음모'라 치부한다 하더라도 이 작전으로 인해 미국을 비롯한 서방 국가들은 새로운 안보 방안 수립에 수십억 달러를 쏟아부을 것이 틀림없다. 이것이 바로 우리가 레버리지Leverage라 부르는 것이다.[7]

레버리지. 9·11 테러 이후의 논리에 의하면 레버리지는 매우 중요하다. 알카에다 아라비아반도 지부는 목적 달성을 위해 비행기를 폭파시킬 필요도 없다. 그저 값비싼 대응을 유발하는 행동을 취하기만 하면 되었다.

사실 출혈작전의 진정한 가치를 고려하면 테러 활동으로서의 가치보다는 미디어 활동으로서의 가치가 좀 더 클지도 모르겠다. 알카에다 아라비아반도 지부는 테러방법을 공개적으로 밝히고 홍보하는 방법을 활용했다. 이 방법을 통해 알카에다 아라비아반도 지부는 외부의 어떤 공격에도 상처를 입지 않는 반면 적은 상대적으로 취약하다는 점을 천명했다. 게다가 다른 세력들에게도 비슷한 접근방법을 취하도록 독려했다. 그와 동시에 알카에다 아라비아반도 지부는 서구와의 충돌, 그리고 서구와의 충돌 내에서 맡고 있는 역할(이야기를 장악하기 위해 전투에 직접 참여하는 역할)에 대한 거대 담론을 강화했다. 바로 이런 이유 때문에 디킨스의 소설과 같은 수사적인 미사여구가 사용됐다.《인스파이어》에 등장하는 수사적인 미사여구는 눈에 쉽게 들어오고 한 사람에게서 또 다른 사람에게 구전으로 전해지는 놀랍고도 흡인력 있는 구체적인 이야기이다. 수사적인 미사여구는 이런 과정을 통해 새로운 조직원을 끌어들이는 역할을 한다. 이미 이런 전술이 효과적이라는 근거가 나타났다. 2010년 12월, 영국에서 런던 증권거래소와 빅벤, 미국 대사관을 폭파시킬 음모를 꾸민 혐의로 아홉 명의 청년이 체포됐다. 당시 수사당국은 이들의 주머니에서《인스파이어》두 권을 찾아냈다.[8]

9·11 이후 10년 동안 서방 세계는 현대 역사상 가장 큰 규모로 테러 조직 근절을 위한 군사작전을 펼쳤다. 서방이 알카에다 아라비아반도 지부와 같은 테러 조직들에게 끊임없이 공격을 퍼붓는 식이었다. 서방 세계가 테러 조직을 뿌리 뽑기 위해 군사작전을 벌이기 시작한 이후 테러 조직에 비해 천 배가량 규모가 큰 서방의 군대가 쓰디쓴 패배를 맛봤다. 하지만 같은 기간 동안 알카에다와 연계된 지부나 알카에다에서 영감을 얻은 테러 지부들이 전 세계 60개국 이상으로 확산됐다. 최근 오사마 빈 라덴과 안와르 알 올라키가 사망하는 등 알카에다 지도자들이 연이어 목숨을 잃긴 했어도 테러 조직 확산을 막는 데는 영향을 미치지 않았다. 알카에다는 네트워크 구조, 운영 대사를 조절하는 능력, 필요에 따라 떼를 지어 공격하는 능력 덕에 오랜 세월 동안 굳건하게 살아남을 수 있었다. 알카에

다의 성공 비법을 통해 테러 이외의 영역에서 긍정적인 형태로 체계적 회복력을 설계하는 데 도움이 되는 효과적인 교훈을 발견할 수 있다.

미 해군대학원의 존 아퀼라John Arquilla 방어 분석 교수는 수십 년 동안 알카에다 같은 집단의 회복력 전술 및 현실 세계에서 벌어지는 넷전쟁netwar 역학 분야에서 선구적인 사상가로 활동해왔다.(넷전쟁은 1990년대에 아퀼라가 동료 데이비드 론펠트와 함께 21세기의 지배적인 충돌 방식[9]을 묘사하기 위해 고안한 표현이다)

아퀼라는 "평화적인 조직이건 호전적인 조직이건 조직의 형태가 노력의 다양성에 지대한 영향을 미친다"며 다음과 같이 덧붙였다. "예컨대, 조립 라인 주도적인 조직은 특정한 프로세스를 활용해 무언가를 만들어냅니다. 이런 조직의 경영 구조 또한 이런 프로세스를 그대로 반영합니다. 1950년대의 경영 체계 및 군대에서 지금 사용 중인 지휘통제 모형에는 각 조직의 기본적인 운영 방식이 반영돼 있습니다.

약 20년 전, 네트워크 덕에 전쟁터에서 새로운 조직 구조를 활용하고 새로운 방식의 전쟁을 벌이는 것이 가능해지리라는 것이 확실해졌습니다. 이 같은 예측은 군사작전의 구조 및 속도에 엄청난 영향을 미칩니다. 아군과 적군의 조직 구조로 어떤 유형의 전쟁을 치를지 결정하기 때문입니다."

알카에다에 성공을 안겨준 첫 번째 중요 요인은 네트워크 프랜차이즈 모형이다. 이 모형 덕에 알카에다는 확고한 형태를 갖춘 하나의 조직이라기보다 세계적인 조직 원리 겸 오픈소스 브랜드로 자리매김하게 됐다. 알카에다라는 브랜드는 서로 매우 다른 특성을 갖고 있지만 부분적으로 목표가 겹치는 여러 현지 조직의 마음을 사로잡는 데 성공했다. 이런 집단들은 알카에다에 소속되는 대신 좀 더 규모가 크고 세계적인 운동의 일부가 될 수 있었다. 또한 알카에다 활동에 동참한 덕에 현지에서 세계적인 영향력과 위신을 갖춘 집단이라는 인식을 강화할 수 있었다. 과거에 알제리에서 활동하며 알제리 정부 전복에 주력했던 살라피 그룹Salafist Group for Preaching and Combat은 이슬람 마그레브(아프리카 북서부 일대를 총칭하는 표현—옮긴이) 알카에다가 됐다. 인도네시아에서 활동하던 폭력적인 이슬람 분파는 말레이 제도에서 알카에다 지부 역할을 담당하게 됐다. 여러 지역에서 활동하는 다양한 집단들은 알카에다라는 거대한 테러 조직이 세계 각지에서 영향력을 발휘할 수 있는 기회를 준다. 그뿐만 아니라 역사, 기질, 독특한 기술 등을 바탕으로 전문성을 갖고 도움을 준다. 예를 들어, 알카에다 아라비아반도 지부는 미국인들을 세계적인 성전에 참여시키는 데 앞장서고 있다. 《인스파이어》는 알카에다 아라비아반도 지부가 미국인들을 성전에 끌어들이기 위해 기울이는 수많은 노력 중 하나에 불과하다.

이 집단들은 느슨하게 연계된 채 자율적으로 조직을 구성하며 네트워크로 연결되어 있고 각자 전문 분야를 갖고 있다. 테러 조직을 비롯한 여러 불균형적 전투 세력 사이에서 이런 역학이 존재할 뿐 아니라 각 집단 내에서도 이런 역학이 존재한다. 이런 환경하에서, 규모가 작은 집단들은 전통적인 형태의 강력한 지휘 통제 구조를 통해 묶여 있는 것이 아니라 일시적이고 중복적이며 비공식적인 사회적 관계를 통해 묶여 있다. 다시 말해서, 해병대보다는 즉흥적으로 모여서 벌이는 농구 게임과 같은 개념이다. 테러 조직이라는 네트워크에 속하는 개별 집단은 덩치가 작기 때문에 민첩하게 대처할 수 있다. 그와 동시에 규모가 큰 네트워크 속에서 다대다관계多對多關係를 갖고 있기 때문에 구성원 중 10~20%가 제거되더라도 네트워크 전체는 얼마든지 제 기능을 해낼 수 있다. 아퀼라는 냉담한 말투로 "알카에다 3인자를 제거한 적이 몇 번이나 됩니까? 테러 조직 내에서는 누구나 3인자입니다"라고 지적한다.

테러 조직이 승승장구할 수 있는 또 다른 이유는 이들이 정의하는 성공 자체가 소박하기 때문이다. 테러 조직의 목표는 전통적인 군사 용어를 기준으로 '승리'하는 것이 아니라 적을 당황하고 기진맥진하게 만드는 것이다. 전통적인 맥락에서 따졌을 때 훨씬 우세한 적과의 전투에서 비기는 것 또한 승리로 간주된다. 테러 집단은 이를 위해 오랜 기간 동안 거의 휴면 상태라 불러도 무방할 정도로 존재를 드러내지 않고 있다가 간헐적으로 폭발적인 에너지를 쏟아낸다. 출혈작전도 그중 하나이다. 이런 작전의 목적은 단순히 적에게 상처를 입히는 것이 아니라 적으로부터 아무런 효과도 없는 반응을 이끌어내 적이 한층 더 무능해 보이도록 만드는 것이다.

2006년에 벌어진 이스라엘-레바논 전쟁 역시 마찬가지였다. 당시 천 명에서 2천 명 남짓하던 헤즈볼라 병사들은 10만이 넘는 이스라엘 병력의 무차별적 폭격에 맞서 저항했다. 아퀼라의 이야기를 들어보자.

"전쟁 첫째 날, 헤즈볼라는 2백 개의 로켓을 쏘아 올렸습니다. 마지막 날, 또다시 2백 개의 로켓을 쐈습니다. 대다수의 이스라엘 사람들과 대다수의 세계인들은 헤즈볼라가 전쟁에서 승리했다고 느꼈습니다. 헤즈볼라가 끝까지 버텼으니까요. 헤즈볼라는 어떻게 그럴 수 있었을까요? 헤즈볼라는 얼마 안 되는 병력을 서너 명으로 구성된 수백 개의 소규모 로켓 발사팀으로 나누었습니다. 각 발사팀은 요새 밖으로 빠져나와 숨겨두었던 카투사 로켓을 쏜 다음 다시 몸을 숨겼습니다. 우리는 이 전략을 '쏘고 내빼기shoot and scoot' 전법이라 부릅니다. 아프가니스탄, 이라크 등지에서도 이런 전법이 흔히 등장합니다. 사실 이런 전법이 세계 각지로 확산되고 있습니다."

전투가 벌어지고 있을 때를 제외하면 테러 조직의 전사(혹은 테러리스트)들은 현지 주민들과 그다지 다른 점이 없다.(현지 주민들과 테러 조직 구성원들이 탄탄한 지역, 문화, 종교, 가족 관계 등으로 엮여 있을 때는 특히 그렇다) 따라서 테러리스트들을 색출하고 제거하기가 매우 힘들다. 신속하게 테러리스트의 모습을 벗어던지는 능력 또한 테러 조직의 번성에 도움이 된다. 조직 유지를 위해 투입해야 할 자원이 줄어들고, 향후에 전투에 투입할 인력을 보존하는 데 도움이 되며, 좀 더 전통적인 형태로 조직돼 있는 적군이 실수로 무고한 시민을 죽이거나 또 다른 방식으로 시민에게 불쾌감을 줄 가능성이 높아지기 때문이다. 무고한 시민에게 피해를 입히는 실수는 충돌을 정당화하기 위해 그럴듯한 이야기를 만들어내려는 광범위한 노력에 치명적인 피해를 안긴다.

하지만 테러 조직들도 출혈작전과 같은 임무를 완수하기 위해 '모습을 드러내야' 할 때가 있다. 위험하긴 하지만 가끔씩이라도 모습을 드러낼 수밖에 없다. 사실 테러 조직이 존재를 드러내는 것은 극히 위험한 행동이다. 하지만 테러 조직의 위력을 만방에 알리려면 위험한 작전을 벌일 수밖에 없다. 게다가 이런 작전은 테러 조직 가담을 꿈꾸는 미래의 조직원들에게 조직의 타당성을 알리는 데 도움이 된다. 좀 더 중요한 사실은 테러 조직이 벌이는 작전에 휘말린 적이 평정심을 잃게 된다는 것이다. 적이 평정심을 잃으면 테러리스트들이 충돌의 형태를 원하는 방식으로 이끌어나가기가 한결 수월해진다. 아퀼라는 "세계적인 테러조직 알카에다는 어떤 적을 상대할지 직접 선택한 후 산발적이고 분열적인 방식으로 적을 교란시켜 '적이 스스로 나가떨어지기' 바란다"며 이 방식이 "조지 포먼을 공격한 무하마드 알리의 전법과 매우 유사하다"고 설명한다.

미국 정치인들은 알카에다가 또다시 미국 본토에 9·11과 유사한 형태의 극적인 테러 공격을 가하지 않는 이유가 무엇인지 나름대로 주장을 펼친다. 9·11 이후, 미국은 알카에다와 알카에다 협력 세력을 상대로 하는 전쟁에 10여 년째 수조 달러를 쏟아붓고 있다. 그러니 이제 더 이상 그런 공격을 감행할 필요가 없다는 것이다. 계속해서 불완전하게 대응하는 미국의 교전 방식은 상대가 허점을 보일 때 재빨리 공격하려는 알카에다의 장기적인 목표에 완벽하게 맞아떨어진다.

테러 조직이 공격의 효과를 높이기 위해 아퀼라가 '스워밍'이라고 부른 새로운 공격 기법을 채택하는 경우가 점차 늘어나고 있다. 이 모형을 활용하는 테러 조직은 규모가 작고 고도로 분산돼 있는 다수의 공격팀을 활용해 비군사 목표물을 동시다발적으로 공격한다. 이런 공격방식은 규모가 큰 단일 공격을 막기 위해 고안된 방어 전술을 무력화시킨다.(물론 방어 자체가 가능하지 않은 경우가 대부분이다) "2008년에 뭄바이에서 테러가 벌어졌을 당시 10명의 테러 조직원이 5개의 2인조 공격팀으로 나뉘어 한 도시 내에서 각기 다른 5개의 지점을 동시다발로 공격했습니다. 이들은 매우 부유하고 군사적 방비 상태가 매우 훌륭한 인도라는 나라를 완전히 제압해버렸습니다. 테러리스트들은 이틀 동안 세계적인 도시 하나를 인질로 붙들어두고 2백 명을 무참히 살해하고 인도 사회에 엄청난 혼란을 일으켰습니다. 앞으로 테러 조직들은 이런 전법을 주로 활용할 겁니다."

결핵이 주는 교훈

테러 조직은 주변 상황에 따라 신속하게 활동량을 늘렸다가 줄이는 능력을 갖고 있다. 체내에서 발생하는 결핵 감염 병리학은 테러 조직과는 전혀 공통점이 없어 보인다. 하지만 테러 조직과 마찬가지로 매우 높은 수준의 회복력을 갖고 있는 결핵 감염 병리학에서도 이런 현상이 관찰된다. 테러 조직과 결핵이 어떤 유사성을 갖고 있는지 알게 되면 회복력 있는 시스템을 설계하고 어떤 상황에도 굴하지 않고 회복력을 발휘하는 다양한 현상과 맞서 싸울 방법을 찾는 데 도움이 될 것이다.

결핵은 지구에서 가장 만연한 질병 중 하나이다. 셋 중 한 사람은 결핵 항체를 갖고 있을 정도이다.(다시 말하면 셋 중 한 사람은 일생을 살아가는 동안 어느 순간엔가 결핵에 노출된다는 뜻이다) 하지만 실제로 결핵을 앓는 사람은[10] 결핵에 노출된 사람의 약 10% 정도로 소수에 불과하다. 그럼에도 아직까지 결핵은 많은 사람들이 목숨을 앗아간다. 매일 약 4천 7백 명의 사람들이 결핵으로 목숨을 잃는다.[11] (대부분은 아프리카에 위치한 가난한 나라 국민들이다) 결핵은 에이즈 다음으로 세계에서 가장 많은 성인의 목숨을 앗아가는 감염성 질환이다. 1초에 한 명꼴로 새로운 결핵 환자가 발생할 정도이다. 여러분이 지금 이 문장을 읽고 있는 동안에도[12] 결핵 환자가 두 명 늘어난 셈이다.

결핵 박테리아는 공기를 통해 체내에 들어간 다음 사람의 눈에는 보이지 않는 미세한 방울에 실려 폐에 있는 작은 공기주머니인 폐포로 이동해 둥지를 튼다. 박테리아가 체내에 들어간 지 약 6주 내에 새롭게 박테리아에 감염된 사람은 가벼운 수준의 결핵(1차 감염)을 앓는다. 이 시기에는 별다른 증상이 나타나지 않는 경우가 대부분이다.

하지만 세포 차원에서 보면 일차 감염 시기에 매우 놀라운 일이 벌어진다. 결핵 박테리아가 폐에 도착하면 대식세포가 이들을 맞이한다. 대식세포는 말 그대로 '많이 먹는' 세포로 인체 면역 체계 최전선에서 체내에 침입한 병원체를 먹고 파괴하는 역할을 하는 백혈구를 일컫는다. 대식세포가 체내에 들어온 병원체를 파괴하는 데 실패해 마지막 수단으로 가미가 제식의 공격을 감행하는 경우도 있다. 마치 랩으로 감싸듯 정체 모를 침입자를 에워싼 후 적절한 때가 되면 병원체를 끌어안고 자폭해버리는 것이다. 하지만 인체가 결핵에 감염되면 정반대의 상황이 벌어진다. 결핵 박테리아가 대식세포를 장악해 대식세포가 죽지 못하도록 막는 것이다. 결핵 박테리아에 점령당한 대식세포는 마치 좀비처럼 결핵 박테리아가 조종하는 대로 움직이며 좀 더 많은 박테리아를 생성하는 세균 배양기 역할을 한다. 결핵 박테리아가 숙주 세포를 뚫고 나와 다른 세포로 옮겨갈 때까지 세포 내에서 더딘 속도로 이 과정이 반복된다.

이 과정은 완벽하지 않다. 오염되지 않은 대식세포는 결핵 박테리아에 감염된 대식세포가 내뿜는 비정상적 화학신호를 감지해 오염된 대식세포를 공격하는 방식으로 다량의 결핵 박테리아를 제거한다. 결핵에 감염된 사람 중 90% 이상에게서 숙주 세포의 면역 반응이 결핵 감염을 통제할 수 있을 정도로 효과적이긴 하지만 결핵 감염 자체를 완전히 제거하지 못하는 현상이 나타난다. 면역 반응이 결핵 박테리아를 완전히 제거하는 데 실패하면 결핵은 오랜 기간 동안 잠복기에 접어든다. 잠복기는 몇 년간 지속될 수도 있다.

하버드 대학에서 결핵을 연구하는 미생물학자 사라 포춘Sarah Fortune은 "오랜 잠복기도 결핵이 서서히 진행되는 원인 중 하나"라고 설명한다. "잠복기에 접어든 결핵은 활발하게 활동하지 않습니다. 체내에서 결핵에 저항하는 전통적인 도구, 즉 항체가 뛰어난 효과를 발휘하지 못하는 것도 바로 이 같은 결핵의 특징 때문입니다. 결국 항체가 목표로 하는 것은 대사입니다. 그런데 결핵이 잠복기에 접어들면 대사 작용 자체가 많지 않습니다."

역설적이게도 오랜 잠복기는 결핵이 치명적인 위력을 발휘하는 이유 중 하나이다. 결핵의 잠복기가 길기 때문에 결핵 박테리아에 감염된 인간 숙주는 성장과 번식을 통해 결핵에 감염될 수 있는 새로운 생명을 만들어 낸다. 포춘은 "결핵은 이따금 숙주를 죽이기도 하는 공생자"라고 설명한다. "반면 에볼라 같은 질병은 훨씬 드뭅니다. 그것은 에볼라가 매우 짧은 기간 내에 치명적인 위력을 발휘하기 때문입니다. 에볼라에 감염된 사람은 단 몇 주 만에 목숨을 잃습니다. 에볼라에 감염된 사람이 사망하면 에볼라가 창궐할 위험도 사라집니다."

생체 분자의 정확한 작용 메커니즘이 아직 완벽하게 밝혀진 것은 아니지만 현재 통용되는 결핵 병리학 모형은 잠복기 동안 결핵 박테리아가 취약한 부분을 찾아내기 위해 지속적으로 면역 체계를 탐색한다고 설명한다. 알카에다 아라비아반도 지부가 허점을 찾아내기 위해 세계 보안 시스템을 탐색하는 것과 같은 이치이다. 포춘의 이야기를 들어보자.

"우리는 추론을 통해 다음과 같은 가정을 내렸습니다. 잠복기 동안 일부 결핵 박테리아는 활발하게 활동하는 반면, 상당수의 박테리아는 활동을 하지 않습니다. 그러다가 결정적인 영향을 미치는 한계선을 넘어서게 되면 결핵 박테리아가 활발하게 활동하게 됩니다. 에이즈, 알코올 중독, 당뇨 등 여타 질환으로 인해 면역 체계가 망가진 탓에 결핵 박테리아가 활발한 활동을 시작하는 경우가 많습니다."

이 시점이 되면 모든 것이 변한다. 활성기가 되면 결핵 박테리아가 온몸에서 활발하게 활동을 시작한다. 물론 결핵 박테리아가 가장 선호하는 인체 기관은 폐다. 폐에 도달한 결핵 박테리아가 활동하는 방식은 테러 조직의 활동 방식과 무서울 정도로 유사하다. 결핵 박테리아는 세력 확대를 위해 면역 체계의 과잉 반응을 이끌어낸다.

면역 체계의 과잉 반응은 건락성 육아종(폐 내에서 건강한 면역 세포의 공격을 받은 결핵 박테리아와 결핵에 감염된 대식세포가 한데 모여 이룬 덩어리)의 형태로 표출된다. 폭력배들로 가득한 건물을 에워싼 경찰과 마찬가지로 이런 세포는 표준 면역 전략을 활용한다. 섬유성 외피 안에서 장벽을 만들어 결핵 박테리아를 분리하려고 애쓰는 것이다.

조그만 육아종은 인체의 면역 반응으로 인한 자연스러운 현상이며 결핵 잠복기 내내 육아종이 만들어진다. 하지만 결핵이 활개를 치는 활성기에 육아종이 형성되면 상황이 걷잡을 수 없이 악화될 수 있다. 결핵 활성기에는 결핵 세포 덩어리를 둘러싼 면역 세포가 공격에 성공하지 못하고 죽어버리는 경우가 많다. 그러면 결핵 세포를 가둬두기 위해 좀 더 많은 면역 세포가 몰려온다. 또다시 면역 세포가 죽고 이 과정이 반복되면 육아종이 풍선처럼 부풀어 오른다.

결핵 박테리아는 점차 덩치가 커져가는 막 안에서 생명을 잃은 면역 세포 조직 사이에 자리를 잡는다. 이런 육아종(중심부의 밀도가 코티지 치즈와 유사하기 때문에 '건락성caseous' 육아종이라 불린다)은 점차 크기가 커져 폐 안에서 테니스공만큼 자라기도 한다. 건락성 육아종의 크기가 점차 커지면 육아종 중심부에 위치한 괴저성 물질의 액화가 시작돼 결핵 박테리아의 번식에 완벽한 조건이 형성된다. 모든 조건이 갖추어지면 결핵 박테리아는 왕성하게 번식을 시작한다. 2센티미터쯤 되는 그리 크지 않은 육아종 하나에 무려 1억 마리의 활성 박테리아가 서식할 수 있다.

크기가 점차 커지면 육아종은 폐 내벽을 자극하게 되고 결국 감당할 수 없는 수준으로 몸집이 커진 육아종은 폭발해버리고 만다. 육아종의 폭발 덕에 밖으로 빠져나온 결핵 박테리아는 폐 내부를 '스워밍' 방식으로 공격하는 등 폐 내부의 여러 부위를 동시 공격한다. 포춘은 "결핵은 면역 체계가 이와 같은 전술적 오류를 저지르도록 유도해 살아남는다"며 "감염을 억제하기 위한 노력은 결국 박테리아를 집중시켜 오히려 증폭시키는 역할을 할 뿐"이라고 설명한다.

육아종이 폭발하고 나면 결핵 활성 보균자가 기침을 할 때마다 눈에 보이지 않는 결핵 박테리아가 무려 수백만 마리씩 공기 중으로 배출된다. 평균적인 결핵 환자는 한 시간에 13회씩 기침을 통해 감염성 있는 박테리아를 공기 중으로 배출한다. 매우 심각한 상태의 결핵 환자는 사망 전까지 시간당 최대 60회씩[13] 기침을 한다.(활성 결핵이 있지만 제대로 치료 받지 못한 모든 환자 중 약 절반가량이 이런 과정을 거쳐 사망한다)[14]

스워밍을 받아들여라

결핵과 테러 조직이 외부의 지속적인 공격을 받고도 회복력을 유지할 수 있는 이유는 뭘까. 대사 작용을 완화하고 오랜 기간 동안 거의 휴면 상태에 가까울 정도로 활동을 줄이다가 적기가 되면 급격하게 활동을 늘려 공격을 감행하기 때문이다. 결핵과 테러 조직은 표적의 반응성을 관찰하다가 적기가 되면 역동적으로 조직을 재편성한다. 결핵과 테러 조직은 세력을 확장하기 위해 표적으로부터 과잉 반응을 이끌어낸다. 결핵과 테러 조직은 무리를 지어 조직적이고 동시 다발적으로 공격해 승리를 거머쥔다. 결핵과 테러 조직 사이에는 이처럼 여러 가지 닮은 점이 있다. 따라서 생물학에서 착안한 새로운 방법을 테러 조직 퇴치에 적용해보는 것도 좋을 것이다.

아퀼라는 테러 집단의 위협에 대처하려면 테러 집단의 전술을 흡수하고 모방해야 한다고 설명한다. 즉, 네트워크처럼 움직이는 테러 조직에 네트워크 방식으로 응수해야 한다는 것이다. "테러와의 전쟁은 여러 국가들이 네트워크와 벌이는 첫 번째 전쟁입니다. 맨 처음에 미국과 동맹국들은 엄청난 숫자의 군사를 배치하고 압도적인 군사력을 자랑하고 충격과 공포를 선언하는 등 매우 전통적인 방식으로 문제에 접근했습니다." 광역항생물질의 불완전한 경로와 마찬가지로 이런 접근방법은 전쟁터에서 적군을 해치우기에는 충분했지만 근본적으로 적을 소탕하기에는 역부족이었다. 전통적인 접근방법이 적을 뿌리 뽑는 데 도움이 되지 않는다는 사실이 밝혀지자 전통적인 접근방법 대신 좀 더 가볍고, 민첩하며, 표적을 정확하게 겨냥하고, 네트워크화된 접근방법이 서서히, 고통스럽게 그 자리를 대신하게 되었다.

아퀼라는 공격을 가하고 서둘러 도망치는 헤즈볼라의 전법을 경험한 미군이 이라크에서 네트워크를 상대로 전쟁을 하기 위해 '전초기지와 원조 활동outpost and outreach'이라는 새로운 전술을 도입하게 됐다고 설명한다. "미국은 이라크에서 몇 해에 걸쳐 전쟁을 하며 엄청난 저항에 직면했습니다. 결국 미군은 거대한 기지에 주둔하던 병사들을 수백 개의 전초기지로 분산 이동시켰습니다. 기지 하나당 주둔 병사 숫자는 30~50명 정도입니다. 미군의 물리적 네트워크 내에 존재하는 교점의 숫자가 급격하게 증가했습니다." 그 때문에 반응 시간이 매우 빨라졌고 미군 병사들은 위협이나 문제가 발생할 시 시간 단위가 아니라 분 단위로 신속하고, 탄력적이며, 적절한 방식으로 대응할 수 있게 됐다. 새로운 전술로 인해 현지 주민들과 실질적인 관계를 맺고 작전 수행의 근거로 삼을 방대한 양의 정보를 얻는 데 도움 되는 관계를 새롭게 구축할 수 있었다.

현지인에게 도움을 주고 소셜 네트워킹을 강화하기 위한 미군의 노력은 물리적인 조직 재편성을 보완하는 역할을 했다. 사실 이런 노력이 테러와의 전쟁에서 가장 커다란 전술적 성공을 이끌어냈다고 여기는 사람이 많다. 좀 더 쉽게 설명하면, 미군이 이 같은 노력을 기울인 덕에 수니파 자각 운동이 일어나 수많은 수니파 부족들이 미국과의 전투를 중단하고 알카에다 현지 조직을 상대로 싸우게 됐다. "물리적 네트워크와 사회 연결망을 결합하는 전략. 그 전략이 바로 테러와의 전쟁의 판도를 바꿔놓는 역할을 했습니다. 테러 조직이 들려주는 이야기와 반대되는 우리의 타당한 이야기를 만들어내는 전쟁에 효과적으로 뛰어들지 않았더라면, 결코 이런 일은 일어나지 않았을 겁니다."

전초기지와 원조 활동을 적극 활용한 전술의 성공에 힘입은 미군은 현지 테러 조직을 완전히 뿌리 뽑기 위해 테러 조직이 흔히 사용하는 스워밍 전술을 나름의 방식으로 재해석해 활용하기 시작했다. 마약을 근절하고 마피아 조직을 와해시키려면 오랜 기간에 걸쳐 서서히 노력을 기울여야 한다. 마찬가지로 테러 및 반란을 근절하기 위한 작전을 수행하려면 오랜 기간 동안 정세를 주시하며 정보를 수집해야 한다. 장기적으로 정보 수집 활동을 하다 보면 테러리스트 간의 사회 연결망 내에 존재하는 잠재성 관계가 서서히 수면 밖으로 모습을 드러낸다. 그러다가 잠재적 관계 중 상당 부분이 실현 가능하다는 사실이 밝혀지면 민첩한 군사작전 팀이 일사불란하게 무리 지어 공격을 감행한다.

결핵이 확산되는 것을 막기 위해 정확하게 결핵 박테리아를 공격하는 항생제를 사용하는 것처럼, 이런 식의 공격을 감행할 때는 시간과 속도, 동시다발성, 정확성이 중요하다. 다대다관계는 자연발생적으로 회복력을 갖추게 된다. 따라서 군에서 보편적으로 활용하는 살해 전략이나 생포 전략은 속도가 너무 느린 탓에 효과를 발휘하지 못한다. 데이터 패킷이 인터넷 상에서 문제가 있는 컴퓨터를 우회해 새로운 경로를 찾아내듯 테러 조직의 개별 구성원을 제거한다 하더라도 살아남은 잔당은 간단하게 새로운 공격 방법을 찾아낸다.

아퀼라의 이야기를 들어보자. "전통적인 군대는 원래 적을 신속하게 파괴하는 것을 선호합니다. 하지만 이 같은 현실은 군대에 엄청난 문화적 변화를 요구합니다. 물론 문화적 변화는 아직 진행 중입니다. 미국은 지금 상대를 이기려면 공격을 감행하기 전에 가능한 한 오랫동안 가능한 많은 정보를 모아야 한다는 사실을 차츰 깨닫고 있습니다. 다시 말해서 최후의 순간이 올 때까지 성급하게 모든 걸 날려버리려 들어서는 안 됩니다." 면역학의 경우와 마찬가지로, 넷전쟁에서도 범위보다 타이밍이 중요한 경우가 많다.

물론 이런 노력은 효과적이다. 하지만 그렇다고 하더라도 기존의 군사 관례를 새롭게 수정한 것에 불과하다. 미군이 네트워크화되어 있는 적에게서 관찰되는 자기 조직 역학을 온전히 받아들이면 어떻게 될까? 아퀼라는 군이 언젠가는 이베이와 같은 기업에서 관찰되는 시장 주도 역학을 도입할 수도 있을 것이라고 설명한다. 가령, 사령관이 길고 긴 작전 명령을 내리기보다 웹사이트에 전술적인 목표물을 나열한 후 각 목표물에 점수를 할당할 수 있다.(예: 교량을 파괴하면 100점, 특정한 마을을 포위하거나 전군 부대원을 생포하면 500점)

"사령관의 지휘를 받는 여러 부대가 웹사이트에 접속해 어떤 목표물이 나와 있는지 보고 원하는 목표물에 입찰하는 거지요. 사령관이 해치우고 싶은 목표물이 있는데 아무도 하겠다고 나서지 않으면 점수를 올릴 수 있습니다. 반대의 경우라면 점수를 내릴 수도 있겠지요. 업무를 나누는 과정이 모두 끝이 났는데도 여전히 반드시 해치워야 할 목표물을 어떻게 처리할지 결론이 나지 않았다면 누군가에게 직접 명령을 내려야 할 수도 있습니다. 새로운 방법을 도입하더라도 명령을 내리는 방식이 완전히 사라지지는 않을 겁니다. 하지만 이런 방법이 도입되면 상부의 구체적인 명령이 없더라도 여러 군사작전들이 또 다른 작전들과의 조화를 이루기 위해 알아서 움직이게 될 겁니다. 결국 작전이 진행되는 속도가 한층 빨라지고 작전의 적응 능력 및 효력이 한층 강력해지는 거지요."

그렇다면 이와 같은 군사작전을 실제로 벌이는 전투 세력은 어떤 식으로 움직이게 될까? 아퀼라는 규모가 작은 다수의 무리로 이루어진 군대가 등장할 것이라고 설명한다. "지금부터 20년쯤 지나면 10개의 육군 사단이 아니라 클러스터로 이루어진 백 개의 소규모 부대가 등장하게 될 겁니다." 이런 구조가 도입되면 적대 세력과 마찬가지로 미군도 자기 조직화를 통해 좀 더 신속하게 규모를 늘렸다 줄일 수 있게 된다. "지금은 병력이 2백만을 넘습니다. 하지만 새로운 방식이 도입되면 현역 군인의 숫자를 40만 이하로 줄이고 예비군의 숫자를 늘릴 수 있겠지요. 하지만 예비군은 어디까지나 예비 인력입니다. 네트워크에 대해 좀 더 진지하게 고민을 한다면 지금 지불하는 비용을 약 절반 정도 줄일 수 있을 겁니다. 로켓 과학이 아니라 네트워크 과학인 거지요."

미군은 좀 더 민첩하게 움직이며 네트워크화되어 있는 적대 세력에게서 관찰한 일부 특징을 수용하면 회복력을 강화하고 전술적 성공 확률을 높이는 데 도움이 된다는 사실을 깨달았다. 규모가 큰 또 다른 시스템들도 미군과 마찬가지로 고도로 분산돼 있고 규모를 조정할 수 있으며 네트워크화된 접근방법을 도입한 후 비슷한 변화를 경험하고 있다. 미국의 거대한 전력망을 개선하기 위해 더딘 속도로 진행 중인 리엔지니어링, 언젠가 기존의 전력망을 대체하게 될 미래형 전력망 구축 계획 등에서 이런 변화의 움직임이 가장 잘 느껴진다.

살아 숨 쉬는 전력망

미국 과학기술원National Academy of Engineering이 '엔지니어링 부문에서 이룩한 20세기 최고의 업적'이라고 표현한[15] 북미 지역 현대 전력망은 미국의 인터넷보다 규모가 크고 전국 곳곳에 좀 더 깊숙이 침투해 있다. 그뿐만 아니라 전력망은 인터넷 못지않게 복잡하다. 현대 전력망 내에서는 온갖 에너지원을 통해 생성된 전기가 발전소를 출발해 전력망 고속도로로 쏟아져 들어간다. 미국의 전력망 고속도로는 서로 연결된 채 거미줄처럼 얽혀 있으며 수백 마일 혹은 수천 마일에 달하는 넓은 지역에 전기를 공급하는 지역 전력망으로 이루어져 있다. 복잡한 시스템으로 이루어진 하나의 종합 시스템인 거대한 전력망은 미국 땅 안에서 끝에서 끝까지 이동할 뿐 아니라 캐나다와 멕시코에 이르기까지 종횡으로 움직인다.

전류는 가장 저항이 적은 경로를 따라 흐르며 저장이 불가능하다. 따라서 전류는 정지 신호를 받고 차례를 기다리며 서 있는 자동차보다는 수많은 수문으로 연결된 네트워크를 빛의 속도로 이동하는 물과 같은 방식으로 흘러간다.(대부분의 전기는 생산된 지 1초 내에 소비된다) 어떤 송전선에 지나치게 많은 전류가 흐르면 전기는 다른 길을 통해 최종 목적지를 찾아간다. 때로는 놀라울 정도로 먼 길을 돌아가기도 한다. 가령, 오리건 주 포틀랜드에서 저녁 식사를 위해 불을 켜는 데 투입된 전기 중 일부는 로스앤젤레스를 출발해 유타를 우회하는 여정을 거쳐서 포틀랜드에 도착한 것일 수도 있다. 대서양 연안에서 누군가 〈선데이 나이트 풋볼〉을 시청하기 위해 텔레비전을 켠다고 생각해보자. 이번에도 역시 캐나다를 출발한 전기가 빛의 속도로 오하이오와 버지니아를 지나 뉴욕에 당도해 텔레비전을 켜는 데 사용될 수 있다.

전자를 이리저리 이동시키는 전력망 시스템이 단순히 기술적인 특성만을 갖고 있는 것은 아니다. 전력망 시스템의 또 다른 특징으로는 인간 조직, 기업, 방대한 시스템(지구상에서 발생하는 모든 전기 인프라 구매 중 20% 이상이 북미 지역의 전력망 유지에 사용된다) 간의 긴밀한 동조화를 들 수 있다. 잠깐 동안 북미 지역의 전력 시스템이 얼마나 방대한지 살펴보자.[16] 세계환경기금Global Environment Fund과 세계스마트에너지센터Center for Global Smart Energy가 2005년에 발표한 분석 자료에 의하면, 3천 2백 개 이상의 전력 공급회사와 2천 개가 넘는 독립 전력 생산업체가 1억 2천만 주거용 가구 고객과 1천 6백만에 이르는 상업 고객, 70만 산업 고객에게 전력을 공급한다. 전력 공급업체들은 대륙 곳곳을 잇는 70만 마일 길이의 고전압 송전선을 활용한다. 고전압 송전선은 2백여 개 조직의 소유로 1천 6백억 달러 이상의 가치를 갖고 있다.[17] 여기에서 끝나는 것이 아니라 5백만 마일이 넘는 중전압 배전선과 2만 2천 개가 넘는 변전소(총 3천 2백 개가 넘는 조직이 배전선과 변전소를 소유하고 있으며 배전선과 변전소의 가치를 모두 더하면 1천 4백억 달러에 이른다)가 고전압 전력망에 연결되어 있다.[18]

잠깐 숨을 고르자. 지금까지 설명한 내용을 모두 제대로 이해했는가? 아마도 그렇지 않을 것이다. 시스템 자체가 너무도 복잡한 탓에 대부분의 사람들은 제대로 이해하지 못한다. 이토록 방대한 네트워크상에서 각 교점들 사이에 어떤 관계가 있는지 장황하게 설명하더라도 네트워크가 이뤄낸 성과의 한 단면만 볼 수 있을 뿐이다. 가령, 전력 시스템은 계절의 영향을 받는다. 마치 횡경막과 마찬가지로 날씨가 변하면 전력망을 구성하는 물질이 늘어지거나 수축한다. 따라서 날씨가 추워지거나 더워지면 전력망을 구성하는 물리적 구성요소의 전기 전도성이 변하며 송전해야 할 에너지의 양도 달라진다.

불이 꺼지지 않도록 전력을 확보할 책임을 지고 있는 수천 명의 사람들은 전기를 향한 인류의 욕구와 전력 생산, 골치 아플 정도로 복잡한 분배 시스템, 날씨 사이에서 타협점을 찾기 위해 끊임없이 신경을 곤두세워야 한다. 이 일을 해내는 것은 음악 공연을 하는 것과 비슷하다. 현재 시간, 날짜, 위치, 중요한 행사(예: 인근 무대에서 진행되는 록 콘서트), 전력 장비 자체와 아무런 관련이 없는 수많은 기타 변수 등을 이해하고 파악해야 하기 때문이다.

설상가상으로 열파나 한파 등 발생 가능성 자체는 낮지만 일단 발생하면 예측 불가능한 결과를 내며 지대한 영향을 미치는 사건이 벌어지면 즉각적으로 전력 수요가 치솟아 송전선에 과부하가 걸린다. 송전선 파손, 번개 등으로 인한 기계적 결함 역시 전력 수요 급증으로 이어질 수 있다. 자동 시스템이나 교환원이 개입해 문제를 제대로 해결하지 않으면 방대한 지역을 뒤덮고 있는 전력망 자체가 위험해질 수 있다.

2003년 8월 14일 오후 4시가 갓 지났을 무렵, 바로 이런 일이 벌어졌다.[19] 미국 북부 및 중부에서 수은주가 올라가자 점차 많은 사람들이 에어컨과 선풍기를 틀기 시작했다. 뜨거운 여름의 열기 때문에 오하이오 북부에서는 송전선이 늘어나 아래로 축 처지기 시작했다. 엿가락처럼 늘어난 송전선이 제때 다듬어지지 않아 마음껏 웃자란 나무에 내려앉자 합선이 됐고 연이어 불꽃이 튀자 결국 전력 공급이 중단됐다.

평범한 날이었다면 그다지 문제가 될 것이 없는 사건이었다. 아마도 현지에서 전력 생산을 담당하는 공급업체 내 제어실에서 경보가 울려 기기 조작 담당자 중 한 사람에게 문제가 전달되는 차원에서 상황이 종결되었을 것이다. 정상적인 상황이었다면, 경보를 확인한 담당자가 문제가 발생한 지역을 피해 전기를 우회해서 공급하고 가설공들이 물리적인 보수 작업을 끝내는 차원에서 모든 문제가 말끔하게 정리됐을 것이다.

하지만 2003년 8월 14일은 평범한 날이 아니었다. 송전선에서 합선이 일어났을 뿐 아니라 지역 담당자에게 문제를 알리도록 설계된 경보 소프트웨어 역시 제대로 작동하지 않았다. 합선이 발생했다는 사실을 모른 채 지역 전력망에 전력을 공급하던 기기 조작 담당자들은 계속해서 피해 발생 지역으로 전기를 흘려보냈고 송전선이 감당하기 힘든 수준의 전류가 공급됐다. 송전선은 끊임없이 흘러오는 전류를 더 이상 감당할 수 없게 됐고 결국 맨 처음 합선이 발생한 지 두 시간 만에 오하이오 내에 있는 모든 송전선이 완전히 기능을 상실했다.

앞서 설명한 견고하지만 취약한 또 다른 시스템들의 경우가 그랬듯, 오하이오 정전 사태의 경우에도 사소한 문제에서 비롯된 작은 사건이 시스템 전체의 붕괴를 초래했다. 시스템 전체가 무너지자 회로 차단기가 작동했고 전기를 공급하지 못하는 발전소와 송전선이 점차 증가했다. 송전망 운영 조직들은 예상치 못한 사건에 무척 당황했다. 감시 장비 자체가 낡은 데다 호환이 되지 않아 정확하게 무슨 일이 벌어지고 있는지 제대로 파악조차 되지 않았다. 정전 사태는 단 8분 만에 온타리오에 거주하는 약 천만 명의 주민과 미국 내 8개 주에[20] 거주하는 4천 5백만 명에게 영향을 미쳤다. 2003년의 정전 사태는 1965년의 정전 사태보다 심각했고, 1977년의 정전 사태보다 훨씬 심각했다. 사실 2003년의 정전 사태는 북미 역사상[21] 가장 넓은 지역을 암흑 속으로 몰아넣은 최악의 정전이었다. 해가 지고 밤이 되자 대서양 연안을 오가는 항공 및 철도 여행이 전면 중단되었다. 클리브랜드는 18세 이하[22]의 모든 미성년자들에게 통행금지령을 내렸다. 정전 피해를 입은 일부 도심 지역의 밤하늘에서는 수십 년 만에 처음으로[23] 은하수가 모습을 드러냈다.

이처럼 엄청난 사태를 초래한 것은 한 그루의 나무, 복잡한 시스템, 투명성 부재, 상호 운용성 부재 등 이제는 제법 익숙하게 들리는 요인들이다.

스워밍 그리드를 향해

전력망은 지금껏 기껏해야 불완전한 자기 감시 역량을 가졌을 뿐이다. 1920년대 말부터 1930년대 초 사이에 실제 전력 시스템을 그대로 재현하는 초창기 아날로그 컴퓨터가 등장했다. 당시의 컴퓨터는 전기 생산용 부품으로 제작되었다. 거실을 가득 메우고도 남을 정도로 거대한 초창기 컴퓨터들은 문제가 발생했을 때 전력망이 어떤 영향을 받는지 시뮬레이션을 했다. 하지만 1960년대가 되어 새로운 디지털 컴퓨터가 등장하자 좀 더 복잡한 시스템을 가동할 수 있게 됐다. 대부분의 발전소와 송전선은 SCADA Supervisory Control and Data Acquisition(감시 제어 데이터 수집을 뜻함)로 바뀌었다. SCADA 시스템은 공장이나 송전선에 설치해둔 다양한 감지 장치를 통해 데이터를 수집한 다음 데이터를 관리하고 통제하는 중앙 컴퓨터로 전달한다.

수많은 프로토콜이 그렇듯 이런 방식으로 표준을 활용하면 상호연결성이 강화돼 한층 효율성이 커진다. 하지만 시간이 흘러 물리적인 형태의 전력망과 관련 기술이 점차 정교해지자 SCADA 시스템은 전력망 전체를 한눈에 파악할 수 없게 되었고 전력망의 회복력을 강화하기는커녕 서서히 갉아먹게 되었다.

미국 물리학회American Institute of Physics의 필립 셰베Phillip Schewe는 오늘날 이런 유형의 기술이 전력망이 직면하는 도전과제에 대응하기에는 너무 오래되고 낡았다고 설명한다. "이런 기술로는 전력망을 구성하는 요소들을 충분히 감지하거나 제어하지 못합니다. 물론 이런 기술로 여러 전력 생산 시설에서 흘러나오는 전기를 조정하는 데는 도움이 됩니다. 하지만 그 과정 자체가 너무 더디게 진행됩니다. 전력 생산시설 내 관제센터에서 근무하는 조작 담당자들이 전화 통화를 통해 직접 이런 문제를 해결하는 경우가 대부분입니다. 위기 상황이 발생한 경우에는 특히[24] 그렇습니다."

조작 담당자 간의 전화 통화조차 도움이 되지 않는 경우도 있다. 가까운 곳에 위치한 발전 시설들이 호환 불가능한 통제 프로토콜을 사용할 수도 있기 때문이다. 2003년 대정전이 발생한 날 관련자들이 주고받은 대화가 기록된 문서를 보면 시스템 관리자 간의 정보 처리 상호 운용성 및 실시간 정보가 얼마나 부족한지 확인할 수 있다. 대정전의 경우를 생각해 보면 펜실베이니아-뉴저지-메릴랜드PJM 지역을 관할하는 사람들과 중서부 독립 시스템 운영업체MISO에서 관할 지역을 관리하는 사람들 사이에서 제대로 공조가 이뤄지지 않았다.

PJM: 사우스 캔턴-스타 345 라인에 문제가 있는 것처럼 보입니다. 새미스-스타 라인에 전기가 제대로 흘러가는지 확인 부탁드려도 될까요?

MISO: 네, 확인해볼게요. 퍼스트 에너지가 주니퍼 라인을 제대로 통제하지 못하고 있군요.

PJM: 그랬나요?

MISO: 최근에 문제가 해결된 모양입니다.

PJM: 언제 문제가 생겨나요? 왜 그랬던 거지요?

MISO: 아직 잘 모릅니다.

PJM: 지금 보니까 AEP가 1378 지점에서 새미스-스타에 전력을 공급하고 있는 것 같아요.

MISO: 한 번 봅시다. 한 번 찾아봐야겠군요. 가능하다면 말이지요. 사우스 캔튼-스타 라인은 열려 있어요. 하지만 지금 1199 데이터가 들어오고 있어요. 직후에 들어온 데이터 같군요.

PJM: 아마 그럴 겁니다.[25]

전력회사의 기기 조작 담당자들은 19세기에 발명된 기술(일반전화)을 활용해 '엔지니어링 부문에서 이룩한 20세기 최고의 업적'을 관리할 수밖에 없었다. 이들은 상황을 제대로 파악하지 못했을 뿐 아니라 이미 과거가 돼버린 정보를 주고받았다.

단순히 미봉책을 동원해 이런 문제를 해결한다고 해서 전력망의 안전성을 강화할 수 있는 상황이 아니었다. 전력망은 매일같이 좀 더 크고 복잡해지는 데다 맨 처음 전력망을 고안한 사람들이 상상조차 하기 힘든 일을 해내야 한다. 그뿐만 아니라 전력 시스템 내에는 좀 더 심각한 걱정거리가 숨어 있다. '2003년의 정전 사태는 사고로 인해 발생한 것이지만 누군가가 고의로 문제를 일으키면 어떻게 될까?'라는 질문이 숨어 있는 것이다.

전략회사를 위해 일하는 해커들은 이미 SCADA 시스템 내에 안정성의 문제가 있다는 사실을 발견했다. 시뮬레이션에 참여한 해커들은 전력망 조작 담당자들이 사용하는 제어 장치에 원격 조종 방식으로 침입해 제어 장치가 여러 발전기에 전달하는 모든 지시 사항을 은밀히 기록하고 발전기의 반응을 관찰했다. 그런 다음, 해커들은 전력 수요가 최고점에 달하는 낮 시간에 전달된 지시 사항과 시스템이 대부분 공전하는 밤 시간에 전달된 지시 사항을 서로 바꿔치기했다. 신호를 바꿔치기하자 단 몇 초 만에 전력망이 갑작스레 고장 나고 말았다.(다행스럽게도 이번에는 시뮬레이션이었다) 해커들은 주간 신호와 야간 신호를 바꿔치기하는 접근방법을 약간 수정한 다음 실제 상황에 적용해 그 효능을 입증해 보였다. 2011년 11월 8일, 한 무리의 해커들이 일리노이 스프링필드에 도시 용수를 공급[26]하는 양수기 제어 장치에 원격 조종 방식으로 접근한 것으로 추정되었다. 해커들이 양수기를 재빨리 켰다 끄는 신호를 반복적으로 내보내자 양수기가 급기야 멈춰 섰고 결국 완전히 망가지고 말았다.

사이버 테러의 위협을 차치하고라도, 2003년의 대정전과 같은 정전 사태가 발생할 가능성은 점차 많아지고 있다. 대량의 전기를 먼 곳으로 이동시켜야 하는 수요가 점차 증가하고 있는 데다 송전 시스템에 대한 투자가 부족하고, 예기치 못하게 수요가 급증하는 경우가 많으며, 전력 생산시설들이 재무적으로 통합되는 현상이 늘어나고 있기 때문이다. 그뿐만 아니라 1950~1970년대에 설치되었으며 현재 빠른 속도로 유효 수명[27]의 끝을 향해 치닫고 있는 노화된 변압기들이 망가지는 사태가 속출할 것으로 예상된다. 기후 변화로 인해 이례적인 기상 사건이 발생하는 빈도가 점차 증가하고 있다는 사실과 미국에서 전기를 연료로 사용하는 하이브리드 자동차를 타는 운전자의 수가 조만간 수백만에 이를 것이라는 전망을 감안하면 그 누구도 지금의 전기 공급 방식에 변화가 필요하다는 데 이견을 제기하지 않을 것이다. 날이 갈수록 증가하는 21세기의 전력 수요를 일관성 있고 안전하며 확실한 방식으로 충족시키려면 전력망을 변화시켜야 한다. 하지만 어떻게 변화시켜야 하는가?

스마트 그리드의 아버지로 널리 알려져 있는 마수드 아민Massoud Amin 같은 엔지니어의 경우를 생각해보자. 이란에서 미국으로 건너온 50대 남성 아민은 미네소타 대학의 존경 받는 엔지니어링 교수이다. 9·11 테러 사건이 발생한 후, 미국 정계는 온통 발생 가능한 각종 테러 공격을 우려하느라 여념이 없었다. 당시 아민은 미국 전력연구소Electric Power Research Institute (전력망의 미래를 고민하는 팔로 알토 소재 싱크탱크)에서 중요한 인프라 안보와 전력망 운영에 대한 연구를 총괄 감독하는 책임자였다. 아민은 연구팀과 함께 비선형 역학 시스템, 인공 지능, 게임 이론, 네트워크 이론 등 다양한 분야에서 찾아낸 획기적인 발견 내용들을 총동원해 자가감시, 자가치유, 자가수리 역량을 갖고 있는 전력망의 핵심 개념을 개발했다.

아민과 동료들은 지금은 많은 사람들이 익숙하게 여기는 미래형 전력망의 3대 설계 원칙을 찾아냈다. 첫 번째 원칙은 실시간 감시 및 실시간 반응이다. 앤드루 홀데인 같은 경제학자들은 세계적인 경제 네트워크와 관련된 좀 더 뛰어난 실시간 데이터를 수집할 것을 촉구한다. 마찬가지로, 전력망이 제대로 돌아가려면 핵심부에서 주변부에 이르기까지 조직 곳곳에 방대한 양의 감지 장치가 배치되어 있어야 한다. 두 번째 원칙은 예측이다. 현재 사용 중인 SCADA 시스템은 30초 늦게 단편적인 정보를 평가한다. 이런 방식은 백미러를 보며 자동차를 운전하는 것과 다르지 않다. 감시 역량 및 예측 역량을 강화하면 아민이 반농담조로 이야기하듯 시스템에 '자의식'을 부여할 수 있다. 정교한 제어 장치는 줄줄이 엮여 있는 일련의 사건 고리하에서 몇 단계 앞서 수요와 공급을 예측하는 등 체스의 명수처럼 움직인다. 세 번째 설계 원칙은 고립 혹은 비동조화이다. 문제가 발생했다는 첫 번째 징후가 나타나면 전력망은 스스로를 외부와 차단시켜 고립된 섬 혹은 고립된 개체로 만든다. 각각의 섬 자체는 완전히 실패하게 될 위험도 있다. 하지만 2003년의 대정전 사태처럼 시스템 전체가 순서대로 무너지는 일은 피할 수 있다.

이런 원칙이 실제로 적용되면서 전력망은 혁명을 경험하고 있다. 인터넷보다 훨씬 큰 경제적 기회에 매료되어 개별 전등 스위치에서부터 망 전체에 이르기까지 모든 규모, 모든 차원에서 스마트 그리드라는 아이디어를 실행하려는 새로운 산업이 떠오르고 있다. 네트워크 기업 시스코가 실시한 분석에 의하면, 스마트 그리드로 인해 미국 국내 인터넷보다 백 배에서 천 배 이상 큰 규모의 기술 플랫폼이 등장할 것으로 보인다. 또한 수조 개의 교점과 감지 장치가 플랫폼 곳곳에 배치되고 수백만 개의 저준위 소프트웨어 시스템이 교점과 감지 장치를 서로[28] 이어줄 것으로 예상된다.

플랫폼에 설치된 감지 장치와 정보 시스템은 스마트 그리드에 고유 수용 감각을 선사할 것이다. '고유 수용 감각'은 아민이 언급한 자기 인식과는 조금 다른 것으로 각 개체가 '직접 느끼는' 감각, 혹은 공간 내에서 자신의 몸이 어떤 위치에 놓여 있는지 인식하는 것을 일컫는다. 잠깐 동안 실험을 진행해보자. 먼저 눈을 감고 양손을 머리 위로 올려보기 바란다. 왼손을 전혀 움직이지 말고 가만히 둔 다음 오른손 집게손가락 끝으로 재빨리 코를 만져보자. 이번에는 계속 눈을 감고서 좀 전에 오른쪽 코를 만졌던 오른손 집게손가락으로 왼손 엄지손가락을 만져보자.

이렇게 간단한 일을 처리할 경우, 대부분의 사람들은 몇 번쯤 시도를 하고 나면 원하는 대로 해낼 수 있다. 그렇다면 어떤 과정을 거치는 것일까? 사람들은 시각을 통해 공간과 자신의 몸 간의 관계에 대한 중요한 정보를 습득한다. 하지만 굳이 눈을 통해 보지 않더라도 신체의 위치를 파악하는 감각이 작용한다. 이런 감각 덕에 어떤 상황에서건 팔과 다리가 어떤 상태인지 느낄 수 있다. 고유수용기 혹은 신장수용기라 불리는 특수한 수용기는 인체 곳곳에 위치해 있으며 계속해서 위치 정보를 두뇌로 전달한다. 정보를 전달받은 두뇌는 유입되는 데이터의 질을 검토하고 눈을 비롯한 다른 감각 기관이 알려주는 정보와 특수수용기가 수집한 정보를 조합해 주변 공간과 비교해 인체가 어떤 곳을 향하고 있는지 종합적인 내부 감각을 생성한다. 사지와 몸통이 어디에 있는지 눈으로 직접 확인할 수 없다 하더라도 아무런 문제가 없다.

아민이 상상하는 전력망 전체에 고루 분포된 감지 장치가 전력망에 이와 유사한 감각을 부여하려면 오랜 시간이 걸릴 것이다. 하지만 이런 감지 장치가 보내오는 신호를 통합하려면 다른 무언가가 필요하다. 다시 말해서 시스템 내에서 정보를 보호하고 교환하기 위한 새로운 프로토콜이 필요한 것이다.

SCADA 시스템이 직면한 문제에서 확인할 수 있듯이 전력망과 같은 시스템의 회복력은 중심부에 위치한 정보 프로토콜의 설계에 매우 민감하게 반응한다. 프로토콜은 시스템이 사용하는 공용어와 같다. 프로토콜은 구성 요소들 간의 정보 교환 방식을 정의한다. 시스템의 기저에 깔려 있는 근원적인 프로토콜이 융통성이 없거나 특정한 하드웨어 및 소프트웨어 세트와 지나치게 밀접하게 연계되어 있는 경우에는 단기간 내에 프로토콜의 효용성이 사라질 수 있다. 시간이 흐르면 기반이 되는 기술이 노후화되고 새로운 기술로 대체되기 때문이다. SCADA 시스템이 바로 이런 현상을 경험했다. SCADA 시스템은 메인프레임 컴퓨터 시대의 지휘통제 원칙을 상징한다.

반면 TCP/IP라 불리는 인터넷 프로토콜은 최소한 부분적으로라도 제대로 일을 처리하는 방식을 알려준다. 1장에서 설명한 패킷 중심의 인터넷 프로토콜은 단순하고 기발하며 여러 층으로 구성된 구조를 갖고 있다. 단순하게 모래시계 모양을 생각해보자. 모래시계 아래쪽에는 아이패드에서부터 로봇, 미래에 탄생할 새로운 무언가에 이르기까지 인터넷과 연결된 온갖 하드웨어가 가득하다. 모래시계 하부에 들어 있는 하드웨어의 숫자는 시간이 흐를수록 점차 늘어난다. 모래시계 상부에는 모바일 앱에서부터 미래에 등장할 트위터의 후손에 이르기까지, 네트워크와 연결된 온갖 소프트웨어 애플리케이션이 가득하다. 물론 소프트웨어 애플리케이션도 날이 갈수록 증가한다. 하드웨어와 소프트웨어 사이에 놓여 있는 것이 바로 모래시계의 가느다란 허리 부분, 즉 네트워크 곳곳으로 전달하기 위해 정보를 요약하는 단순한 프로토콜인 것이다. 프로토콜은 거의 변하지 않는다. 사실 아예 변하지 않는다고 보는 것이 맞을 수도 있겠다. 새로운 애플리케이션이나 새로운 인터넷 기반 기기를 만드는 경우를 생각해보자. TCP/IP를 구사할 수 있는 애플리케이션이나 기기는 네트워크상에 있는 누구에게든 말을 걸 수 있다.

쉽게 말해서, TCP/IP는 알파벳과 같다. TCP/IP는 수많은 아이디어를 표현하고 이들을 서로 잇기 위해 활용할 수 있지만 자체적인 변화 속도는 매우 느린 일련의 기초적인 기본형인 셈이다. 프로토콜을 만든 사람들이 맨 처음 TCP/IP를 개발했을 당시 대다수의 사람들은 아이패드나 페이스북이 등장할 미래를 상상조차 하지 못했다. 하지만 그럴 필요가 없었다는 점에서 인터넷 시스템의 진정한 우수성을 찾을 수 있다. 그저 무엇이 개발되건 세계 공통어로 이야기하고 세계 공통어가 또 다른 대상에게 이야기를 전달하도록 만들면 그것으로 충분했다.(유추해보면, SCADA 시스템은 문자 간의 관계를 바로잡아 더 한정적인 종류의 정보와 아이디어를 교환할 수 있도록 지원해준다)

매크로에서 마이크로로 : 규모와 스워밍

전력망 내에 감지 네트워크와 적절한 유형의 확장 가능 프로토콜을 설치해두면 19세기에 처음 착안된 21세기의 관리 도구를 바탕으로 20세기에 적합하게 설계된 인프라를 업데이트할 수 있다. 하지만 진정한 회복력 혁명을 원한다면, 전력망에 새로운 구조적 특성을 부여하라. 전력망에 추가되어야 할 첫 번째 혁신은 바로 마이크로 그리드이다. 즉, 현지에서 구할 수 있는 에너지원을 활용해 소수의 빌딩, 주택, 공장 등에 필요한 만큼의 전력을 공급하는 시스템이 필요하다. 이런 시스템은 규모가 크지 않고 자율성을 가지며 자급자족하고 분산되어 있다.

북미 전력망이 처음 설계됐을 당시에는 전력 생산 과정이 지저분하고 위험한 데다 보기 흉하고 값비쌌다. 따라서 규모가 크고 중앙 집중화된 발전소에서 전기를 생산해 고객에게 공급했다. 처음에는 수십 마일 떨어진 곳에 위치한 고객에게 전기를 공급하는 수준에서 그쳤으나 머지않아 발전소와 고객 간의 거리가 수백 마일, 수천 마일로 늘어났다. 컴퓨터로 치자면 메인프레임 컴퓨터 시대와 다르지 않다. 초창기의 컴퓨터 프로그래머들이 방 하나를 차지할 정도로 커다란 규모의 컴퓨터라는 자원을 공유했듯이 모두가 발전소라는 자원을 공유한다.

비용을 낮추고 적시에 즉각적으로 연료를 공급하려면 발전소가 철로, 강 등 특정한 유형의 인프라 근처에 위치해 있어야 한다. 또한 안전과 심미적인 부분을 고려하면 발전소가 실제로 전기를 사용하는 사람들에게서 일정한 거리만큼 떨어져 있는 편이 가장 좋다. 그 결과, 이제는 가정 내에서 플러그를 살펴보며 자신이 사용하는 전기가 어디에서 오는지 확인하기가 사실상 불가능해졌다.

하지만 기존의 전력망을 마이크로 그리드로 보완하면 이런 상황을 뒤집을 수 있다. 소규모 풍력발전소, 태양열발전소, 수력발전소 등을 활용하면 적어도 전력망을 흘러가는 에너지 중 일부라도 현지에서 효율적으로 생산할 수 있다. 그뿐만 아니라 현지에서 에너지를 생산하면 먼 곳에서 에너지를 끌어올 필요가 없어진다. 규모가 큰 전력 시스템과 연결돼 있으면 먼 곳에서 발생한 문제가 부정적인 영향을 미칠 수도 있다. 하지만 현지에서 생산된 에너지를 사용하면 더 이상 규모가 큰 시스템에 접근할 필요가 없다.

물론 이런 에너지는 깨끗하고 안전하게 생산돼야 한다. 뒷마당에 석탄을 연료로 사용하는 화력발전소를 두고 싶어 하는 사람은 아무도 없을 것이다. 특히 발전소에 문제가 생겼을 때 가까이 있기를 원하는 사람은 없다. 물론 전기를 생산할 때 많은 돈이 들어서도 안 된다. 필요한 전기를 얼마든지 공급하지만 운영비용이 턱없이 비싼 전력망을 구축하는 방법은 도움이 되지 않는다.

하지만 비용 문제 및 청결 문제만 해결되면 자율적으로 움직이는 소규모 전력망이 도시 내 모든 구획, 모든 가정, 심지어 모든 사람에게 개별적으로 전기를 공급할 수 있다. 이를 위해서는 기존의 전력망을 세분화해 훨씬 축소된 규모로 무한히 복제할 필요가 있다.

미군은 마이크로 그리드의 개념에 그 누구보다 많은 관심을 갖고 있다. 그 이유를 찾는 것은 어렵지 않다. 아퀼라가 명명한 '전초기지와 원조 활동' 전술이 동원되고 필요한 경우에 무리를 지어 공략하는 네트워크 세계에서는 하나의 선을 그어 최전방으로 정해둘 수가 없다. 이런 세계에서는 전진 작전기지 주위의 최전방이 360도 확대된다. 하지만 이런 기지에 연료와 군수품을 공급하는 일을 빠뜨려서는 안 된다. 물자 공급을 담당하는 수송대는 매우 험난한 지형을 통과해 힘겹게 임무를 완수하는 경우가 많다. 호위 차량의 철저한 지원을 받지 못한 채 물자를 수송하는 차량들은 이동 속도가 느리고 위험에 노출될 가능성이 크다. 2009년에 발표된 연구에 의하면, 아프가니스탄에 주둔한 미군의 경우 연료 재공급을 목적으로 하는 수송 차량[29] 24대당 1명꼴로 사상자가 발생했다. 내륙 깊숙한 곳에 위치한 기지에 휘발유를 공급하기 위해 투입해야 하는 모든 비용을 감안하면 갤런당 가격이 무려 4백 달러[30]에 달한다. 전쟁이 한창일 때 미 해병은 하루에 20만 갤런[31]의 휘발유를 사용했다.

자급자족형 기지를 설립하는 것이 가능했더라면 기지가 자급자족 역량을 확보한 후 병력을 훨씬 신속하게 배치하고 훨씬 높은 수준의 자율성을 유지할 수 있었을 것이다. 미 육군은 이런 가능성을 현실로 바꾸기 위해[32] 넷 제로 계획을 도입해 풍력, 태양열, 연료 전지, 기타 신재생 에너지원을 사용하는 마이크로 그리드 개발에 주력하고 있다. 이라크와 아프가니스탄에 주둔 중인 미 해병은 이미 파워 셰이드Power Shade[33]와 그린스를 실험하고 있다.(파워 셰이드는 일반 텐트에 장착할 수 있으며 적의 관심을 끌 만한 발전기 소음 없이 조용하게 조명 시스템에 전력을 공급하는 유연한 태양 전지판으로 뒤덮인 대형 방수포를 일컫는다. 그린스는 소대 지휘본부[34]에 전력을 공급하는 대형 태양열 시스템을 일컫는다) 미군이 아프가니스탄 농부들에게 양귀비 대신 바이오연료 생산을 위한 작물을 기르도록 권장해야 한다는 제안도 있었다. 이 방안은 마약 거래량을 줄이고, 새로운 토착 산업을 형성하고, 미군이 필요로 하는 연료를 현지 조달하고, 탈레반의 세력을 약화시키는 데 도움이 된다.[35]

민간 경제 부문에서는 마이크로 그리드가 에너지 생산의 미래를 결정 짓는 중요한 요소가 될 것이라고 판단한 투자자와 혁신가들이 마이크로 그리드에 많은 투자를 하고 있다. GE, IBM 등은 수십 년 후면 필요한 전기 중 일부분을 직접 생산하는 가정이 미국 내 전체 가정의 절반을 넘을 것이라고 예측한다. 지금 구상하는 것처럼 마이크로 그리드는 단순히 생산된 전기를 분배하는 것 이상의 역할을 할 것이다. 마이크로 그리드는 에너지 소비자와 에너지 생산자 간의 관계를 정상화시키는 역할을 할 것으로 보인다.

지금은 에너지가 오직 한 방향으로만 이동한다. 발전소에서 전력망으로, 그리고 또다시 소비자에게로 흘러간다. 마이크로 그리드가 전성기를 맞이하면 소비자들은 중앙의 전력 공급원에서 전력을 내려받는 횟수만큼 자주 여분의 전력을 전력망에 전송하게 될 것이다. 물론 전력을 내려받는 횟수보다 여분의 전력을 전력망에 전송하는 횟수가 더 많을 수도 있다. 지금 우리가 사용 중인 인터넷과 마찬가지로 에너지 인터넷은 개개인의 전력 생산 및 소비를 위한 플랫폼이 될 가능성이 크다. 스워밍 방식으로 작동하는 전력망에서는 시스템을 통제하는 중앙 집중화된 구성단위가 없다. 대신, 반독립적이며 규모가 작은 여러 구성단위가 좀 더 규모가 큰 전체(여러 시스템으로 이루어진 하나의 시스템)를 강화한다.

MIT에서 연구를 하고 있는 저명한 화학자 댄 노세라Dan Nocera는 스마트 그리드와는 전혀 다른 새로운 비전을 제시한다. 노세라는 언젠가 전력망을 통째로 사라지게 만들고 개인 에너지 시대의 문을 열 기술을 연구한다. 노세라는 현재 마이크로 그리드조차 갖지 못한 역량, 즉 저장 능력을 전기 시스템에 부여하는 기술을 개발하기 위해 노력 중이다.

2008년 여름, 노세라는 깜짝 놀랄 만한 발표를 해 에너지·화학 계를 떠들썩하게 만들었다. 당시, 노세라가 지휘하는 연구팀은 물을 수소와 산소[36]로 분리시키는 새로운 화학 촉매제를 활용해 부분적 인공 광합성(태양에서 곧바로 에너지를 만들어내는 기술)에 성공했다. 광범위하게 분산돼 있는 태양 에너지를 대량으로 활용하기란 쉽지 않다. 가장 큰 문제 중 하나가 해가 없을 때 태양 에너지를 저장하는 것이다. 노세라 연구팀은 연구를 통해 그 방법을 찾아냈다. 노세라 연구팀이 찾아낸 촉매제가 가득 담긴 상자를 활용하면 낮 시간 동안 생산된 에너지를 야간에 대량 사용할 수 있다. 효율성이 중간 정도 되는 태양광 전지를 사용하더라도 에너지를 저장하는 데 아무런 문제가 없다. 노세라는 이해를 돕기 위해 다음과 같이 덧붙인다. "가장 단순한 구조를 생각해보면 이렇습니다. 지붕에 태양 전지를 설치해두면 해가 떠 있는 동안 사람이 생존을 위해 필요로 하는 에너지를 생산합니다. 태양 전지가 생산한 전기 중 사용되지 않고 남은 부분은 우리가 새로 찾아낸 촉매제로 가득 찬 조그마한 상자로 보낼 수 있습니다. 물을 쪼개서 수소와 산소를 만들어내는 촉매제는 원하는 곳에 저장해둘 수 있습니다. 밤이 되어 해가 나오지 않으면 저장돼 있던 수소와 산소가 연료 전지 내에서 재결합해 사람이 자고 있는 동안 차고에서 전기 자동차를 충전하고 밤새 집에 전력을 공급하는 데 필요한 전기를 만들어냅니다."

노세라는 개개인이 직접 에너지를 생산하는 세상을 꿈꾼다. 이런 세상에서는 모든 개별 주택이 태양열을 이용한 전력망이 되고 주유소가 된다. 시스템 자체가 폐쇄회로(태양과 물을 수소와 산소로 전환시키는 방식)의 형태를 띠고 있기 때문에 실제로 소모되는 물의 양은 매우 적다. 얼마나 많은 양의 물이 필요할까? 노세라가 이런 방식으로 전기를 생산하기 위해 얼마만큼의 물이 필요한지 설명하기 위해 가장 흔히 비교하는 대상은 자신이 교수로 재직 중인 MIT 캠퍼스 내에 있는 수영장이다.

"MIT에 있는 수영장은 올림픽 규격에 따라 만들어진 수영장입니다. 이 수영장에 들어가는 물의 3분의 1 정도만 있으면 전 세계의 에너지 문제를 해결할 수 있습니다. 물을 수소와 산소로 분리하는 작업이 끊임없이 진행될 테니까요. 이런 일이 가능하려면 우리가 찾아낸 촉매제를 비롯해 수많은 것들이 새로이 발견되어야 합니다. 하지만 생각해보세요. 올림픽 규격 수영장의 3분의 1을 채울 정도의 물만 있으면 됩니다."

노세라는 에너지 저장 전문업체 선 캐털릭스를 설립해 자신이 개발한 인공 광합성 기술을 상용화하고 널리 적용하기 위한 방안을 연구 중이다. 아직 해야 할 일이 많이 남아 있지만 노세라는 10여 년 후면 개인화 에너지 시대의 막이 올라갈 것이라고 (또한 그와 더불어 진정으로 풍요롭게 에너지를 사용할 수 있는 시대가 열릴 것이라고) 믿고 있다. 노세라는 시골 지역에 전기를 공급하는 방식을 전면 수정하고 전기의 혜택을 누리지 못하는[37] 30억 명에게 전기를 선물하기 위해 이미 초대형 인도 기업 타타와 협력 관계를 맺고 소규모 독립형 발전소를 개발 중이다. 아직은 상상에 불과하지만, 에너지를 얻기 위해 더 이상 전력망에 의존하지 않고 직접 전기를 생산할 수 있는 시대가 되면 월마트 같은 기업이 세계 최대의 소비자 에너지 기업이 될 것이라고 상상하는 것도 그리 심한 비약은 아니다. 실제로 그런 시대가 온다면 월마트 같은 기업들은 소비자에게 에너지 패킷을 판매하거나 소비자가 직접 전기를 생산할 수 있도록 도와주는 기기를 판매하게 될 테니 말이다.

이와 같은 장기적인 비전은 실현될 수도 있고 안 될 수도 있다. 마찬가지로 노세라가 개발한 기술이 장기적인 비전을 뒷받침하는 기술이 될 수도 있고 그렇지 않을 수도 있다. 하지만 앞으로 몇 년 내에 상향식 마이크로 그리드 접근방법이 기존의 전력망을 한층 개선한 하향식 스마트 그리드 인프라를 보완하게 될 것은 틀림이 없다. 스마트 그리드라는 비전과 개인화 에너지라는 비전은, 대규모 전기 시스템에 좀 더 강한 회복력을 부여하는 각기 다른 전략을 제시한다. 스마트 그리드는 중앙 집중화된 기존 시스템에 지능을 부여하는 데 주력하는 반면, 개인화 에너지는 주변부에 좀 더 강력한 자율성과 자급자족 능력을 부여하기 위해 노력한다.

이 둘을 하나로 묶으려면 새로운 프로토콜이 필요하다. 인터넷이 채택한 개방형 TCP/IP 프로토콜과 유사하며 SCADA 시스템을 대체하는 '날씬한 허리' 모양의 프로토콜이 필요한 것이다.(TCP/IP가 많은 곳에서 두루 사용되고 있는 점을 고려하면 실제로 TCP/IP를 약간 변형해서 사용하는 방법이 좋을 수도 있다) 새로운 프로토콜이 도입되면 상호 운용성이 한층 강화되고 현지에서 전기를 생산하기 위한 다양한 기술(아직 상상하기 힘든 방법 포함)을 전력망에 좀 더 간단하게 적용할 수 있게 될 것이다. 스마트 그리드는 이런 식으로 에너지와 정보 인프라가 갖고 있는 여러 측면을 융합시킨다.

이런 접근방법을 받아들이면 전기 시스템의 효율성이 상당히 높아질 것이다. 미국전력연구소는 스마트 그리드가 제대로 실현되면 미국 소비자들이 지불하는 연간 에너지 비용[38]이 2백억 달러 정도 줄어들고 미국의 이산화탄소 배출량이 약 10% 줄어들 것으로 추정한다.(이산화탄소 배출량이 약 10% 감소하면 도로에서 1억 4천만 대의 차량이 사라지는 것과 동일한 효과가 나타난다) 스마트 그리드 옹호론자들은 효율성 증대 효과가 '제5의 연료' 역할을 하고 석탄, 석유, 원자력, 신재생 에너지를 보완할 것이라고 설명한다.

하지만 그렇게 되기까지의 과정은 결코 단순하지 않을 것이다. 기술적인 문제뿐 아니라 행동적인 요인 또한 스마트 그리드 도입에 걸림돌이 된다. 아민이 제안한 실시간 감시 원칙 및 예측 원칙을 전력망에 적용하는 실험이 진행된 적이 있었다. 주거용 스마트 계량기의 형태로 일반 시민들에게 전기를 공급하는 전력망의 일부분에서 실험을 진행한 전력회사들은 '다수의 사람들이 그저 스마트 계량기를 혐오한다'는 불편한 진실에 직면하고 말았다.

스마트 계량기는 주택 지하실에서 흔히 볼 수 있는 주거용 전기 계량기를 새롭게 개선한 것이다.(눈에 보이지 않으면 신경이 쓰이지 않는다는 아주 단순한 이유 때문에 기존의 계량기는 주로 지하실에 설비돼 있다) 스마트 계량기가 설치되어 있으면 검침원이 직접 한 달에 1회씩 계량기를 확인할 필요가 없다. 스마트 계량기가 사용자에게 에너지 사용 현황을 지속적으로 무선 방식으로 알려주기 때문이다. 따라서 사용자는 자신이 어떤 패턴으로 에너지를 사용하는지 실시간으로 확인할 수 있다. 또한 스마트 계량기가 설치되어 있으면 전력회사가 전기 가격을 역동적으로 수정할 수 있다. 수요가 많을 때는 요금을 올리고 수요가 낮을 때는 요금을 낮추는 등 가격이라는 신호를 활용하면 사람들의 행동을 수정하는 데 도움이 된다.

이론적으로 생각해보면 이런 신호를 확인한 사용자는 전기요금을 줄이기 위해 행동을 수정하게 되고 전력회사는 좀 더 효과적으로 수급을 조절해 수요가 지나치게 증가하거나 줄어들지 않도록 조절할 수 있다. 이론상, 좀 더 안정적인 전력망이 도입되면 소비자는 좀 더 효율적이고 비용 효과적인 방식으로 전기를 사용할 수 있고 전력업체는 재생 가능성이 좀 더 높은 자원을 좀 더 안정적으로 투입해 이산화탄소 배출을 줄일 수 있다. 결국 소비자와 전력업체 모두에게 상당한 도움이 되는 윈-윈 시스템이다.

하지만 수요와 공급을 조절하려면 사람들이 새로운 일을 해야 한다. 냉장고의 성에를 제거할 시간을 결정한다든지 전기 수요가 많지 않은 시간대로 세탁 시간을 옮기는 등 언제 전기를 사용해야 할지 세심한 주의를 기울여야 한다. 전력망에 걸리는 가변부하를 줄이려면 일부 사용자들이 보편적이지 않은 방식으로 전기를 사용하도록 유도해야 하는 만큼 사용자들이 좀 더 커다란 가변성을 감내해야 한다. 이와 같은 행동을 장려하기 위한 금전적 혜택 및 불이익에 스마트 그리드 시스템의 실시간 감시 기능이 더해지자 스마트 계량기를 접한 초창기 사용자들은 끊임없이 빅브라더의 감시를 받고 올바르지 않은 선택을 할 시 대가를 지불할 것을 강요받는 듯한 느낌을 받았다.

안타깝게도 1세대 스마트 계량기를 선보일 당시 전력회사들은 어떤 시스템을 도입하려는 것인지 제대로 설명하지 못했다. 아예 설명 자체를 하지 않았다고 볼 수 있다. 그 결과 사생활과 비용에서부터 건강, 안전성 문제에 이르기까지 다양한 근거를 앞세워 스마트 계량기 도입을 강경하게 반대하는 사람들이 생겨났다. 미국에서 천연가스와 전기를 공급하는 퍼시픽 가스 앤드 일렉트릭(이하 PG&E)이 스마트 계량기를 도입한 초기에 자신의 뜻과 무관하게 스마트 계량기를 사용할 수밖에 없는 처지에 놓인 한 고객은 PG&E가 가격 인상을 결정한 후 이렇게 이야기했다. "옛날에는 PG&E가 그냥 무능하다고 생각했습니다. 이제 PG&E가 무능한 데다 나를 감시한다고 생각합니다."

이와 같은 사용자의 부정적인 반응에 대응하기 위해 많은 전력회사들이 택한 방법은 기술을 강화하는 것이 아니라 행동 경제학, 명확한 의사전달 방식과 더불어 별것 아닌 것처럼 보이는 웃음 표시를 사용하는 것이었다. 전력회사들은 사용자들의 저항을 완화하기 위해 오파워라는 회사[39]가 개발한 소비자 중심 에너지 보존 플랫폼을 도입했다.

오파워의 공동설립자 댄 예이츠Dan Yates와 알렉스 래스키Alex Laskey는 자신들이 설립한 에너지 중심 신생기업 오파워에서 활용할 비즈니스 계획을 모색하던 중 한 가지 예상치 못한 사실을 발견했다. 전기를 사용하는 사람들이 에너지 보존에 관심을 갖고 있다 하더라도(대부분의 사람들은 그렇게 이야기한다) 해독 불가하고 사용자 개개인의 특성이 반영되어 있지 않은 천편일률적인 전기요금 고지서 때문에 실천하지 못한다는 사실을 깨달았던 것이다. 관련성도 떨어지고 적절한 행동을 취하는 데 도움이 되지도 않고 시기적으로도 맞지 않은 정보로 가득할 뿐, 소비자에게 자신의 행동이 시스템에 어떤 영향을 미치는지 알려주지도 않고 개선의 동기도 부여하지 못하는 요금 고지서는 잘못 설계된 피드백 고리의 대표적인 사례이다.

그러던 어느 날, 예이츠와 래스키는 행동 과학자 로버트 치알디니Robert Cialdini의 연구를 접하게 되었다. 애리조나 주립대에서 학생들을 가르치는 저명한 명예 교수인 치알디니는 30년 동안 설득의 과학을 연구해왔다. 특히 사람들의 행동을 변화시키는 데 사회적 규범이 어떤 역할을 하는지 특히 많은 관심을 기울여왔다. 치알디니가 집필한 설득과 마케팅에 관한 저서들은 엄청난 인기를 끌었다. 또한 치알디니는 중고차 영업사원, 텔레마케터 등 타인을 설득하는 과정을 필요로 하는 다양한 직업을 직접 체험하며 은밀하게 현장 연구를 진행하는 등 학자로서의 연구 활동에도 많은 노력을 기울였다.

치알디니가 가장 중점적으로 연구를 진행하고 있는 분야 중 하나가 바로 사회적 증거social proof(그 어떤 형태의 보상보다 이웃들의 행동이 사람들에게 가장 큰 영향을 미친다는 개념)이다.

치알디니와 동료들은 사회적 증거의 위력을 알아보기 위해 실험을 진행했다. 연구팀은 호텔에서 고객들에게 수건 재사용을 권장하는 프로그램을 운영하는 경우가 흔하다는 사실에 착안해 투숙객들에게 물 절약을 위해[40] 한 번 사용한 수건을 세탁하지 말고 재사용할 것을 권장하는 실험을 계획한 것이다. 이들은 미국 남서부에 위치한 한 호텔 내 객실 화장실에 수건 재사용을 권장하는 글귀를 걸어두었다. 환경보호를 강조하는 문구, 환경보호를 위한 호텔의 노력에 협조할 것을 요청하는 문구, 다른 투숙객의 행동을 언급하는 문구 등, 세 종류의 문구를 준비해 무작위로 배치했다. 연구팀이 작성한 세 종류의 문구는 다음과 같다.

환경을 보호해주세요

저희 호텔에 투숙하시는 동안 수건을 재사용하여 환경보호에 동참하고 자연을 향한 경의를 표현해주세요.

환경 보호를 위한 저희의 노력에 동참해주세요

수건 재사용 프로그램에 참여해주시면 저희가 절감된 에너지 비용 일부를 비영리 환경보호 단체에 기부하겠습니다. 환경은 우리 모두가 노력을 쏟아부을 만한 가치가 있습니다. 저희 호텔에 투숙하시는 동안 수건을 재사용하시면 환경을 보호하려는 저희의 노력에 동참하실 수 있습니다.

다른 투숙객들과 함께 환경보호에 동참해주세요

저희 호텔에서 진행 중인 새로운 자원 절약 프로그램에 참여할 것을 요청받은 투숙객 중 약 75%가 수건을 1회 이상 사용하는 방식으로 도움을 주십니다. 다른 투숙객들처럼 저희 호텔에 투숙하시는 동안 수건을 재사용하시면 환경보호에 동참하실 수 있습니다.

첫 번째 문구와 두 번째 문구에 대한 응답률은 각각 38%와 36%로 거의 비슷했다. 하지만 마지막 문구는 매우 효과적이었다. 세 번째 문구를 본 투숙객의 경우에는 2명 중 1명꼴(48%)로 수건 재사용 운동에 동참했다.(치알디니 연구팀은 일관성을 유지하기 위해 투숙객의 숫자가 1명뿐인 객실만 연구에 포함시켰고 투숙 첫째 날의 현황만 반영했다) 즉, 사람들이 자신이 무엇을 믿는다고 이야기하건 실제로 환경보호 행동에 지대한 영향을 미치는 것은 '자기 자신의 믿음'이 아니라 '주변 사람들이 특정한 방식으로 행동을 할 것이라는 믿음'인 것이다. 치알디니 연구팀의 연구는 이 같은 결론을 뒷받침하는 구체적인 증거이다.

이 연구를 비롯한 여러 연구를 성공리에 진행한 치알디니는 오파워의 수석 과학자로 들어가 예이츠, 래스키와 함께 에너지 절약 권장을 위한 시스템을 구축하기로 했다. 오파워는 치알디니와의 협력을 통해 정교한 데이터 분석 기법 및 명료하고 유용한 통신 수단을 활용하며 사회적 증거를 기반으로 소비자들에게 에너지 절약을 권장하는 시스템을 개발했다. 오파워는 이를 위해 먼저 전력업체로부터 소비자의 전기 사용 현황에 관한 방대한 양의 데이터 세트를 수집한다. 그 후, 전기 사용 데이터와 날씨를 비롯한 각종 사건에 관한 데이터를 통합해 소비자의 전기 사용량을 냉난방, 일회성 사건, 냉장고를 비롯해 항상 전원이 켜져 있는 가전제품 가동을 위한 용도 등 각각의 용도로 세분화하는 정교한 알고리즘을 적용한다.

오파워는 고객이 자신의 에너지 사용 현황을 제대로 파악할 수 있도록 이 데이터를 근거로 개별 고객을 위한 맞춤형 에너지 보고서를 작성한다. 누구나 이해할 수 있도록 알기 쉬운 말로 쓰인 오파워의 에너지 보고서는 고객에게 개략적인 정보를 제공하지 않는다. 오파워의 보고서에는 각 고객의 에너지 사용 현황과 해당 고객과 물리적으로 가까운 곳에서 비슷한 규모의 집에 거주하는 이웃 백여 명의 에너지 사용 현황을 비교한 데이터가 담겨 있다. 이와 더불어 오파워는 각 고객의 에너지 사용 습관 개선에 도움이 되는 구체적인 맞춤형 방안을 함께 제시한다.

이웃 사람들의 에너지 사용 방식을 총 평균한 것보다 효율적으로 에너지를 사용한 고객에게 전달되는 에너지 보고서에는 웃는 얼굴을 표시한 이모티콘이 그려져 있다. 상위 20%의 고객에게는 미소 이모티콘이 두 개 주어진다.

이것이 전부다. 상여금도 없고 금전적인 인센티브도 없다. 그저 적절한 정보와 그다지 대단하지 않은 인센티브, 구체적인 권고방안, 후속 조치, 그리고 미소 이모티콘만이 있을 뿐이다.

두뇌에서 사회적 보상을 관장하는 부위는 사회 규범에 매우 민감하게 반응한다. 사회 규범에 부합하기만 하면 추가적인 사회적 보상이 필요치 않을 정도이다. 오파워는 맞춤형 에너지 보고서를 수령하고 그 후에 다양한 방식으로 자사와 소통하는 가구 중 무려 85%에서 전력 소비가 어느 정도 줄어드는 현상이 관찰되었다고 주장한다.

이는 곧 연령, 소득 수준, 교육 수준[41]을 불문하고 규범적인 행동 접근 방법이 효과적이라는 근거이다. 이미 오파워의 시스템을 활용하고 있는 전력회사들은 전체 고객 중 약 2~3%에서 초기에 평균 에너지 사용량이 줄어드는 현상이 관찰된다고 설명한다.(건물을 재단장하거나 전구를 교체하는[42] 등 기존의 방법을 사용했을 때보다 투입되는 비용이 훨씬 적다) 이 글을 집필하는 시점을 기준으로 약 3천만 가구가 오파워의 시스템을 사용 중이며 그 수가 점차 늘어나는 추세이다. 오파워는 현재 자사가 개발한 시스템을 사용 중인 고객의 규모를 고려했을 때 자사 고객들이 머지않아 미국의 태양열 에너지 업계[43]가 생산하는 에너지 양을 능가할 정도로 많은 양의 에너지를 절약하게 될 것이라고 설명한다.

필요에 따라 무리를 이뤄 역동적으로 대응하며 회복력을 나타내는 스마트 그리드로 인해 전력망에 얼마나 뛰어난 능력이 생기건 간에 전력망의 장기적인 회복력을 결정짓는 건 결국 사람이라는 게 핵심이다. 사람이라는 요소를 고려하고, 사람에게 권한을 부여하고, 적절한 방식으로 사람에게 참여 동기를 부여하지 못하는 전력망은 절대 스마트 그리드가 될 수 없다.

회복력에 영향을 미치는 다양한 역학 관계에 대해 논하는 과정에서 여러 가지 주제가 등장했다. 먼저, 네트워크로 정리되어 있고 '날씬한 허리' 형태의 개방형 프로토콜로 연결된 모듈식 구성 요소로 이뤄진 시스템을 구축해야 한다. 각 구성 요소에 분산화 정보를 제공하고 사람들에게 적절한 정보와 인센티브를 안겨주면 회복력이 강화되는 환경을 조성할 수 있다. 이런 시스템은 스스로의 상태를 감지하고, 주위 환경의 상태를 감지하고, 혼란을 예측하고, 적절한 대처를 위해 역동적으로 규모를 조절하고, 필요에 따라 운영 상태를 일부 지역으로 제한하거나 비동조화시킬 수 있다.

이런 시스템은 지방 분권화와 통제권 공유(스워밍)의 윤리를 받아들인다. 이런 윤리가 기반이 되어야 단일 개체에게 전적으로 책임을 지는 일이 벌어지지 않기 때문이다. 하지만 이런 시스템이 완전히 무질서한 것도 아니다. 이런 시스템이 도입된다고 해서 중앙 집중화된 모든 권한이 사라지는 것이 아니다. 오히려 이런 시스템은 중앙 집중화된 권한이 적절한 유형의 현지 자율성 및 자급자족과 균형을 이룰 수 있도록 도와준다.

최대한으로 분산된 관계 속에서만 이런 시스템이 균형을 찾는 건 아니다. 사실 정반대이다. 3장에서 자세히 살펴보겠지만 회복력을 갖고 있는 수많은 시스템 내에서 분산되어 있는 다양한 요소들이 조밀하게 모여 있는 패턴이 관찰된다. 도시, 초, 정원 등에서 이런 패턴과 가장 유사한 패턴을 발견할 수 있다. 이것이 바로 클러스터 형성의 원칙이다.

3장

클러스터의
위력

★

삼보자 레스타리는 클러스터의 특성을 갖고 있다. 조밀하지만 다양하고 분산돼 있으며, 세계 경제와 연결되어 있으면서도 비동기화되어 있다. "삼보자 레스타리는 사회적·생태적·경제적 이익을 극대화할 수 있도록 시스템 전체가 정교하게 연결돼 있다. 우리가 각자의 자리에서 어떻게 노력을 해야 할지 알려주는 세계 최고의 모델이다."

지금까지 우리는, 하나의 시스템이 자율적인 조절 능력을 갖춘 여러 단위로 분산되어 네트워크를 이루면 회복력이 강해질 수 있다는 사실을 확인했다. 하지만 분산이 그토록 효과적인 전략이라면 분산이라는 패턴이 모든 곳에서 관찰되지 않는 이유가 무엇일까? 오히려 분산과는 정반대의 개념인 클러스터가 곳곳에서 발견되는 이유가 무엇이란 말인가? 예를 들어 생각해보자. 인터넷으로 인해 사람들이 세계 어디에서든 쉽게 협력할 수 있게 되었음에도 기술을 앞세워 기업을 설립하려는 수많은 기업가들이 여전히 실리콘 밸리로 몰려드는 이유가 무엇일까? 수많은 예술가들이 베를린, 뉴욕 같은 도시에 둥지를 트는 이유는 무엇일까? 기실 분산이 아니라 조밀성이 관찰되는 경우가 많다.

조밀성은 다양한 형태를 띠며 규모도 제각각이다. 가령, 세계 도처의 도시와 인재 허브는 강력한 매력을 발산하며 거의 중력과 같은 힘으로 사람들을 끌어당긴다. 2008년, 유엔은 다른 지역에 거주하는 부류의 인간보다 도시에 거주하는 사람 수가 많아진 탓에 기록된 역사상 처음으로 인간이 주로 도시에 거주하는 종이 됐다고 발표했다.[1] 2030년경이 되면, 도시 거주자의 숫자가 거의 50억 명으로 늘어날 것으로 보인다. 1987년까지만 해도 지구상의 모든 인구를 더한 합이 50억 명 수준이었다. 주로 아프리카와 아시아에서 도시 인구 증가 현상이 두드러졌다. 비단 번쩍이는 고층 건물뿐 아니라 사람들로 꽉꽉 들어찬 빈민 지역 및 공식적으로 허가를 받지 못한 불법 거주지에 거주하는 사람 역시 증가했다.

남반구에 위치한 엄청난 규모의 대도시가 성장을 거듭하자 도시 계획자, 개발 전문가, 사업가들은 상상력을 발휘하는 동시에 우려를 표시한다. 하지만 이런 식의 도시화가 좀 더 작은 규모로도 진행되고 있다. 예컨대, 미국 교외는 심각한 재도심화reurbanization[2] 현상을 겪고 있다. 미국인들이 8천 평방피트 부지에 널따랗게 지어놓은 대저택을 버리고 도심과 가까운 곳에 빽빽하게 들어서 있는 집을 찾아 나서고 있기 때문이다. 나이가 많고 기동성이 떨어지며 나날이 증가하는 에너지 비용 및 교통비를 아끼려는 시민 계층이 빠른 속도로 증가하고 있는 탓에 이런 현상이 한층 가속화되고 있다.

세계 각지에서 이런 식의 도시화가 일어나고 있는데 이로 인해 비단 사람뿐 아니라 아이디어, 기술, 산업 등이 모두 집중화되는 현상이 나타나고 있다. 아프리카에서 영화를 제작하고 싶어 하는 사람이라면 나이지리아 라고스로 향할 가능성이 크다. 아시아에서 제약 일을 하고픈 사람이라면 상하이 소재 제약회사에서 면접을 볼 가능성이 크다. 미국에서 생물의학 분야의 신생업체를 운영하고픈 사람이라면 매사추세츠 주 루트 128(벤처기업들이 밀집한 보스턴 외곽 지역)에 잠깐이라도 들를 가능성이 크다.

그렇다면 이와 같은 조밀성은 좋을까, 나쁠까? 조밀할수록 좋을까? 그렇지 않으면 조밀할수록 취약성이 높아지는 것일까? 한 전문가가 새로운 연구를 통해 이 질문에 대한 답을 찾고 있다. 또한 비단 도시뿐 아니라 다양한 조직 및 유기체의 성장, 몰락, 회복력 등에서 클러스터가 중요한 역할을 한다는 사실이 연구를 통해 드러나고 있다. '도시 물리학자'라는 새로운 부류의 과학자가 색다른 연구를 통해 이 질문에 대한 답을 찾고 있다.

쥐와 도시

———

영국 잉글랜드 남서부에 위치한 서머싯 카운티에서 1940년에 태어난 제프리 웨스트Geoffrey West는 흰색과 검은색 털이 뒤섞인 턱수염으로 잘 알려져 있으며 삐쩍 마른 사람이다. 웨스트는 바람이 잘 통하는 푸른색 줄무늬 셔츠와 흰색 바지(여름을 시원하게 지내기 위해 잉글랜드 지방 남자들이 택하는 전형적인 의상)를 입는 날이 많다. 하지만 터키석이 박혀 있는 웨스트의 벨트 버클을 보면 조금 다른 느낌이 든다. 이론 물리학을 전공한 웨스트는 사회생활을 시작한 이후 대부분의 시간을 뉴멕시코에서 보냈다. 처음에는 로스앨러모스 국립실험실에서 프로젝트를 진행했으나 이후 복잡성 연구에 전념하는 비영리 단체인 산타페 연구소로 옮겨가 연구 활동을 하다가 이사로 승진했으며 최종적으로 소장까지 역임했다.

1990년대 말에 로스앨러모스에서 아원자 입자에 관한 연구를 진행하던 중 웨스트는 규모가 변하는 생물학 시스템 속성에 관심을 갖기 시작했다. 웨스트는 '물리학자가 매우 크기가 작은 입자인 쿼크와 글루온뿐 아니라 쥐, 인간, 코끼리 등에도 적용 가능한 보편적인 성장-규모의 법칙을 찾아낼 수 있을까?'라는 의문을 품게 됐다. 이 질문에 답을 하려면 먼저

이 세상에서 가장 복잡한 프로세스 중 하나이자 2장에서 간략하게 설명한 프로세스인 대사에 대해 심도 깊게 이해해야 한다.

대사는 수많은 다이어트 전문가와 운동 광신도들이 자주 입에 올리는 표현이다. 하지만 대사는 단 하나의 무언가를 가리키는 말이 아니다. 사실 대사란 체내에서 일어나는 수많은 복잡한 화학 작용들을 일컫는다. 대사는 크게 두 가지로 나눌 수 있다. 첫 번째는 에너지를 생성하기 위해 지방, 탄수화물 등의 유기물을 분해시키는 이화 과정이다. 두 번째는 단백질, 핵산 등 세포를 구성하는 요소를 만들어내기 위해 이 에너지를 사용하는 동화 과정이다. 모든 생물학적 유기체 내에서 이처럼 복잡한 과정('섭취 칼로리와 배출 칼로리'라는 말로 지나치게 간소하게 표현되는 경우가 많다)이 발생한다. 또한 체내 곳곳에서 (순환, 호흡, 신장, 신경 등) 생명을 유지시키는 조밀한 네트워크 구조를 통해서 대사가 이뤄진다. 가령, 한 포기의 식물은 외관상 코끼리와는 다르다. 하지만 식물과 코끼리는 모두 유사한 네트워크 구조를 통해 영양소를 흡수하고 찌꺼기를 배출한다.

웨스트는 생물학적 네트워크를 이해할 수 있는 정확한 수학 모형을 만들면 생명체가 어떤 식으로 규모를 키워가는지 보편적인 방식을 알게 될 수도 있다고 생각했다. 웨스트는 이 같은 믿음을 바탕으로 생태학자 짐 브라운Jim Brown, 브라이언 엔퀴스트Brian Enquist 등 뉴멕시코 대학에서 함께 연구를 했던 동료들과 함께 수학 모형을 만들기 시작했다.

무수하게 다양한 생명체를 모두 포함할 수 있을 만큼 포괄적인 모형을 개발하는 것은 결코 쉬운 일이 아니었다. 웨스트는 이론 물리학과 생태학의 내용을 서로 잇기 위해 노력하며 몇 년에 걸쳐 브라운, 엔퀴스트 그 외 연구진과 만났다고 이야기한다. 사실 이론 물리학을 연구한 사람이 생태학 전문가들과 함께 연구를 진행하다니 이상한 조합처럼 보일 수밖에 없었다. 그뿐만 아니라 웨스트가 매우 야심찬 목표를 내세우고 있는 만큼 생태학자들과의 협력은 더더욱 이상하게 여겨졌다. 하지만 1990년대 말경 웨스트와 동료들은 힘든 연구 끝에 놀라운 결과를 얻어냈다. 모든 생명체가 예상 가능하고 체계적인 방식으로[3] 어떻게 규모를 늘려가는지 보여주는 수학 모형을 찾아냈던 것이다.

이 말의 정확한 뜻은 무엇인가. 가령 쥐의 경우를 생각해보자. 쥐는 매우 작은 생물이다. 덩치가 작기 때문에 대사가 활발하고 수명도 짧다. 이번에는 인간의 경우를 생각해보자. 우리 인간은 쥐보다 대사 속도가 느린 편이고 쥐보다 훨씬 오래 산다. 구석기 시대에 15세까지 생존한 사람이 있다면 지금으로 치면 고도로 발전된 의학기술의 도움을 받지 않고 50대 중반까지[4] 생존하는 것이나 마찬가지이다. 자, 이번에는 지구에서 가장 몸집이 큰 생명체 중 하나인 코끼리의 경우를 생각해보자. 코끼리는 대사 속도가 더욱 느리고 수명도 훨씬 길다. 다시 말해서 생물학에서는 규모가 커질수록 속도가 느려진다.

웨스트와 동료들이 연구를 시작했을 무렵에도 이미 이 같은 사실은 잘 알려져 있었다. 하지만 웨스트와 브라운, 엔퀴스트는 모든 생명체의 크기가 대사율을 기준으로 대수적으로(열제곱) 증가한다는 사실을 발견해냈다.

웨스트는 연구를 통해 찾아낸 수학 모형을 다음과 같이 설명했다. "우리가 찾아낸 수학 모형을 통해 생명의 속도가 체계적으로 둔화된다는 사실을 확인할 수 있습니다. 코끼리의 심장은 인간의 심장보다 훨씬 느린 속도로 뜁니다. 우리 인간의 심장은 쥐의 심장보다 훨씬 느리게 뜁니다. 그 결과 수명이 달라집니다. 쥐는 그리 오래 살지 못합니다. 인간은 쥐보다 오래 살지요. 코끼리나 고래는 훨씬 더 오래 살고요. 이 모든 사실을 근거로 시스템이 어떻게 성장하는지 질문을 던진다면 성장 패턴이 'S' 자 모형이라는 사실을 깨닫게 될 겁니다. 다시 말해서 처음에는 빠른 속도로 성장을 시작하지만 곧 성장 속도가 둔화되지요. 그러다가 성숙 단계에 접어들면 아예 성장이 멈춰버립니다. 우리가 찾아낸 이론을 통해서 이 모든 것들이 아주 우아한 방식으로 드러난 거지요."

웨스트와 동료들은 자연 도태, 유전 등과 마찬가지로 앞서 설명한 보편적인 규모의 법칙이 모든 형태의 생명체의 근간이 됨을 증명해 보였다.

웨스트의 이야기를 들어보자. "규모의 법칙에 의하면 이렇습니다. 고래는 바다에 살고, 기린은 목이 길고, 인간은 두 발로 걷습니다. 하지만 이 모든 것들은 피상적인 외형에 불과하다는 거지요. 사실상 우리는 모두 하나의 추상적인 개념을 표현하는 존재입니다. 매우 명확하고 비선형적인 방식에 따라 규모가 달라질 뿐입니다. 정말 놀라운 일입니다. 이 이론을 근거로 모든 것을 예측할 수 있습니다. 하마의 체내에 존재하는 순환계의 아홉 번째 가지에서 혈액이 얼마나 빠른 속도로 흘러가는지 반드시 알고 싶다면 우리가 고안한 모형을 통해 얼마든지 예측할 수 있습니다."

첫 번째 질문에 대한 답을 찾는 데 성공한 웨스트는 이처럼 우아하고 보편적인 규모의 법칙을 생명체를 넘어 도시, 기업 등 사회적 조직에도 적용할 수 있을지 궁금해졌다. 뉴욕이 정말 커다란 고래와 같은 존재인 것일까? 그렇다면 구글은 코끼리에 견줄 수 있을까?

이 같은 질문에 대한 답을 찾기 위해 웨스트는 세계 곳곳의 도시를 좌우하는 시스템을 대상으로 야심차게 두 번째 연구에 돌입했다. 물리학자 루이스 베텐코트Luis Bettencourt, 통계학자 호세 로보José Lobo 등과 함께 연구를 시작한 연구팀은 도로 길이, 전선 길이, 주유소의 숫자 등 도시에 관한 각종 데이터 포인트를 꼼꼼하게 분석했다.

웨스트가 지휘하는 연구팀은 이번에도 역시 보편적인 법칙이 존재한다는 부인할 수 없는 징후를 찾아냈다. "도시의 규모가 커지면 추가적으로 필요한 주유소의 숫자, 도로 및 전선의 길이 등이 비례적으로 줄어듭니다. 하지만 줄어드는 정도는 동일합니다. 이것이 바로 놀라운 대목이지요. 매우 체계적이라는 겁니다. 일본이건 유럽이건 미국이건 인프라를 계산한 곳이 어디인지는 전혀 문제가 되지 않았습니다."

연구팀이 임금, 특허 숫자, 연구소 숫자, 에이즈 환자의 숫자 등 각종 사회, 문화, 경제 데이터와 이런 요인들 사이에 존재하는 상관관계를 찾아낸 것은 특히 놀라웠다.

다시 한 번 강조하지만, 연구팀은 보편적인 규모의 법칙[5]을 찾아냈다. 하지만 생명체에 관한 규모의 법칙과는 한 가지 중요한 차이점이 있었다. 생물학적 세계에서는 규모가 커질수록 생명체가 움직이는 속도가 느려진 반면 도시에서는 규모가 커질수록 속도가 빨라졌던 것이다. 도시의 규모가 커질수록 주민들의 임금이 올라가고 출원된 특허의 숫자도 증가했고 폭력 범죄 및 교통 체증 역시 늘어났다.

"도시의 크기가 2배로 증가하면 평균적으로 임금이 15% 증가하고 근사한 레스토랑의 숫자도 15% 늘어납니다. 에이즈 환자의 숫자와 폭력 범죄 발생 빈도 역시 15% 증가합니다. 규모가 2배로 커지면 모든 것이 15% 증가합니다."

웨스트 연구팀이 측정한 모든 도시에서 규모의 법칙이 사실로 들어맞는 게 확인됐다. 13세기에 발달한 도시건 19세기에 발달한 도시건, 문명이 시작될 무렵에 발달한 도시건 마찬가지였다. 문화적 정치적 지리적으로 공통점이 전혀 없었던 도시들이 웨스트가 찾아낸 규모의 법칙 덕에 규모와 관련해 동일한 수학적 발판을 갖게 됐다.

이 같은 사실에는 많은 의미가 담겨 있다. 완전히 생물학적인 시스템과 달리, 도시는 규모가 커지면 반대급부 또한 점차 커진다. 다시 말해서 도시의 규모가 증가하면 인구 1인당 도시가 제공하는 것 역시 증가한다.('초선형적 규모superlinear scaling'라고 부르기도 한다) 인구를 기준으로 도시를 선택하는 사람들이 많다. 도시의 규모가 커지고 발전 속도가 빨라지면 그만큼 효율성이 높아지기 때문이다.(효율성이 높아지는 것으로 예상된다) 푸에르토리코의 수도 산후안보다 브뤼셀에서 살 때 삶의 속도가 빠를 것으로 예상된다. 마찬가지로 브뤼셀보다 뉴욕에 거주할 때 삶의 속도가 한층 더 빨라질 것으로 예상된다. 도시가 거부할 수 없는 매력을 갖는 것도 이 때문이다. 도시는 사람들을 끌어들인다. 그리고 도시의 매력에 빠진 사람들로 인해 도시 인구가 증가하면 도시는 더욱 커지고, 더욱 효율적으로 변하며, 더욱 빨라지고, 또 다른 사람들에게 한층 강렬한 매력을 뿜어낸다.

하지만 한 가지 문제가 있다. 생물학에서는 S자형 성장 곡선으로 인해 성숙기에 도달한 생명체는 더 이상 성장하지 않는다.(성숙기에 도달했음에도 불구하고 성장이 중단되지 않으면 공룡을 능가할 정도로 덩치가 크고 천 년 동안 생존하는 동물들로 지구가 넘쳐날 것이다) 하지만 도시의 성장(그리고 보편적으로 이야기하자면 초선형적 성장)은 멈추어지지 않는다. 그뿐만 아니라 도시는 기하급수적으로 성장한다. 다시 말해서 자본 형성을 통해 엄청난 이익을 얻을 수 있지만 그와 동시에 훨씬 많은 사람들이 질병에 걸리고 대기오염도 훨씬 심각해진다.

걱정스럽게도 웨스트와 동료들은 변화에 적응하지 못한 채 단 하나의 지수 성장곡선을 따르는 시스템은 무너져 내리고 만다는 사실을 발견했다. 하나의 곡선을 따라 살아가면(다시 말해서, 단 한 가지 방식으로 부를 얻고

자본을 형성하면) 바로 그 곡선으로 인해 불명예스러운 죽음을 맞이하게 될 수 있다. 2008년에 금융시장이 붕괴되기 전 견고하지만 취약한 금융 시장이 그랬던 것처럼 몇 안 되는 가치 형성 방식에 지나치게 의존하는 도시는 한동안 황금기를 즐기다가 비극적인 몰락을 맞이할 수 있다.(디트로이트의 경우를 생각해보기 바란다)

혁신을 통해 새로운 상태로 발전해나가고 시곗바늘이 다시 돌아가도록 만들지 못하면 그렇게 된다는 뜻이다. 이를 위해서는 마치 서핑을 하듯 하나의 혁신 성장 곡선이라는 파도를 넘은 후 수평선 근처에서 다시 솟아오르는 좀 더 커다란 파도를 붙잡아야 하는 것이다.

웨스트는 "몰락을 피하기 위한 유일한 방법은 증기 기관, 전기를 이용한 빛, 컴퓨터, 인터넷을 개발하는 것"이라고 설명했다. "문제는 삶의 속도가 빨라지면 그만큼 혁신의 속도 역시 빨라져야 한다는 것입니다. 제가 차고 있는 손목시계는 완전히 엉터리입니다. 우리는 선형 시간 속에서 살고 있는 것이 아닙니다. 성장과 혁신의 속도는 점차 빨라지고 있습니다."

그렇다면 파도가 점차 커지고 물마루가 밀려오는 속도가 점차 빨라지고 있는 가운데 성공적인 도시들은 어떻게 혁신과 쇄신을 지속하고 새로운 곡선으로 넘어가는 것일까? 정답은, 도시의 규모가 아니라 조밀성과 다양성이 존재하는 클러스터를 만드는 데 있다.

주민, 네트워크, 혁신가, 인프라 등 서로 매우 다른 특성을 갖고 있는 작은 것들이 모여서 만들어낸 거대한 더미가 바로 도시이다. 도시는 서로 다른 사람과 집단을 느슨하고 비공식적이며 끊임없이 변하는 관계로 묶는다. 잘 알려진 도시 거주자 제인 제이콥스가 집필한 글에 등장하는 유명한 구절을 떠올려보자. 웨스트 빌리지의 거리 풍경은 빽빽하게 밀집된 수많은 상호작용들로 이뤄진 생동감 넘치는 콜라주와 같다. 신문을 파는 가판대, 담당 구역을 순회 중인 경찰, 오고가는 사람 등 모두가 진정한 다양성을 상징한다. 또한 풍경 속에 담겨 있는 각각의 구성 요소는 각기 다른 규모와 목적으로 이뤄진 하나의 복잡한 층을 대변하며 그와 동시에 서로 뒤섞여 있다.

진지한 표정으로 유머를 건네는 버릇이 있는 웨스트는 특유의 어조로 "도시에 거주했을 때 누릴 수 있는 훌륭한 점 가운데 하나가 바로 주위에 이상한 사람이 많다는 것"이라고 이야기했다. "이상한 사람이 많다는 것은 곧 도시에 인지적 다양성이 내재돼 있다는 것이라고 생각합니다. 진짜 쓰레기 같은 사람도 있겠지만 그렇지 않은 사람도 있습니다. 이런 사람들 덕에 다양한 아이디어가 꽃을 피울 수 있는 환경이 조성됩니다. 도시의 규모가 커지면 좀 더 다양한 측면에서 이런 현상이 발생합니다. 도시가 기능, 일할 기회, 관계 등 많은 것들을 열어 보이는 것 같습니다. 이런 것들이 바로 성공적인 도시가 갖고 있는 활력과 들뜬 분위기를 만들어내기 위한 핵심 요인입니다."

1장에서 살펴봤던 산호초가 그랬던 것처럼 도시 역시 경제나 산업이 최고조에 달했을 때 혁신을 하려면 빽빽하게 들어서 있으면서도 그와 동시에 분산돼 있는 다양성이 필요하다. 다시 말해서 다양성이 있어야 언제든 새로운 물결을 수용하기 위해 노력하는 새로운 집단이 존재하고 새로운 물결로 인해 발생하게 마련인 혼란에 즉각 대처할 준비가 돼 있는 다양한 사고와 역량이 존재할 수 있다.

조밀하지만 다양성이 존재하는 클러스터를 형성하는 패턴이 비단 전통적인 도시 환경 및 현대 비즈니스 영역에서만 관찰되는 것은 아니다. 지구 반대편에 위치한 인도네시아의 외딴 숲에서 점차 사라져가는 인도네시아의 생물 다양성을 보존하고, 자연 환경을 재건하고, 자연과 더불어 살아야 하는 인간 사회(그리고 경제)를 개선하기 위해 동일한 설계 원칙을 활용하는 열정적인 환경보호 활동가가 있다.

정글에 위치한 도시

어느 따뜻한 가을날, 윌리 스미츠Willie Smits는 오후 내내 맨해튼 어퍼 이스트 사이드에 위치한 아파트의 어두컴컴한 거실에 놓여 있는 등나무 의자 모서리에 걸터앉아 있었다. 네덜란드에서 태어나 삼림을 연구하고 오랑우탄 보호를 위해 활동해온 54세의 스미츠는 보스턴에서 자신을 만나러 온 젊은 생태학자 및 활동가들에게 연설하는 중이었다.

단 며칠 만에 싱가포르에서 암스테르담으로, 암스테르담에서 덴버와 댈러스를 거쳐 뉴욕으로 돌아오는 무리한 일정과 시차 탓에 스미츠는 매우 지쳐 보였다. 피로가 쌓였지만 스미츠는 다른 사람들이 하는 이야기에 모두 귀를 기울인 후 설명을 시작했다. 스미츠는 인도네시아 보르네오 섬에서 새롭게 숲을 가꾸는 활동에 대해 구체적인 이야기를 하나씩 늘어놓았다. 보르네오 섬은 30여 년 전부터 스미츠가 '고향'이라 불러온 곳이다. 스미츠는 침착한 목소리로 해박한 정보를 전달했다. 하지만 이야기의 주제가 자연보호에서 야생 동물 밀렵 세력과 이들이 오랑우탄에게 저지르는 잔혹한 행위 등으로 넘어가자 스미츠의 목소리가 점차 날카로워지더니 급기야 동요하기 시작했다.

"우리는 반드시 이 나쁜 놈들을 처단해야 합니다."

스미츠가 강렬한 네덜란드 식 억양으로 말했다. 거의 어린애들이나 할 법한 순진무구한 발언이었지만 스미츠의 말속에는 밀렵꾼들을 향한 명확하고 통렬한 분노가 배어 있었다. 방 안에는 침묵이 흘렀다.

"자연보호를 통해 이 사람들을 잡으려고 해봤습니다. 정부를 통해서 잡으려고도 해봤습니다. 법망을 통해서 잡으려고도 해봤습니다. 모든 방법을 동원해봤습니다. 남아 있는 방법은 딱 하나뿐입니다. 그것이 바로 비즈니스입니다. 그 사람들은 지구를 파괴해서 돈을 법니다. 우리는 옳은 일을 통해서 그 사람들보다 더 많은 돈을 벌어야 합니다."

사람들이 보스턴에서 맨해튼까지 스미츠를 만나러 온 것은 모두 이 이야기를 듣기 위해서였다. 스미츠가 자신의 비전(거의 터무니없을 정도로 기계론적인 생각에서 비롯되었으며 매우 훌륭하고 복잡한 비전)을 구체적으로 언급하자 사람들은 경청하며 의자에 몸을 깊숙이 파묻었다.

스미츠가 "결국 핵심은 통합"이라며 말을 이었다.

스미츠는 어렸을 때부터 동물을 사랑했다. 십대 시절, 스미츠는 인근에서 열린 체커 경기를 싹쓸이해 받은 상금으로 직접 자연 영화를 제작하곤 했다. 그런데 스미츠가 맨 처음부터 오랑우탄 보호에 열을 올렸던 것은 아니다. 스미츠는 고향인 네덜란드에서 열대림과 미생물학을 공부한 후 1980년대에 보르네오로 여행을 떠났다. 스미츠는 그곳에서 열대지방의 색다른 풍경과 사랑에 빠져버렸고 이내 보르네오에 정착해 열대우림에 관한 과학 연구를 시작했다.

알래스카의 절반이 넘을 정도로 넓은 면적을 자랑하는 보르네오는 세계에서 세 번째로 큰 섬이다. 보르네오는 말레이시아, 인도네시아, 규모가 작은 소국 브루나이 등 크게 세 지역으로 나뉜다. 그레이트 배리어 리프와 마찬가지로 1만 5천 종이 넘는 식물, 2백 종이 넘는 포유류, 2백 종이 넘는 조류와 양서류, 민물고기가 서식하는 보르네오 섬 역시 생물의 다양성이 존재하는 곳이다. 스미츠 같은 젊은 과학자에게 보르네오 섬은 정말

멋진 곳이었다. 스미츠는 당시를 떠올리며 "현미경을 들여다보며 놀라운 사실을 발견했던 순간이 정말 행복했다"고 회상했다.

스미츠가 발견한 놀라운 사실 중 하나는 균근이라는 곰팡이가 열대우림 재건에 중요한 역할을 한다는 것이었다. 스미츠는 당연하게도 다른 연구진들이 열람하는 학술지에 연구 결과를 발표하는 것이 길고 긴 여정의 다음 단계가 될 것이라고 가정했다. 하지만 1989년의 우연한 만남이 스미츠의 인생과 경력의 방향을 통째로 바꿔놓았다.

"시장을 지나가다가 헐떡이는 숨소리를 들었습니다. 사실 죽어가는 생명체가 내는 소리였지요. 그런 끔찍한 소리가 어디에서 나는지 살펴보려고 몸을 돌렸더니 어떤 사람이 우리 하나를 내 얼굴 앞에 내밀더군요. 이전에는 단 한 번도 보지 못했던 그런 슬픔이 배어 있는 두 눈이 내 얼굴 앞에 있었습니다."

스미츠는 인도네시아 동부에 위치한 도시 발릭파판의 노상 시장에서 우리에 갇힌 채 새로운 주인을 기다리며 죽어가고 있는 오랑우탄 새끼와 얼굴을 마주하게 되었다. 서로 눈길을 교환한 시간은 몇 초에 불과했지만 하루 종일 오랑우탄 새끼의 얼굴이 머릿속에서 떠나지 않았다. 그날 밤, 시장으로 되돌아간 스미츠는 간신히 숨을 쉬며 쓰레기 더미 위에 버려진 오랑우탄 새끼를 발견했다.

스미츠는 매섭게 이야기했다.

"장사꾼 놈들이 오랑우탄이 담겨 있던 우리는 포기하지 않고 지켜냈던 겁니다."

스미츠는 오랑우탄 새끼를 가슴에 품고 달리기 시작했다. 상인들이 죽어가는 오랑우탄 새끼 값을 치르라며 뒤쫓아왔지만 스미츠는 간신히 상인들을 따돌렸다.

이후에 '위케'라고 이름 붙인 조그마한 오랑우탄을 품에 안고 집으로 돌아온 스미츠는 오직 '소명'이라고 표현할 수밖에 없을 만한 경험을 하게 됐다. 스미츠는 마치 어린아이를 돌보듯 위케를 품에 안고 온기를 불어넣는 등 정성을 다해 간호했고 위케는 결국 건강을 되찾았다. 야생에서 오랑우탄을 포획해 우리에 가둔 다음 국내외의 암시장에서 높은 지위를 과시하려는 사람들에게 판매해 많은 돈을 벌어들이는 불법 거래업자들에게서 위케를 비롯한 오랑우탄을 지켜내겠다고 스미츠는 다짐했다. 이 같은 다짐 뒤에 스미츠는 과학자에서 거의 실현 불가능한 도전을 계속하는 운동가로 변신했다.

선사 시대에는 오랑우탄이 아시아 전역을 자유롭게 오가며 살았다. 하지만 인간이 지구를 장악하고 인간이 차지하는 공간이 점차 늘어나자 유인원들은 수마트라 섬과 보르네오 섬에 있는, 인간의 손길이 닿지 않은 몇 안 되는 지역으로 쫓겨갔다. 지난 50년 동안 벌목, 매년 발생하는 엄청난 규모의 화재, 야생동물 밀무역 등으로 인해 유인원의 생존 자체가 위협받게 됐다. 침팬지, 보노보, 고릴라와 함께 4대 유인원 중 하나로 꼽히는 오랑우탄은 세계에서 가장 심각한 멸종 위기에 직면한 동물 중 하나[6]로 여겨진다. 수마트라 섬 인근만 따져보면, 1993년 이후 오랑우탄의 개체 수가 절반으로 줄어들어 지금은 약 6천 5백 마리 정도가 남아 있을 뿐이다. 수마트라 섬과 멀지 않은 보르네오 섬의 경우, 약 5만 마리의 오랑우탄이 남아 있을 뿐이다.[7] 2007년에 공개된 유엔 보고서[8]에 의하면 수마트라 섬과 보르네오 섬의 열대우림이 빠른 속도로 훼손되고 있으며 다급한 조치가 취해지지 않을 경우 10년 내에 열대우림의 98%가 사라질 수 있다.

오랑우탄은 성장 및 발달 속도가 느린 편이다. 이 같은 특성 또한 오랑우탄의 취약성을 키우는 역할을 한다. 인간처럼 오랑우탄 새끼는 어미의 지속적인 보살핌이 없으면 야생에서 홀로 생존할 수 없다. 어미 오랑우탄은 지구상에 존재하는 그 어떤 포유류보다 오랫동안(약 6~7년) 젖을 먹이는 것으로 알려져 있다. 또한 오랑우탄은 지구상에서 가장 출산율이 낮은 동물 중 하나(6~7년에 한 마리 정도)이다. 새끼 오랑우탄이 정글에서 살아남으려면 어미에게서 오랜 기간에 걸쳐 수백 종에 이르는 식용 과일, 나무껍질, 잎 등이 무엇인지 구별하는 법을 배워야 하기 때문이다. 사람들이 농사를 짓기 위해 숲을 베어내자 수많은 오랑우탄들이 먹이를 찾기 위해 농지로 이동했다. 하지만 인간이 거주하는 농지에 도착한 오랑우탄은 벌목장이나 농장에서 일하는 일꾼들에게 포획되거나 사살된다. 어미를 잃고 고아가 된 새끼 오랑우탄은 사슬에 묶인 채 우리에 갇혀 애완동물 대접을 받거나 국제 암시장에서 높은 몸값에 거래된다. 스미츠가 위케를 처음 발견했던 곳 역시 이런 암시장 중 하나였다.

다시 어퍼 이스트사이드 이야기로 돌아가보자. 스미츠와 보스턴에서 온 활동가들과의 만남이 서서히 끝나가고 있었다. 섬세하게 조각된 나무와 놋쇠로 만든 오랑우탄 조각들이 거실 벽난로 선반 위에 줄지어 서 있었다.(스미츠에게 거실을 내어준 사람은 헌신적인 환경보호 활동가이다) 오랑우탄 조각들은 끝날 기미가 보이지 않는 멸종과의 전쟁에서 부적의 역할을 한다. 하지만 스미츠는 좌절감이 느껴졌다. 스미츠는 오랑우탄을 구해야 한다는 비전을 충분히 전달한 것 같은 기분이 들지 않았다. 이 모든 조각들이 서로 어떻게 맞물리는지 제대로 설명을 하려면 아무리 긴 시간을 할애해도 충분치 않을 것 같았다. 그뿐만 아니라 방 안에 앉아 있는 사람 중 일부는 여전히 혼란스러워 보였다. 스미츠는 점차 커다란 좌절감을 느끼며 또다시 원점에서 출발했다.

정성 어린 보살핌 덕에 위케가 건강을 되찾자 스미츠는 위케를 비롯해 갈 곳 잃은 오랑우탄들이 머물 수 있을 만한 임시 거주지를 만들기로 마음 먹었다. 오랑우탄들을 안전하게 숲으로 되돌려 보내기 전까지 보호할 공간이 필요했던 것이다. 고아가 된 새끼 오랑우탄들은 지속적인 보살핌과 관리를 필요로 했고 나이가 많은 오랑우탄들은 집중적인 재활 훈련을 필요로 했다.(나이 많은 오랑우탄들은 주인에게서 육체적·정신적으로 학대를 당한 경우가 많았다) 1991년, 스미츠는 오랑우탄을 멸종 위기에서 구하고 오랑우탄 서식지를 보호하기 위해 보르네오 오랑우탄 생존재단Borneo Orangutan Survival Foundation, BOS을 설립했다.

스미츠와 재단에 관한 이야기는 점차 많은 사람들의 귀에 들어갔다. 소문이 퍼져나가자 스미츠는 비단 오랑우탄뿐 아니라 삼림 파괴로 갈 곳을 잃은 또 다른 멸종 위기의 동물들에게도 안식처를 제공했다. 보르네오 오랑우탄 생존재단은 맨 처음 오랑우탄을 위한 중간 기착지 역할을 했다. 하지만 머지않아 보르네오 섬에 서식하며 멸종 위기에 처한 종을 보호하기 위한 영구적인 재활 센터 네트워크로 발전했다. 열대지역에 세워진 노아의 방주가 돼버린 것이다. 보르네오 오랑우탄 생존재단은 지난 15년 동안 2천 마리에 가까운 동물을 보호했으며 그중 7백 마리는 야생으로 되돌아갔다.

멸종위기의 야생동물보호에는 성공했지만 스미츠는 지난 10년 동안 열대우림 보호 부문에서는 그다지 큰 성과를 거두지 못했다. 사실 열대우림 훼손은 동물들에게 위기를 안기는 근본 원인과도 같다. 오히려 지난 10년 동안 무분별한 파괴 현상이 더욱 심화됐을 정도이다. 퍼즐이 맨 처음 생각했던 것보다 훨씬 크고 오랑우탄은 그중 한 조각에 불과한 것이 너무도 명확했다. 물론 완벽하지는 않았지만 오랑우탄은 사실 지난 한 세기 동안 날이 갈수록 인간의 영역이 넓어져만 가는 현상에 그럭저럭 적응해왔다. 하지만 최근처럼 동남아시아 일대에서 숲이 빠른 속도로 사라지는 현상에는 전혀 대비하지 못했다. 인간이 오랑우탄의 서식지를 파괴해가면서까지 무분별하게 삼림을 벌채하는 이유는 바로 야자유 때문이다.

야자유는 세계에서 가장 널리 사용되는 농산물 중 하나로 인간이 소비하는 모든 소비재 중 야자유가 들어가는 종류가 무려 50%에 달한다.[9] 비누와 세제에서부터 아침 식사용 시리얼, 식물성 기름에 이르기까지, 야자유가 들어가는 소비재의 종류는 셀 수 없이 많다. 슈퍼마켓에서 야자유가 들어간 소비재를 골라 들지 않는 것이 거의 불가능할 정도이다.

야자유는 오일야자나무에 매달린 붉은 열매의 과육에서 추출된다. 동남아 전역에 위치한 단일작물재배 농장에서 자라는 오일야자나무는 경작을 위해 방대한 양의 농지를 필요로 하며 사람들은 오일야자나무 경작을 위해 엄청난 규모의 삼림을 파괴해왔다. 1967년에는 인도네시아 전역에서 오일야자농장이 차지한 땅의 면적이 2천 평방킬로미터 미만이었다. 하지만 지금은 그 면적이 무려 3만 평방킬로미터를 넘어서고 있다. 1967년부터 2000년 사이에 오일야자농장의 면적이 무려 1,500% 이상 급증[10]한 것이다.

이러한 추세는 점차 빨라지고 있다.[11] 유럽의 에너지 기업들은 몇 해 전부터 정부가 지급하는 보조금에 매료되어 야자유에서 추출한 바이오 연료를 사용하는 발전기를 설계하기 시작했다. 그동안 바이오 연료는 화석연료를 대체할 청정에너지라고 잘못 홍보되어왔다. 전 세계에서 바이오 연료 수요가 증가하자 화학 비료를 과도하게 사용하는 현상이 심해졌고 동남아 열대우림이 사라지는 속도 역시 한층 빨라졌다.

설상가상으로 이탄지의 습기를 제거한 후 불을 질러 야자 농장을 확대할 공간을 마련하는 경우가 많다. 이탄지에 불을 지르면 엄청난 양의 이산화탄소가 대기 중으로 배출되며 울창한 삼림에 불이 붙어 몇 달씩 불길이 타오른다. 최근 새롭게 발표된 연구에 의하면 1997년과 1998년에 발생한 산불로 인해 25억 미터톤의 이산화탄소가 공기 중으로 배출된 것으로 추정된다.[12] 인도네시아는 미국과 중국을 뒤이어 세계에서 세 번째로 많은 양의 온실가스를 배출하는 국가이다.[13]

스미츠는 자신을 둘러싼 시스템 전반의 위기를 해결하기에는 오랑우탄 보호라는 목표가 지나치게 편협하다는 사실을 깨달았다. 하나의 종을 구하려고 애쓰는 방법은 그다지 도움이 되지 않을 것 같았다. 스미츠는 열대우림 생태계의 본질 자체가 매우 네트워크화되어 있다는 점을 감안하면 하나의 종만 구하려 드는 방법이 오히려 해가 될 수도 있을 것이라고 생각했다.

스미츠는 "더 이상 겉으로 드러나는 증상만 치료하지는 않을 것"이라며 "문제의 핵심을 치려고 한다"고 덧붙였다.

스미츠는 맨 처음 위케에게 했던 약속을 지키기 위해 생태계 전반에 개입하는 방법을 고민하기 시작했다. 스미츠는 사람과 동물, 생태계를, 단단하게 공조화된 시스템을 구성하는, 그리고 모두 똑같은 권리를 갖고 있고 상호의존적인 세 개의 구성 요소로 대했다.

하지만 동식물 보호를 위해 노력하는 명망 있는 국제단체들은 이 같은 생각을 전해 듣고 나서도 냉랭한 반응을 보이기 일쑤였다. 동식물 보호를 위해 활동하는 조직들은 대개 하나의 매력적인 '대표' 종에 주력했을 때 최대의 재원을 확보할 수 있도록 조직되어 있었다. 오랑우탄 보호에 주력하는 사람들은 오직 오랑우탄을 보호하는 데만 관심을 가졌다. 표범 보호에 앞장서는 사람들은 오직 표범을 보호하는 데만 관심을 쏟았다. 하나의 매력적인 종에 집중하는 방법이 보호를 위한 효과적인 도구가 아닐 수는 있다. 하지만 자금을 조달하는 데는 매우 커다란 도움이 되었다. 따라서 보호 단체들은 다른 단체가 내세우는 종에 대해서는 아예 언급하지 않기로 암묵적인 동의를 한 상태였다. 생태계 전체를 하나의 시스템으로 대하기 시작하면 무언의 약속이 깨질 수밖에 없었다.

협력을 방해하는 또 다른 장애물도 있었다. 오랜 역사를 자랑하는 서구의 수많은 보호 단체들이 숲을 다시 키울 것을 강조하기보다 남아 있는 숲을 보존해야 한다(땅을 사들여 인간과 산업의 침입을 막는 방법)는 훨씬 저렴한 아이디어를 장려해왔던 것이다.

위험 완화를 위해 가장 널리 사용되는 접근방법이 바로 이와 같은 보호구역을 만드는 것이다. 또한 이 방법은 삼림이 심하게 훼손된 지역에서 다시 처음부터 숲을 만드는 방법보다 훨씬 저렴했다. 삼림이 훼손되는 속도를 늦추고 시스템 전반에 회복을 위한 시간을 주려면 반드시 위험 완화를 위해 노력해야 한다. 하지만 이 방법에도 문제가 있다. 보호구역 내부나 주위에 거주하는 사람들의 요구를 외면하면 시간이 흐를수록 보호구역을 지켜내려는 정치적 의지가 약화될 수 있다. 그뿐만 아니라 보호하려 했던 동물들이 보호구역 밖으로 빠져나가는 경우도 많다. 칼리만탄(보르네오 섬 내 인도네시아령) 지역에서 환경보호 활동가와 주민들 간의 회의가 열리면 '마나 양 레비 펜팅 메니엘라마트킨 오랑우탄 아타우 카미?(어떤 대상을 구하는 것이 더 중요합니까? 오랑우탄입니까, 우리 인간입니까?)'라는 질문을 수없이 들을 수 있다.[14] 좌절감에 빠진 현지 주민들의 입장에서 보면 보호운동은 제로섬 게임과 같다. '오랑우탄이 이기면 인간이 질 수밖에 없는 게임인 것이다.'

전통적인 보호 단체 중 상당수는 계속해서 인간을 밀어내려 했다. 하지만 스미츠는 도시 내에 존재하는 서로 겹치는 지역사회에서 모두가 어울려 살아가듯 인간과 인간이 만들어낸 산업, 오랑우탄, 그 외 수많은 종이 서로 어울려 살아갈 수 있도록 만드는 것만이 장기적으로 활용 가능한 유일한 방법이라는 확신을 가졌다. 장기적인 회복력을 확보하려면 실행 가능한 경제성장과 생태보전을 결합시키는 동시에 숲을 다시 꾸리고 생물의 다양성을 보호하기 위한 경제 모형을 제시해야 한다. 다시 말해서 적응 역량을 키워야 하는 것이다.

스미츠는 시스템 전체를 통합해야 한다는 비전에 사로잡혀 매일 일기를 쓰고 셀 수 없이 많은 메모를 작성했다. 엔지니어링 설계와 시스템 흐름도를 함께 그려 넣는 경우도 많았다. 하지만 스미츠는 직접 고안한 설계 중 일부를 시행하기에 앞서 먼저 정원을 다듬는 일을 좀 해야만 했다. 윌리 스미츠는 그다지 대단할 것 없는 일을 직접 하기로 마음먹었다. 그 일은 다름 아닌 열대우림을 다시 살려내는 것이었다.

스미츠는 일부러 가장 척박한 땅을 골랐다. 인도네시아령 보르네오 섬 칼리만탄 동부에서 가장 가난한 곳으로 알려져 있는 삼보자 마을 주위에서는 사실 그 어떤 것도 풍요롭지 않았다. 현지 주민들은 물을 구입하기 위해 수입의 22%를 지출했으며 전체 인구 가운데 약 절반가량이 일자리를 구하지 못해 고통받고 있었다.[15] 생물의 다양성이라는 완충 지대가 없었던 탓에 삼보자 마을 주민들은 끊임없이 홍수와 화재를 겪어야 했다.

"제가 생각해낼 수 있는 최악의 장소에서 숲을 되살리는 데 성공한다면 그 누구도 '좋은 생각이군요. 그렇지만……'이라는 핑계거리를 찾지 못할 겁니다. 모든 사람이 제가 실천한 방법을 따를 수 있어야 하는 거지요."

2001년경, 스미츠는 첫 번째 설계를 선보였다. 스미츠가 내놓은 첫 번째 설계는 도시 클러스터와 우거진 정원을 결합시킨 하이브리드의 모습을 하고 있었다. 스미츠는 오일야자나무와 같은 단일 작물을 끝없이 심기보다 약 2천 헥타르(약 20km²)에 이르는 땅을 세 개의 구획으로 나눈 동심원 모양으로 설계해 다양한 나무를 심는 방법을 고안했다. 가장 바깥 쪽 고리에는 화재가 발생했을 때 보호구역 전체를 보호할 수 있도록 내연성 수목을 배치할 계획이었다. 반면 중간 고리에는 다양한 수목을 배치할 계획을 세웠다. 그중에서도 파인애플, 파파야 등 오랑우탄과 현지 주민들이 식량으로 활용하는 식용 작물과 열대지방에 서식하는 활엽수들을 다양하게 배치할 수 있도록 설계했다. 중심부에 위치한 탓에 밀렵꾼들의 발길이 닿지 않는 곳에는 보호구역을 설치할 계획이었다. 위케를 비롯한 오랑우탄들과 멸종 위기에 처한 다른 종들이 자유롭게 생활할 수 있는 구역을 만들어 스미츠가 직접 관리할 생각이었다. 스미츠가 이 일을 성공리에 해낸다면 척박한 땅에서 열대우림을 다시 재건하는 방안이 (그리고 다시 제기능을 하게 된 생태계가 안겨주는 경제적 이익이) 오일야자나무 단일경작이라는 파괴적이고 자기 복제적인 플랫폼을 대신하게 될 것이었다.

스미츠는 이 프로젝트에 '삼보자 레스타리Samboja Lestari(영원히 지속되는 숲)'라는 이름을 붙였다.

스미츠는 성인이 된 후 인도네시아에 서식하는 다양한 나무와 식물을 연구하는 데 대부분의 시간을 할애한 인물인 만큼 열대우림 복원이라는 힘든 일을 맡기에 제격이었다. 하지만 보르네오 섬의 생태계와 더불어 그 속에서 살고 있는 다약족의 지속적인 참여 없이는 자신의 목표를 실현할 수 없었다. 다행스럽게도 스미츠는 완전한 이방인의 입장에서 열대우림 복원이라는 모험을 감행할 필요가 없었다. 스미츠는 이미 보르네오 섬에 30년간 거주하며 공식적으로 인도네시아 국적을 취득했다. 스미츠의 아내는 술라웨시라는 인도네시아 섬에서 태어난 다약족 공주이다. 스미츠는 칼리만탄 동부 열대우림 지역에서 자녀를 키웠으며 현지에서 사용되는 여러 방언을 구사할 줄도 알았다. 스미츠는 사실 공동체의 일원으로 여겨진다. 다약식 이름을 갖고 있는 데다 생일이나 휴일이면 현지의 다약족 밴드와 공연을 할 정도이다. 스미츠는 "다약족이 나를 외부인으로 여겼더라면 이 모든 것이 가능하지 않았을 것"이라고 이야기한다.

스미츠는 다약족의 신뢰를 잃지 않기 위해 많은 노력을 기울인다. 스미츠는 먼저 현지 주민들이 동의하는 정당한 가격을 지불하고 땅을 매입하는 데서부터 출발했다. 거래가 성사될 때마다 스미츠는 모든 토지 거래가 정부가 제시한 규정에 맞는지 꼼꼼하게 확인한다. 스미츠는 목재를 거래하는 부패한 세력과 야자유를 사고파는 마피아들에게서 열대우림 복원 프로젝트를 지켜내기 위해 자신이 운영하는 보르네오 오랑우탄 생존 재단이 영구적으로 토지에 대한 권리를 유지할 수 있는지 주기적으로 확인한다.(복원 계획이 예상대로 진행되어 척박한 황무지에 귀중한 수목이 다시 모습을 드러내면 부패한 세력들이 다시 덤벼들 가능성이 크다)

일단 안전하고 공정하게 부지를 확보하면 숲을 다시 가꾸는 단계에 돌입할 수 있다. 처음에는 꽤 많은 사람들이 스미츠가 미쳤다고 생각했다. 인도네시아 국적을 가진 백인 남성이 굳이 많은 돈을 주고 완전히 생명력을 잃은 척박한 곳으로 알려진 땅을 사들이다니 이상하게 보이는 것이 당연했다. 삼보자 레스타리로 가꿔나가야 할 황량한 땅에 맨 처음 발을 디뎠을 때 스미츠는 아무런 소리도 들을 수 없었다. 몽땅 불에 타버린 대지는 벌레마저도 달아날 정도로 너무도 척박했다.

삼림 재건이라는 스미츠의 비전을 이해하려면 체계적인 사고가 필요하며, 이를 위해서는 각기 다른 다양한 박자표에 맞춰 움직일 수 있어야 했다. 관현악단 앞에서 지휘봉을 잡고 있는 지휘자를 생각해보자. 오른손을 한 번 휘젓는 동작은 서곡의 시작(삼림 성장의 1단계)을 뜻하고 그다음으로 왼손을 휘젓는 동작은 무성한 숲이 점차 자라는 것을 뜻한다.(숲 전체에 그늘을 만들고 열대우림에 한층 다양한 생물이 서식하도록 만드는 데 무엇보다 중요한 역할을 하는 커다란 활엽수의 성장을 촉진한다) 단일재배방식과 달리 스미츠의 접근방법은 다양한 규모, 다양한 박자, 다양한 구조로 이뤄진 과정으로 겹겹이 이루어져 있다. 또한 이 모든 과정들은 조밀하고 상호연결된 클러스터 내에 포함되어 있다.

물론 이런 계획은 진화 과정을 통해 자연이 만들어낸 설계를 그대로 모방하는 것이다. 대체 에너지원 전문가이자 스미츠가 진행하는 프로젝트를 지지하는 아모리 로빈스는 "자연은 38억 년 동안 단 하나의 지출을 통해 수많은 이익을 누려왔다"며 "윌리가 진행하는 프로젝트는 자연의 원리를 본따 실제 자연과 동일할 정도로 풍요로운 상태를 창조해내는 훌륭한 사례"라고 설명한다.

마치 교향곡이 연주되듯 삼보자 레스타리 프로젝트의 1악장은 뒤이어 숲 전체가 풍성하게 자랄 수 있도록 뒷받침하는 토대가 될 것이다. 황량한 대지는 온통 청산염을 생성하는 알랑 알랑이라는 잡초로 뒤덮여 있었기 때문에 스미츠는 가장 바깥쪽 고리(혹은 구역)에 성장 속도가 빠른 나무를 심을 계획이다. 바깥쪽에 위치한 나무가 빠른 속도로 자라야 화재가 발생할 시 대지를 보호하고 그늘을 만들어 알랑 알랑을 땅에서 몰아낼 수 있기 때문이다. 스미츠가 바깥쪽 구역에 심을 수종 가운데 하나는 가치가 높은 편은 아니지만 발육 속도가 빠른 아카시아 만기움이다. 다른 종류의 내연성 수목과 더불어 아카시아 만기움은 중심과 가까운 구역을 보호하고 그늘을 만들어 미기후microclimate를 회복시키는 역할을 하게 될 것이다.

스미츠의 이야기를 들어보자. "숲이 다양한 층으로 구성되어 있는 이유는 그래야만 다양한 높이에서 빛을 적절히 활용하고, 숲 생태계 내에서 좀 더 많은 양의 탄소를 저장하고, 좀 더 많은 기능을 수행할 수 있기 때문입니다. 자연을 그대로 모방해 먼저 성장 속도가 빠른 나무부터 심을 겁니다. 그런 다음 상대적으로 성장 속도가 더딘 원시림을 조성할 겁니다. 성장 과정에서 필요에 따라 가능한 빛을 효과적으로 활용할 수 있도록 다양한 수종을 심을 계획입니다."

스미츠는 아카시아 나무가 다른 수종의 성장에 도움이 될 만한 그늘을 형성할 수 있을 정도로 건강하게 자라고 나면 중간 구역을 정비할 계획이다.(혹은 2악장이 진행된다고 표현할 수도 있겠다) 스미츠는 삼보자 레스타리에 투입될 모든 수종 중 대부분이 1천 헥타르가 넘는 크기의 중간 구역에 자리를 잡게 될 것이라고 설명한다.

온대 지역(예: 우랄 산맥과 영국 사이에 위치한 지역)에는 약 165종의 수목이 서식한다. 그와 대조적으로, 스미츠는 두 번째 구역에 총 1천 3백 종이 넘는 50만 그루의 나무를 심을 계획이다. 곰팡이 및 열대우림 재건과 관련해 예전에 깨달은 내용이 상당한 도움이 되었다. 스미츠는 연구를 통해 찾아낸 내용을 바탕으로 설탕, 음식쓰레기, 톱밥, 소의 소변, 오랑우탄 배설물 등에서 추출한 미생물을 이용해 특수 퇴비를 만들었다. 영양소라고는 없는 대지를 풍요롭게 만들려면 한 그루의 나무를 심을 때마다 퇴비를 넉넉히 줘야 한다. 스미츠는 자신이 운영하는 양묘장에서 15만 그루의 묘목을 옮겨 심을 계획이다.[16] 스미츠는 묘목을 성장시킬 수 있을 정도로 토양의 영양분이 풍부해지면 양묘장에 있는 묘목을 즉시 혼성림(시간이 흐르면 서서히 층이 생겨난다) 구역으로 옮겨 심을 생각이다.

"어떤 일이 일어나건 자연은 거의 항상 회복할 수 있습니다. 이 모든 것이 생물의 다양성 때문이지요. 구조적인 다양성과 종의 다양성 말입니다.

생물의 다양성이 바로 시스템이 회복력을 갖는 근본적인 이유입니다. 살아남고 싶다면 이와 같은 자연의 법칙을 복제할 방법을 찾아야 합니다."

두 번째 구역에 위치한 열대 활엽수가 충분히 성장해 숲이 우거지는 수준에 다다르려면 10~15년 정도 걸리는 만큼 스미츠는 묘목과 더불어 식용 작물도 심을 계획이다. 스미츠는 먼저 파파야, 레몬, 파인애플, 수박, 콩 등을 재배하다가 초콜릿, 고추, 커피, 기타 작물 등을 돌아가며 재배할 계획이다. 보르네오 오랑우탄 생존 재단은 농부들에게서 잉여 농산물을 구입해 안쪽에 위치한 보호구역 내에 서식하는 오랑우탄 및 기타 야생 동물의 먹이로 사용할 생각이다. 이 방안은 농부들에게 추가로 수입을 제공하는 데 도움이 된다.

1악장과 2악장이 계획대로 연주되고 나면 스미츠는 가장 중심부에 위치한 3백 헥타르 규모의 구역을 가꾸는 데 주력할 수 있다. 스미츠는 중심에 야생동물 보호구역, 동물 보호 시설, 산림 연구 시설 등을 배치할 계획이다. 이곳에서 건강을 되찾은 오랑우탄들은 다른 야생 동물들과 함께 보호구역으로 방출된다. 간염을 비롯한 각종 질병으로 인해 격리되는 오랑우탄들은 인공 오랑우탄 '섬'에서 별도의 무리를 이뤄 따로 생활하게 된다.

윌리 스미츠의 머릿속으로 걸어 들어가 스미츠가 꿈꾸는 미래를 떠올려보자. 단 몇 초만 들이면, 오랜 시간에 걸쳐 삼보자 레스타리에서 숲을 다시 가꾸는 모습을 상상할 수 있다. 먼저 아카시아 나무로 이뤄진 1악장이 빠른 속도로 전개되고 나면 열대지방에 서식하는 활엽수가 좀 더 더딘 속도로 서서히 자란다. 그런 다음 식용 작물과 토양을 풍부하게 만드는 미량 요소들의 스타카토 연주가 시작된다. 겉으로 보기에는 삼보자 레스타리가 자연 발생적으로 생겨나는 열대우림처럼 보일 수도 있다. 하지만 실제로 삼보자 레스타리는 인위적인 조절 과정을 통해 성장하게 될 것이다. 사실 18세기의 프랑스 정원만큼이나 숲을 조성하는 사람들의 상당한 노력이 배어 있는 셈이다. 뉴욕의 도시 계획처럼 삼보자 레스타리는 조밀하고 다양하며 여러 겹으로 이뤄진 하나의 시스템 내에서 인생과 관련된 수많은 영역을 포용한다.(정글 속의 제인 제이콥스와 같다)

마지막은 크레센도로 연주되는 마지막 악장이다. 마지막 악장의 연주 소리가 점점 커지도록 만들어주는 크레센도란 시스템 전반에 경제적인 생존능력을 안겨주는 금전적인 부분이다. 야자유 경제를 대체할 수 있을 만한 대안을 제시하려면 야자유의 생산성과 실질적으로 경쟁할 수 있는 작물을 삼보자 레스타리의 일부로 편입시켜야 한다. 다행스럽게도 스미츠는 오일야자나무에 대적할 수 있을 만한 강력한 후보를 알고 있다. 그 후보는 흔히 사탕야자로 알려져 있는 아렝가 핀나타Arenga pinnata라는 수종으로 스미츠가 지난 30년간 연구해온 수종이기도 하다.

"아내와 결혼할 당시, 그 부족의 일원인 어린 신부와 결혼을 하려면 여섯 그루의 사탕야자를 지참금으로 줘야만 했습니다. 그토록 사랑스러운 여자와 결혼하는 데 필요한 것이 고작 여섯 그루의 사탕야자나무뿐이라니 이상하다고 생각했습니다. 그래서 직접 연구를 하기 시작했고 믿기 힘들 정도로 높은 생산성을 자랑하는 사탕야자나무에 엄청난 잠재력이 있다는 사실을 발견했습니다."

사탕야자는 야자계의 스위스 아미 나이프와 같다. 사탕야자를 통해 얻을 수 있는 다양한 부산물 중 가장 중요하고 가장 널리 알려진 것이 바로 사구에saguer라 불리는 달콤한 수액이다. 사탕야자 수액은 음료로도 사용되고 설탕의 원료로도 사용된다. 하지만 그 외에도 식량이나 지붕을 이을 재료로 활용하는 등 사탕야자의 다양한 부위를 수십 가지 용도로 쓸 수 있다. 사탕야자가 갖고 있는 좀 더 뛰어난 장점은 쉽게 불에 타지 않기 때문에 삼보자 레스타리 주위의 방화선을 강화할 수 있다는 것이다. 사탕야자가 갖고 있는 다양한 특징 중 환경보호 활동가들이 가장 환호할 만한 것은 혼성림 내에서만 성장이 가능하다는 점이다.

스미츠의 이야기를 들어보자. "사탕야자나무는 오일야자나무와 전혀 다릅니다. 먼저, 사탕야자나무는 이차림의 파괴된 토양에서만 성장합니다. 또한 수종이 다양한 환경하에서만 생존할 수 있습니다. 오직 사탕야자나무만 키우려 들면 금세 잎이 누레져 죽고 말 겁니다. 그동안 사람들이 사탕야자에 투자를 하지 않은 중요한 이유 중 하나가 바로 이겁니다. 규모가 큰 기업들은 넓은 땅을 완벽하게 통제하고 싶어 합니다. 매우 간단하고 손쉽게 규모를 키울 수 있는 그런 시스템을 원하는 거지요. 하지만 사탕야자는 그런 식으로 키울 수가 없습니다."

스미츠는 아내의 고향 마을에서 처음으로 사탕야자를 접한 이후 사탕야자의 다양한 기능에 줄곧 매력을 느껴왔다. 사탕야자는 다재다능한 재주를 갖고 있을 뿐 아니라 오일야자와 달리 사람의 손을 많이 필요로 하지 않는 작물이다. 비료를 주거나 농약을 칠 필요가 없다는 점 또한 스미츠가 삼보자 레스타리에 사탕야자를 심는 방안을 고려할 만한 충분한 이유가 됐다. 하지만 스미츠가 원하는 것은 좀 더 커다란 보상이다. 스미츠는 적절한 가공 과정을 거치면 사탕야자에서 에탄올(당 화합물에서 추출한 연료)을 얻을 수 있을 것이라고 믿고 있다. 스미츠의 예감이 적중한다면 삼보자 레스타리는 숲과 야생 생태계를 성공적으로 복원하는 동시에 지속 가능한 대체 에너지원을 공급하고 거주민들에게 부를 안겨줄 수 있을 것이다. 미국에서 개발 중인 옥수수 기반 바이오 연료와 달리 사탕야자의 달콤한 수액은 식량 생산 시스템과 연동돼 있지 않다. 따라서 사탕야자를 이용해 연료를 생산하더라도 토르티야 폭동과 같은 위기를 초래하는 근본 원인인 식량 공급에는 아무런 해가 되지 않는다. 또한 사탕야자에서 수액을 추출하더라도 나무에는 전혀 해가 되지 않는다. 사탕야자는 기본적으로 자립성을 갖고 있는 생물학적 장치로 태양 에너지를 당으로 전환해 저장하는 능력을 갖고 있다. 사탕야자가 좀 더 많은 양의 수액을 만들어내기 위해 필요로 하는 것은 열대지방 어디에서나 넘쳐나는 비, 이산화탄소, 태양뿐이다. 지금 흔히 사용되는 바이오 연료 생산 방식은 얼핏 보기에 아무런 관련도 없어 보이는 지역의 식량 안보를 위협한다. 하지만 스미츠는 혼성림 내에 사탕야자를 심으면 다른 지역의 식량 안보를 전혀 위협하지 않고도 바이오 연료를 생산할 수 있을 것이라고 생각한다. 이런 활동은 스미츠가 사랑하는 오랑우탄을 비롯해 위기에 처한 여러 종에게 숲을 돌려주는 데도 도움이 된다.

하지만 비전이 그럴듯할수록 실행이 힘든 것은 말할 필요도 없다. 스미츠는 사탕야자를 실제로 심어보기도 전에 사탕야자 수액이 너무 빠른 발효 속도를 지니고 있다는 근본 문제를 해결해야만 했다. 사탕야자 수액은 거의 공기와 닿자마자 발효가 시작되기 때문에 나무와 좀 더 가까운 곳에서 수액을 모으고 처리할 기술, 즉 이동식 설탕 가공 공장이 필요했다.

스미츠는 삼보자 레스타리에서 수백 마일 떨어진 술라웨시 섬에서 수액을 채취하는 사람들을 통해 전통적인 방식하에서 어떻게 당 가공이 이뤄지는지 살펴보기로 했다.[17] 술라웨시 현지 주민들은 수천 년이라는 긴 세월 동안 사탕야자에서 수액을 채취해온 만큼 스미츠는 이들의 조언이 커다란 도움이 될 것이라고 확신했다.

결과는 복합적이었다. 술라웨시에서 수액을 채취하는 사람들은 하루에 두 번씩 사탕야자나무를 타고 높이 올라가 적절한 각도로 도관을 칼로 베었다. 나무를 타고 올라가 도관을 직접 칼로 베려면 많은 시간이 걸린다. 하지만 유지를 위해 별다른 노력을 기울이지 않아도 다량의 수액을 채취할 수 있다. 사실 수액을 받는 횟수가 늘어날수록 사탕야자는 더욱 많은 양의 달콤한 수액을 생산해낸다.

전통적인 방식으로 수액을 채취하는 사람들은 사탕야자 수액을 순수한 설탕으로 가공하기 위해 장작을 에너지원으로 사용했다. 불을 이용해 힘들게 수액을 가공해봤자 수액 채취자들에게 돌아가는 이윤은 얼마 되지 않았을 뿐만 아니라 현지 주민들 역시 온갖 유형의 새로운 문제에 직면하게 됐다. 우선 불을 이용해 가공한 설탕 시장의 규모 자체가 제한적이었다. 가공된 설탕이 제대로 보관되지 않는 경우가 허다했고 가공이 끝난 설탕에 꿀벌, 재 등의 불순물이 섞여 있는 경우가 많았다. 또한 표준화된 공정 자체가 없었기 때문에 수액을 채취하는 사람에 따라 품질이 달라졌다. 판매되지 않은 설탕 중 상당 부분은 현지인들이 '엄청 센 독주'라 부르는 싸구려 밀주의 원료가 됐다. 옥탄이 다량 섞여 있는 밀주의 주 소비자는 현지의 실업자들이었다.

하지만 기존의 사탕야자 가공 방식이 초래하는 가장 심각한 피해는 불이었다. 가장이 수액을 채취하면 아내와 딸은 수액을 가공하기에 충분할 정도로 규모가 큰 불을 지피기 위해 오랜 시간 동안 땔감을 찾아 헤맸다. 결국 현지 여성들은 땔감을 찾아 헤매느라 가족과 많은 시간을 함께하지도 못하고 좀 더 생산적인 일에 에너지를 쏟을 수도 없었다. 문제는 여기서 그치지 않았다. 환경적인 측면에서 산림이 대거 파괴되었을 뿐 아니라 매일같이 연기로 가득한 오두막에 들어앉아 수액을 가공하는 현지 여성들은 호흡기 및 시력과 관련된 질병을 달고 살았다.

스미츠는 술라웨시에서 얻은 깨달음을 바탕으로 에너지 효율성이 높고, 좀 더 깨끗하고, 좀 더 안전하게 사용 가능하며, 손쉽게 필요한 곳으로 옮길 수 있는 소규모 설탕 가공 공장 원형을 설계할 수 있었다. 그러던 중 스미츠는 1996년에 엄청난 행운을 만났다. 페트라미나라는 이름의 전력 회사가 북 술라웨시 인근 지역에서 영업을 시작했던 것이다. 당시 지열을 이용해 발전소를 가동하던 페트라미나는 증기의 형태로 배출되는 폐열을 사용할 방법을 찾기 위해 고심 중이었다. 스미츠는 관을 연결해 페트라미나에서 생성되는 폐열을 이동식 설탕 가공 공장으로 흘려보내는 방법을 고안해냈다. 폐열을 이용해 설탕이 만들어지는 팬에 열을 가하면, 별도로 불을 지피거나 땔감을 사용해야 할 필요성 자체가 원천적으로 제거될 것이라고 판단했다. 페트라미나는 스미츠의 제안을 대환영했다. 페트라미나는 생태계에 유익한 활동을 적극 지지하는 동시에 실질적인 이익도 얻을 수 있었다. 증기가 스미츠의 공장을 지나면서 냉각되어 다시 한층 활용도가 높은 물로 변해 발전소로 되돌아오게 되었던 것이다.

페트라미나와의 협력 덕에 땔감에 불을 지피는 방식이 아니라 발전소에서 쓰고 남은 폐열을 이용해 사탕야자 수액을 설탕으로 가공할 수 있게 되었으며 새로운 가공 방식 덕에 연간 20만 그루의 나무를 보호할 수 있게 되었다. 또한 이동식 공장에서 매일 수천 리터의 수액을 가공하는 방법을 도입한 후 협동조합은 수출을 하기에 적합할 정도로 품질에 일관성이 있는 종려당(야자수의 수액으로 만든 설탕)을 생산할 수 있게 됐다. 그중에서도 가장 좋은 점은 효모를 이용한 발효 과정을 가공 공정에 포함시키자 달콤한 수액에서 에탄올을 추출할 수 있게 되었다는 것이다. 그 덕에 협동조합에 소속된 현지 가정들은 연료와 전기를 사용할 수 있게 됐다.[18]

북 술라웨시에서 원형 설탕 가공 공장을 시작한 초창기에 공장은 꽤 성공적이었다. 북 술라웨시에서의 성공에 고무된 스미츠는 세 개의 모듈로 이루어진 좀 더 규모가 작은 공장을 지어 헬리콥터를 이용해 삼보자 레스타리로 옮기는 방법을 생각해냈다. 스미츠는 삼보자 레스타리에 세워질 미니 공장에 '빌리지 허브'라는 이름을 붙이고 지열을 통해서 얻은 증기가 아니라 태양 전지판을 에너지원으로 활용할 계획이다.

"열대지역에는 여전히 방대한 면적의 땅이 있습니다. 하지만 일자리가 없습니다. 그러니 열대지방에서 생산 가능한 것을 토대로 단순하고 생태학적이며 지속 가능한 시스템을 생각해내야 합니다. 열대지역은 강우량이 많고 땅이 넓은 데다 거주 인구가 많고 태양 복사에 적합한 곳입니다. 이런 만큼 열대지역에서 에너지를 공급할 방법은 많습니다. 하지만 빌리지 허브처럼 하나의 통합된 단위로 기능할 수 있는 기술이 필요합니다."

자연보호 중심의 생태학, 사회 정의 등에서 스미츠가 내세우는 목표의 뿌리를 발견할 수 있을지도 모른다. 하지만 스미츠는 경제적인 현실과 정치적인 현실도 외면하지 않는다. 스미츠는 근본적인 기술에 대해 특허를 신청하는 등 자신이 만들어낸 시스템의 수익성을 높이기 위해 부단한 노력을 기울이고 있다.

"우리가 개발한 기술을 거저 내어줄 때마다 대기업들이 그 기술을 통해 가능한 많은 돈을 짜내려 하더군요. 우리가 만들어낸 이 시스템을 거저 넘겨줄 생각은 없습니다. 더 이상은 사회적 책임을 앞세운 기업의 비즈니스 모델을 원치 않습니다. 이런 모델하에서 기업은 많은 돈을 벌어들이지만 현지인들에게 돌아가는 것은 거의 없을 뿐만 아니라 모든 사람이 무릎을 꿇고 머리를 조아리며 감사를 표해야 하지요. 더 이상은 그런 방식을 용납하고 싶지 않습니다. 우리가 만들어낸 비즈니스 모델은 현지인들에게 실질적인 수익이 돌아가도록 만들어져 있습니다."

스미츠는 자신의 구상이 현실이 될 수 있도록 프랜차이즈 구조를 활용할 생각이다. 프랜차이즈 방식이 도입되면 자신이 개발한 기술을 사용하는 사람은 누구나 엄격한 협동조합 운영 지침(네덜란드 법에 의해 보호를 받는다)에 동의해야 한다. 또한 현지 주민들에게 이윤이 돌아가도록 보장해야 한다. 삼보자 레스타리에 참여하기로 동의한 모든 현지 가정은 삼림의 생물 다양성 보호를 위해 노력하는 등 환경보호를 위해 노력해야 한다. 환경보호에 동참하는 가구는 삼림이 제공하는 생태계 서비스를 통해 생계를 꾸려나갈 수 있다.

삼보자 레스타리 계획과 관련된 모든 것은 그 외의 다른 것들과 뒤섞여 있다. 사실 삼보자 레스타리는 대표적인 폐기물 제로 시스템이다. 삼보자 레스타리에는 수많은 흐름과 주기가 포함돼 있다. 따라서 선형적인 방식으로 모든 것들을 알기 쉽게 설명하기가 힘들 수도 있다. 삼보자 레스타리를 지지하는 아모리 로빈스는 "사회적·생태적·경제적 이익을 극대화할 수 있도록 시스템 전체가 정교하고 복잡하게 연결돼 있다"며 다음과 같이 덧붙였다. "삼보자 레스타리는 우리가 각자의 자리에서 어떻게 노력해야 할지 알려주는 세계 최고의 모델이다."

삼보자 레스타리는 필자들이 지금껏 설명해온 모든 요소들을 포용한다. 도시와 마찬가지로, 삼보자 레스타리는 클러스터의 특성을 갖고 있다. 조밀하지만 그와 동시에 다양하고 분산되어 있다. 삼보자 레스타리는 세계 경제와 연결될 수도 있지만(세계 바이오 연료 시장을 통해) 세계 경제와 비동기화되어 있다. 삼보자 레스타리는 다약족 사람들에게 이익을 안겨주는 즉각적인 경제적 거래와 오랑우탄의 장기적인 생존능력(그리고 숲 생태계를 복원하기 위해 필요한 좀 더 장기적인 생존능력)을 보장하기 위해 필요한 좀 더 느린 패턴을 연계한다.

스미츠는 삼보자 레스타리의 규모를 얼마든지 조정할 수 있다고 설명한다. 스미츠는 강우량이 750밀리미터가 넘고 해발 2백 미터보다 낮은 곳에 위치한 곳이라면 어디에서든 사탕야자가 잘 자랄 수 있는 만큼 세 개의 구역으로 나눠 숲을 조성하는 프로젝트는 어떤 규모로도 진행 가능하다고 확신한다. 스미츠는 인도네시아 전역, 열대지방 전역에 산재한 수천 개의 삼보자 레스타리(세 개의 고리로 이뤄져 있으며 사탕야자의 생산성을 토대로 하는 우거진 혼성림)가 서로 동맹을 맺는 모습을 상상한다. 스미츠는 "규모를 키우는 것 자체가 문제가 되지는 않는다"며 "잘못된 방식으로 규모를 조절하는 것이 문제가 된다"고 설명한다.

윌리 스미츠의 머릿속에 들어 있는 삼보자 레스타리는 숨이 막힐 정도로 놀랍다. 인간과 다른 종 그리고 생태계를 동등한 자격을 갖고 있는 참가자로 대하는 통합적인 시스템 설계를 바탕으로 하기 때문이다. 하지만 현실에서의 삼보자 레스타리는 여전히 진행 단계에 놓여 있는 원형일 뿐이다. 삼보자 레스타리 프로젝트를 성공적으로 추진하려면 험난한 장애물을 넘어야 한다.

먼저, 스미츠는 숲을 재건하려면 너무 많은 돈이 들지만 정작 충분한 이익[19]을 얻기는 힘들다며 환경 파괴를 완화하는 데 주력해야 한다고 주장하는 환경보호주의자들의 저항을 극복해야 한다. 스미츠는 적응주의자의 화신과도 같은 인물이다. 스미츠는 보르네오 섬 전역에서 숲이 광범위하게 파괴되는 현상을 목격했다. 또한 스미츠는 남아 있는 시간이 얼마 되지 않는다는 사실도 잘 알고 있다. 도입 부분에서 언급한 비유로 되돌아가보면 자동차가 절벽 가장자리에서 비틀거리고 있다. 하지만 스미츠는 삼보자 레스타리가 계획대로 운영되기만 하면 신재생 에너지 시스템, 삼림 재성장 계획 등의 형태로 생태계 전체를 위한 '에어백' 역할을 하게 될 것이라고 믿고 있다. 그와 동시에 스미츠는 삼보자 레스타리가 다약족에게 좀 더 다양한 기회를 제공하고 오랑우탄의 '낙하산'을 펼치는 역할을 할 것이라고 확신한다.

물론 지금껏 진행해온 노력과 관련된 과학적 데이터를 공개하지 않는다는 이유로 일각에서는 스미츠를 비난하는 사람들도 있다. 또 스미츠가 실제로 이뤄낸 성과[20]가 갖고 있는 영향력에 대해 의문을 제기하는 이들도 있다. 전도사와 같은 열정을 갖고 있을 뿐 아니라 더불어 남아 있는 시간이 얼마 되지 않는다는 사실을 자각하는 사람답게 스미츠는 자신을 비판하는 사람들의 목소리를 대체로 외면하는 편이다.

또 다른 우려 사항들 역시 간단하게 일축해버리기는 힘들다. 스미츠와 삼보자 레스타리가 성공하려면 스미츠가 다음과 같은 몇 가지 일을 잘 해내야 한다. 먼저, 스미츠는 개인의 이익과 모든 시민의 이익 사이에 존재하는 매우 복잡한 해역을 잘 헤치고 나아가야 한다. 또한, 스미츠는 지역사회로부터 지속적인 노력과 참여를 이끌어내야 하며 결실을 맺기까지 오랜 세월에 걸쳐 프로젝트를 지속할 수 있도록 자원을 조달해야 한다. 그뿐만 아니라 이처럼 복잡한 일을 수행하는 과정에서 나타나게 마련인 실패와 좌절을 겪더라도 추진력을 잃지 말아야 한다. 모든 일을 제대로 해내려다 보면 스미츠가 동시에 한 곳 이상의 장소에 모습을 드러내야 할 때도 있다. 사업가, 활동가, 사회적 리더, 작가 등 서로 상충될 가능성이 있는 다양한 역할을 맡아야 할 때도 있다. 스미츠는 뛰어난 능력을 갖고 있는 데다 거의 미쳤다고 볼 수 있을 정도로 엄청난 열정을 쏟아부으며 혼자 모든 일을 진행하는 사람으로 알려져 있다. 또한 서로 다른 부문들이 뒤섞여 혁신이 일어나고 있다는 웨스트의 설명과 달리 스미츠의 비전은 완전히 중앙 계획적이다. 삼보자 레스타리가 장밋빛 시나리오를 현실로 바꿔놓으려면 동일한 권한을 갖고서 최선의 노력을 쏟아붓는 참가자와 후원자로 이루어진 지역사회 전체의 노력이 필요하다. 또한 지역사회 구성원들은 다양한 노력을 통해 자신이 속한 사회를 새롭게 구성하고 재구성해내야 한다. 이를 위해서는 스미츠가 특수한 형태의 리더십을 발휘해야 한다. 스미츠에게 필요한 유형의 리더십에 대해서는 8장에서 심도 깊게 살펴보려 한다.

마지막으로, 삼보자 레스타리가 대담한 비전인 것은 틀림없는 사실이지만 삼보자 레스타리 자체를 하나의 종착점으로 고집하지 않도록 주의해야 한다. 삼보자 레스타리가 성공한다고 해서 거룩한 균형이 회복되거나 그 어떤 경우에도 흔들리지 않는 안정 상태가 복원되어 구성원들 간의 관계가 고착되는 것은 아니다. 다만, 삼보자 레스타리는 사람들로 이뤄진 지역사회, 경제, 생물의 다양성 등 훼손된 역량을 회복시켜 예기치 못한 미래의 혼란과 맞서 싸울 수 있도록 도와준다. 스미츠와 다약족 사람들은 삼보자 레스타리를 통해 발생 가능한 모든 재앙에 대한 답을 찾으려는 것이 아니라 여러 재앙 시나리오 중 하나가 현실이 될 때 좀 더 다양한 미래를 선택할 수 있도록 도와주는 시스템을 찾고자 한다.

스미츠는 자신이 마주한 도전에 열정을 느끼는 듯 보였다. "많은 사람들이 복잡성을 두려워합니다. 하지만 우리는 복잡성을 받아들여야만 합니다. 하나의 종만 집중 공략하고 또 다음으로 넘어가는 방식은 더는 통하지 않습니다. 이것이 바로 현대의 농업과 임업이 저지르고 있는 커다란 실수입니다. 현대의 농업과 임업은 항상 최대의 이윤을 뒤쫓고 가장 신속한 철수 전략을 찾아 헤맵니다. 그래서 어떻게 됐습니까? 더 이상 갈 곳이 없는 신세가 됐지요. 어디로 철수할 수 있겠습니까? 지금 우리에게 있는 것이 전부입니다. 모두를 위해서 지금 우리에게 주어진 것들을 제대로 활용해야 합니다."

대부분의 시스템과 마찬가지로 삼보자 레스타리의 장기적인 생존능력과 회복력은 사람들이 내리는 선택과 사람들의 노력, 변화에 대한 개인적인 반응 및 집단적인 반응, 서로 힘을 모아 협력하는 능력과 함께 시작되고 끝이 난다. 이제 이 책의 다음 부분으로 넘어갈 차례가 됐다. 지금부터 사람, 집단, 조직, 지역사회 등이 갖고 있는 회복력의 근원이 무엇인지 살펴보고자 한다.

　　이제부터는 규모가 작은 것에서부터 규모가 큰 것까지 차례차례 살펴보자. 먼저 개개인이 갖고 있는 회복력의 기초에서부터 시작해보자.(트라우마로 남을 가능성이 큰일을 겪은 후 심리적으로 회복하는 개개인의 역량을 강화하려면 어떻게 해야 할까?) 그런 다음 혼란과 직면했을 때 사람들이 어떤 식으로 협력하는지 살펴볼 것이다.(협력이 필요한 상황에서 사람들이 서로 힘을 모으도록 만들려면 어떻게 해야 할까?) 그뿐만 아니라 다수의 사람들로 구성된 집단의 인지 다양성을 강화할 방법도 찾아볼 것이다.(가장 다양한 방안을 고려하려면 어떻게 해야 할까?) 특정한 유형의 리더들이 어떤 식으로 지역사회 전체의 회복력을 강화시키는지 살펴본 다음, 마지막으로 이런 교훈이 사회 전반에 어떤 의미를 주는지 설명할 것이다.

4장

심리적
회복력

★
개인의 회복력에 중요한 역할을 하는 제3의 명상법도 있다. 처음에는 사랑하는 대상에 집중하다가 차츰 관심의 범위를 넓혀 모든 생명체에 연민을 갖는 기법이다. 이런 식으로 수행하면 측두정엽(두뇌에서 공감을 담당하는 중요한 부분)뿐 아니라 섬엽(측두엽에 위치하며 감정을 몸으로 표현하는 기능을 담당)에서도 중요한 활동이 일어난다.

지금까지 우리는 규모가 크고 자율적인 시스템을 살펴봤다. 이런 시스템 내에서는 개별적인 행동과 결정이 주 원동력이 될 수 없다. 그렇다면, 이번에는 반대로 이런 시스템과 더불어, 시스템 내에서 살아가는 사람들, 그리고 지역사회가 갖고 있는 회복력을 살펴보면 어떨까?

이런 과정을 통해 등장한 그림은 흥미로울 정도로 낙관적이다. 적어도 개인의 입장에서는 그렇다. 사실 트라우마와 관련된 개개인의 회복력은 지금까지 사람들이 믿어왔던 것보다 훨씬 폭이 넓을 뿐만 아니라 새로운 연구를 통해 개개인의 회복력을 강화하는 데 도움이 되는 구체적인 방안들이 공개됐다. 즉, 모든 사람들이 필연적으로 발생하게 마련인 혼란과 어려움을 이겨내고 이 과정을 통해 개인이 속한 더 큰 규모의 시스템 및 지역사회의 회복력을 강화시킬 수 있게끔 도움 줄 방법은 분명히 있다.

링필드 4인방

1945년, 제2차 세계대전이 끝난 후 잉글랜드 서리에 위치한 링필드 마을의 어느 고아원은 홀로코스트에서 살아남은 24명의 어린아이들을 받아들이기로 했다. 세 살에서 여덟 살 사이였던 24명의 어린이 중 대다수는 아우슈비츠나 테레진과 같은 수용소, 혹은 숨어 살고 있던 곳을 떠나 고아원에 도착했다. 비록 나이는 어렸지만 아이들은 이미 트라우마로 인한 스트레스에 익숙했다. 테레진 수용소에서 머물렀던 아이들은 수감자들을 단체로 교수형에 처하는 장면을 숱하게 목격했으며 여섯 살이 넘는 아이 중 상당수는 잿더미가 된 사람의 유골을 이리저리 나르는 강제노역을 해야만 했다. 아우슈비츠에서 살았던 아이들은 시체에서 뿜어져 나오는 악취 속에서 생활하고 매일같이 눈을 뜨면 화장장에서 나오는 연기를 들이마셔야 했다. 숨어서 살던 아이들은 과거의 친구들과 이웃들에게 배신당한 후 가짜 이름과 신분으로 위장한 채 살아야만 했다. 아이들의 삶은 온통 혼란과 불확실성으로 가득했다. 링필드 고아원에 도착한 후 한 아이는 이런 질문을 던졌다. "저 벽이 내일도 이곳에 있는 건가요?"

가장 어린 4명의 아이들은 생후 몇 개월이 채 안 된 갓난아기였을 때 테레진 수용소에 보내졌다. 이 아이들은 엄마를 여읜 아이들을 위해 별도로 마련된 수용소 내 병동에서 생애 첫 2년 반을 보냈다. 수용소에 머무르는 동안 아이들은 아우슈비츠로 이송될 날을 기다리는 수감자들의 보살핌을 받았다. 테레진 수용소에서 갓난아기들을 돌봤던 어느 수감자는 1946년에 작성한 편지[1]에서 갓난아기들을 위한 병동 환경을 다음과 같이 묘사했다.

일이 너무 많았으며 도움을 줄 만한 사람은 턱없이 적었습니다. 아이들을 돌보는 것 외에도 빨랫감도 처리해야 했습니다. 빨래를 하는 데는 많은 시간이 걸렸지요. 아이들이 건강하게 자랄 수 있도록 최선의 노력을 기울였습니다. 아이들이 벌레에 물리지 않도록 3년 동안 온갖 신경을 썼지요. 힘든 상황이었지만 아이들을 배불리 먹이려고 노력했습니다. 하지만 그 외의 다른 욕구를 충족시켜주는 것은 불가능했습니다. 아이들과 함께 놀아줄 시간이 없었습니다.

최연소 어린이 4명이 링필드에 도착했을 무렵, 아이들은 심각한 영양실조를 겪고 있었고 나이에 비해 몸집이 작았다. 아이들은 전혀 일관성 있는 보살핌을 받지 못했고 대부분의 경우 함께 수용소에 머물렀던 다른 아이들에게 애착을 느끼고 이들에게서 위로를 받으려 했다.

4명의 아이 중 셋은 입양되었다. 반면 벌이라는 이름의 네 번째 아이는 새로운 가족과 함께 생활하는 데 두 차례 실패한 후 링필드로 되돌아왔다.

4명의 아이가 서른일곱 살이 된 1979년, 사라 모스코비츠Sarah Moskovitz라는 이름의 미국 심리학자가 아주 어린 나이에 홀로코스트에서 살아남은 아이들이 있다는 사실을 알아냈다. 맨 처음 이들의 존재가 언급된 곳은 안나 프로이트Anna Freud와 소피 댄Sophie Dann[2]이 작성한 논문이었다. 모스코비츠는 이들이 어떻게 살아가는지 추적하기 위해 1979년과 1984년에 몇 차례에 걸쳐 인터뷰를 진행했다. 넷 중 가장 왜소하고 약했던 벌과 레아가 가장 고통스러운 삶을 살았다. 벌과 레아는 사회적으로 힘겨운 시간을 보냈으며 학업 성취도도 낮았다. 링필드 마을 어른들은 레아를 '울보'라고 불렀다. 모스코비츠와의 인터뷰에서 레아는 극심한 수치심과 불안감을 드러내 보였으며 성인이 된 후에 불면증으로 어려움을 겪고 있다고 이야기했다. 벌은 자신을 차례로 입양한 두 입양가정의 일원이 되는 것을 거부했고 열일곱 살이 되어 친척집에 입양되어 미국으로 떠날 때까지 줄곧 고아원에서 생활했다. 모스코비츠가 벌을 찾아냈을 때 벌은 여전히 양부모와 함께 살고 있었다. 서른일곱이나 되었지만 다양하고 심각한 병리 증상으로 힘겨워하며 거의 제 몫을 해내지 못하고 있었다.

벌과 레아는 살아남았지만 불안과 수치심, 과거에 대한 슬픔에 사로잡혀 힘겨운 시간을 보냈다. 수용소에서 살아남은 4명의 어린이 중 나머지 2명인 잭과 벨라가 인터뷰에서 들려준 내용은 한층 더 놀라웠다. 모스코비츠가 연락을 했을 당시 잭은 언제나 자신을 따뜻하게 격려해주는 아내와 결혼해 2명의 자녀를 낳고 행복한 결혼 생활을 하고 있었다. 잭은 런던에서 개인택시를 운전했으며 새로운 사람들을 만나는 일이 얼마나 즐거운지, 운전을 할 때마다 얼마나 놀라운 모험이 펼쳐지는지 이야기했다. 잭도 물론 이따금 우울증에 시달리곤 했다. 어머니에 대해 좀 더 자세히 알고 싶은 마음 때문에 우울한 감정을 느끼는 경우가 가장 많았다. 하지만 어떻게 보더라도 잭은 행복하게 인생을 잘 살아가고 있었다.

링필드 4인방과의 인터뷰 중 가장 놀라운 것은 벨라와의 인터뷰였다. 벨라는 링필드 고아원에 도착하자마자 탐험을 시작했다. 식당을 나가 고아원을 가로질러 자신이 머무를 방을 찾아가는 대담한 행동을 한 아이도 벨라였다. 고아원에 들어간 지 얼마 되지 않아 벨라는 '요구쟁이 벨라'라는 별명을 얻었다. 자신보다 나이가 많은 아이들에게 자신의 물건을 정리하도록 요구하곤 했기 때문이다. 심지어 벨라는 양부모도 직접 '선택'했다. 벨라는 장차 자신의 아버지가 될 사람에게 다가가 무릎 위에 앉았다. 성인이 된 벨라를 인터뷰 한 모스코비츠는 벨라가 명랑하고, 활력이 넘치고, 자신감으로 가득했다고 설명했다.

벨라의 남편이 심장수술을 받은 지 얼마 되지 않았을 때였지만 벨라는 두 사람이 힘을 모으면 어떤 일이든 이겨낼 수 있을 것이라고 믿었습니다. 벨라는 미술품을 거래하는 사업도 하고 있었습니다. 사업이 잘되고 있었을 뿐 아니라 벨라는 사업 자체를 즐겼습니다. 벨라는 어린이들과 관련된 사건[3]을 다루는 치안판사로도 활동했습니다.

유아기에 수많은 고난을 겪었음에도 벨라는 단순히 살아남는 데서 그치지 않고 훌륭하게 자랐다. 모스코비츠는 벨라를 회복력 모델이라 칭했다. 또한 모스코비츠는 위험과 역경에 관한 좀 더 뛰어난 통찰력을 발견할 수 있을 것이라는 기대를 품고 정신건강 전문가들에게 또 다른 어린이 생존자들을 대상으로 연구를 진행할 것을 권했다.

똑같이 충격적인 환경 속에서 자란 4명의 아이가 어떻게 그토록 다른 삶을 살게 되었을까? 이 세상의 수많은 벌과 레아는 괴롭게 살아가는 반면 잭과 벨라는 역경에 잘 대처하고 심지어 행복하게 잘사는 이유가 무엇일까?

1960년대와 1970년대 초반이 되자 아동정신의학과 발달 심리학의 교차점에서 활동하는 심리학자들이 건강한 성장과 발달을 방해한 유아기 요인(예: 모자분리, 이혼, 태아기의 합병증, 모든 요소 중 가장 큰 위험 요인으로 여겨지는 빈곤)에 대해 연구를 시작했다. 이런 연구로 인해 사람들이 앞의 질문에 좀 더 많은 관심을 보였다. 이런 부류의 연구 중 상당수는 정신분열병 환자[4]를 상대로 한 임상 심리학자 노먼 가메지Norman Garmezy의 연구를 바탕으로 한다. 가메지는 연구를 진행하던 중 한 가지 놀라운 사실을 발견했다. 어려운 상황에 처해 있음에도 가메지가 만나본 성인 정신분열병 환자 중 일부가 놀라울 정도로 사람 구실을 잘 해내고 있었던 것이다. 직업도 있었고, 체계적으로 활동하며, 심지어 만족스러운 연애 관계를 유지하는 경우도 있었다. 가메지가 '반응적'이라고 표현한 이런 부류의 연구 대상들은 '과정성' 분열병 환자들과 극명하게 대비되었다. 후자의 환자들은 조직에 소속되어 있다가 일자리를 잃고 급기야 살 곳마저 잃어버리는 악순환의 고리에 사로잡혀 있는 것처럼 보였다.

두 부류가 서로 전혀 다른 삶을 산다는 사실에 흥미를 느낀 가메지는 정신분열병 환자를 부모로 둔 자녀들을 상대로 새로운 연구를 진행했다. 연구 결과, 가메지는 놀랍게도 정신분열병 환자의 자녀 중 90%가 친구들과의 우호적인 관계, 학업 성취, 목적의식이 있는 삶의 목표 등을 토대로 정상적인 삶을 살고 있다는 사실을 발견했다. 가메지는 동료 임상의들에게 위험 요인에 대한 관심을 낮추되 '이런 아이들이 살아남고 적응하도록 만드는 힘'[5]이 무엇인지 좀 더 관심을 기울일 것을 요구했다. 가메지의 적극적인 관심 덕에 1970년대 초반에 심리적 회복력에 관한 연구가 구체화되기 시작했다.

심리적 회복력에 관한 연구가 시작된 초창기에 사회 심리학자들은 자신들이 연구하는 대상의 강인함과 불굴의 용기를 적극적으로 칭찬했다. 미디어와 언론은 '난공불락의 어린이' '슈퍼키드' '연약하지만 천하무적인 어린이'[6] 등의 문구를 채택해 이런 아이들이 비범한 대처 능력을 타고났다는 인상을 남겼다. 하지만 현실은 좀 더 미묘했다. 가메지의 제자인 앤 매스턴은 다음과 같이 기술했다.

회복력 연구를 통해 발견할 수 있는 매우 놀라운 사실은 이런 현상이 매우 평범하다는 것이다. 회복력은, 대부분의 경우, 인간이 지닌 기본적인 적응 시스템[7]의 작동 결과로 나타나는 평범한 현상인 것 같다.

매스턴은 인간이 갖고 있는 기본적인 적응 시스템을 적절히 보호하고 잘 활용하면 대다수의 아이들이 제아무리 힘든 역경이 닥치더라도 정상적으로 발달할 수 있다고 주장한다.

회복력은 비범한 슈퍼키드에게서 찾아볼 수 있는 것이 아니다. 회복력은 흔한 것이다. 바로 이런 이유 때문에 매스턴은 자신의 논문에 '평범한 마법Ordinary Magic'[8]이라는 제목을 붙였다.

그렇다면 심리학자들은 왜 인간이 선천적으로 회복력을 타고났다는 사실을 좀 더 적극적으로 받아들이지 않는 것일까? 심리학의 역사 그리고 역경과 트라우마에 대한 문화적인 반응에서 답을 찾을 수 있다.

회복력을 가진 사람들

1991년, 박사 과정을 마친 지 얼마 되지 않은 신참내기 임상 심리학자 조지 보나노George Bonanno는 UC 샌프란시스코에서 사별에 대해서 연구를 해보라는 제의를 받았다. 보나노는 트라우마와 사별 분야에서 몇 년간 연구를 하며 연구에 익숙해진 다음 좀 더 흥미로운 분야로 옮겨갈 생각으로 제의를 수락했다. 하지만 보나노는 정량 분석 자료가 턱없이 부족하다는 사실을 깨달았다.

보나노의 이야기를 들어보자. "좀 더 정확하게 접근해야 한다고 계속해서 주장했습니다. 연산 장치를 동원해 사람들의 분포를 계산하는 등 실증적으로 사람들을 추적하는 방식으로 장기적인 관점이 반영된 데이터를 활용해 작업을 해야만 했어요. 개념에 치중하는 오래된 모델로 인한 혼란에서 벗어날 수 있는 방법이 그것뿐이었습니다."

보나노는 20여 년간 연구를 하면서 사람들이 트라우마와 상실에 어떻게 대처하는지 연구하는 등 이런 유형의 실증적인 모델에 대부분의 시간을 할애했다. 그 결과는 모든 사람에게 놀라움을 안겨주었다. 그중에서도 보나노 자신이 연구 결과에 가장 큰 충격을 받았다.[9]

20세기에는 슬픔의 감정 자체를 프로이트 식 정신분석의 시각으로 바라봤다. 지그문트 프로이트는 슬픔이라는 감정을 '비애의 작업(제1차 세계대전이 한창일 때[10] 발표한 논문 '애도와 우울증'에서 소개한 표현)'이라고 표현했다. '비애의 작업'이란, 리비도가 이제는 더 이상 존재하지 않는 슬픔의 대상에서 분리되는 소모적인 과정을 뜻한다. 간단하게 설명하면, 프로이트는 고인에 관한 모든 기억을 처리하고 고인과의 심리적 거리를 만들어내지 못하면 결국 마음이 제 기능을 상실하고 신경증적인 행동이 표출된다는 이론을 세웠다.

프로이트의 연구를 이해하려면 먼저 어떤 상황 속에서 아이디어가 발전한 것인지 알아야 한다. 프로이트의 이론은 모집단에 대한 통계적 분석이 아니라 개개인에 대한 심층적인 관찰을 바탕으로 한다. 프로이트 이론에는 프로이트라는 한 개인의 생각이 반영되어 있을 뿐 아니라 제1차 세계대전이 진행되는 동안 많은 사람들이 트라우마를 겪고 상실을 경험했던 문화적 배경이 반영되어 있다.

프로이트의 이론에 등장하는 슬픔에 관한 아이디어는 상대적으로 초기 단계에 머물러 있었다. 프로이트의 추종자들이 프로이트 이론을 구성하는 다양한 요소들을 적절히 엮어내지 못했더라면 슬픔에 관한 이론이 더 이상 발달하지 못했을 수도 있다. 슬픔으로 고통받는 환자를 치료하는 정신분석가들은 프로이트의 아이디어에 대한 부연설명을 덧붙였고 이들의 재해석을 통해 '슬픔 치유'라는 개념이 서구 문화에 자리를 잡게 됐다. 이런 부류의 정신분석가 가운데 가장 영향력 있는 인물 중 한 사람이 미국의 정신과 의사 에리히 린데만Erich Lindemann이다. 1944년, 린데만은 인간이 느끼는 모든 슬픔은 연기되며, 그 과정에서 슬픔이 무의식 속에서 점차 악화되어 사람의 마음을 온통 파괴한다는 내용이 담긴 중요한 논문[11]을 발표했다. 린데만은 사별을 경험한 사람이 겉으로는 잘 이겨내는 것처럼 보이더라도 언젠가 지연된 슬픔이 찾아와 그 사람을 괴롭히게 된다고 믿었다.

이와 같은 슬픔 치유 원칙들이 자리를 잡자 다양한 단계 모형이 등장하기 시작했다. 그중에서 가장 유명한 것이 '부인, 분노, 타협, 절망, 수용'으로 이뤄진 엘리자베스 퀴블러 로스Elisabeth Kubler-Ross의 애도 5단계이다. 사람들은 흔히 퀴블러 로스가 제안한 5단계[12]가 모든 유형의 슬픔에 적용된다고 생각한다. 하지만 퀴블러 로스는 말기암으로 고통 받으며 다른 사람의 죽음이 아닌 자신의 죽음을 받아들이려 노력하는 사람들의 반응을 토대로 5단계를 개발했다. 퀴블러 로스는 다른 누군가를 잃고 슬퍼하거나 다른 유형의 트라우마를 경험한 사람들을 상대로 이 모형을 시험하지 않았다.

요컨대, 20세기 말경까지만 하더라도 슬픔을 느끼는 과정과 관련된 서양의 문화적 가정을 살펴보기 위한 양적 연구가 거의 전무했던 셈이다. 슬픔에 관한 하나의 개념 모형이 존재했을 뿐 그 개념 모형에서 벗어난 인간 경험에 관한 틀은 일종의 배신으로 여겨졌다.

이것이 바로 1990년대 초에 UC 샌프란시스코의 제의를 수락한 후 조지 보나노가 맞닥뜨린 세상의 실제 모습이었다. 오직 프로이트의 이론만을 활용한 과거의 정신분석가들과 달리 보나노는 비단 개개인뿐 아니라 다수의 사람들이 어떤 식으로 슬픔과 트라우마를 표출하는지 분석하고자 했다. 해양 생물학자들이 산호초의 변화를 초래하는 사건을 관찰한 것과 마찬가지로 보나노도 짧지만 강렬한 충격이 발생했을 때 사람들이 심리적으로 어떤 반응을 보이는지 관찰하고 싶었다. 충격적인 사건으로 인해 일상적인 정신 상태에서 벗어나 극단적인 정신 상태에 빠져들게 되면 어떤 일이 벌어질지 궁금해졌던 것이다.

2002년, 보나노는 질문에 대한 답을 찾기 위해 미시건 대학교에서 진행 중인 '노년의 부부를 위한 인생 변화 프로젝트Changing Lives of Older Couples, CLOC'[13]에 참여했다. 연구팀은 약 10년에 걸쳐 디트로이트에 거주하는 1천 5백 명의 기혼자를 인터뷰했다. 보나노는 배우자를 잃은 후 심리적인 회복력을 보여준 참가자를 찾아내고자 했다.

보나노가 찾고자 했던 대상은 사랑하는 사람이 사망했을 때에도 전혀 영향을 받지 않거나 슬픔을 느끼지 못하는 사람이 아니었다. 보나노는 연구를 통해 얼마나 많은 사람들이 실제로 연기된 슬픔, 부인, 애도라는 이론적 단계(사별에 대한 서구의 문화적 이해는 대부분 이런 요소를 바탕으로 한다)를 경험하는지 확인하고자 했다.

보나노는 의문을 해소하기 위해 프로젝트 참가자 중 연구 진행 기간 동안 배우자를 잃은 사람들을 찾아내야 했다. 사별한 사람을 추려내자 맨 처음에 1천 5백 명에 달했던 참가자의 숫자가 205명으로 줄어들었다. 보나노는 사별을 경험하기 전에 진행한 인터뷰에서 수집한 자료를 보강하기 위해 연구 참가자가 사별을 경험한 후에 또다시 여러 차례에 걸쳐 인터뷰를 진행했다. 보나노는 인터뷰 내용을 토대로 사별한 사람들의 반응을 ① 만성적인 우울, ② 만성적인 슬픔, ③ 우울-개선, ④ 슬픔으로부터 회복, ⑤ 회복력 등 5개의 패턴으로 나눴다. 각 패턴의 이름에서 유추할 수 있듯이 만성적인 우울 집단은 사별을 경험하기 이전부터 이후까지 줄

곧 우울한 감정에 사로잡혀 있다. 만성적인 슬픔 집단은 사별을 겪기 전에는 별 문제 없이 생활한다. 하지만 사별을 경험한 직후부터 슬픔에 사로잡혀 무기력해지며 사별 후 몇 년이 지나도 이런 현상이 지속된다. 우울-개선 집단은 사별을 경험하기 전에는 우울감을 느끼지만 배우자가 세상을 떠난 후에는 우울감이 개선된다. 슬픔으로부터 회복하는 집단은 갈망, 충격, 불안 같은 감정을 경험하지만 시간이 흐르면 이런 감정이 가라앉는다. 마지막으로, 회복력 집단은 사별 직후 그리고 몇 년이 흐른 후에도 심각한 트라우마를 겪지 않는다.

보나노는 이런 패턴이 나타났다는 사실 자체가 놀랍다고 생각하지는 않았다. 보나노를 놀라게 만든 것은 5개의 패턴이 상대적으로 고루 분포[14]되어 있다는 점이었다. 프로이트의 학설이 옳다면 적절한 슬픔 치유 과정이 없으면 사별을 겪은 모든 사람에게서 문제가 발생하게 된다. 하지만 만성적인 슬픔이나 우울증으로 고통을 겪은 사람은 프로젝트 참가자 중 25%에 불과했다. 그뿐만 아니라 연기된 슬픔을 드러내 보이는 참가자의 숫자는 통계 결과에서 의미를 부여하기 힘들 정도로 적었다(3.9%). 나머지 참가자들을 살펴보면, 배우자의 사망 후 슬퍼하는 참가자 중 20%는 혼자의 힘으로 슬픔을 이겨내며 45.9%는 심신이 망가질 정도의 슬픔을 느끼지 않았다. 보나노는 전체 참가자 중 절반에 이르는 이 집단을 일컬어 '회복력을 갖고 있다'고 표현했다.

다시 한 번 설명하지만, 보나노는 감정의 부족, 혹은 슬픔의 부재를 회복력으로 정의한 것이 아니다. 보나노는 중요한 목적의식, 의미, 트라우마를 겪은 후 앞으로 나아가고자 하는 추진력 등을 갖고 한 개인으로서 제 기능을 하는 사람들을 일컬어 '회복력'을 갖고 있다고 표현했다.(필자들은 '회복력'을 '급격하게 변하는 환경 하에서 핵심적인 목적과 완전성을 유지하는 시스템, 기업, 개인의 능력'이라고 정의한다. 보나노의 정의 역시 필자들이 내린 정의와 유사하다) 물론 회복력을 갖고 있는 부류의 사람들도 사별 후 강렬한 슬픔을 느끼며 중대한 인생의 변화를 헤쳐나가는 데 어려움을 느낀다. 하지만 이런 부류의 참가자들은 슬픔의 단계를 차례로 겪거나 프로이트 식 슬픔 치유에 실패했을 때 발생하는 부정적인 결과를 겪지 않고 앞으로 나아갔다.(이들은 배우자가 세상을 떠났다는 현실에 적응했으며 심지어 사별을 통해 한 단계 성장하는 모습도 보였다) 한마디로 말해서, 이들은 슬픔을 겪은 후 다시 회복했던 것이다.

자연재해나 테러공격 같은 끔찍한 사건이 발생한 후에도 동일한 패턴이 발견된다. 각각의 패턴을 갖고 있는 사람의 비율도 비슷하다. 2001년 9월 11일에 세계무역센터가 공격을 받은 후, 보나노와 연구팀은 다양한 부류의 뉴욕 시민들을[15] 상대로 대규모 조사를 벌였다. 가장 큰 어려움을 호소한 부류는 당연하게도 테러 공격 현장을 직접 목격한 사람과 사랑하는 사람을 잃은 사람이었다. 보나노는 무작위로 추출한 그룹보다 이런 부류의 사람들에게서 외상 후 스트레스 장애 발생 빈도가 높게 나타나지만 외상 후 스트레스를 겪는 사람이 전체의 3분의 1을 넘지 않는다는 사실을 발견했다.(무작위로 추출한 사람들의 경우 약 30%에서 외상 후 스트레스 장애가 확인됐다)

보나노는 자연재해, 사스SARS, 자녀나 배우자의 사망 등을 경험한 사람들을 연구하는 등 사망과 트라우마[16]를 주제로 여러 차례 종적 연구를 진행한 결과 동일한 패턴을 발견했다. 사건 자체가 아무리 충격적이더라도 외상 후 스트레스 장애가 발생하는 빈도는 3분의 1을 넘지 않았다. 또한 어떤 경우든 전체 모집단의 3분의 1 이상 3분의 2 이하에 해당되는 사람들에게서 회복력이 관찰되었다.

"어디에서나 이런 패턴을 찾아볼 수 있습니다. 매우 일관성 있지요. 그러니 이렇게 질문을 던져볼 만합니다. 하나의 종으로서 우리 인간은 왜 이런 식으로 설계되었을까요?"

짐작 가능한 첫 번째 답변은, '이런 식으로 설계되어 있어야 규모가 상당한 소수집단, 혹은 과반수 이상을 차지하는 다수집단이 트라우마로 인해 심각한 피해를 입은 사람들을 돌볼 수 있기 때문'이라는 것이다.

개인의 회복력은 수많은 요소와 상관관계가 있다. 모든 요소를 하나하나 살펴보는 것은 불가능하지만 그중에서도 특히 중요한 몇 가지 요소를 간략하게 살펴보자. 다양한 요인 가운데서도 낙관주의, 자신감 등 타고난 성격 특성이 스트레스 요인으로부터 보호해주는 역할을 한다. 링필드 고아원의 벨라와 잭을 생각해보자. 모스코비츠의 연구에 의하면, 벨라와 잭은 고아원에서 어른들의 마음을 사로잡고 자신의 입장을 적극적으로 표현했다. 이런 태도는 고아원 직원과 입양가정과의 관계에서 긍정적인 고리를 만들어내는 역할을 했다. 또한 긍정적인 고리가 형성되자 사람들은 더욱 관심을 갖고 벨라와 잭을 돌봤다. 이와 같은 자아 회복력(역경을 극복하거나 이겨나가거나 역경으로부터 회복하는 능력)이 처음 언급된 것은 1968년이다. 당시, 발달 심리학자 잭 블락Jack Block과 잔 블락Jeanne Block이 30년이 넘는 기간 동안 백 명에 달하는 성인의 삶을 기록한 저명한 종적 연구[17]에서 자아 회복력을 처음 언급했다. 블락은 자아 회복력과 더불어 자아 통제(미래의 목표를 위해 만족을 연기하는 능력)라 부르는 특징을 측정했다. 자아 회복력을 갖고 있으며 자아 통제를 할 줄 아는 사람들은 다양한 환경에 좀 더 유연하게 대처하고 난관에 봉착했을 때에도 좀 더 효과적으로 문제를 해결했다.

이와 같은 성격적인 특성은 인지적으로 상황을 재평가하고 감정을 조절할 수 있도록 도와주는 신념체계에 뿌리를 두고 있다. 또한 이 같은 신념체계는 인생을 살면서 경험하는 골치 아픈 일을 삶의 자양분으로 바꾸는 데 도움이 된다. 사회 심리학자들은 인간이 갖고 있는 이 같은 성격 특성을 일컬어 '강건함hardiness'[18]이라고 표현한다. 강건함은 ① 삶에서 의미 있는 목적을 발견할 수 있다는 믿음, ② 개인이 자신을 둘러싼 주위 환경 및 사건의 결과에 영향을 미칠 수 있다는 믿음, ③ 긍정적인 경험 및 부정적인 경험이 학습과 성장으로 이어진다는 믿음을 바탕으로 한다. 이러한 점을 고려하면, 종교를 갖고 있는 사람들에게서 한층 강력한 회복력이 관찰된다는 사실이이 전혀 놀랍지 않다.

심리학자 케네스 파거먼트Kenneth Pargament는 종교와 회복력[19] 간의 관계를 연구하는 데 많은 노력을 쏟아부었다. 지역사회는 지지 그룹에 참여할 수 있는 기회, 재정적·사회적으로 곤경에 처한 사람들을 위한 대처 방안 등 다양한 혜택을 제공한다. 하지만 파거먼트는 종교 생활을 하면 지역사회가 주는 혜택도 누리고 신에게 기도도 할 수 있다는 데에 종교의 진정한 힘이 숨어 있다고 설명한다. 파거먼트는 세속적인 대처 메커니즘과 종교적인 대처 메커니즘을 구분 짓는다. 후자의 경우, 협력 관계를 구축하거나 통제 권한을 완전히 양도하는 방식을 통해 신과 직접적으로 협력을 하게 된다. 인류학자 클리포드 기어츠Clifford Geertz는 '문화 시스템으로서의 종교'[20]라는 중요한 글에서 다음과 같이 기술했다.

일부 실증적 사건에 내재된 기이한 불투명성, 극심하고 가차 없는 고통 뒤에 숨겨져 있는 아연한 몰상식, 불가사의할 정도로 총체적인 부당함 등을 떠올려 보면 이 세상에, 이 세상에서 살아가는 인간의 삶에, 참된 질서라는 것이 아예 없을지도 모른다는 의구심이 생긴다. 실증적 규칙성도 없고, 감정적 형태도 없고, 도덕적 일관성도 없는 것이다. 이런 의구심에 대한 종교적인 반응은 언제나 똑같다. 종교는 언제나 기호를 이용해 참된 질서의 이미지를 만들어낸다. 종교가 만들어낸 참된 질서의 이미지는 인간이 인지하는 모호성, 수수께끼, 인간이 경험하는 역설을 설명하며 심지어 찬양하기도 한다. 이 같은 노력을 기울이는 목적은 부인할 수 없는 것(설명되지 않는 사건이 실제로 존재한다거나 인생은 고통스럽다거나 비가 내린 바로 그 자리에 또다시 비가 내린다는 진실)을 부인하려는 게 아니다. 불가해한 사건이 존재하며 인생은 견디기 힘들고 정의는 신기루라는 생각을 부인하고자 이렇듯 노력하는 것이다.

종교적 신념(혹은 좀 더 광범위하게 표현하면 개인의 정신적 우주론)과 회복력 간의 관계는 종교적 믿음을 무신론적으로 비판하는 사람들에게 흥미로운 답안을 제시한다. 이런 믿음은 사실일 수도 있고 그렇지 않을 수도 있다. 하지만 이런 믿음에 적응성이 있는 것은 아니다. 종교적 신념이 지속되고 번성하는 이유는 내세에서 영혼이 지속될 것이라는 종교의 약속 때문이 아니다. 사람들이 계속해서 종교를 믿는 이유는 종교가 신앙을 갖고 있는 사람들에게 심리적 회복력을 발휘할 수 있는 방법을 제시하기 때문이다.

물론 종교를 갖고 있는 사람들 외에도 높은 수준의 회복력을 발휘하는 사람들이 있다. 문화적인 정체성도 회복력에 지대한 영향을 미친다. 어떤 기준으로 보건 심각한 위험에 처해 있는 히스패닉계 사람들의 경우, 히스패닉 유산[21]에 깊은 애착을 느끼는 부류가 그렇지 않은 부류에 비해 좀 더 건강한 것으로 밝혀졌다. 이 같은 연구 결과는 어떤 문화에 소속되어 있으며 자신이 소속된 집단에 강한 충성심을 갖고 있는 구성원이 개인의 차원에서 한층 뛰어난 회복력을 발휘한다는 것을 시사한다. 뒷부분에서 협력에 관한 내용을 다룰 때 이 주제를 좀 더 심층적으로 짚고 넘어갈 생각이다.

활발하게 기능하는 사회 연결망(친구, 가족, 종교 단체, 지역사회 관련 단체, 만족스러운 일자리, 정부 지원 및 각종 자원의 활용 가능성) 역시 역경을 겪은 사람의 회복 능력에 영향을 미친다. 2001년, 에미 베르너Emmy E. Werner와 루스 스미스Ruth S. Smith가 40년에 걸쳐 진행한 중대한 종적 연구 결과를 발표했다.[22] 두 사람은 빈곤, 가정불화, 스트레스가 많은 태아기 환경 등 다양한 위험 요인을 지닌 하와이의 7백여 명의 어린이를 추적 연구했다. 베르너와 스미스는 이 연구를 통해 사회 요인(지역사회 내에 존재하는 본받을 만한 성인 역할 모델)이 역경의 부정적인 영향을 흡수하며 위험군에 속하는 인구 중 50~80%에게서 긍정적 결과가 도출될 수 있도록 기여한다는 결론을 내렸다. 2000년에는 콜리지 파크에 위치한 메릴랜드 대학 연구진[23]이 사회적 자원(힘이 되는 사제 관계, 체계적으로 조직된 다양한 과외 활동 등)에 대한 접근성과 높은 학업 성취도 간에 상관관계가 있다는 연구 결과를 내놓았다. 반면, 이들은 연구를 통해 표준화된 시험을 치를 경우 폭력(주로 가정이나 동네에서 발생)에 노출된 아동들의 수학 및 읽기 점수가 상당히 낮다는 사실을 발견했다.

사회적 자원은 사회 연결망이 원활하게 돌아가도록 바퀴에 바르는 윤활유와 같다. 일련의 연구를 통해 사회 연결망이 인간의 생리에도 영향을 미친다는 사실이 밝혀졌다. 카네기 멜론 대학교의 심리학자 사라 프레스먼Sarah Pressman과 셸던 코엔Sheldon Cohen[24]은 대학 신입생들이 속해 있는 사회 연결망의 규모가 클수록 독감 예방주사에 좀 더 강력한 면역반응을 보인다는 사실을 발견했다. 반면 프린스턴 대학의 알렉시스 스트라나한Alexis Stranahan, 데이비드 칼릴David Khalil, 엘리자베스 굴드Elizabeth Gould[25]는 사회적으로 고립되면 운동의 물리적 효용이 약화된다는 정반대의 사실을 발견했다. 사회적으로 고립된 쥐는 혼자서 쳇바퀴를 돌리기 때문에 무리를 지어 사는 쥐에 비해 새로운 신경 세포를 많이 만들어내지 못하고 신경계의 연결성도 떨어지는 편이다. 사회적 고립은 심리적 행복을 저해하는 데서 그치지 않고 세포 차원에서 흔적을 남기는 듯하다.

지금까지 언급한 내용을 비롯해 개인의 회복력과 관련된 수많은 요인들은 우리의 믿음과 경험에 뿌리를 두고 있다. 현명한 멘토의 도움, 활발한 운동, 녹지 공간 접근성, 특히 풍요로운 신앙 관계 등, 회복력의 원천이 무엇이건 개개인의 회복력 습관은 결국 마음의 습관이다. 다시 말해서 회복력은 적절한 자원이 확보되기만 하면 얼마든지 발전시키고 변화시킬 수 있는 습관인 것이다.

이 같은 사실은 개인의 회복력과 관련해 상대적으로 저평가되어 있는 또 다른 측면, 즉 유전적인 부분을 떠올리게 만든다. 지난 10년 동안 과학계는 인간 게놈을 배열하기 위해 많은 노력을 기울여왔다. 인간 게놈 프로젝트가 진행되는 동안 사람들은 가까운 미래에 과학자들이 우울증 유전자, 알코올 중독 유전자 등 바람직하지 않은 특징을 발현시키는 유발 인자를 찾아낼 수 있을 것이라는 기대를 품었다. 하지만 지금은 행동 유전학에 대한 이해 수준이 한층 높아졌다. 사람들은 유전자, 개인적인 경험, 환경 내의 유발인자 간의 역동적인 상호작용이 성격적인 특성 및 행동의 발현에 영향을 미친다는 사실을 잘 알고 있다. 행동 유전학자들은 이런 현상을 일컬어 '유전과 환경의 상호작용'이라 칭한다.

약 35년 전, 뉴질랜드 더니든에 위치한 오타고 대학 연구진[26]은 뉴질랜드 각지에 살고 있는 천 명 이상의 유아를 상대로 종적 연구를 시작했다. 연구진은 2년에 한 번씩 아이들의 다양한 생활 요인을 평가했다. 보나노가 참여한 노년의 부부를 위한 인생 변화 연구의 경우와 마찬가지로 뉴질랜드의 유아에 관한 데이터 세트는 집단 연구를 진행하는 행동 과학자들에게 노다지를 안겨줬다. 2003년, 테리 모핏Terrie E. Moffitt은 자신의 남편이자 공동 연구원인 아브샬롬 카스피Avshalom Caspi와 함께 오타고 대학의 연구 데이터를 활용해 5-HTT(다양한 기분장애에 영향을 미치는 신경전달물질인 세로토닌의 전달을 조절하는 유전자)라는 이름의 유전자[27]가 미치는 영향을 조사했다.(프로작, 졸로프트 등의 항우울제는 세로토닌 분비를 늘리고 두뇌에서 신경 신호를 전달하는 세로토닌의 역할을 강화하는 역할을 한다)

5-HTT 유전자에는 대립유전자라 불리는 두 개의 대립형질 유전자가 있다. 각각의 대립유전자는 인간을 비롯한 다양한 종에서 길거나 짧은 형태로 존재한다. 쥐와 원숭이[28]를 대상으로 한 과거의 연구를 통해 두 개의 긴 5-HTT 대립유전자를 갖고 있는 동물은 그렇지 않은 동물(대립유전자가 둘 다 짧거나, 하나는 짧고 하나는 긴 경우)에 비해 스트레스가 심한 상황에 좀 더 잘 대처한다는 사실이 밝혀졌다. 짧은 대립유전자 두 개를 갖고 있는 쥐는 그렇지 않은 쥐에 비해 시끄러운 소리를 들었을 때 좀 더 두려움을 많이 느꼈으며, 짧은 대립유전자 두 개를 갖고 있으며 스트레스가 많은 환경에서 양육된 원숭이는 세로토닌 전달과 관련된 문제를 보였다.

모핏과 카스피는 같은 시기에 뉴질랜드에서 태어난 사람들에게서 이 유전자가 어떻게 분포되어 있는지 호기심을 느꼈고 그중 847명이 가족 구성원의 사망, 실업, 연인과의 이별 등 스트레스가 많은 상황에서 어떤 반응을 보이는지 분석했다. 최근에 스트레스가 많은 사건을 경험한 연구대상을 상대로 분석을 진행한 결과, 두 개의 짧은 대립유전자를 가진 사람 중 43%가 우울증을 경험한 반면 한두 개의 긴 대립유전자를 가진 사람 중 우울증을 경험한 사람은 17%에 불과했다. 모핏과 카스피는 5-HTT의 긴 대립유전자는 완충장치의 역할을 하는 반면 짧은 대립유전자는 역경을 겪은 사람을 더욱 연약하게 만든다고 결론 내렸다. 하지만 두 사람은 환경적인 유발 요인이 없는 경우에는 짧은 대립유전자와 긴 대립유전자 간의 차이가 사람의 인생에 별다른 영향을 미치지 않을 것이라고 짐작했다.

유전학자들은 이와 같은 이론을 일컬어 '스트레스 소질' 혹은 '유전적 취약성'이라고 표현한다. 만일 충격의 강도가 크거나 스트레스가 큰 생활 사건에 직면하게 될 경우(과학자들은 이와 같은 상황을 가정한다는 점을 강조한다), 일부 유전자 변종으로 인해 우울증, 불안, 비사교적이거나 반사회적인 행동 등 기타 병리적 현상이 발현될 가능성이 높아진다는 이론이다. 모핏과 카스피는 우울증 유전자의 존재를 명확하게 밝혀내지 못했지만 실증적 분석을 통해 유전과 환경의 상호작용으로 인해 우울증에 취약한 성질을 갖게 될 수도 있음을 증명해 보였다.

신경증적 성향, 우울증과 같은 성격적 특징과 5-HTT 유전자 변종 간의 상관관계에 대한 이후의 메타 분석(이미 진행된 연구를 활용해 또다시 연구를 진행하는 방식) 결과는 복합적이었다. (기반이 되는 여러 연구에 각기 다른 방법이 사용되었기 때문에 메타 분석 결과가 복합적으로 나타난 것으로 보인다.) 메타 분석 결과가 복합적이라는 것은 곧 둘 사이의 상관관계가 예상보다 작을 수도 있다[29]는 뜻이다. 하지만 5-HTT와 구체적인 특성(예: 낙관주의, 행복)[30] 사이에 존재하는 지속적인 상관관계를 찾아내기 위한 연구가 계속되고 있다. 이는 곧 긴 대립유전자 변종과 짧은 대립유전자 변종이 이 세상의 수많은 벌과 레아가 잭이나 벨라와는 다른 삶을 살도록 만드는 수많은 숨겨진 인자 가운데 하나일 수도 있음을 시사한다.

그렇다면 우리는 어떻게 해야 할까? 과학적인 관점에서 보면 회복력에 영향을 미치는 유전적 요인은 분명히 존재한다. 하지만 유전적인 요인과 회복력 간의 관계를 안다고 한들 보나노의 연구에 등장하는 트라우마로 고통받는 사람들에게 도움을 줄 방법은 아직 나오지 못했다. 결국, 사람은 자신의 유전자를 통제할 수 없을 뿐만 아니라 설사 유전자를 통제할 수 있다 하더라도 어떤 유발인자가 아직 검증되지 않은 취약성이 발현되도록 하는지 확실히 장담할 수도 없다.

트라우마 치료를 위해 흔히 사용되는 방법은 약물 개입과 집중 치료이다. 약물 개입과 집중 치료는 중요한 도구이다. 치료를 위해 약물 개입과 집중 치료가 반드시 필요한 경우도 많고, 우리도 약물 개입과 집중 치료를 적절히 활용하는 것이 좋다고 믿고 있다. 하지만 모든 사람이 이 방법을 활용할 수 있는 것은 아니다. 재정적인 문제가 있을 수도 있고 물리적인 접근 자체가 힘들 수도 있다. 어떤 상황에서건 약물 개입과 집중 치료가 무조건 최적의 방안이라고 볼 수도 없다. 다른 개입방법을 사용할 필요가 아예 없을 때 약물 개입과 집중 치료를 활용하는 것이 좋다고 해두는 편이 나을 것 같다.

최근 신경 과학 분야에서 다른 유형의 개입을 보완하는 역할을 하는 어떤 도구의 효능이 밝혀졌다. 그 도구는 언제 어디서든 휴대가 가능하고, 학습 가능하며, 공짜인 데다, 2000년이 넘는 긴 세월 동안 시장에서 검증을 받았다. 그 도구는 다름 아닌 마음수양을 위한 명상이다.

감정과 회복력

명상이라는 도구를 어떻게 활용할지 살펴보기 전에 먼저 감정을 품는 방식을 약간 수정할 필요가 있겠다. 대다수의 사람들에게 감정은 자신의 의지와 관계없이 생겨나는 것이다. 행복한 기분으로 하루를 보내다가 사소한 사회적 불평등이나 짜증스러운 일을 겪은 후 갑작스레 분노를 느낄 수도 있다. 갑작스레 마음이 상하는 것이다. 사건과 감정 간의 관계는 하나의 인과 관계이다. 눈앞에 닥친 사건으로 인해 특정한 방식의 감정을 갖게 되는 것이다. 이런 상황에서는 그 어떤 것도 선택할 수 없는 것처럼 느껴진다. 감정이 슬금슬금 파고드는 경우도 있다. 하지만 이번에도 역시 개인의 의지와는 상관없다. 아침에 밝고 즐거운 기분으로 자리에서 일어났지만 하루를 보내는 동안 서서히 슬픔이 찾아드는 경우도 있다. 이런 것들, 즉 인간의 감정은 제멋대로 움직이는 것처럼 느껴진다. 어떤 감정이 생겨나면 통제하기가 힘들게 느껴지는 것이다.

마음수양과 관심을 연구하는 학자들은 조금 다른 방식으로 감정을 갖는 경우가 많다. 이들은 감정이 자신에게 저절로 생겨나는 것이라고 생각하지 않는다. 대신, 이들은 감정이 일종의 정신적인 화폐의 형태(물론 비유적인 표현이다)로 인간의 마음속에 비축되어 있다고 생각한다. 비축되어 있는 돈을 모두 써버리면, 다시 말해서 외부 환경에서 비롯된 모든 방해 요소에 관심을 써버리면 잔고가 텅 비게 된다. 이런 지경이 되면 피로감이 몰려오며, 좀 더 심각한 경우에는 분노, 낙담 등의 부정적인 감정이 소용돌이친다. 반면 훈련을 통해 감정 금고에서 마구 감정을 빼내지 않도록 주의하고 신중하고 계획적인 방식으로 감정을 활용할 수도 있다.

마음수양 명상 훈련을 하면 이런 식으로 감정을 꺼내 쓸 수 있게 된다. 또한 좀 더 체계적으로 감정을 통제할 수 있게 된다. 명상 훈련 중 일부는 동양의 종교(구체적으로 이야기하면 불교)에서 비롯된 것이다. 하지만 이 책에서 명상에 관한 이야기를 소개하는 것은 완전히 세속적인 목적 때문이다. 명상, 마음수양, 의식 강화 등의 도구가 회복력 훈련에 도움이 된다는 것이 이미 증명되었다. 선천적인 특징, 유전적인 요소, 사회적 자원 등에 의존하는 다른 도구와 달리 이런 훈련방식은 훈련을 하는 개개인이 전적으로 통제할 수 있다.

명상을 하는 방식은 수없이 많다. 따라서 지금부터 제시할 사례들은 결코 모든 요소를 고려한 완벽한 것이 아니다. 하지만 이 책에서 다룰 명상 사례들은 인간의 두뇌가 관심을 조절하는 다양한 방식을 논의하는 데 도움이 되는 틀을 제시한다. 명상 전문가들은 서로 다른 특징을 갖고 있는 집중방식과 개방형 관찰방식을 주로 언급한다. 집중 명상방식하에서는 집중해야 할 특정한 대상에 관심을 집중시킨다. 그 외의 다른 생각과 감각이 생겨나면 아예 관심을 기울이지 않고 그대로 흘러가도록 내버려둔 다음 다시 맨 처음 선택한 대상에 관심을 집중한다. 이 과정(차후에 이 과정을 '거리두기'라고 표현할 것이다)을 통해 내면에 자리 잡고 있는 목격자의 존재가 강화된다. 또한 이런 훈련을 통해 주변 환경에서 한 걸음 물러서서 불필요한 관계를 끊고 자신이 선택한 대상에 집중할 수 있다.

반면 개방형 관찰방식하에서는 특정 대상에 관심을 집중시키지 않고 모든 감각 경험을 지속적으로 자각하는 훈련을 한다. 개방형 관찰(차후에 이 과정을 '주의 기울이기'라고 표현할 것이다)의 특징은 환경 내에 존재하는 자극 요인에 대해 아무런 평가도 하지 않고 있는 그대로 자각하는 것이다.

개인의 회복력에 중요한 역할을 하는 제3의 명상 방법도 있다. 흔히 '자애'라고 불리는 제3의 명상 방법은 자비심을 갖고 명상을 하는 방법이다. 다시 말해서 명상을 통해 공감 능력을 키우는 방식이다. 처음에는 사랑하는 대상에 집중하다가 차츰 관심의 범위를 넓혀 모든 생명체에 연민을 갖는 기법이다. 명상 전문가들을 따라 이런 식으로 수행하면 측두정엽(두뇌에서 공감을 담당하는 중요한 부분)뿐 아니라 섬엽(측두엽에 위치하며 감정을 몸으로 표현하는 기능을 담당)에서 중요한 활동이 일어난다. 다른 명상 기법과 더불어 세 번째 명상 기법에 사람들의 관심을 유도하는 데 중요한 역할을 한 사람이 있다. 이 사람은 명상 기술에 과학적으로 접근해 명상이 두뇌의 화학 작용을 급격하게 변화시킨다는 사실을 학계에 알렸다.

신경 과학자 리처드 데이비슨Richard Davidson은 키가 크고 호리호리하다. 얼핏 그는 약간 헝클어진 머리에 팔꿈치가 스웨이드로 덧대어진 재킷을 입고 있는 대학원생처럼 보이기도 한다. 하지만 데이비슨의 실제 나이는 예순 살이다. 데이비슨은 유명한 과학자로 마음수양 명상에도 열성적이다. 하버드 대학에 재학 중이던 1970년대에 데이비슨은 명상에 관한 각종 연구를 심리학 및 신경 과학을 주제로 하는 졸업 논문에 반영하기로 마음먹었다.

"지도 교수님들을 찾아가 이런 이야기를 했더니 명상에 관심을 쏟는다면 그 어떤 일도 하기 힘들 거라고 잔소리를 늘어놓더군요. 그분들은 내가 결코 제대로 된 과학자 대접을 받지 못할 거라고 생각하셨습니다."

하지만 데이비슨은 자신이 원하는 연구를 접어두기는커녕 1974년에 인도로 여행을 떠나 인생을 바꿔놓을 만한 경험을 했다. 데이비슨은 명상 센터에서 명상하는 법을 익힌 후 하버드로 돌아와 생물 심리학 박사 학위를 받았다. 박사 학위를 받은 이후부터 데이비슨은 줄곧 위스콘신 대학교 메디슨 캠퍼스에서 연구를 하고 있다. 데이비슨은 현재 웨이즈먼 두뇌 영상 실험실과 건강한 마음 연구 센터를 이끌어나가고 있다.

학자로서 데이비슨이 걸어온 여정을 살펴보면 조지 보나노와 닮은 점이 많다. 1990년대 이전에는 데이비슨의 전공 분야인 심리학 자체가 부정적인 감정에 치중되어 있었고, 심리학 연구 역시 두려움, 불안, 혐오감 등으로 치우쳐 있었다. 하지만 데이비슨은 친절, 연민 등 긍정적인 감정에 많은 관심을 가졌다.

"이삼십 년 전에는 학계에서 연민에 전혀 관심을 갖지 않았습니다. 하지만 인간과 그 외 영장류의 행동을 보면 연민을 관찰할 수 있습니다. 연민은 인간이라는 존재에 없어서는 안 되는 요소입니다. 그 같은 사실을 깊이 파고들지 않으려 하니 연구 자체가 매우 제한적이었습니다."

1992년, 달라이 라마는 명상 경험이 풍부한 승려를 만나러 오라며 데이비슨을 인도로 초청했다. 달라이 라마의 인도 초청을 시작으로 데이비슨의 실험실과 티베트 불교 승려(명상 수행에서는 금메달감이라 해도 과언이 아니다)들은 오랜 기간에 걸쳐 유익한 방식으로 협력하게 됐다. 양측의 협력이 시작된 후 지금까지도 티베트 불교 승려들은 주기적으로 메디슨으로 날아가 데이비슨을 방문하고 실험에 참가한다.

2002년 6월, 카트만두 인근에 위치한 세첸 수도원에서 수도하는 승려 마티유 리카르Matthieu Ricard가 데이비슨의 실험실에 들어섰다. 리카르는 수만 시간 동안 명상에 전념해온 마음수양 전문가이고, 프랑스 파스퇴르 대학에서 분자 유전학 박사 학위를 취득한 과학자이며 프랑스의 유명 철학자 장 프랑수아 레벨Jean-Francois Revel의 아들이기도 하다. 리카르는 매우 다양한 분야에서 활동해온 덕에 데이비슨 실험실의 과학자들과 자신이 속해 있는 승려 집단을 비롯해 명상 기술을 직접 수행하는 사람들 사이에서 대화가 원활하게 진행될 수 있도록 도와주었다.

리카르는 기능적 자기공명영상을 촬영하는 동안 조건 없는 자애와 연민에 대해 생각해달라는 부탁을 받았다. 명상이 두뇌에 미치는 영향을 분석하기 위해 기능적 자기공명영상 기기를 사용한 최초의 실험이었다. 데이비슨과 동료 연구진은 리카르의 뇌를 촬영하면서 경외심에 사로잡혔다. 리카르의 뇌파가 초당 약 40파동 정도로 진동하기 시작했다. 감마 활동이 활발하다는 뜻이었다. 감마파(인지 활동과 같은 정신 활동이 최고조에 달했을 때 나타나는 파장)는 포착하기가 쉽지 않다. 하지만 리카르의 경우에는 감마파의 활동이 두드러졌을 뿐만 아니라 데이비슨과 연구진[31]은 뇌파 검사 결과 리카르의 피질 전체에서 파동이 동기화되어 있다는 사실을 발견했다. 이런 현상은 마취 상태의 환자에게서 흔히 관찰된다. 따라서 리카르에게는 마취제 도움 없이 생각을 조정하는 것만으로도 고통의 감각을 차단하는 능력이 있다고 추정된다.

다시 한 번 강조하자면, 리카르의 두뇌는 결코 평범하지 않다. 리카르는 수십 년 동안 열심히 훈련을 해왔다. 이두박근을 강화하기로 결심한 보디빌더처럼 리카르를 비롯한 티베트 불교 승려들은 명상 수행을 통해 의식적인 사고를 의도적으로 수정하는 데 많은 시간을 할애한다. 데이비슨과 연구진이 찾아낸 결과를 보면 승려들의 두뇌 생리학 및 행동에 명확한 변화가 생겼음을 확인할 수 있다. 만 시간 이상 명상을 한 승려들의 경우, 변연계가 매우 활성화되어 있었다. 이는 곧 공감을 중시하는 태도를 반영하기 위해 두뇌가 변화했다는 뜻이다. 데이비슨과 연구진은 명상 수행을 하지 않고 있을 때조차 승려들의 기본적인 두뇌 활동이 평범하지 않다는 사실도 발견했다. 명상을 통한 뇌의 변화가 영구적이었던 것이다.

오랫동안 두뇌를 변화시키는 명상의 힘을 확인하고 싶었던[32] 데이비슨은 이 연구를 통해 실제로 명상에 그런 힘이 있다는 것을 실증적으로 입증해 보였다. 최근까지만 하더라도 대개 일단 성인기에 접어들고 나면 기질 변화가 상대적으로 없는 편이라는 취지로 기질에 대한 심리 연구가 진행되었다. 심리학자들은 개개인이 겁쟁이, 화를 잘 내는 사람, 수줍음이 많은 사람 중 어떤 유형으로 분류되건 이런 특징은 변하지 않는다는 이론을 세웠다. 하지만 데이비슨의 실험실에서 나온 뇌파 결과는 개인의 특성 및 속성이 고정되어 있다는 주장을 바로잡는 역할을 했다.

데이비슨은 "인간의 두뇌는 정말로 변한다"며 다음과 같이 덧붙였다. "신경 과학에서는 이런 개념을 신경가소성neuroplasticity이라고 합니다. 하지만 변화의 가능성, 심지어 아주 급격한 변화의 가능성마저도 불교 전통 안에 내재되어 있습니다."

지난 20년 동안, 행동이나 경험에 의해 인간의 생각이 어떻게 달라지는지 보여주는 수많은 연구가 등장했다. 뇌주사 사진brain scan 촬영 결과 버스 운전사들과 비교했을 때 런던에서 택시를 운전하는 기사들의 해마가 평균 이상으로 크다[33]는 사실이 밝혀졌다. 머릿속에 수많은 이동 경로를 집어넣고 있어야 하는 탓에 해마의 크기가 커진 것으로 추정된다. 전문 음악인들의 경우 비음악인들에 비해 대뇌피질 물질[34](운동 영역, 전방, 상부, 두정 부분, 하측두 등 악기 연주와 관련 있는 부분)의 양이 많은 것으로 나타났다.

그렇다면 일반인들은 어떨까? 명상을 즐기는 승려(마음수양 전문가)들이 몇 년 동안 두뇌를 단련해 연민과 같은 긍정적인 감정에 집중할 수 있다면 명상에 익숙하지 않은 사람들도 동일한 효과를 얻을 수 있을까? 명상이 회복력 강화 장치, 즉 불안, 스트레스, 유전적인 요인(5-HTT 유전자 변종)을 이겨내기 위한 예방접종의 역할을 할 수 있을까?

2011년 1월, 사라 라자르 박사가 이끄는 매사추세츠 제너럴 병원 연구진은 도발적인 연구 결과를 발표했다.[35] 라자르는 8주 동안 명상 프로그램에 참가한 초보 명상가들의 두뇌를 자기공명영상 기기로 촬영했다. 하루에 평균 27분씩 8주 동안 개방형 관찰방식으로 명상해달라고 요구한 후 라자르 연구팀은 또다시 참가자들의 뇌를 촬영했다. 연구진은 참가자의 두뇌에서 학습과 기억에 중요한 역할을 하는 해마의 회백질 밀도가 증가하는 한편 분노 및 스트레스와 관련해 중요한 역할을 하는 편도핵 내의 회백질 밀도가 감소하는 등 자기 인식, 연민, 자기 성찰 등을 관장하는 부분이 눈에 띄게 변하는 모습을 관찰했다. 명상 훈련을 받지 않은 대조군에서는 뇌 촬영 결과 의미 있는 변화가 관찰되지 않았다.

라자르는 "이와 같은 데이터는 명상 훈련을 하면[36] 경험 기반 두뇌 가소성이 강화된다는 최초의 구조적 증거"라고 설명했다. 데이비슨의 실험실에서 연구한 명상 전문가들과 달리 라자르가 연구한 사람들은 이전에 명상 수행을 해본 적이 없었다. 라자르 연구팀이 찾아낸 결과를 토대로 인간의 두뇌가 상대적으로 빨리 변하는 것으로 추정할 수 있다.

명상과 신경가소성에 대한 라자르의 연구와 유사한 결론을 내놓은 또 다른 연구도 있다. 이 연구에 의하면 명상과 행복, 세포 차원의 물리적 장수 간에는 상호보완적인 관계가 존재한다.

체내에 있는 모든 세포는 성세포가 23개의 쌍(어머니와 아버지에게서 각각 한 세트를 물려받아 짝을 이루는 방식)으로 이뤄진 염색체를 지닌다. 이와 같은 염색체가 모여 유전자가 된다. 다시 말해서, 한 명의 인간을 만들어내기 위해 DNA라는 언어로 적어둔 설명서인 셈이다. 요리에 비교해서 설명하는 것만으로는 충분하지 않겠지만, 제법 도움이 되는 설명방법일 수 있다. DNA 분자를 구성하는 각 염기쌍은 특정한 요리를 만들기 위한 레시피에 기록된 하나의 줄이라고 볼 수 있다. 각 유전자는 완성된 레시피, 각 염색체는 레시피가 담긴 요리책이라고 볼 수 있다. 또한, 이 모든 염색체를 한 데 모은 것은 프랑스 요리법이 전문화돼 꽂혀 있는 완벽한 도서관에 비교할 수 있다.

염색체의 끝에는 텔로머가 위치해 있다. 요리책의 이음새 부분에서 책을 보호하는 면지처럼 텔로머는 DNA가 흐트러지지 않고 원래의 모양을 그대로 유지할 수 있도록 보호하는 역할을 한다. 체내에 있는 다양한 세포가 새로운 복제 세포를 만들어내기 위해 복제 활동을 할 때마다 염색체를 보호하는 텔로머 내에 들어 있는 DNA가 조금씩 줄어든다. 복제 횟수가 늘어나면 텔로머가 완전히 닳아 없어지고 결국 사라진다.

2004년, UC 샌프란시스코의 뇌 전문가 엘리사 에펠Elissa Epel과 동료들은 만성적인 스트레스가 텔로머를 갉아먹는다는[37] 연구 결과를 발표했다. 연구에 의하며 스트레스를 받으면 세포의 최대 복제 횟수가 줄어들어 노화 진행 속도가 빨라진다.

에펠 연구팀은 자폐, 뇌성마비 등 중증 만성 질환을 앓는 아이를 돌보며 지속적인 스트레스를 경험한 20~50세의 여성을 대상으로 연구를 진행했다. 그와 동시에 연구팀은 건강한 자녀를 둔 대조군도 연구에 포함시켰다. 연구팀은 병이 있는 아이를 돌보는 기간이 길수록 텔로머의 길이가 짧고 텔로머의 길이를 유지시켜주는 효소인 텔로머레이스 수치가 낮다는 사실을 발견했다. 스트레스에 대한 자각 수준이 높을수록 모든 부분에서 점수가 낮게 나타났다. 스트레스에 대한 인식 수준이 가장 높은 여성의 경우 텔로머의 길이가 자신보다 열 살이나 많은 여성과 비슷했다.(미국 대통령들이 마치 노화 촉진제라도 맞은 듯한 얼굴을 하고 백악관을 떠나는 것도 어쩌면 이런 원리 때문인지도 모른다)

2010년, UC 데이비스의 토니아 제이콥스Tonya Jacobs와 클리포드 새런Clifford Saron이 이끄는 연구팀(엘리사 에펠 역시 연구팀의 일원이었다)은 명상과 사고방식, 장수 간에 역상관관계[38]가 존재할 수도 있다는 연구 결과를 얻었다. 30명의 실험 참가자들은 3개월 동안 하루에 6시간씩 명상을 했다. 명상 훈련이 진행되는 동안 연구진은 참가자들에게 집중방식(판단하려 들지 않고 생각이 어떻게 움직이는지 관심을 갖는 수행방식)으로 명상을 수행하고 연민, 공감, 평정과 같은 자애로운 정신 상태를 만들어달라고 요구했다.

명상 훈련이 끝난 후 연구진은 피실험자들을 연령, 성별, 체질량 지수, 과거의 명상 경험(똑같은 명상 훈련 대기자 명단에 올라 있었으며 차후에 명상 훈련을 받은 경우)이 동일한 대조군과 비교했다.

그 결과, 대조군에 비해 명상을 한 사람들에게서 마음수양(특별한 반응 없이 다른 사람의 경험을 관찰하는 능력), 삶의 목적(인생을 의미 있고, 보람 있다고 여기며, 장기적인 목표 및 가치와 부합하는 방식으로 살아가는 태도), 통제에 대한 인식(개인의 삶 및 환경에 대한 통제)이 강화되는 한편 신경증적인 요소(부정적인 정서)가 완화되는 현상이 관찰되었다.

이 모든 것이 명상으로 인해 생겨난 자연스러운 심리적 결과라고 볼 수도 있었다. 하지만 명상을 한 실험군의 혈액을 분석한 결과 텔로머레이스 수치가 상당히 높아졌음을 확인할 수 있었다. 대조군에 비해 명상을 수행한 참가자들의 백혈구에서 텔로머레이스의 활동 수준이 약 3분의 1 정도 높은 것으로 관찰되었다.

명상을 하는 동안 인생에 대한 목적의식이 한층 높아졌다고 이야기한 사람들에게서 이런 현상이 특히 두드러졌다. 새런의 이야기를 들어보자. "이 연구가 주는 메시지는 명상이 직접적으로 텔로머레이스의 활동을 강화해 인간의 건강 및 장수에 영향을 미친다는 것이 아닙니다. 이 연구가 우리에게 전달하는 메시지는 명상이 사람들에게 한층 커다란 심리적 행복을 선사하며, 이런 변화가 면역세포 내의 텔로머레이스 활동과 관련이 있다는 것이지요. 또한 텔로머레이스의 활발한 활동이 세포의 장수에 도움이 될 수도 있다는 겁니다. 다시 말해서, 인간에게 한층 커다란 행복감을 주는 활동이 인체 생리의 가장 근본적인 부분에 심오한 영향을 미칠 수도 있다는 거죠. 반드시 명상일 필요는 없습니다. 자신이 즐겁게 잘 지낼 수 있는 환경을 조성하면 목적의식이 생기는 겁니다."

물론 이 연구 결과는 확정적인 것이 아니라 그럴 수도 있다는 가능성을 암시하는 것이다. 이 같은 사실을 잊어서는 안 된다. 제이콥스와 새런이 지휘하는 연구팀은 종적 연구를 진행한 것이 아니라 어느 순간을 포착한 것이다. 하지만 이들의 연구 결과는 매우 흥미롭다.

데이비슨 연구팀은 명상을 통해 연민과 친절이 강화되는 현상을 지속적으로 연구 중이며, 라자르 연구팀은 명상이 두뇌에 물리적인 영향을 미친다는 근거를 찾아냈으며, 제이콥스와 에펄, 새런은 명상 수행을 하는 두뇌와 세포 노화 메커니즘 간의 연결고리를 밝혀냈다. 반면 함부르크 대학의 라파엘 칼리시Raffael Kalisch는 거리두기 기법이 효과적인 고통 관리 도구[39]가 될 수도 있다고 생각한다. 칼리시는 참가자들의 몸에 장치를 연결한 다음 앞으로 15초 내에 고통스러운 전기 충격이 가해질 것이라고 이야기하는 실험을 진행한 적이 있었다. 대개 이런 사실을 알리면 상대는 생리적 반응과 동시에 심리적 반응을 보인다. 가령, 심장박동이 빨라지고 식은땀이 흐르며 호흡이 곤란해질 수도 있다. 이런 반응은 모두 극심한 공포에서 비롯된다. 병원에서 주사를 맞기 직전에 "약간 아플 수도 있습니다"라는 이야기를 듣는다고 상상해보기 바란다.

하지만 칼리시와 연구진은 마음수양 명상 훈련 방식을 통해 피실험자들이 거리를 두는 연습을 할 수 있도록 했다.

칼리시의 이야기를 들어보자. "피실험자들에게 자신이 지리적으로 멀리 떨어진 곳에 위치해 있는 모습을 상상해보라고 권했습니다. 당면한 상황과 떨어진 곳에 서서 상황을 바라보게 만든 거지요. 피실험자들에게 '전기 충격이라는 자극이 내면 깊숙한 곳의 자아에 영향을 미치지 않는다'고 주문을 걸어달라고 요구했습니다."

거리두기 사고 과정(인지 활동을 통한 리프레이밍 포함)은 인간의 근원적인 본능에 위배된다. 자신의 몸이 곧 공격(고통, 충격, 폭력)을 받을 상황에 놓여 있다고 인식하면 대부분의 사람들은 위협을 느낀다. 칼리시는 고통스러운 충격이 자신과 무관하다고 리프레이밍하고 가장 깊숙한 곳에 위치한 자아가 아무런 영향도 받지 않았다고 생각하도록 피실험자들을 훈련시켰다.

이와 같은 개입방식은 효과가 있었다. 칼리시는 연구를 통해 거리두기 기법이 불안감(심장 박동, 피부 전도 등과 같은 생리적 지표를 통해 확인)을 줄여준다는 사실을 발견했다. (비교를 위해 실험에 열중하고 있는 대조군과 비교했다.) 칼리시의 연구에 미뤄볼 때, 일상생활에서 위협을 느끼거나 스트레스에 압도당하는 기분이 들 때 철수 훈련, 거리두기 훈련 등의 방법을 활용할 수 있다. 마티유 리카르의 두뇌가 마취제를 맞은 사람의 두뇌와 유사한 상태를 유지할 수 있었던 것처럼 거리두기 기법을 활용하면 장기적인 고통 관리 전략에 도움이 될 수 있다. 인간의 두뇌에는 발달된 신경 경로가 자리를 잡고 있기 때문에 일단 이와 같은 마음의 습관이 확고하게 자리를 잡고 나면 유지하기는 훨씬 쉽다.

이와 같은 연구 결과는 고통과 불안을 관리하기 위해 장기 전략을 찾는 사람들에게 희망을 안겨준다. 하지만 너무도 극단적이어서 거리두기 방법이 효과를 발휘하기 힘든 직업이나 상황도 분명히 존재한다. 소방관이나 응급실에서 일하는 의사의 경우를 생각해보자. 쉴 새도 없이 하루에 18시간을 일하고 나면 감정 계좌 내에 상황을 리프레이밍하기 위한 자원이 하나도 남아 있지 않을 수도 있다. 이런 사람들은 상담사와 마주 앉아 이야기를 나누는 것은 고사하고 자신에게 맞는 상담사를 찾아낼 시간조차 없다. 그뿐만 아니라 시중에 나와 있는 향정신제 중 상당수에는 부작용이 있다. 다시 말해서 향정신제를 복용하면 인지 기능에 방해가 될 수도 있다. 이런 경우에는 주의 기울이기와 같은 명상 훈련이 도움이 될 수 있다. 다른 개입방법으로는 해결되지 않는 부분을 다스릴 수 있기 때문이다. 마이애미 대학의 심리학 교수 아미시 자Amishi Jha는 매일같이 업무 현장에서 스트레스를 겪는 사람들에게 이와 같은 명상 기법을 가르친다. 자가 훈련시키는 대상은 바로 미국 군인들이다.

자는 스트롱STRONG(신경행동 성장에 관한 쇼필드 병영 훈련 연구)이라는 프로젝트를 통해 배치를 앞두고 있거나 배치를 받고 활동 중인 소수의 해병들을 상대로 연구를 진행하고 있다. 거리두기와 같은 마음수양 훈련 기법은 감정 금고와 기업 경영진의 기능 기술(의사 결정, 공간 인식 등을 뜻하며 자는 이런 것들을 일컬어 '작업 기억 용량'이라고 표현한다)을 고갈시킨다. 따라서 자는 마음수양 훈련기법을 대체할 만한 방법을 찾고 있다. 자는 전투에 참가하는 군인의 경우 스트레스, 수면 부족, 체력적인 압박, 불안 등으로 인해 이런 역량에 제약이 생긴다고 주장한다. 자가 제안하는 훈련 기법은 기진맥진한 병사들이 그동안 경험한 것들을 재평가하거나 현재의 상황과 자신을 분리시키는 노력을 기울이지 않고도 자신의 마음을 돌보고 현재에 집중할 수 있도록 도와준다.

"다른 명상 수행방법은 인지적인 리프레이밍을 요구합니다. 하지만 인지 과정을 통해 리프레이밍을 하려면 이미 고갈된 물탱크를 또 사용해야 합니다. 그러다가는 물탱크가 정말 바닥이 나버리겠지요. 이런 식으로 접근하면 상황이 점차 악화될 뿐입니다."

자는 연구를 통해 주의 기울이기 기법을 활용하면 병사들이 전쟁과 같이 인지적으로 매우 힘든 상황[40]에서 좀 더 수월하게 감정을 조절할 수 있다는 사실을 발견했다. 군복을 입고 가부좌를 틀고 앉아 코끝을 응시하는 모습이 전사를 연상시키지는 않는다. 하지만 자는 명상이야말로 모든 병사들이 전쟁터에서 효과적으로 대처하기 위한 토대가 된다고 이야기한다.

"저는 장군들에게 계속 이런 이야기를 해줍니다. 장군들이 병사에게 요구하는 것, 가령 무기를 적절하게 사용한다든지 적절한 이동 경로를 찾는다든지 하는 그런 활동들이야말로 감정 통제를 필요로 하는 활동이라고 말입니다. 자제력을 잃거나 아군을 총으로 쏘는 일이 벌어지면 이런 일을 해낼 수 없습니다. 우리가 제시하는 방식으로 훈련을 하면 같은 영역을 구성하는 두 가지 요소를 한데 묶을 수 있습니다. 다시 말해서 감정과 까다로운 임무를 하나로 모을 수 있는 겁니다."

장기적인 명상 훈련이건 과도한 스트레스하에서 활용하는 집중 명상 기법이건 마음수양 명상은 휴대 가능하고 학습 가능한 데다 무료인 도구를 활용해 개인의 심리적 회복력을 강화하는 데 도움이 된다. 가장 고무적인 부분은 명상이 효과적이라는 연구 결과가 연이어 발표되고 있다는 점이다. 보나노가 연구를 통해 살펴본 상대적으로 건강한 집단(잭과 벨라 같은 사람들)뿐 아니라 트라우마에 민감하거나 이미 트라우마로 고생하고 있는 사람들에게도 명상은 효과적이다. 벌과 레아 같은 사람들에게도, 개인의 회복력은 곧 마음의 습관을 뜻한다.

하지만 제아무리 강인한 사람이라 하더라도 혼자서는 살 수 없다. 인간의 회복력은 자신이 소속되어 있고 자신이 일하는 집단 및 지역사회의 회복력을 토대로 한다. 다시 말해서 사회적 회복력의 중심에는 뒤이어 살펴볼 두 가지 요소, 즉 협력과 신뢰가 자리 잡고 있다.

협력이
필요할 때

★

회복력은 시스템 내 신뢰를 토대로 한다. 신뢰가 있어야만, 서로 적대적인 관계에 놓일 수
도 있을 법한 사람들이 가장 협력이 필요한 때에도 불협화음 없이 빠르게 협력할 수 있다.
인류의 생존을 위해 무엇보다 중요한 것은 신뢰와 협력이다. 그 과정에서 가장 중요한 역할
을 하는 물질이 바로 옥시토신이다.

1906년, 영국의 생리학자 겸 약리학자 헨리 데일Henry Dale은 매우 놀라운 사실[1]을 발견했다. 당시, 데일은 뇌 아래쪽에 위치한 강낭콩 크기의 조직 뇌하수체 후엽에서 얻은 액화 추출물을 이용해 실험을 진행 중이었다. 데일은 뇌하수체의 호르몬 분비가 임신 중인 여성의 분만을 촉진하는 데 중요한 역할을 할 것이라고 추측했다. 데일은 이 같은 예감에 사로잡혀 임신 상태의 고양이에게 추출물을 주입했다.

데일은 실험을 통해 자신의 가설이 옳다는 것을 증명해 보였다. 하지만 그것이 끝이 아니었다. 주사를 맞은 고양이가 초단시간 내에 새끼 고양이를 출산했다. 데일은 실험에 사용된 약물에 '빠르다'는 뜻의 그리스어(옥시oxy)와 '출산'이라는 뜻의 그리스어(토코스tocos)를 조합해 만든 이름을 붙였다. 헨리 데일이 옥시토신이라는 호르몬을 발견했던 것이다.

데일이 옥시토신을 발견한 후 분만 촉진제를 개발하는 새로운 산업이 등장했다. 도살장 운영자들은 소의 뇌에서 뇌하수체 후엽 추출물을 뽑아내 피투이트린이라는 이름으로 의사들에게 판매했고, 피투이트린의 부작용이 알려지자 제약회사들은 화학적으로 좀 더 순도가 높은 약을 개발하려고 노력했다. 1953년, 페니실린 합성에 성공한 화학자 빈센트 뒤 비뇨Vincent du Vigneaud[2]는 자신이 갖고 있는 지식을 활용해 데일이 찾아낸 '분만 촉진' 호르몬을 분리하고 합성할 방법을 찾기 시작했다. 이런 노력 덕에 주사의 형태로 분만 촉진제를 투여할 수 있게 되었다. 1960년대에는 의사들이 병원 분만실에 발을 디뎌본 적이 있는 모든 사람이 알만한 피토신이라는 이름하에 수백만 명의 임산부에게 옥시토신을 주사했다.

수십 년 동안 사람들은 태아가 세상 밖으로 나올 수 있도록 돕는 것이 옥시토신의 주된 기능이라고 생각했다. 하지만 최근에 연구를 통해 옥시토신이라는 호르몬이 인간의 본성에서 좀 더 크고 미묘한 역할을 한다는 사실이 밝혀졌다. 인간이 갖고 있는 다양한 특성 중 인류의 생존을 위해 무엇보다 중요한 것은 신뢰와 협력이다. 인간이 서로 연결되어 있는 두 가지 요소, 즉 신뢰와 협력을 경험하는 과정에서 가장 중요한 역할을 하는 신경 화학 물질 중 하나가 바로 옥시토신이다.

5장 전반에 걸쳐 살펴보겠지만, 회복력은 시스템 내 신뢰를 토대로 한다. 신뢰가 있어야만, 서로 적대적인 관계에 놓일 수도 있을 법한 사람들이 가장 협력이 필요한 때에도 불협화음 없이 빠르게 협력할 수 있다.

리버티 스트리트 33번가

2008년 9월 12일 금요일, 미 재무부 장관 헨리 '행크' 폴슨Henry 'Hank' Paulson과 연방준비은행은 월가에서 가장 영향력 있는 경영자 30여 명을 로어 맨해튼에 위치한 연방준비은행으로 불러들였다. 오후 6시가 되기 바로 몇 분 전, 리무진과 타운카, 택시가 리버티 스트리트 33번가에 위치한 거대한 하얀색 석조건물 앞에 줄지어 늘어섰다. 직급이 높지 않은 일부 은행가들은 건물 정면에서 하차해 언론의 맹공격을 뚫고 회의실로 이동했다. 좀 더 요령 있는 고위급 경영자들은 건물의 지하 주차장을 이용해 기자들을 피해 유유히 회의실로 들어갔다.

이들이 존재감을 드러내지 않고 조용히 움직이려 한 데는 그만한 이유가 있었다. 난공불락처럼 보이던 미 금융계의 상징들이 갑작스레, 전광석화처럼 빠른 속도로, 닥치는 대로 쓰러져버렸다. 마치 숲 속에 떡하니 서 있던 거대한 세쿼이아가 어느 날 갑자기 툭 하고 쓰러져버린 꼴이었다. 그로부터 일주일 전, 미 정부는 몰락한 초대형 모기지 업체 패니 매와 프레디 맥의 경영권을 박탈했다. 그로부터 몇 달 전, 미 정부는 베어스턴스 인수가 마무리될 수 있도록 3백억 달러를 지원하기로 약속하는 등 베어스턴스를 살리기 위한 협상에 발 벗고 나섰다. 이삼십 년 동안 금융계에서 일해온 은행가들은 9월 12일 주말까지 발생한 일련의 사건들을 두고 '무섭다' '겁난다' '기이하다'라고 표현했다.[3] 미 연방준비제도이사회 전 의장 앨런 그린스펀Alan Greenspan은 당시의 금융위기가 자신이 경험한 '단연코' 최악이라 할 만한 사태라고 평가했다.[4] 갑작스레 한없이 탄탄해 보이기만 하던 메릴린치(미국 내 거의 모든 도시에 지점을 두고 있는 대중적인 증권 회사) 같은 금융기관들조차 위험천만하게 몰락의 지경에 다다른 것처럼 보였다.

그중에서도 가장 위험한 상황에 내몰려 있었던 곳은 리먼 브라더스였다. 이미 잘 알려진 것처럼 리먼 브라더스는 금융위기가 발발하기 직전에 1년이라는 시간 동안 서서히, 하지만 꾸준히 무너져 내렸다. 앞서 간략하게 설명했듯이 리먼 브라더스는 부실한 부동산 자산에 과도하게 노출되

어 있었다.(1장에서 설명한 서브프라임 모기지 사태를 겪은 수많은 금융기관들과
마찬가지였다) 리먼 브라더스 경영진은 신규 자본을 조달하려고 노력했지
만 별다른 성과를 얻지 못했다. 9월 8일 월요일, 리먼 브라더스 CEO 리처
드 폴드Richard Fuld는 그렇지 않아도 위태위태한 리먼 브라더스에 결정타를
날렸다. 리먼 브라더스가 한국의 산업은행과 논의 중이던 매각 협상이 결
렬되었던 것이다. 시장에 이 같은 소식이 퍼져나가자 리먼 브라더스 주가
는 41% 폭락했다.(당시는 2008년 초 최고점을 기록했을 때와 비교해 이미 주가
가 90% 폭락한 상태[5]였다)

　9월 12일 금요일, 당시 뉴욕연방준비은행 총재를 맡고 있었던 티모시
가이트너Tim Geithner, 연방준비제도이사회 의장 벤 버냉키Ben Bernanke 등은
시장을 휘젓고 있는 공포의 물결이 제자리를 찾아가게 하려고 노력을 기
울였다. 연방정부는 9월이 되기 전까지 이미 몇 차례 구제 금융을 내놓았
던 전력이 있었지만 이번만큼은 리먼 브라더스가 망하게 내버려 둘 것이
라는 메시지를 분명하게 전달할 생각이었다.

　6시가 되자, 모건 스탠리 CEO 존 맥John Mack, 메릴린치 CEO 존 테
인John Thain, 시티그룹 CEO 비크람 판딧Vikram Pandit, 골드만삭스 CEO 로이
드 블랭크페인Lloyd Blankfein, JP모건 체이스 회장 제이미 다이먼Jamie Dimon 등
20명 남짓한 금융계 거물들이 모두 자리를 잡고 앉았다. 폴슨은 회의 참
석자들에게 도덕적 해이를 바로잡아야 할 때가 되었다는 자신의 입장을
전달했다. 은행가들은 문제를 스스로 해결해야만 하는 입장이 되었다. 정
부의 구제 금융 없이 리먼 브라더스를 살릴 수 있는 유일한 방법은 회의
실에 앉아 있는 은행가들이 집단적으로 힘을 모으는 수밖에 없었다.(세계
자본주의까지는 아니라도 시장의 안정성을 확보하기 위한 방법이기도 했다) 폴슨
은 회의 참석자들에게 "여러분에게는 시장에 대한 책임이 있다"고 강조

했다.[6]

이처럼 대대적인 협력을 요구받은 것이 처음은 아니었다. 회의실에 앉아 있던 대부분의 은행가들은 10년 전 뉴욕연방준비은행 총재를 맡고 있었던 윌리엄 맥도너William McDonough가 무시무시할 정도로 똑같은 메시지를 던졌던 것을 기억했다. 1998년, 많은 사람들이 칭찬해 마지않았던 롱텀캐피털매니지먼트가 무너졌다. 롱텀캐피털매니지먼트 사태는 시장 전반에 엄청난 충격을 안겼다. 모두 힘을 모으라는 맥도너의 요구에 금융계 거물들은(이들 중 일부는 리버티 스트리트 33번가 회의에도 모습을 드러냈다) 협력을 통해 롱텀캐피털매니지먼트를 살리고 시장을 뒤흔드는 파괴적인 변화로부터 금융 시스템 전체를 지켜내기로 약속했다. 하지만, 2008년 9월 12일에는 은행가들이 10여 년 전처럼 확답을 내놓지 않았다.

먼저, 회의 참석자 중 그 누구도 정부의 의지가 얼마나 강한지 확신하지 못했다. 폴슨과 가이트너가 단호하게 정부의 입장을 밝혔지만 은행가들은 금요일 밤에 열린 회의가 정말로 중요한 자리인지 의구심을 떨쳐내지 못했다. 은행가들은 정부가 괜히 엄포를 놓는 것인지도 모른다고 생각했다. 상황이 다급해져 재무부가 슬쩍 눈을 감아주면 시장 규율이라는 위협은 사라지고 정부에서 금융계로 재빨리 돈이 흘러들어올 수도 있었다. 베어스턴스 사태 때도 처음에는 엄격한 잣대를 들이댔다가 결국에는 돈을 내놓고 말았다. 짐짓 과장된 듯한 말투로 도덕적 해이를 한참 꾸짖고 나면 폴슨도 그냥 망하게 내버려두기에는 리먼 브라더스라는 회사가 너무 크다는 사실을 깨닫게 되지 않을까?

정부의 입장에 대한 불신뿐 아니라 시장 시스템의 현 상태에 대한 불신도 만만치 않았다. 모건 스탠리 CEO 존 맥, 골드만삭스 CEO 로이드 블랭크페인 등은 불과 한 달 전만 하더라도 자사와 서브프라임 모기지 사태와는 아무런 관련이 없다고 생각했지만 사실은 그렇지 않다는 것을 깨달았다. 글로벌 금융시장이 마치 위태로이 늘어선, 견고하면서도 취약한 도미노처럼 보이기 시작했다. 이런 구조하에서는 하나의 금융기관이 채무를 이행하지 못하면 이해관계 및 과도한 부채로 엮인 사슬 내에서 또 다른 금융기관이 무너져 내리고, 실패는 불신을 초래하고, 불신은 더 많은 실패를 초래하는 사태가 벌어진다. 9월 12일 금요일, 은행가들은 리먼 브라더스의 악성부채가 어떻게 좀 더 광범위한 금융·은행 생태계를 파고들었는지 제대로 파악할 수 없었다. 한층 더 놀라운 사실은 파생상품 공식을 뒤져보거나 뛰어난 위험 평가 관리자의 자문을 구해도 자신이 관리하는 은행이 어떻게 그토록 극적이고 혼란스러운 변화의 한가운데 놓이게 되었는지 답을 찾아낼 수 없다는 것이었다. 리버티 스트리트 33번가 회의실에 앉아 있는 사람들은 정부의 말을 믿지 않았을 뿐만 아니라 글로벌 자본주의라는 시스템 전체에 대한 이들의 신뢰도 흔들렸다.

금요일 오후 7시, 미 정부는 은행 CEO들에게 몇 가지 방안을 제시했다. 그중 하나는 질서정연하게 리먼 브라더스를 해체해 파산 과정을 통해 소멸하도록 만드는 것이었다. 간단하게 설명하자면 '리먼 브라더스가 망하도록 내버려두는 방법'이었다.

폴슨을 비롯한 정부 인사들은 또 다른 대안도 내놓았다. 이들이 제시한 두 번째 방안은 월가의 금융기업들이 힘을 모아 리먼 브라더스의 악성 자산을 처리하는 것이었다. 무너져 내리는 리먼 브라더스는 집 앞에 주차되어 있는 스포츠카와 같았다. 멀리서 보면 그럴듯해 보이지만 보닛을 열어보면 모터가 형편없다는 사실을 금방 알 수 있는 그런 스포츠카 말이다. 모두가 힘을 모아 리먼 브라더스의 모터가 나머지 차체처럼 훌륭한 모습을 되찾을 수 있도록 만들면 어떨까? 이 방안을 실행하려면 여러 은행이 하나의 팀을 꾸리고 자원을 모아 최종적으로 리먼 브라더스를 인수할 매수자에게 리먼 브라더스가 좀 더 매력적인 존재처럼 보이도록 만들어야 한다. 한마디로 요약하면 '팀워크를 이용해 곤경에서 벗어나는 방법'이었다.

두 번째 방법을 선택하면 커다란 대가를 치러야 했다. 여러 금융기관이 비용을 분담하겠지만 어쨌건 리먼 브라더스가 보유한 자산 중 가장 심각한 악성자산을 처분하는 데만 850억 달러가 필요했다. 경기가 좋을 때도 결코 적은 금액은 아니지만 금융위기를 겪고 있는 상황에서 이처럼 많은 돈을 조달하는 것은 쉬운 일이 아니었다. 그보다 더욱 중요한 점은 두 번째 방법을 택하면 은행가들의 적극적인 협력이 필요하다는 것이었다. 회의장의 은행가들은 평소의 상황이라면 서로 피 터지게 싸우는 경쟁자들이었다. 그들이 전략적으로 침착한 태도를 유지하며 리먼 브라더스를(그리고 자기 자신을) 구하기 위해 힘을 모을 수 있을까? 신뢰가 통째로 흔들리는 상황에서, 자기 자신의 최대 이익에 부합하는 게 아닌 시스템 전체의 이익에 부합하는 결정을 내릴 수 있을까?

미 정부는 상황이 매우 다급하다는 점을 강조했다. 회의에 참석한 기관 중 리먼 브라더스의 악성자산과 직접적으로, 혹은 간접적으로 연결되어 있지 않은 곳은 단 하나도 없었다. 만일 리먼 브라더스가 무너지면 온통 뒤엉켜 있는 채무 관계가 시장 전체를 망가뜨릴 것이 뻔했다. 타이밍 역시 매우 중요한 문제였다. 며칠 내로 결정을 내려야 하는 상황이었다. 해가 지자 폴슨의 걸걸한 목소리가 사무실에 울려 퍼졌다. "모두가 위험에 노출되어 있습니다."[7]

하지만 여전히 해소되지 않은 의구심과 질문이 남아 있었다. 뱅크오브아메리카와 바클레이스는 이전에 초특가로 리먼 브라더스를 인수하는 방안에 관심을 보인 적이 있었다. 두 금융기관의 대표 모두 리버티 스트리트 33번가에서 열린 회의에 참석 중이었다. 다른 CEO들은 이 같은 사실을 석연치 않게 여겼다. 먼저, 은행가들은 겉보기에만 그럴듯한 남의 자동차를 제대로 고쳐주기 위해 돈을 내라고 요구받고 있었다. 설상가상으로 위기가 모두 끝나고 나면 말끔하게 수리된 스포츠카를 뱅크오브아메리카에게 넘겨주게 될 가능성이 컸다. 미국 회사도 아니고 직접적인 경쟁 관계에 놓여 있는 바클레이스에 리먼 브라더스를 넘겨주는 것은 더욱 용납하기 힘든 일이었다.

8시가 되자 1차 회의가 끝이 났다. 폴슨을 비롯한 정부 인사들은 모든 방안을 제시했다. 월가 경영자들은 궁금한 내용을 질문했다. 이제 모두가 집으로 돌아가 각자의 입장을 생각해봐야 할 때가 되었다.

토요일 오전 9시, '우리는 리먼 브라더스를 살릴 것인가?'를 주제로 한 위험천만한 게임이 공식적으로 시작되었다.

먼저 지금껏 설명한 리버티 스트리트 33번가에서 열린 회의의 구조를 잠깐 살펴보자. 구조는 사람의 행동을 결정한다. 그러니 명확한 규칙도 없이 은밀하게 소집된 회의, 다른 은행의 재무 상황에 대해 제대로 알지도 못하는 상황에서 열린 회의가 의심과 불신을 낳는 것은 당연지사였다.

그뿐만 아니라 금융계 전체가 아수라장에 휘말릴 것으로 예상되긴 하지만 소수의 은행들이 성공적인 거래를 통해 한몫을 단단히 챙길 가능성도 여전히 남아 있었다. 은행가들은 패자가 판치는 가운데 일부는 승자가될 것이라고 생각했다. 하지만 승자가 되려면 자신이 쥔 패를 노련하게 사용할 수 있어야 했다.

이런 상황에서 주말을 맞이한 가운데, 팀워크를 이용해 곤경에서 벗어나는 방법은 채택될 가능성이 적었다. 하지만 모두가 상황이 매우 긴박하며 위기의 강도가 범상치 않다는 점에 주목했다. 사람들의 감정을 적절히 인도하기 위해 탁월한 리더십을 발휘해야 하는 날이 있다면, 9월 13일이 바로 그날이었다.

토요일 오전, 고문단을 대동한 금융기관 CEO들은 타운카를 타고 리버티 스트리트 33번가를 다시 찾았다. 다시 계단을 올라 회의실에 자리를 잡은 은행가들은 삼삼오오 무리를 지어 리먼 브라더스가 망하도록 내버려두는 방법과 팀워크를 이용해 곤경에서 벗어나는 방법에 대해 의견을 나누었다. 팀워크 시나리오를 지지하는 어느 그룹은 연방준비은행이 얼마 전에 도입한 긴급 대출 방안을 활용해 모든 은행이 연방준비은행으로부터 돈을 빌리는 방안을 제시했다. 연방준비은행으로부터 빌린 돈을 이용해 리먼 브라더스의 악성부채를 사들이면 리먼 브라더스의 파산을 막는 동시에 금융계가 리먼 브라더스의 부실 자산에 노출되지 않도록 보호할 수 있다는 것이 이들의 주장이었다.

팀워크 시나리오를 지지하는 또 다른 그룹은 바클레이스나 뱅크오브아메리카가 리먼 브라더스의 우량 자산을 매수하고 부실 채권 전담 은행에 850억 달러에 이르는 악성부채를 안기는 방법을 제안했다. 이 그룹은 일단 시나리오가 계획대로 진행되면 월가의 모든 기업이 부실 채권 전담 은행에 자금을 투입해 은행의 도산을 막고 오랜 시간에 걸쳐 서서히 부채를 처분할 수 있다고 주장했다.

현실적으로 활용 가능한 두 개의 협력 방안이 등장한 데다 모두가 롱텀캐피털매니지먼트 사태를 기억하고 있었다. 따라서 리먼 브라더스를 살리기 위해 모두가 힘을 모으는 다양한 팀워크 시나리오를 활용할 수 있었다. 하지만 협력을 위해 앞으로 한 발자국씩 내디딜 때마다 불쑥불쑥 불신이 모습을 드러냈다. 폴슨이 결국 포기하지 않을까? 다른 회사에 돈을 줄 수 있을 만큼의 유동성을 갖고 있기는 한 것일까? 리먼 브라더스 회생을 위해 협조하면 시스템이 안정성이라는 보상을 안겨줄까? 향후에 실패가 발생하지 않도록 정부가 보호해줄까?

시간이 흐르자 두려움과 혼란은 사라지고 분개의 감정이 주를 이루기 시작했다. 똑같이 위험에 노출된 다른 곳(기관 투자가, 헤지펀드, 해외 투자자)들은 그런 요구를 받지 않는데 왜 자신들만 리먼 브라더스 문제를 해결하기 위한 비용을 떠안아야 하는지 공개적으로 질문을 던지는 CEO도 있었다. 은행가들은, 자신들만 술집에 앉아 줄곧 술을 들이켠 것도 아닌데 금융계 전체가 10년 동안 흥청망청 술을 퍼마신 데 대한 계산서를 자신들에게 내미는 꼴이라고 느꼈다. 은행가들은 이번에 리먼 브라더스를 구제하기 위한 돈을 내놓으면 다음에도 똑같이 돈을 내야 하는 신세가 되지 않을지 의구심을 느꼈다. 모건 스탠리 CEO 존 맥은 자신의 머릿속에 떠오른 의심을 이렇게 표현했다. "이번 요구에 응하면, 도대체 어디에서 끝나는 걸까요?"[8]

정부가 자신들을 보호해줄 것이라고 믿기도 힘들고 시스템이 개별 기업보다 공공의 이익을 택하는 방식으로 보상을 해줄 것이라고 믿기도 힘든 교착 상태 속에서, 은행가들은 토요일 오후를 보냈다. 시장 시스템하에서는 많은 돈을 투자할 때 대개 방대한 양의 데이터를 토대로 결정을 내린다. 하지만 그날 열린 게임의 승패를 가를 결정적인 열쇠는 '신뢰'라는 소프트 밸류였다. 하지만 신뢰는 불을 켜고 끄듯 간단하게 만들어낼 수 있는 것이 아니다.

혹은 그럴 수도 있을까?

클레어몬트 대학원 대학 신경경제학 센터의 초대 소장 폴 잭Paul Zak은 신뢰의 신경 생물학[9]을 연구한 여러 과학자 중 한 사람이다. 잭은 가장 최근에 발표한 연구를 통해 인간의 두뇌에 신뢰라는 소프트 밸류를 켜고 끌 수 있는 정교한 스위치가 있다는 근거를 제시했다. 이 스위치에 동력을 공급하는 전기는 다름 아닌 옥시토신(백여 년 전에 헨리 데일이 발견한 신경 전달물질)이다. 잭과 동료들은 널리 사용되는 신뢰 게임이라는 경제학 실험을 통해 협상에서 옥시토신이 중요한 역할을 한다는 사실을 증명해 보였다.

이 게임을 진행하려면 항상 두 명이 필요하다. 둘 중 한 사람은 피실험자, 나머지 한 사람은 피실험자가 만나본 적이 없는 사람이다. 이 게임을 진행하려면 인간의 모든 욕망 그리고 신뢰를 기반으로 하는 상호작용의 꽃이라 할 수 있는 돈이 필요하다.

원래의 실험 환경하에서는, 피실험자에게 컴퓨터에 저장된 은행 계좌에서 돈을 인출해 낯선 사람(직접 대면하지 않는다)에게 건네라고 요구한다. 피실험자에게 낯선 사람이 돈을 받고 나면 차후에 동일한 금액이나 그보다 많은 금액을 줄 것이라는 사실을 알려준다.

하지만 잭은 약간 다른 방식으로 실험을 진행했다. 연구팀(잭과 취리히 대학의 에른스트 페르가 지휘)은 194명의 남학생을 모집해 비강 스프레이를 이용해 옥시토신을 들이마실 것을 요구했다.[10] 연구진은 실험군의 행동과 가짜 옥시토신을 들이마신 대조군의 행동을 비교했다. 연구진은 실험군과 대조군, 양측 모두에게 10달러를 건넨 다음 제2의 인물과 그중 일부, 혹은 전부를 나눠 가져도 좋고 혼자 다 가져도 좋다고 이야기했다. 단, 제2의 인물에게 돈을 건넬 경우 나눠준 금액이 세 배로 불어날 것이라고 설명했다. 제2의 인물은 원하는 범위 내에서 자신에게 돈을 나눠준 피실험자에게 돈을 돌려주면 된다.

피실험자가 돈을 나눠줄 상대가 공정하며 최종 금액의 절반을 자신에게 돌려줄 것이라고 생각하면 둘 다 이익을 볼 수 있다. 하지만 상대에 대한 신뢰가 없으면 피실험자는 10달러를 그냥 갖고 있으려 할 뿐 거래를 시도할 생각조차 하지 않게 된다. 이 실험의 내용은 은행가들이 직면한 곤경과 놀라울 만큼 유사하다. 리먼 브라더스를 살리기 위해 다 함께 돈을 투자하면 모두가 시장의 안정성이라는 성공적인 결과를 얻게 될 가능성이 크다. 하지만 이런 선택을 한 대가로 시스템과 정부, 양쪽으로부터 보상이 주어질 것이라는 믿음이 전제되어야 한다.

실험 결과는 놀라웠다. 옥시토신이 담긴 비강 스프레이를 받은 피실험자들이 위약이 담긴 스프레이를 받은 대조군에 비해 낯선 사람에게 돈을 줄 가능성이 약 17% 높은 것으로 나타났다. 한층 더 놀라운 사실은 옥시토신을 받은 피실험자들은 제2의 인물에게 자신이 들고 있는 전액을 건네는 등 최고 수준의 신뢰를 보였다.

연구팀은 '대인 관계와 관련된 상호작용 과정[11]에서 발생하는 사회적 위험을 수용하는 개인의 의지에 옥시토신이 영향을 미친다'고 결론 내렸다. 이 실험은 많은 사람들의 관심을 끌었고 연구 내용을 접한 과학 잡지 《뉴사이언티스트New Scientist》 기자 그레일링A. C. Grayling은 다음과 같이 제안했다. "정부는 금융시장에 수십억의 돈을 쏟아부을 필요 없이 은행가와 투기꾼[12]들의 코에 옥시토신을 뿌리는 저렴한 방법을 이용하는 것이 나으실지도 모르겠다."

토요일 오후 5시, 리버티 스트리트 33번가에 모여 앉은 사람들은 교착 상태에 빠져 있었다. 뱅크오브아메리카 대표는 폴슨을 비롯한 정부 인사들에게 리먼 브라더스 매수 의사를 포기하고 메릴린치와 협상을 시작하겠다는 뜻을 분명하게 밝혔다. 이제 리먼 브라더스 매입을 염두에 두고 있는 곳은 바클레이스 하나뿐이었다. 하지만 바클레이스 역시 다른 금융기관들이 리먼 브라더스의 악성부채를 매수하는 데 동의하지 않으면 리먼 브라더스를 인수할 수 없다는 입장을 굽히지 않았다. 불신은 또 다른 불신을 낳았고 회의 참가자들의 감정은 점점 격앙되어갔다.

당연하게도, 잭과 동료들이 진행한 신뢰의 본질에 관한 획기적인 연구를 통해 불신의 신경 화학도 엿볼 수 있다. 잭은 불신과 스트레스가 만연한 상황에 처한 사람에게서 디하이드로테스토스테론이라는 테스토스테론 파생물이 분비된다고 설명했다. 디하이드로테스토스테론은 결코 대처하기 쉬운 상대가 아니다. 사회적 상황이 매우 불안한 가운데[13] 디하이드로테스토스테론 수치가 높아지면 대립 욕구(물리적인 경우가 많다)가 커지는 것으로 밝혀졌다.

그러니 폴슨을 필두로 한 정부 인사들이 월가에서 막강한 힘을 휘두르는 사람들의 코에 호르몬을 뿌리는 방법 외에도 서로 신뢰할 수 있는 분위기를 조성했더라면 좋았을 것이다. 앞서 필자는 시스템이 인간의 행동을 만들어낸다고 설명한 바 있다. 그렇다면 폴슨이 택한 협상 구조는 왜 심각한 불신을 야기하고 만 것일까? 전체의 최대이익에는 부합하지만 개인의 입장에서는 반드시 최대이익과 부합한다고 볼 수 없는 중요한 문제를 해결할 때, 사람들이 어떤 식으로 협력하는지 생각해볼 필요가 있겠다.

성공적인 협력을 방해한 최대 걸림돌 중 하나는 폴슨이 맡고 있는 복잡한 역할이었다. 폴슨은 과거 골드만삭스의 CEO를 지낸 인물이었다. 따라서 정부를 대변하는 중립적인 대표라는 폴슨의 역할이 온전히 받아들여지기 힘들었다. 리버티 스트리트 33번가에 모여 앉은 은행가들에게 폴슨은 여전히 '우리와 같은 사람'일 뿐이었다. 다시 말해 은행가들은 여전히 투자 은행가를 바라보는 시선으로 폴슨을 바라봤다. 상황이 다급해졌을 때도 은행가들은 자신과 같은 부류인 폴슨이 금융계 전체는 고사하고 리먼 브라더스가 망하도록 내버려둘 것이라고 생각하지 않았다. 이런 믿음은 사실무근이 아니었다. 불과 몇 개월 전에 베어스턴스를 구제하기로 결정했을 때도 폴슨은 본질적인 문제를 외면하고 현실에 굴복했다. 은행가들은 폴슨이 리먼 브라더스 사태도 같은 식으로 해결할 것이라고 믿었다. 결국 폴슨은 조정관으로 살아온 세월보다 은행가로서 살아온 세월이 훨씬 긴 사람이었고 정부를 떠나게 되면 다시 월가로 되돌아갈 가능성이 컸다.

일요일 오전, 또다시 대화를 나누고자 은행가들은 한자리에 모였다. 이들은 팀워크를 활용한 시나리오에 극복하기 힘든 의견 차가 존재한다는 사실을 인정했다. 바클레이스 대표가 폴슨에게 세금을 이용해 리먼 브라더스를 매입할 수 있도록 도와달라고 요청했지만 폴슨은 거부의 뜻을 밝혔다. 그로부터 몇 시간이 흐른 후, 바클레이스는 리먼 브라더스 매입 의사를 전면 철회했다. 게임은 끝났다.

재무장관 폴슨의 수석보좌관 짐 윌킨슨은 회의실을 떠날 채비를 하는 은행가들에게 이렇게 이야기했다. "지금 이 상황이 우리에게 닥친 일만 아니라면[14] 분석적인 관점에서 다시 바라보면 매우 흥미로울 겁니다."

은행가들은 서류가방을 닫고 양복과 코트를 챙겨 입었다. 리버티 스트리트 33번가 회의실의 문이 닫히고 있었다. 두려움에 사로잡힌 사람들이 하나씩 빠져나가는 동안 방 안에 침묵이 감돌았다. 은행가들은 리먼 브라더스의 몰락이 자사의 위태로운 상황에 어떤 영향을 미칠지 알아내고, 그 먼지를 털어내려면 어떻게 해야 하는지에 모든 두려움을 집중시켰다.

일요일 저녁에 회의장을 떠날 무렵 CEO들은 시장이 자신들이 내린 결정에 어떤 반응을 보일지 정확하게 가늠할 수 없었다. 하지만 주말 내내 게임이 어떤 식으로 진행된 것인지는 잘 알고 있었다. 주말 내내 한자리에 모여 앉아 협상을 벌였지만 집단적인 행동에 대해서는 그 어떤 합의도 도출해낼 수 없었다.

9월 12일이 끼어 있는 주말, 리먼 브라더스는 결국 파산을 신청했다. 미국 역사상 최대 규모였다. 월요일 오전, 수천 명의 리먼 브라더스 직원들은 짐을 싸기 위해 작은 여행용 가방과 운동 가방을 들고 회사에 출근했다. 한편, 그동안 '끝내주는' 중개인들을 앞세워 중산층을 위한 금융 서비스를 제공하는 것으로 알려졌던 메릴린치는 안전을 위해 뱅크오브아메리카의 품에 안기는 놀라운 행보를 택했다.

9월 15일 월요일, 월가는 7년 만에 최악의 날을 맞이했다.[15] 하루 동안 다우존스 산업평균지수가 무려 5백 포인트 이상 하락해 9·11 사태로 문을 닫았다가 재개장한 이후 최악의 낙폭을 기록했다. 단 하루 만에 7천억 달러가 공중으로 분해돼 퇴직연금, 정부의 연금기금, 투자 포트폴리오가 하루아침에 깡통이 되어버렸다. 모건 스탠리와 골드만삭스 주가도 폭락했다. 주가 폭락 이후 모건 스탠리와 골드만삭스는 증권회사에서 상업은행으로 구조를 변경했다.

단 한 주 만에 월가 최대의 투기 세력이 수십 년 동안 누려온 연승 행진을 끝냈다. 9월 15일, 마침내 자리에서 일어나 강렬한 빛을 맞이해야 할 때가 찾아왔다. 각자 알아서 재주껏 제 몫을 챙겨야 하는 상황이 찾아왔던 것이다.

물론 불운한 주말 동안 수없이 많은 방해 요소들이 팀워크 방안의 성공을 방해하는 것처럼 보였다. 앞서 회의가 진행되는 내내 비밀주의와 의심이 회의실을 가득 메웠다고 지적한 바 있다. 이런 분위기는 불신을 조장하는 역할을 했을 뿐 아니라 은행가들이 자신의 뜻을 지지해줄 조력자를 구할 수 없게 만들었다. 비단 재무제표뿐 아니라 금융시장 시스템 전체에서도 투명성을 찾아보기 힘들었다. 정보가 부족한 탓에 사람들은 부실한 정보를 바탕으로 결정을 내릴 수밖에 없었고 회의실 내 분위기도 매우 불확실했다. 폴슨이 중재자로서 얼마나 효과적인 역할을 했는지도 확실치 않다. 수십 년 동안 경쟁이 치열한 시장에서 협상 훈련을 해온 은행가들은, 마치 생태계 기반 수산자원 관리방식이 아니라 최대 지속 수확량을 기준 삼아 조업을 하는 어부처럼, 시스템 전체를 돌아보지 못했다. 앞서 언급한 문제만으로는 무언가가 부족하기라도 한 듯 회의장에서 오고가는 이야기를 들어보면 사람들은 마치 패자 가운데 몇몇 승자가 존재하는 것처럼 굴었다. 회의 참가자들의 이 같은 태도로 인해 협상 과정 전체가 제로섬 게임의 성격을 띠게 되었다.

이 모든 상황을 고려해보면 은행가들이 다른 결론에 도달하기는 힘들었을 것이라고 생각하는가? 그렇다 해도 전혀 무리는 아니다. 하지만 게임 이론의 관점에서 바라보면 조금 다른 방식으로 생각해볼 수 있다. 4행으로 구성된 하나의 컴퓨터 코드에서 그런 일이 벌어질 수 있었던 핵심적인 이유를 찾아볼 수 있다. 이 컴퓨터 코드는 그 어떤 외적인 도움도 없이 혼자만의 힘으로 협력하는 과학의 자세와 그와 관련된 큰 틀을 통째로 바꿔놓는 역할을 했다. 이 컴퓨터 코드에는 더 이상 적절한 표현이 없을 정도로 잘 어울리는 이름이 붙어 있다. 컴퓨터 코드의 이름은 다름 아닌 '팃 포 탯Tit for tat('눈에는 눈, 이에는 이'라는 뜻)'이다.

팃 포 탯

다윈 시대 이후 과학자들은 끊임없이 일견 단순해 보이지만 실제로는 불가해한 질문을 파고들었다. 과학자들이 답을 찾지 못한 그 질문은 바로 '살아 있는 생명체가 경쟁을 통해 진화한다면 어떻게 협력이 이뤄질 수 있었을까?'라는 것이다. 리버티 스트리트 33번가에서 폴슨이 주최한 긴장 가득한 회의가 열리기 한참 전이었던 1970년대 말, 미시건 대학의 정치학자 로버트 액설로드Robere Axelrod는 이 짜증나는 문제에 대한 답을 직접 찾아보기로 했다. 액설로드는 협력적인 행동의 진화를 측정하기 위해 흔히 사용되는 표준 패러다임에서부터 연구를 시작했다. 액설로드가 택한 패러다임은 제로섬 게임의 성질을 갖고 있지 않은 죄수의 딜레마였다.

게임의 규칙을 들어보면 수학적인 수수께끼라기보다 마치 영화 〈대부〉에서 인용한 내용 같다.

짝을 이뤄 범죄를 저지른 2인조 도둑이 보석 절도 사건과 관련해 따로 심문을 받는다고 상상해보자. 경찰은 이들의 범죄를 확신하지만 중범죄에 대한 유죄판결을 이끌어낼 만한 증거가 없다. 그 대신 가벼운 죄목으로 이들을 감옥에 가둘 만한 증거는 충분하다. 가령, 보석가게 밖에서 어슬렁거리며 염탐한 죄를 물어 6개월 정도는 감옥에 가둬둘 수 있는 상황이다.

물론 경찰이 원하는 것은 강력범죄를 저질렀다는 죄목을 적용해 가능한 한 긴 형량을 받아내는 것이다. 따라서 경찰은 전형적인 분할 정복 전략을 활용한다. 경찰은 2인조를 따로 떼어놓은 다음 상대방의 목소리가 들리지 않을 정도로 뚝 떨어진 취조실에 한 명씩 집어넣는다. 그런 다음 경찰은 죄를 자백하고 상대방이 연루되었다는 사실을 밝히도록 압박을 가했다. 경찰은 2인조 도둑에게 이런 제안을 내놓는다. "이것 봐, 자네들이 보석가게 밖에서 어슬렁거리는 장면이 포착된 비디오테이프를 이미 입수했어. 이것만으로도 최소한 6개월 정도는 형을 살아야 할 거야. 하지만 자네가 죄를 자백하고 다른 놈은 자백하지 않는다면 우리는 자네가 처벌을 면하게 해주지. 대신 자네의 증언을 토대로 자네와 같이 죄를 저지른 공범이 10년 정도 감옥살이를 하게 될 거야. 물론 반대로 자네는 자백하지 않았는데 공범이 자백하면 자네가 감옥에서 10년을 보내야 하겠지. 자네가 감옥살이를 하는 동안 그놈은 자유로운 새처럼 이곳에서 벗어나겠지. 둘 다 자백하면, 둘 다 5년씩 감옥에서 살게 될 거야."

딜레마 자체를 설명하기가 복잡하기 때문에 다음과 같은 표의 형태로 설명하는 경우가 많다.

	죄수 B는 침묵을 지킨다	죄수 B가 배신한다
죄수 A는 침묵을 지킨다	각각 6개월씩 복역	죄수 A: 10년 복역 죄수 B: 석방
죄수 A가 배신한다	죄수 A: 석방 죄수 B: 10년 복역	각각 5년씩 복역

여러분이 죄수의 입장에 놓여 있다고 생각해보면 어디서 딜레마가 생기는지 좀 더 쉽게 이해할 수 있을 것이다. 두 사람이 협력을 통해 침묵을 지키면(범죄에 관한 이야기를 경찰에 누설하지 않는다는 마피아계의 오랜 규칙에 따라) 두 사람 모두 최소한의 형을 살게 된다. 즉, 두 사람 모두에게 이익이 된다. 하지만 죄를 자백하고 공범을 배신하면 여러분이 최대의 이익을 얻을 수 있다. 공범과 이야기하거나 의견을 조율할 수 없다는 제약이 상황을 더욱 악화시킨다. 공범의 휴대전화로 전화를 한 통 걸어 둘 모두 침묵을 지키고 최소한의 형을 살기로 합의하면 일이 얼마나 간단하겠는가?

하지만 죄수의 딜레마가 우리 선조들이 거쳐온 진화 과정과 비슷한 특성을 갖는 것은 바로 이 같은 제약 때문이다. 우리의 포유류 조상들은 언어를 통해 협력을 요청하는 능력이 생겨나기 훨씬 전부터 협력을 해야만 했다. 거의 동물의 협력과 비슷한 수준이었다. 협력의 대가로 무엇을 줄 것인지 약속을 할 수도 없었지만 협력에 적극 참여했다. 서로 필요할 때 도움을 주고받는 식이었다.

간단하게 요약하자면, 죄수의 딜레마에 관한 세부사항들은 매우 구체적인 것처럼 느껴진다. 하지만 죄수의 딜레마는 사실 일상생활에서 흔히 발생하는 상황을 추상적으로 표현한 것이다. 다시 말해서 상호 협력(승/승)에 동의하면 모두가 최적의 이익을 얻을 수 있지만 개인의 입장에서 따져보면 한쪽이 얻을 수 있는 좀 더 강력한 보상을 포기해야 하는(승/패) 상황을 대략적으로 표현한 것이 바로 죄수의 딜레마이다.

액설로드가 죄수의 딜레마에 처음으로 관심을 느꼈던 1970년대에는 협력에 대한 연구 자체가 과학 분야에 치중되어 있었다. 주로 유전자 풀 내에서 이뤄지는 협력에 대해서만 연구가 진행되었다. 생물학자 윌리엄 해밀튼William Hamilton은 유전자 복제에 유리한 방식으로 이뤄지는 협력(혈연선택[16])을 설명하는 우아한 방정식을 찾아내 전 세계를 놀라게 했다. 하지만 액설로드가 관심을 가진 분야는 유전적인 이유가 아니라 전략적인 이유로 이뤄지는 이타주의 혹은 협력이었다. 유전자 암호(자신의 유전자 혹은 가족 구성원의 유전자)를 널리 퍼뜨리겠다는 목적이 아니라면 무엇이 협력의 이유가 될까? 박학다식한 학자 로버트 트라이버스Robert Trivers를 시작으로 속속 등장한 진화 생물학자들은 전략을 기반으로 하는 협력에 '상호 이타주의'[17]라는 이름을 붙였다.

상호 이타주의의 개념이 기술적인 것처럼 느껴지거나 모호하게 들린다면, 여러분이 인생을 살아가는 과정에서 마주치는 상황을 떠올려보자. 대부분의 사람들은 한번쯤 그 어떤 것도 되돌려주지 않으면서 오직 받으려고만 하는 이웃이나 동료를 겪어본 적이 있을 것이다. 분별 있는 사람들은 얼마 되지 않아 이와 같은 자기중심적인 사람들을 '버리고' 이들과의 관계를 끊는다. 하지만 어떨 때는 협력하지만 그러다가 간혹 상대를 버리는 사람은 상대하기가 좀 더 까다롭다. 이런 사람들과의 상호작용 자체를 관두는 것은 힘든 일이다. 중학교 시절 어쩌다 한 번씩 어쩔 수 없이 말을 건네는 듯한 분위기를 풍기던 퀸카, 함께 식사를 할 때 세 번에 한 번꼴로 밥값을 내곤 하던 짜증나는 친구를 떠올려보기 바란다. 매일 밤 흥청망청 놀며 술을 마시며 단체 회의를 할 때 '아프다'는 핑계를 대며 빠져버리는 동료는 어떤가? 이런 사람들과 끊임없이 협력을 할 수 있을까, 그렇지 않으면 상대를 버릴 수밖에 없을까? 상대를 일단 내친 후에 언제 상대를 용서하고 다시 협력해야 할까?

죄수의 딜레마가 단 한 게임으로 끝난다면(딜레마에 빠진 사람들이 다시는 만날 일이 없다고 가정하면) 대부분의 경우 즉시 상대를 버리는 것이 가장 합리적이다. 그래야 최대의 이익을 얻을 수 있기 때문이다. 두 사람이 길에 서서 똑같은 택시를 향해 손짓을 하는 모습을 상상해보자. 이 사람들은 서로 다시 마주칠 가능성이 없다. 그러니 상대방의 편의를 봐줄 이유가 없다. 하지만 대부분의 사람들은 죄수의 딜레마가 끝없이 반복되는 세상(혹은 계속해서 같은 상대와 같은 게임을 치러야 하는 세상)을 살아가고 있다. 결혼 생활을 해봤거나 파트너나 룸메이트와 생활 규칙을 협상해본 경험이 있는 사람은 죄수의 딜레마가 한 차례 진행될 때마다 어떤 식으로 협력과 배신의 주기가 돌아가는지 본능적으로 알게 된다. 어젯밤에 누가 쓰레기를 버렸지? 오늘 밤에는 누가 쓰레기를 버릴 차례인가?

우리의 선조는 소규모 부족 단위로 생활했다. 이런 환경하에서는 몇 안 되는 소수의 사람들을 상대로 끊임없이 협상을 하게 된다. 따라서 우리 인간은 장기적으로 활용할 수 있는 전략을 짜기에 적합한 메커니즘을 정교하게 발전시켜왔다. 상식은 우리 인간에게 언젠가 상호 이익이 될 것으로 예상되는 경우에 협력을 하라고 일러준다. 그렇지 않으면 협력을 위해 너무 많은 대가를 치르게 된다.

자, 다시 리버티 스트리트 33번가에 모인 은행가들을 떠올려보자. 이들 역시 리먼 브라더스를 구제해야 할지 말아야 할지 결정을 내리느라 고심하는 동안 반복해서 죄수의 딜레마 게임을 하고 있었다고 볼 수 있다. 회의에 참석한 은행가들은 모두 과거에 다른 참석자들과 협상을 해본 경험이 있었다. 또한 그동안 걸어온 길을 생각해보면 앞으로 또 다른 곳에서 회의장에 있는 다른 누군가와 또다시 협상을 하게 될 가능성이 컸다. 이같은 점을 고려했을 때, 어떤 행보가 이들이 직면한 복잡한 딜레마를 해결하는 데 전략적으로 가장 큰 도움이 될까?

1970년대 말, 액설로드는 당시로서는 매우 참신하게 여겨졌던 전략을 활용해 이 질문을 탐구해보기로 했다. 컴퓨터 토너먼트[18]를 열기로 한 것이다. 액설로드는 프로그램에 코드를 입력하고 반복적으로 시뮬레이션을 진행하기 위해 죄수의 딜레마 시나리오를 간단하게 수정했다. 그런 다음, 액설로드는 죄수의 딜레마에 대한 여러 전문가를 초청해 전략을 세워볼 것을 요구했다. 액설로드는 전문가들이 제시한 전략을 컴퓨터 코드로 전환해 프로그램에 입력한 다음 각 전략을 서로 대적시켰다. 협력과 배신을 주제로 한 일종의 대혼전이었다.

두 명의 참가자(컴퓨터 프로그램)가 2백 라운드에 걸쳐 대결을 벌이는 방식으로 각 대결이 진행되었다. 라운드가 진행될 때마다 참가자는 협력(C)과 배신(D), 둘 중 하나를 선택할 수 있었다. 각 참가자는 상대가 어떤 결정을 내릴지 알지 못한 채 선택을 했다. 협력보다 배신이 선택되는 경우가 많았다. 하지만 양측이 모두 배신을 택하면 양측 모두 협력을 택했을 때보다 결과가 더욱 나쁠 것이 뻔했다.

액설로드는 맨 처음에 대결을 위해 14개의 시나리오를 확보한 다음 조합을 통해 다양한 전략을 만들어냈다. 대량 보복Massive Retaliation 전략의 경우, 처음에는 협력이 이뤄지지만 배신의 첫 번째 징후가 나타나면 게임이 끝날 때까지 배신이 계속된다. 시험관Tester 전략의 경우, 이따금 배신을 시도한다. 하지만 보복의 첫 번째 징후가 나타나면 재빨리 협력 태세로 돌아선다. 이런 방식을 통해 사실상 상대에게 무언가를 얻어내려 시도한다.

모든 전략을 두 개씩 짝지어 대결시켜본 액설로드는 최후의 승자를 확인한 후 깜짝 놀랐다. 사실 예상치 못한 결과에 너무 놀란 나머지 액설로드는 죄수의 딜레마 전문가들에게 전략을 다시 제출해달라고 부탁했다. 이번에는 첫 번째 라운드에서 우승한 전략을 비롯해 총 63개의 전략을 확보했다. 이번에도 역시 액설로드는 라운드 로빈 토너먼트 방식으로 63개 전략을 모두 대결시켰다. 또한 믿을 수 없게도 이번에도 역시 4개의 명령행이 전체 토너먼트에서 우승을 차지했다. 토너먼트에서 우승한 전략은 모든 전략 중 가장 간단한 것이었다. 두 살배기 아이도 이해할 수 있을 정도로 간단한 이 규칙은 바로 '팃 포 탯Tit for tat'이었다. 눈에는 눈, 이에는 이 전략 말이다.

저명한 수학자이자 게임 이론가인 아나톨 래퍼포트Anatol Rapoport가 제안한 팃 포 탯 전략은 놀라울 정도로 단순했다. 첫 번째 라운드에서는 협력을 택했다. (이런 선택을 통해 협력이 '좋은' 전략이라고 규정했다.) 그런 이후에는 게임이 진행되는 내내 상대의 선택을 그대로 따랐다. 상대가 마음씨 좋게 굴 경우, '팃 포 탯' 전략은 상대가 협력을 할 때마다 상호 협력으로 대응했다. 다시 말해서, 마음씨 좋은 전략을 사용할 경우에는 팃 포 탯 방식을 통해 사랑과 조화가 충만한 안전한 안식처를 찾을 수 있는 것이다.

반면, 배신자가 있는 경우에도 받은 만큼 되돌려줬다. 상대가 배신할 경우 즉시 똑같은 배신행위로 보복을 가했다. 배신자가 또다시 배신하면 팃 포 탯 역시 똑같이 대응했다. 하지만 팃 포 탯은 원한을 품는 법 없이 용서도 했다. 상대가 더 이상 배신하지 않으면 마찬가지로 배신을 멈췄다.

액설로드는 수많은 대결을 통해 그 어떤 전략보다 팃 포 탯이 낫다는 사실을 발견했다. 하지만 액설로드는 팃 포 탯 외에도 대결에서 성공한 마음씨 좋은 전략이 있다는 사실에 한층 더 놀랐다. 가장 높은 점수를 받은 8개의 전략은 마음씨 좋은 전략, 혹은 주로 협력적이거나 상대를 용서하는 전략이었다. 먼저 상대를 배신하는 프로그램은 그 어떤 것도 높은 점수를 받지 못했다. 대결하는 개별 전략보다 팃 포 탯이 높은 점수를 얻었던 것은 아니다. 하지만 팃 포 탯은 동일한 전략 및 그 외의 마음씨 좋은 전략들과 협력할 수 있었다. 반대로 배신 전략은 상호 파괴를 일으켰고 그 결과 총점이 낮아졌다. 시간이 흐를수록 심술궂게 구는 나쁜 전략들은 팃 포 탯 전략을 유리한 방식으로 활용하기 힘들어졌다. 팃 포 탯이 보복을 가했기 때문이다. 팃 포 탯이 남아 있는 전략 가운데서 충분할 정도로 큰 부분을 차지하자 또 다른 마음씨 좋은 전략들이 효과적으로 정착하고 궁극적으로 번성할 수 있었다.

계속해서 토너먼트를 반복하는 과정에서 액설로드는 대결에 투입된 프로그램들이 한 라운드가 끝날 때마다 자가 복제할 수 있도록 했다. 다시 말해서 대결에서 좋은 성적을 거두면 그만큼 복제의 기회가 많아지는 것이다. 그런 다음, 액설로드는 진화 과정을 대략적으로 추적하기 위해 반복해서 시뮬레이션을 진행했다. 반복적인 시뮬레이션 결과, 액설로드는 최소한으로 필요 충분한 숫자의 마음씨 좋은 전략이 서로 대결 과정에서 만나고 복제할 수 있는 환경이 조성되면 이런 전략이 얼마든지 성장하고 번성할 수 있다는 사실을 발견했다. 배신 전략이 판을 치고 있다 하더라도 마찬가지였다.

협력이 이루어지지 않으면 진화 과정 자체가 경쟁으로 점철될 수밖에 없다. 하지만 반복적인 시뮬레이션을 통해 팃 포 탯이 이런 환경 내에서 안정적인 전략으로 발전한다는 사실이 확인되었다. 하지만 팃 포 탯 전략을 게임 이론 밖의 영역으로 가져와 현실 세계에 적용해보면 이야기가 약간 달라진다.

액설로드의 컴퓨터 토너먼트는 한 치의 오차도 없이 움직이며 감정에 좌우되지 않는 두 개의 추상적인 주체에 전적으로 주목했다. 하지만 현실 세계에서는 전혀 다르다. 사람은 실수를 저지른다. 배신을 해야겠다고 생각하면서 협력을 하기도 하고 협력을 해야겠다고 생각하면서 실제로는 배신하기도 한다. 또한 이와 같은 혼란은 게임이 진행되는 방식에 중대한 영향을 미친다.

예를 들어, 첫 번째 토너먼트의 결과를 연구하는 과정에서 액설로드는 상대가 한 번 배신할 때 바로 응징하는 기존의 방식보다 좀 더 너그러운 '두 번까지 봐주기' 전략이 더욱 효과적일지도 모른다는 사실을 발견했다. 두 번까지 봐주기 전략이란, 상대가 두 번에 걸쳐 배신을 했을 때 보복을 가하는 방식이다. 상대의 배신에 무작정 보복을 가하기보다 적어도 한 번쯤은 '반대쪽 뺨을 내밀라'는 것이다.

팃 포 탯과 같은 또 다른 마음씨 좋은 전략과 대결할 때 두 번까지 봐주기가 좀 더 나은 성적을 냈다. 하지만 적대적인 전략을 함께 투입해 토너먼트를 반복하자 두 번까지 봐주기는 24위라는 형편없는 성적으로 토너먼트를 마감했다. 좀 더 공격적인 전략들은 두 번까지 봐주기 전략에 내재된 선의를 악용했다. 즉, 배신을 했던 것이다. 하지만 두 번까지 봐주기 전략이 복수를 감행할 정도까지 배신을 하지는 않았다.

하지만 흥미롭게도, 최근 연구를 통해 두 번까지 봐주기 전략이 실제 인간 세상에서 훨씬 성공적인 전략이 될 수도 있다는 사실이 밝혀졌다. 하버드 대학의 심리학자 데이비드 랜드David Rand는 이 같은 가설을 검증하기 위해 동료들과 함께 게임을 약간 변형했다.[19] 랜드가 개발한 변형 게임은 실제 사람이 죄수의 딜레마 게임을 반복적으로 실행하는 방식으로 진행되었다. 죄수의 딜레마 게임 방식도 약간 변형되었다. 게임 참가자들이 한 번씩 결정을 내릴 때마다 상황이 참가자의 의도와 정반대로 돌아갈 가능성이 8분의 1이었다. 즉, 협력을 선택했는데 정작 배신의 결과가 나오거나 반대로 배신을 선택했는데 협력의 결과가 나올 가능성이 8분의 1이었다. 랜드는 인간이 완벽하지 않고 이따금 실행을 하는 과정에서 오류를 저지르기도 한다는 점을 반영하기 위해 이런 조건을 추가했다.

이처럼 실수의 가능성이 존재하고 '잡음이 뒤섞여 있는' 상황하에서는 두 번까지 봐주기 전략을 택한 참가자가 가장 높은 점수를 얻었다. 이따금 발생하는 의도치 않은 배신을 모르는 척할 수 있었기 때문이다. 반면 좀 더 엄격한 팃 포 탯 전략을 따른 참가자들의 협력은 지나치게 일찍 끝나버렸다. 또한 이런 참가자들은 유익한 관계를 놓치고 말았다. 랜드의 이야기를 들어보자. "불확실한 세계에서는 화를 내는 속도를 늦추고 좀 더 신속하게 용서하는 방식이 좋을 수도 있습니다."

현실 세계와 액설로드가 진행한 시뮬레이션 간의 차이점은 여기서 끝이 아니다. 인간은 사회적 영장류이다. 또한 다른 사회적 영장류와 마찬가지로 인간 역시 협력과 배신을 결정할 때 생존을 위해 의지하는 집단이 중요한 고려 요소가 된다. 개인적인 맥락이 아니라 사회적인 맥락에서 고민한 결과 자기 자신에게 돌아올 이익(그리고 다른 사람들에게 돌아갈 것으로 추정되는 이익)뿐 아니라 같은 집단에 속한 구성원들에게도 영향을 미치는 반직관적인 선택을 하는 경우가 많다.

영장류 동물학자 프란스 드 발Frans de Waal은 연구 파트너 사라 브로스넌 Sarah Brosnan과 함께 꼬리감는원숭이 세계에서 관찰되는 협력 및 불공평에 대한 인식[20]을 연구했다. 두 사람은 실험에서 두 마리의 원숭이에게 간단한 일을 요구한 다음 업무를 완수했을 때 포도 한 알, 혹은 오이 한 조각을 주었다. 두 마리의 원숭이가 같은 보상을 받았을 때는 아무런 문제가 없었다. 두 사람은 원숭이들이 포도를 훨씬 좋아한다고 생각했다.(드 발은 모든 영장류가 달콤한 맛을 좋아한다고 설명했다) 하지만 두 마리 모두 오이를 받았을 때도 아무런 문제없이 반복적으로 주어진 과제를 수행했다.

그런데 원숭이에게 각기 다른 보상을 제공하자 실험이 흥미로워졌다. 둘 중 매력도가 떨어지는 보상(포도가 아니라 오이)을 받은 원숭이가 망설이더니 급기야 오이를 먹지 않거나 과제를 수행하지 않는 등 고전을 면치 못했다.

드 발은 이것이 비논리적인 반응이라고 결론지었다. "우리의 인생과 경제의 목표가 이윤을 극대화하는 것이라고 본다면 당장 얻을 수 있는 것을 무엇이든 받아들여야 합니다. 원숭이들은 우리가 오이를 한 조각씩 내밀 때마다 별 생각 없이 오이를 받아들고 먹을 겁니다. 하지만 옆에 있는 다른 원숭이가 좀 더 좋은 것을 얻게 되면[21] 이야기가 달라집니다."

인간도 이런 본능('불평등에 대한 혐오감'이라고 표현)을 갖고 있다. 하지만 경제학자와 게임 이론가, 수학자들은 오래전부터 인간이 공정성보다 개인의 이익을 추구하는 데 좀 더 관심이 많다고 생각해왔다. 그렇지만 희소자원의 분배를 생각해보면 인간이 실제로 온전히 사리사욕에 부합하는 방식으로 행동한다는 근거는 희박하다. 인간은 신선하고 맛있는 오이를 손에 쥐고 있을 때조차 달콤한 포도에 집착하는 성향을 발전시켜왔다.

다시 말해서 애덤 스미스나 밀턴 프리드먼이 규칙을 밝혀냈음에도 리버티 스트리트 33번가에 모여 앉은 은행가들은 계속해서 사회적 두뇌와 감정적 두뇌를 적극 사용하고 있었던 것이다. 시스템적인 위기와 악성부채에 대한 논의가 한창인 가운데 회의 참석자들은 하나같이 누가 오이를 갖게 되고 누가 포도를 갖게 될지 계산기를 두드리는 데 골몰했고, 은행가들은 사회적 동물로서 우리가 어떻게 결정을 내려야 하는지 알려주는 온갖 인지 편향을 회의장으로 끌고 들어왔다. 각 CEO들은 수백(어쩌면 수천) 명의 은행가들과 직접 협력을 해왔다. 또한 금융계에서 일하면서 그보다 훨씬 많은 사람들을 만나왔다. 하지만 개개인이 함께 일하거나 만나본 사람이 제아무리 많다 한들 세계 금융계 전체를 고려하면 일부에 불과하다. 맥, 블랭크페인, 테인 등 중요한 자리에 앉아 있는 사람이라 하더라도 업계 내의 모든 은행가를 파악하는 것은 불가능하다. 일반인들과 마찬가지로 이런 CEO들도 발견법(간단하게 말해서 정신적인 방법)을 활용해 다른 종족의 속성을 갖고 있는 다른 회사에서 일하는 사람을 찾아낸다. 가령 "밥 말입니다. 모건 스탠리에서 일하는 밥이요"라는 식으로 말하는 것이다. 이런 종족들은 자체적인 가치체계, 문화, 신화, 위험감수 성향, 방식 등을 가지며, 이런 요소들은 종족에 속하는 구성원들을 하나로 묶어주고 구성원들이 갖고 있는 뚜렷한 특성을 강화하는 데 도움이 된다. 또한 종족 중심의 사고방식은 복수를 통해 입지를 강화한다.

예컨대, 리먼 브라더스를 구제하는 방안을 고려할 당시 은행가들은 자신들이 갖고 있는 희소자원을 쏟아부어 판을 싹쓸이하고, 전략적이고 수익성 높은 행보를 통해 득점을 올리도록 바클레이스를 도와주는 꼴이 될

지도 모른다는 위협을 느꼈다. 바클레이스가 '위협적인' 존재인 동시에 '영국 기업'이라는 인식이 이미 은행가들의 머릿속 깊숙이 박혀 있었다. 인지적으로 따져보면 리먼 브라더스 구제에 투입될 돈은 결국 미국 납세자들의 주머니에서 나오는 것이었다. 따라서 바클레이스는 외부 집단, 즉 해외 종족으로 받아들여졌다. 《월스트리트 저널》은 은행가들이 '바클레이스 같은 경쟁업체가 여전히 리먼 브라더스를 매수할 수 있는 상황에서[22] 굳이 리먼 브라더스를 구제하기 위해 도움의 손길을 내밀지 않았다'고 보도했다. 이후 《월스트리트 저널》은 또다시 다음과 같은 내용의 기사를 보도했다. "일요일 오전경, 영국의 바클레이스는 리먼 브라더스 인수 의향을 갖고 있는 유일한 기업처럼 보였다. 그런 상황으로 인해 정부가 구제 금융을 내놓을 가능성이 희박해졌다. 부시 행정부는 월가가 내놓은 해결 방안에 자금을 지원하지 않을 것으로 보인다. 미 정부가 해외 인수업체를 지원할 가능성은 더욱 희박해졌다."[23]

사랑과 신뢰의 묘약인 옥시토신이 우리 편과 상대편을 구분 짓는 편향적인 사고에도 영향을 미치는 것일까? 암스테르담 대학 심리학자 카르스텐 드 드루Carsten K. W. de Dreu를 비롯한 여러 과학자들은 그렇게 생각했다.[24] 드 드류는 네덜란드 학생들에게 '한 명의 행인을 희생시켜 철로에 있는 다섯 명의 목숨을 구할 수 있다면 그렇게 하겠는가?'라는 일반적인 도덕적 딜레마를 제시했다. 드 드류는 위기에 처한 다섯 명에게는 특별한 이름을 부여하지 않고 희생자가 될 수도 있는 인물에게 네덜란드식 이름이나 이슬람식 이름을 붙였다. 실험 시작 전에 옥시토신을 흡입한 네덜란드 학생들은 그렇지 않은 학생들에 비해 '마르텐'이 아니라 '무하마드'를 철로로 밀어 넣겠다고 답한 경우가 훨씬 많았다.

1954년에 진행된 유명한 연구를 통해서도 유사한 호르몬이 작용한다는 사실을 확인할 수 있다.[25] 심리학자 무자퍼 셰리프Muzafer Sherif와 동료들은 여름 캠프에서 열두 살 난 소년들을 상대로 실험을 진행했다. 이들은 소년들을 두 집단으로 나눈 다음 경쟁을 붙였다. 경쟁이 시작된 지 얼마 되지 않아 소년들은 다른 집단에 속한 소년들의 반감을 살 만한 행동을 하기 시작했다. 가령 자신과 다른 집단에 속한 구성원이 지나가는 모습을 볼 때마다 질색하며 코를 쥐는 등의 행동을 했다. (이런 행동을 일컬어 '외부 집단 폄하'라 부른다.) 그와 동시에 각 집단의 내부에서는 화합력이 증가했다. 그뿐만 아니라 두 집단 내에서 거의 순식간에 위계질서가 한층 강해졌고 내부 구성원들 간의 협력이 강화되었다.

내부 집단과 외부 집단 사이에 존재하는 이 같은 종족 중심주의의 기저에는 설득력 있는 논리가 자리 잡고 있다. 게임 이론가 스티브 리티나Steve Rytina와 데이비드 모건David L. Morgan은 '점잔빼는 사람'과 '심술궂은 사람' 간의 경계를 수학적 모형으로 만들었다.[26] 이를 위해 리티나와 모건은 가상의 사회를 두 개의 집단(블루팀과 레드팀)으로 나눴다. 두 사람은 각 종족의 구성원이 '차별적인 팃 포 탯Discriminatory Tit for Tat, DTFT'이라는 변형 전략을 따를 때 어떤 일이 벌어지는지 관찰했다. 차별적인 팃 포 탯 전략이란, 기본적으로 팃 포 탯 전략과 똑같은 성질을 갖고 있지만 다른 집단의 구성원을 상대할 때 차별적으로 대응하는 전략을 뜻한다. 두 사람이 고안한 모형 내에서 레드팀은 항상 블루팀을 배신하고 블루팀 역시 항상 레드팀을 배신한다.

두 명의 레드팀 구성원이 처음으로 협상을 하게 되자, 두 사람 모두 협력했다. 협상을 해본 경험이 없는 블루팀 구성원 두 명을 협상 테이블에 앉혔을 때도 마찬가지였다. 하지만 레드팀 구성원과 블루팀 구성원이 상호작용을 하자 어떤 일이 벌어졌을까? 자신과 다른 집단에 속하는 사람을 신뢰할 수 없다는 인식이 뇌리에 깊이 박혀 있기 때문에 사람들은 당연히 상대를 배신한다. 서로 대립 관계에 놓여 있는 두 갱단 샤크파와 제트파를 생각해보자. 몬태규 가문과 캐퓰렛 가문은 어떤가? 해트필드 가문과 맥코이 가문을 생각해봐도 좋다. 안타깝게도 우리는 이런 이야기에 이미 매우 익숙하다.

리티나와 모건은 실험을 통해 차별적인 팃 포 탯 게임이 안정적지만 다루기 어렵다는 사실을 밝혀냈다. 초반 라운드에서는 팀의 색깔을 모르는 상태에서 기본적인 팃 포 탯 전략을 활용한 참가자가 다른 색깔 팀 참가자를 배신한 참가자보다 저조한 성적을 낸다. 그 이유가 무엇일까? 레드팀 참가자와 블루팀 참가자가 처음으로 상호작용을 하는 상황하에서 블루팀 참가자가 협력을 고려한다 하더라도(일반적인 팃 포 탯 전략을 활용했을 때와 마찬가지로) 레드팀 참가자가 차별적인 전략을 활용해 배신할 것이 거의 확실하기 때문이다. 결국 블루팀 참가자는 좋은 마음으로 시작하려 했을 뿐인데 속임수에 넘어간 사람으로 분류되어 점수를 잃게 된다.

그렇다고 해서 차별적인 전략이 더욱 성공적이라는 뜻은 아니다. 장기적인 회복력의 측면에서 보면 팃 포 탯 전략이 여전히 우세하다. 차별적인 전략의 문제는 다름 아닌 서서히 확산되는 안정성이다. 안정성이 확고하게 뿌리를 내리면 적과의 협력을 시도하는 사람은 벌을 받게 된다.

그렇다면 이런 결과를 통해 어떤 교훈을 얻을 수 있을까? 복잡계가 늘 그렇듯 이번에도 역시 복합적이다. 먼저 그리 반갑지 않은 교훈은 우리 인간이 결국 '우리 편'과 '상대편'으로 사람들을 나누어 바라보는 인지 편견을 발전시켜왔다는 것이다. 반면 반가운 대목도 있다. 그것은 바로 차별적인 전략이 안정적인 게임 방식이긴 하지만 좀 더 너그러운 성질을 갖고 있는 팃 포 탯 전략보다 성공적이지 않다는 사실이 수학적으로 증명됐다는 것이다.

하지만 특정한 부족의 일원이 되어 부족의 이익에 부합하는 방식으로 활동하면(차별적인 팃 포 탯 전략) 이성적이고 감정적인 이익을 얻을 수 있다. 이런 점을 고려했을 때 대립 관계에 놓여 있는 집단이 협력하도록 만들려면 어떻게 해야 할까?

다행스럽게도 내부 집단과 외부 집단을 묘사하는 방식에서 놀라울 정도의 융통성을 발견할 수 있다. 유명한 사회 생물학자 윌슨E. O. Wilson은 이렇게 기술했다. "이타주의의 특징은 강렬한 감정과 변화무쌍한 충성이다. 인간은 사교의례에 있어서는 일관성을 갖고 있다. 하지만 누구에게 사교의례를 적용할지[27] 결정할 때는 끊임없이 변덕을 부린다." 우리는 여기서 이 '변덕'이라는 단어를 주목해야 한다. 인간이 진화 우위를 갖게 된 것은 다름 아닌 가소성 때문이다. 그렇다. 우리는 '우리' 사람을 사랑한다. 하지만 인간의 머리는 '우리' 사람에 대한 정의를 알려주는 융통성 있는 표식을 지속적으로 발전시켜왔다. 윌슨이 기술한 내용을 좀 더 살펴보자. "내부 집단과 외부 집단 사이에는 중요한 차이점이 있다. 하지만 둘을 구별 짓는 선의 정확한 위치는 손쉽게 이리저리 옮길 수 있다."[28]

다시 말해서, 사람들이 '우리'의 정의를 확대하도록 만들면 된다. 과연 '우리'의 범위를 넓히려면 어떻게 해야 할까?

종족의 범위를 넓히기 위한 노력

스토니 브룩 대학의 아서 애런Arthur Aron과 일레인 애런Elaine Aron은 연구 파트너이자 부부이며 집필 활동도 함께한다. 두 사람은 인간이 외부 집단

구성원 및 내부의 최측근들과 어떤 식으로 친밀한 관계를 구축하는지 평생을 바쳐 연구해오고 있다. 두 사람은 지난 10년 동안 서로 일면식도 없는 사람들을 짝을 지어(백인과 흑인, 라틴계와 아시아계, 흑인과 라틴계 등등) 특이한 실험에 참가시켰다.[29]

애런 부부는 두 명씩 짝을 지어 4회에 걸쳐 한 시간씩 친밀한 시간을 보내도록 했다. 첫 번째 시간에는 참가자들에게 여러 질문에 대한 답변을 파트너와 공유할 것을 요구했다. 가령, "유명해지고 싶나요? 어떤 식으로 유명해지고 싶나요?"라거나 "자라온 방식 중 무언가를 바꾸고 싶다면, 그게 무언가요?"라는 다양한 질문에 답을 하고 서로 답변을 공유하는 식이었다. 두 번째 시간에는 정해진 시간 내에 게임을 하며 각 팀이 서로 경쟁을 하도록 유도했다. 가령, 몸동작을 보고 정답을 맞히는 게임, 언어 유희, 논리 문제 등을 진행했다. 세 번째 시간에는 개인적인 삶, 자신이 속한 인종 집단에 대한 소속감 등에 관해 질문을 던지는 등 좀 더 친밀한 대화 시간을 갖도록 유도했다.

네 번째 시간에는 눈을 가린 채 상대방이 이끄는 대로 따라가는 실험을 했다. 눈가리개를 하고 미로를 통과하는 역할과 안내자의 역할을 번갈아 수행했다.

아서 애런은 이런 활동들이 7학년 여름캠프에 참가했던 어느 여름날을 떠올리게 만들 수도 있지만 실험이 진행된 단 네 시간 만으로도 인생을 살아가면서 형성되는 그 어떤 관계 못지않게 친밀한 관계를 만들 수 있다고 주장한다.[30] 애런 부부는 이런 관계가(성공적인 경우) 그 어떤 활동 못지않게 옥시토신 분비를 촉진하는 데 효과적이라고 설명한다. '포옹 물질'이라 불리는 옥시토신이 분비되면(애런이 설계한 활동을 통해서건 잭이 사용한 비강 스프레이를 통해서건) 신뢰와 협력이 자연스럽게 뒤따른다.

사실 애런 부부가 진행한 연구를 통해 낯선 사람과 네 시간을 함께 보내고 나면 피실험자의 선입견이 거의 즉각적으로 완화된다는 사실을 확인할 수 있었다. 피실험자의 침을 이용해 스트레스 호르몬 검사를 진행한 결과 짝을 이룬 두 사람 모두에게서 파트너와 동일한 인종과 사회적 상호작용을 할 때 불안감이 대폭 줄어드는 모습이 관찰되었다.

심리학자들은 공감 모방이라는 매우 진화된 과정을 통해 이런 유형의 강력한 유대감(내부 집단 및 외부 집단에 대해 새롭게 정의하는 계기가 된다)이 형성된다고 설명한다. 사람들은 공감 모방이 이루어진다는 사실을 거의 자각하지 못한다. 하지만 우리는 끊임없이 주변 사람들의 얼굴 표정, 화법, 자세, 보디랭귀지 등을 모방한다.

다소 우아한 신경 피드백 고리를 통해 인간은 주변 사람들의 행동을 모방하면서 자신이 모방 중인 특정한 행동과 관련된 감정을 실제로 경험하게 된다. 바로 이런 이유 때문에 사람들은 다른 누군가가 우는 모습을 지켜볼 때 고통을 느낀다. 신경 피드백으로 인해 상대와 유사한 감각을 느끼기 때문이다. 따라서 인간의 눈물(인체의 시각에서 보면 눈물을 생성해내려면 많은 노력이 든다)은 공감과 협력을 가능케 하는 진정한 진화의 산물이라고 볼 수 있다.

애런 부부가 실험 참가자들에게 산책을 요구한 것은 결코 우연이 아니다. 사실 산책은 갈등 해소를 위해 반드시 필요한 과정이다. 1982년, 군비 감축안 초안을 작성하기 위해 스위스에서 회동을 가진 미국과 소련의 무기 협상가들은 함께 숲을 거닐며 대화를 나눴다.(이후 이들이 함께 산책을 했다는 일화가 많은 사람들에게 알려졌다) 직접 얼굴을 마주하고 대화를 하면 충돌할 가능성이 높아진다. 하지만 나란히 서서 함께 걸으면 적정한 거리를 유지하며 좀 더 깊이 있는 대화를 나눌 수 있다. 몇몇을 짝 지어주는 데서 그치지 않고 몇백 명, 몇천 명의 사람들이 다 함께 상대에 대한 신뢰를 바탕으로 앞으로 걸어가도록 만들면 어떨까? 지구상에서 종족 간 충돌이 가장 심각한 곳에서도 이 방법을 활용하면 도움이 될까?

세계적으로 유명한 협상 전문가 윌리엄 유리William Ury는 종교적 스토리텔링을 중동 분쟁을 둘러싼 정치적 논의의 영역으로 끌어들일 방법을 찾기 위해 노력했다. 비록 유리가 갈등 해소 분야의 전문가이긴 했지만(하버드 대학 협상 프로그램 공동 설립자) 동료들은 대부분 협상 도구로 종교를 활용할 생각은 버리라고 충고했다. 하지만 2000년에 중동평화협상이 진행되는 내내 유리는 정치적인 과정만으로는 중동 분쟁을 둘러싼 매우 중요한 두 가지 측면을 해결할 수 없다는 사실을 깨닫고 크게 낙담했다. 유리는 영토 분쟁으로 포장된 정체성의 문제를 인정하고 팔레스타인 사람들이 직면한 현실적이고 경제적인 상황(1990년대 이후 줄곧 하락세를 걷는 형국)을 해결하는 것이 무엇보다 중요하다고 생각했다.

"이럴 수도 저럴 수도 없는 상황이었습니다. 틀에서 벗어난 참신한 사고가 필요했습니다. '판도를 바꿔놓으려면 어떻게 해야 할까?'라는 것이 문제의 핵심이었습니다. 물론 지금도 그렇습니다."

인류학을 전공한 유리는 이 같은 질문에 답을 찾기 위해 다른 문화에 관해 자신이 진행했던 연구를 참고했다. 유리는 중동 문제를 해결하려면 '제3의 입장third side'이라 칭할 수 있을 만한 지역사회의 개입이 필요하다는 사실을 깨달았다.

"칼라하리 사막의 부시맨 부족을 비롯해 다양한 부류의 사람들과 시간을 보내면서 그들이 주위 지역사회를 어떤 식으로 제3의 입장에서 활용하는지 관찰했습니다. 충돌이 임박해지면 모두가 한자리에 모여 앉았습니다. 모든 참석자에게는 발언권이 있지요. 이런 자리는 놀라운 치유의 역할을 합니다. 사람들이 감정을 억누르도록 도와주거든요. 지역사회 내에서 충분한 억제가 이뤄지면 제아무리 파괴적인 충돌이라 하더라도 점차 바뀌나갈 수 있습니다." 다시 말해서 모두가 동일한 부족의 구성원인 상황하에서는 자신과 다른 부족에 속한 사람을 배척하게 만드는 옥시토신의 효과가 사라진다.

유리는 완충 역할을 할 수 있을 만한 사람을 찾고자 했다. 하지만 중동에서 제3의 입장을 취할 수 있는 사람이 누가 있겠는가?

유리는 "모든 문화에는 오리진 스토리, 즉 기원이 되는 이야기가 있다"고 설명했다. "중동의 오리진 스토리는 우리 모두와 어느 정도 관련이 있습니다. 4천 년 전, 한 남자가 가족을 이끌고 중동을 지났습니다. 그 이후 이 세상이 완전히 변해버렸지요."

물론 그 남자는 아브라함이다.

유리는 아브라함을 상징적인 제3의 입장으로 언급하기 시작했다.

"아브라함은 친절의 상징과 같은 사람입니다. 그러니 아브라함의 이야기를 활용해 테러 문제를 해결할 해독제, 즉 불관용을 예방하는 백신으로 활용하면 어떨까요?" 유리는 아브라함의 이야기를 토대로 서로 다른 세 개의 종교를 하나로 통합할 수 있었다. 또한 극단적으로 이야기하자면 다른 종교와의 비교를 토대로 하는 종교를 무효화할 수 있었다. 세 개의 종교가 하나의 부족(책의 사람들)으로 정의되자 공통된 역사, 공통의 가치관, 모든 사람들에게 존중의 마음을 불러일으키는 신을 향한 공통된 의식이 생겨났다.

"제가 참여해본 대부분의 협상에는 꼭 필요한 요소가 있었습니다. 매우 단순한 것이었습니다. 저는 그것을 '존중'이라고 표현합니다. 상대를 존중하는 마음은 협상가가 양보할 수 있는 가장 값싼 대상입니다. 사실 상대를 존중하는 데는 돈이 들지 않습니다. 하지만 사람들은 놀라울 정도로 존중의 마음을 표현하는 데 인색합니다. 존중이라는 감정은 흥미롭습니다. 포지티브섬positive sum이 가능하거든요. 제가 상대를 존중한다고 해서 저를 덜 존중하게 되는 건 아닙니다. 사실 상대가 저를 더욱 존중하게 될 가능성이 크지요. 아브라함이라는 존재를 통해 표현하고자 하는 것이 바로 이겁니다. 다른 인간을 향한 존중과 긍정적인 가치 말입니다."

하지만 유리는 사람들이 단순히 아브라함 이야기를 기억하고 반복하는 것만으로는 충분치 않다는 사실을 깨달았다. 상징성을 갖고 있는 제3의 입장이 분쟁 해결에 실질적인 기여를 하려면 먼저 사람들의 직접적인 경험이 토대가 되어야만 했다. 이를 위한 최고의 방법은 산책이었다.

"산책에는 힘이 있습니다. 걷는 행위야말로 우리를 인간답게 만들어줍니다. 아브라함의 발자취를 뒤따르는 길(10개국을 가로지르는 길)에는 적대감을 환대로, 테러를 여행으로 바꾸는 힘이 있습니다. 이 모든 일이 아브라함의 이름으로 이루어지는 겁니다."

유리는 아브라함의 자취를 따라 직접 중동을 걸어본 다음 문화적이고 환경 친화적인 산책로를 만들기로 결심했다. 유리는 이 프로젝트에 '아브라함의 길 프로젝트Abraham Path Initiative'이라는 이름을 붙였다.

유리와 동료들이 여정을 시작한 곳은 아브라함의 탄생지인 터키 우르파였다. 유리 일행은 다시 아브라함이 하나님의 부름을 받은 것으로 알려져 있는 터키 하란을 향해 걸었다. 이들의 여정은 시리아로 이어졌다. 요르단과 예루살렘을 지나 서안지구에 들어선 이들의 여정은 창세기에 아브라함이 묻힌 곳으로 묘사되어 있는 히브런(혹은 알칼릴)에서 끝이 났다. 유리는 이 여행(6백 마일이 넘는 길고 긴 여행)을 '자궁에서 무덤으로' 이어지는 여정이라고 설명한다.

애런 부부가 친밀함에 대한 실험을 하면서 가정한 것처럼, 걷는다는 단순한 행동은 실제로 걷는 사람들에게 신뢰를 쌓을 수 있는 사소한 기회를 준다. 이와 같은 상호작용은 환대의 기회를 만들어낸다. 다시 말해서 손님과 주인이 상호 존중을 바탕으로 협력적인 계약을 체결할 수 있는 토대가 마련되는 것이다.

유리는 특유의 뒤틀린 미소를 머금고 이렇게 이어갔다. "서양 사람들은 적개심의 틀로 충돌을 바라봅니다. 하지만 적개심hostility에 피타pita(중동의 납작한 빵—옮긴이) 빵을 더하면 환대hospitality를 얻을 수 있습니다."

우리는 직접 등산화를 신고 아브라함의 길을 걸어가면서 유리가 말한 것과 같은 경험을 했다. 닷새 동안 팔레스타인에 있는 목동의 언덕을 걸어가면서 유리가 제안한 획기적인 비전에 흠뻑 빠져들지는 않았다. 하지만 길을 걷는 동안 우리는(그리고 우리와 함께 길을 걸었던 사람들은) 수많은 새로운 사람들을 만나고 생각의 틀 자체를 바꿔놓는 다양한 경험을 했다.

올리브 오일을 뿌린 신선한 피타 빵(각 가정의 뒤편에 있는 진흙 화덕에서 매일 구워낸 빵)을 대접 받았을 뿐 아니라 종교, 사회 내에서의 여성의 역할, 현대 팔레스타인 사람들의 정체성 등에 관해 아찔할 정도로 다양한 반응을 접했다. 남성들이 여성과 한방에 앉기는커녕 여성과 악수조차 거부하는 마을에서 환대를 받은 적도 있었다. 여성이 강력한 가장의 역할을 하고 남성은 가만히 앉아 존경을 표하는 마을에서 주민들과 대화를 나누고 달콤한 차를 대접 받은 적도 있었다.(이런 마을의 여성들은 자신의 의사를 솔직하게 이야기하며 교육 수준도 높다) 하지만 모든 마을에서 공통적으로 아브라함의 이름으로 이야기하는 환대의 협정(다시 말해서 존중)을 발견할 수 있었다.

나블루스에서 동남쪽으로 5마일 떨어진 곳에 위치한 아와르타의 가파른 언덕을 걷다가 자연스럽게 현지 사람들의 결혼식에 참석한 적도 있었다. 전통의상을 입은 수백 명의 여자들이 마을회관 내 회의실에서 자유롭게 춤을 추고 노래를 하고 있었고 나이 어린 신부와 신랑은 단상에 놓인 의자에 앉아 결혼식을 즐기는 사람들을 바라보고 있었다. 아랍어로 알마두데almardudeh라고 불리는 노래는 바다아badda'a(재능 있는 사람이라는 뜻)라는 리드보컬과 조그만 방 안을 빽빽하게 메운 수백 명의 여자들이 요란하게 주고받는 일종의 대화였다. 방 한가운데로 들어서기에 앞서 단상에 놓인 의자에 앉아 하객들을 내려다보고 있는 신랑 신부 옆으로 안내를 받았다.

땀으로 범벅이 된 한 여성이 손뼉을 치며 노래를 하는 중간에 우리에게 말을 건넸다. "여러분들은 여기 이 마을의 특별 손님입니다. 저희가 여러분들의 방문을 기념해야 하지요."

전혀 모르는 사람들이 치르는 결혼식에 초대를 받았을 뿐 아니라 심지어 주빈 대접을 받았다. 대부분의 서구 국가에서는 거의 상상조차 하기 힘들만큼 너그러운 태도였다. 아브라함의 길 프로젝트에서 팔레스타인 부문을 담당하는 프랑스 태생의 책임자 프레드릭 메이슨은 점령지구 내의 일자리 부족, 사회적 구조 등으로 인해 팔레스타인의 놀라운 환대 문화가 위협받고 있다고 설명한다.

"현 상황으로 인해 마을 주민들은 세계로부터 고립되어 있습니다. 팔레스타인 사람들은 자신들의 경험을 공유하기를 원합니다. 하지만 이들은 단절되어 있습니다. 이런 현실은 사람들에게 엄청난 좌절감을 안깁니다. 특히 환대를 중요시하는 문화를 위협하고 있습니다. 여러분들은 마을에서 열린 결혼식에 참석했을 때 팔레스타인 사람들 그리고 그들이 환대를 표현하는 방식을 모두 존중한 겁니다."

이와 같은 현실은 중동 분쟁을 둘러싼 매우 중요한 두 번째 측면으로 이어진다.(유리가 해결하기 위해 노력 중인 문제이기도 하다) 유리가 중요하게 여기는 두 번째 문제는 바로 상호번영이다. 상호번영 역시 제로섬 게임의 성질을 갖고 있지 않다. 아브라함의 길을 따라 관광이 활성화되면 마을 주민들이 음식을 팔고, 강좌를 진행하고, 쉴 곳을 제공해 돈을 벌 수 있다. 문화의 명목적인 가치도 높아지겠지만 현지 주민들의 경제 상황 역시 개선될 수 있는 것이다. 또한 이런 과정을 통해 사람들은 환대를 제공하는 주민들에게 한층 커다란 존중을 표현할 수 있다.

지난 5년 동안 수천 명의 사람들이 시리아, 요르단, 이스라엘, 팔레스타인을 지나 아브라함의 길을 걸었다. 중동을 여행할 형편이 되지 않는 사람들은 자신이 거주하고 있는 도시와 지역사회 내에서 걷기 운동을 조직하고 있다. 여러 겹으로 이루어진 윌리 스미츠의 정원과 마찬가지로, 아브라함의 길은 장기간에 걸쳐 존중과 신뢰를 확보하려는 욕구와 지역사회가 갖고 있는 직접적인 경제적 욕구를 동시에 충족시키려고 시도하고 있다.

유리는 우리에게 이렇게 이야기했다. "지금은 아브라함의 길이 하나의 도토리와 같습니다. 하지만 시간이 흐르면 거대한 오크 나무처럼 될 수도 있습니다."

유리의 말은 아브라함은 상징적인 제3의 입장이지만 그 길을 걸어갈 사람은 지구상에서 살아가는 우리 모두라는 사실을 다시금 일깨워줬다.

리버티 스트리트 33번가에 모인 은행가들 이야기로 다시금 돌아가보자. 앞서 이미 설명한 것처럼 비밀주의는 부족의 범위를 넓히려는 모든 노력을 방해했다. 참가자들은 서로 전혀 다른 두 가지 방식으로 행동했고 비밀주의라는 협상의 본질로 인해 참가자들은 본 협상과는 별도로 진행되는 또 다른 거래를 진행하고픈 강력한 동기를 갖게 되었다. 제로섬 게임과 비제로섬 게임을 동시에 생각하기는 힘들다. 무엇보다도 나쁜 것은 회의실에 모인 은행가들이(폴슨도 회의실에 자리하고 있긴 했지만) 위기와 관련된 실제 이해관계자들 중 일부만을 대변한다는 사실이었다. 유리가 제안한 제3의 입장(일반 시민, 다른 부류의 기업, 외부 경제학자, 활동가 등)이 회의에 참석해 부족의 범위를 넓히고 시스템 전반과 관련된 건설적인 방안을 제시했더라면 상황이 조금 다르게 흘러갔을까?

신경 과학과 게임이론은 수많은 긍정적인 근거를 제시한다. 또한 부족을 확대하는 방안, 복잡한 협상을 진행할 때 제3의 입장을 활용하는 방안 등 다양한 전략에 엄청난 위력이 숨어 있다는 사실이 밝혀졌다. 그럼에도 불구하고 이런 방법이 동원되었더라도 리버티 스트리트 33번가에 모인 은행가들이 자신에게 불리하고 넘을 수 없을 것처럼 보이는 장애물들을 뛰어넘어 성공적으로 협력할 방법을 분명히 찾았을 것이라고 장담하기는 힘들다.

은행가들의 운명적인 회의가 끝난 지 2년이 채 지나지 않아 또다시 위기가 발생했다. 2년 전에 그랬듯 해결책을 내놓아야 할 최후의 시간의 얼마 남지 않은 데다 수많은 사람들의 목숨이 달려 있는 한층 심각한 위기가 한창인 가운데 서로 전혀 모르는 타인들이 어떤 식으로 협력을 해야 할지 선례를 제시한다. 다음에 이어지는 이들의 이야기(미션 4636)는 어느 곳에서건 협력을 이끌어내는 데 귀한 교훈을 준다.

미션 4636

2010년 1월 10일 아이티의 수도 포르토프랭스에서 발생한 파괴적인 지진은 서반구에 위치한 최빈국을 덮친 역사상 가장 강력한 지진은 아니었다. 하지만 가장 비극적이었던 것만은 틀림없었다. 지진이 지면 아래를 뒤흔들자 지상에 부실하게 둥지를 틀고 있었던 사회경제, 정치, 인종, 물리적 인프라가 모두 무너져 내렸다. 단 한순간에 엄청난 피해가 발생했고 마치 전쟁이라도 휩쓸고 지나간 듯한 각종 피해기록이 속속 공개됐다. 포르토프랭스 지진으로 31만 6천 명의 아이티 주민이 사망했고[31] 30만 명이 부상을 당했다.[32] 백만 명이 넘는 사람들이 집 없는 신세가 되었고[33] 지진으로 피해를 입은 사람의 숫자가 무려 3백만 명에 달했다.[34] 물리적 인프라는 모두 내려앉았고 정부의 모든 부처는 흔적도 없이 사라져버렸으며 시민들은 충격에 사로잡혔다. 이전부터 아이티에서 활동 중이던 수많은 국제 구호단체들도 마찬가지였다. 포르토프랭스 지진이 가장 심각한 수준의 인도주의적 위기라는 데는 의심의 여지가 없었다.

그날 하루 동안 벌어진 사건들도 매우 끔찍했지만 포르토프랭스가 몇 십 년쯤 일찍 지진 피해를 입었다면 훨씬 큰 재앙이 되었을지도 모른다. 2010년 1월 10일, 과거에는 상상조차 할 수 없었던 방식으로 상황이 전개되었기 때문이다. 지진이 발생했다는 소식이 순식간에 퍼져나가자 인터넷 시대 이전에는 결단코 불가능했을 법한 특이한 방식으로 전 세계가 문제 해결에 발 벗고 나섰다. 자원봉사자, 과학기술자, 긴급구조요원, 국내외의 아이티 시민들로 구성된 국제사회의 위력을 활용한 대응 방안이 등장했던 것이다.

그뿐만 아니라 리버티 스트리트 33번가에서 회의가 열렸던 때와 거의 비슷한 시간 동안 이처럼 놀라운 협력이 이루어졌다.

이 이야기는 아이티에서 1,700마일 떨어져 있으며 눈보라 치는 겨울을 맞이한 보스턴 교외의 서머빌에서 시작된다. 로절린드 세월Rosalind Sewell은 터프츠 대학교 플레처 법학외교 전문대학원에서 대학원 1학년 수업을 듣기 위해 동부로 돌아온 직후 지진 소식을 들었다. 모로코에서 풀브라이트 연구원으로 활동했던 세웰은 지구상에서 생겨나는 새로운 형태의 소셜 미디어와 기술에 관심을 갖고 있었다. 바로 그런 이유 때문에 세웰은 이메일을 확인하며 하나의 메시지에 특히 시선을 빼앗겼다.

"이메일에는 이런 내용이 적혀 있었습니다. '학교 근처에 있나요? 지금 다들 우리 집에 모여서 지진 문제를 해결하기 위해 소셜 미디어 지도를 만들고 있습니다.'"

세웰에게 이메일을 보낸 사람은 플레처 스쿨에서 박사과정을 밟고 있는 패트릭 마이어Patrick Meier였다. 세웰은 마이어가 위기 지도를 만드는 데 관심을 갖고 있는 터프츠 학생들을 대표한다는 사실을 잘 알고 있었다. 위기 지도란 문자 메시지, 트위터, 페이스북 등을 통해 전송된 데이터와 위성 이미지(구글 같은 조직 덕에 지금은 온라인상에서 쉽게 구할 수 있다)를 결합해 진행 중인 위기가 미치는 영향을 지도로 표시하고 대처 방안을 마련하려는 새로운 재난 분석 분야이다.

세웰은 마이어가 터프츠에서 키워온 커뮤니티와 위기 지도에 대해 좀 더 많은 정보를 얻을 수 있는 기회가 찾아왔다고 생각했다. 세웰은 저녁 무렵 마이어의 아파트를 향해 발걸음을 옮기며 터프츠 학생들이 모여서 차분하게 트위터와 페이스북을 열람하고 온라인 지도에 좌표 정보를 업로드하는 모습을 보게 될 것이라고 생각했다. 그런데 놀랍게도 세웰이 마이어의 아파트에서 발견한 것은 필요한 요소를 모두 갖춘 작전본부, 즉 아이티 지진에 관한 정보 공유 및 사건 보고를 위한 신경 중추였다.

"저희 가족 중에 군인이 있습니다. 그래서 컴퓨터 화면과 대형 모니터가 줄지어 늘어서 있는 육군작전본부를 방문한 적이 있었어요. 패트릭의 거실로 걸어들어가자 육군작전본부를 방문했을 때와 같은 기분이 들었습니다. 두세 명의 사람들이 전화를 하면서 정보를 모으고 있었어요. 정말 집중한 것처럼 보였습니다. 다른 누군가는 새로운 사람들을 훈련시키고 있었어요. 아파트 전체에 열광적인 에너지가 흐르고 있었습니다. 저는 흠뻑 매료되고 말았습니다."

세웰은 두세 시간쯤 위기 지도를 작성하다가 집으로 돌아갈 생각이었다. 하지만 세웰은 이후 3주 동안 밤낮없이 위기 지도 제작 프로젝트와 떼려야 뗄 수 없을 정도로 긴밀하게 연결되어(직접 그리고 온라인상으로) 있었다. 그리고 로절린드 세웰은 혼자가 아니었다. 이스탄불에서 제네바, 워싱턴에 이르기까지 세계 각지에 흩어져 있는 수천 명의 사람들이 지진에 대응하기 위해 힘을 모았고, 그 결과 전례가 없을 정도로 큰 규모의 크라우드 소스 위기 지도 제작 프로젝트가 탄생했다.

미션 4636은 사실 2007년에 케냐를 뒤흔든 선거 관련 폭력 사태라는 또 다른 위기에 대응하기 위해 지구 반대편에서 이루어진 노력에 뿌리를 두고 있다. 선거가 끝난 후 케냐 시골 지역 곳곳에서 부족 간 충돌이 발생했다. 여러 집단 사이에서 끔찍한 배신 주기가 형성되었고(차별적인 팃 포탯) 상황은 날이 갈수록 걷잡을 수 없이 악화되었다.

위기가 한창인 가운데 케냐 주민들은 도시 이외의 지역에서 발생하는 폭력 사태와 관련해 신뢰할 만한 실시간 정보를 전혀 구하지 못했다. 케냐에서 태어나 하버드 법대를 졸업한 후 선거 감시를 위해 고국으로 돌아온 오리 오콜로는 개인 블로그에서 폭력 사건에 관한 모든 내용을 수집하고 지오태그를 달았다. 하지만 정보가 유입되는 속도가 너무 빨랐다. 2008년 이전의 금융 규제기관들이 그랬던 것처럼 케냐인들 역시 지도 제작에 도움이 되는 좀 더 나은 도구, 폭력 사태에 대한 실시간 정보를 반영할 수 있도록 역동적으로 변하는 도구를 필요로 했다. 하지만 그와 동시에 도구를 사용하는 사람들이 손쉽게 접근할 수 있는 시스템이 필요했다. 오콜로는 이런 도구를 만들기 위해 블로고스피어blogosphere로 눈을 돌렸다. 그로부터 며칠이 지난 후, 자원봉사 소프트웨어 개발자들은 신속하게 오콜로의 요구에 답했다. 케냐인들이 휴대전화를 이용해 익명으로 폭동, 강간, 사망, 강제 퇴출 등을 신고할 수 있도록 웹 플랫폼 원형을 개발했던 것이다. 이 플랫폼 덕에 사람들은 크라우드소싱을 기반으로 한 수많은 위기 보고 현황을 한눈에 일목요연하게 확인할 수 있게 되었다. 또한 케냐 시민들은 이 플랫폼을 통해 어디에서 어떤 일이 벌어지고 있는지 확인할 수 있게 되었을 뿐 아니라 좀 더 포괄적인 추세(지역사회 전반에서 폭력이 어떤 식으로 확산되고 있는가? 그다음 어디에서 폭력 사태가 벌어질 것인가?)도 파악할 수 있게 되었다. 과학 기술자, 인권 운동가 등으로 이루어진 느슨한 네트워크는 자신들이 개발한 도구에 우샤히디Ushahidi('증언'이라는 뜻의 스와힐리어)라는 이름을 붙였다.

선거와 직접 관련된 상황만 보면, 이 위기 속에서 진짜 효력이 나타날 정도로 많은 사람들이 우샤히디에 대해 알고 있었던 것은 아니다. 따라서 우샤히디는 일종의 원형과 같은 역할을 했고 또한 앞으로 도래할 수 있을 법한 비전을 제시했다. 하지만 개발자들은 우샤히디를 활용하면서 한 가지 분명한 사실을 깨달았다. 비단 폭력 사태뿐 아니라 공중위생과 관련된 전염병, 생태학적인 참사 등 양질의 정보를 실시간으로 구하기 어려운 상황에 처해 있는 모든 지역사회가 우샤히디 플랫폼을 활용할 수 있을 것이라는 사실이었다. 개발자들은 좀 더 다양한 환경에서 활용할 수 있도록 플랫폼을 발전시키기로 했다.

이후 몇 년 동안 여러 지역사회가 다양한 방식으로 우샤히디 플랫폼을 활용했다. 남아프리카 공화국에서는 반 이민 정서에서 비롯된 폭력 사태를 추적하는 용도로 활용했고, 콩고 동부 지방에서는 폭력 상황을 지도로 표현하기 위해 우샤히디 플랫폼을 활용했다. 동아프리카 국가들은 우샤히디 플랫폼을 활용해 의약품 부족 현상을 알렸으며 세계 각지에서 선거 감시를 위해 우샤히디 플랫폼을 활용했다. 우샤히디의 조직적인 목표는 우샤히디라는 플랫폼 자체를 누구나(어떤 문제를 둘러싼 투명성을 한층 강화하기를 원하는 모든 사람) 쉽게 무료로 이용할 수 있도록 만드는 것이었다. 수많은 소프트웨어 개발자들이 그렇듯 우샤히디를 개발한 조직도 케냐에서 처음 우샤히디를 선보인 후 실질적인 소프트웨어 배치에 개입할 의도는 전혀 없었던 상태였다.

하지만 2010년 1월 10일에 모든 것이 달라졌다.

로절린드 세웰의 계정으로 이메일을 보낸 패트릭 마이어는 우샤히디 위기 지도 제작 담당 책임자이자 국제 위기 지도 제작자 네트워크 공동 설립자이다. 지진이 아이티를 강타한 지 몇 시간이 채 흐르지 않았을 무렵 보스턴에서 CNN 뉴스를 시청 중이던 마이어는 엄청난 피해 규모에 충격을 받았다. 마이어는 우샤히디의 총기술책임자에게 전화를 걸어 우샤히디가 단순히 플랫폼을 확산시키는 것 이상의 역할을 하기 바란다고 전했다. 피해가 극심한 데다 아이티 자체가 매우 빈곤한 국가였기 때문에 마이어는 지진이 아이티라는 한 국가 전체의 티핑 포인트로 작용해 시스템 전반이 무너져 내리는 계기가 될 수도 있다고 우려했던 것이다.

마이어의 전화를 받은 지 한 시간이 채 지나지 않아 우샤히디의 기술책임자는 핵심 프로그래머와 힘을 모아 아이티에서 발생한 지진을 수습하는 데 도움이 되는 방식으로 플랫폼을 수정하기 시작했다. 사실 당시만 하더라도 우샤히디는 케냐에서 지도 제작을 위한 시각화 도구로 사용되어왔을 뿐이었다. 하지만 사람들의 반응을 조정하고 위기와 관련된 모든 이해관계자(긴급구조요원, NGO, 정부 그리고 무엇보다 중요한 아이티 사람들)를 한데 모으는 데 우샤히디가 도움이 될 것으로 기대되었다. 우샤히디라는 플랫폼이 기능하는 방식에 근본적인 변화가 생겨났던 것이다. 단순히 지도 제작을 위한 도구로 여겨졌던 우샤히디가 개입을 위한 도구로 발전했던 것이다.

마이어는 "전화를 걸어 플랫폼 구축을 부탁하고 나니 기술 중심의 소규모 우샤히디 개발팀만으로는 실시간에 가깝게 위기 지도를 제작할 수 없다는 사실이 명확해졌다"며 다음과 같이 덧붙였다. "케냐 사태 이후 처음으로 직접 배치를 하게 되었습니다."

가장 먼저 트위터, 페이스북 업데이트, 웹상에서 다양한 사이트를 누비는 목격자, 휴대전화를 통해 아이티 밖으로 흘러나온 문자 메시지 등 아이티와 관련된 모든 정보를 찾아내어 분류해야만 했다.

마이어는 이 모든 정보를 감시하려면 많은 사람들이 한 팀으로 묶여 계속해서 신경을 곤두세우고 작업해야 한다는 사실을 잘 알고 있었다. 하지만 그것은 시작에 불과했다. 모든 정보를 추적한 다음에는 정보 처리 과정을 통해 여러 카테고리로 분류한 다음 지오태그를 달아주고 정확한 좌표를 사용해 포르토프랭스를 비롯해 인근 지역을 나타내는 역동적인 디지털 지도에 관련 정보를 반영해야만 했다. 마이어나 그 외의 우샤히디 팀원들은 포르토프랭스의 거리, 뒷골목, 현지인들이 즐겨 찾는 장소 등에 대해 잘 알지 못했다. 따라서 올바른 좌표를 찾는 것 자체가 거의 불가능해 보였다.

이 힘든 과정을 가능하게 만들기 위해, 마이어는 우샤히디의 숨겨진 네트워크를 활용하기로 마음먹었다. 트위터, 터프츠 대학, 대학 캠퍼스 네트워크, 디지털에 대해 잘 알고 있는 개발 전문가들로 구성된 사교단체 등을 통해 자원봉사자들을 모집하기 시작했다. 우샤히디 팀 역시 같은 목적을 바탕으로 비공식적으로 연결된 대규모 네트워크의 일부였다. 기술적으로 매우 발달된 인도주의적 NGO, 과학 기술자, 연구진 등으로 구성된 이 네트워크는 오랜 시간에 걸쳐 서서히 구축되었으며 각 구성원들은 아이티에서 발생한 위기에 대처하는 과정에서 각기 다른 시점에 중요한 역할을 수행했다.

패트릭 마이어는 로절린드 세웰뿐 아니라 터프츠 대학 이메일 목록에 등재된 수천 명의 사람들에게 이메일을 발송했다. 플레처에서 공부 중이었던 마이어는 이미 학교 내에서 우샤히디에 관해 몇 차례 프레젠테이션을 진행했고 몇 명의 친구들과 지인들에게서 지지를 이끌어낼 수 있었다. 마이어가 맨 처음 이메일을 발송하자 10여 명의 자원봉사 핵심 인력이 모습을 드러냈다. 세웰을 비롯해 몇 명은 처음 보는 사람들이었다. 마이어는 맨 처음 아파트를 찾아온 사람들에게 정보를 추적하고 태그를 다는 방법을 알려주면서 상황이 몹시 긴박하다는 점을 강조했다. 또한 마이어는 좀더 많은 사람들에게 도움을 얻기 위한 아이디어와 도구를 제안했다. 마이어는 자원봉사자들에게 원격 방식으로 일을 처리할 것이라고 이야기했다. 스카이프 단체 채팅에 동의하고 로그인 상태를 유지하면 세계 어디에서건 정보를 처리하고 지도 제작에 참여할 수 있었다. 그런 다음 마이어는 자원봉사자들이 각자 알아서 일하게 내버려두었다.

맨 처음 몇 명의 사람들이 자원봉사를 하겠다며 마이어의 거실에 모습을 드러낸 후 자원봉사자의 숫자는 급격히 불어나갔다. 그로부터 며칠이 지나자 20명의 자원봉사자가 소파와 거실 바닥에 끼어 앉아 일을 하게 되었다. 그러다 자원봉사자의 숫자가 30명, 40명으로 늘어났다. 또다시 사람이 늘어나 자원봉사자의 숫자가 급기야 50명에 이르자 마이어는 터프츠 대학 건물에 있는 학업 공간을 빌리기로 했다. 그다음 주가 되자 터프츠 학부생들을 상대로 한 훈련 프로그램에 80명이 넘는 학생들이 참석했고 마이어가 지휘하는 작전본부는 '우샤히디-아이티@터프츠'라는 공식 명칭을 갖게 되었다.

머지않아 마이어는, 세계 각지에서 훈련 프로그램이 진행 중이며 곳곳에서 위기 지도 제작을 위한 보조 상황실이 등장하고 있다는 내용이 담긴 여러 통의 이메일을 받았다. 터프츠 졸업생들로 구성된 어느 단체는 마이어에게 또 다른 자원봉사자에게 전달 받은 로그인 정보를 이용해 워싱턴에서 위기 지도 제작 작전실을 운영 중이라는 내용의 이메일을 보냈다. 플레처 스쿨의 교환학생 자격으로 제네바에서 대학원에 재학 중인 어느 여학생은 위기 지도 제작을 위한 전초기지를 마련해 제네바를 담당하고 있다고 내용의 이메일을 보냈다. 그때까지 학교로 돌아오지 않고 포틀랜드에서 휴가를 즐기고 있던 또 다른 플레처 스쿨 학생은 서부 해안 지역에서 실시간 지도 제작 활동을 하기 위해 학생들을 모으기 시작했다. 그러다가 조직의 씨앗이 세계 각지의 도시로 날아가 런던, 몬트리올, 프로비던스, 이스탄불을 비롯한 세계 곳곳에서 위기 지도 제작자들로 구성된 소규모 신생 커뮤니티가 생겨났다. 스카이프 채팅에 참여하고 우샤히디 플랫폼을 활용할 수 있도록 훈련을 받은 사람이 단 한 명이라도 있는 곳이라면 어디건 위기 지도 제작을 위한 교점이 될 수 있었다.

앞서 언급했던 유해한 조직 알카에다 아라비아반도 지부의 네트워크처럼 친사회적인 성향을 갖고 있는 위기 지도 제작자들 역시 전통적으로 강력한 힘을 발휘해온 지휘통제 구조를 통해 서로 묶여 있는 것이 아니다. 이들을 하나로 묶는 것은 비공식적인 사회적 관계와 공통된 가치관이다. 시간이 흐르자, 수백 명의 위기 지도 제작자들이 아이티 지진 문제에 대처하려는 노력에 힘을 보태게 되었다. 완전히 발달된 스워밍 방식이었다. 아이티 지진이 발생하기 전에는 마이어가 직접 만나본 적도 없는 사람들이었다. 심지어 상대방의 존재 자체를 까맣게 모르고 있다가 지진에 대처하기 위한 노력이 모두 끝난 후에야 비로소 알게 된 경우도 있었다.

마이어의 이야기를 계속 들어보자. "저는 사람들에게 '일이 창발적으로 돌아가도록 내버려두자'고 했습니다. 매 시간 일어나야 하는 일, 이토록 짧은 시간 내에 계속해서 발전해야 하는 일이 너무도 많았습니다. 상황이 점차 비효율적으로 돌아가기 시작했습니다. 그래서 저절로 번성하고 발생하는 일에 알아서 대처하도록 놓아둘 수밖에 없었습니다."

플랫폼 자체가 개방적인 특성(우샤히디를 작동시키는 암호와 지도 제작이라는 활동에 내재된 협력적인 본질)을 갖고 있었기 때문에 최소한의 공식적인 권한을 바탕으로 개별적이고 유용한 업무를 수행할 사람들을 쉽게 채용할 수 있었다. 이런 특성은 우샤히디라는 플랫폼과 채용 과정을 확산시키는 데 많은 도움이 되었다.

마이어는 당시를 회상하며 이렇게 말한다. "자원봉사자들과 관련된 모든 상황은 제가 경험한 가장 놀라운 일 중 하나였습니다. 5~6주 만에 사람들이 3백 명이 넘는 또 다른 사람들에게 우샤히디 플랫폼을 사용하는 법을 가르쳤습니다. 사용법을 가르치기 위한 강좌 중 제가 앞장서서 개최한 것은 단 하나도 없었습니다."

글로벌 위기 지도 제작을 위해 마련된 임시 커뮤니티는 위기 발생 직후 몇 시간 동안 뉴스 보도, 트위터에 올라온 내용, 페이스북 업데이트 등을 통해 주로 데이터를 수집했다. 하지만 지도 제작을 위한 도구에서 전면적인 개입 방식으로 거듭나기 위해서는 우샤히디가 먼저 도움을 필요로 하는 아이티 사람들과 직접 연결되어 있어야만 했다. 그런 다음 아이티 현지인들과 긴급구조요원(지도를 보고 어떤 곳으로 가야 가장 큰 도움이 될 수 있을지 결정하는 사람)들을 연결시켜줘야 했다. 위기 지도 제작자들이 배치를 돕기 위해 자원봉사자들을 모집하고 훈련시키는 동안 프런트라인 SMS, 인스테드, 에너지 EFO, 톰슨 로이터 재단 등 기술 중심 NGO들은 현지에 거주하는 아이티인들이 자신이 직접 경험한 내용을 지도에 입력할 수 있게 도울 방법을 찾기 시작했다.

1월 10일에 지진이 아이티를 뒤흔든 지 몇 분이 지난 후, 프런트라인 SMS(지금의 메딕모바일)에서 일하는 20대 중반의 자칭 의료광 조시 네스빗Josh Nesbit은 국무부에 전화를 걸었다. 그로부터 한 시간쯤 흐른 후 네스빗은 국무부의 미디어 담당 직원들과 함께 라디오와 통신 회사를 활용해 직접 아이티인들에게 접근할 방법을 찾기 시작했다.

네스빗은 당시의 상황을 이렇게 전달했다. "전체 인구 중 온라인에 연결된 인구가 약 1%에 불과한(지진 후에는 그보다 더 줄어들었다) 아이티 같은 국가에서는 유선 전화망이 거의 존재하지 않는다는 사실을 알고 있었습니다. 반면 전체 인구 중 휴대전화를 갖고 있는 인구는 40%에 이릅니다. 또한 휴대전화에 접근 가능한 사람의 숫자를 따져보면 그 숫자가 훨씬 클 겁니다. 75~80%에 가까울 정도로 많을 겁니다."

네스빗과 국무부 담당자들은 지도 제작 플랫폼이 성공하려면 아이티 현지인들과 직접 연락을 주고받는 것이 무엇보다 중요하다는 사실을 잘 알고 있었다. 관계자들은 모두 SMS를 주고받을 경로를 확보하는 것이 급선무라고 입을 모았다.

SMS(단문 메시지 서비스)는 문자 메시지를 나타내기 위한 기술 용어에 불과하다. 하지만 네스빗과 국무부는 지진 피해자들에게 사건을 보고받기 위한 구체적인 경로를 원했다. 각국 정부, 혹은 지방 정부는 몇 개의 전화번호를 따로 마련해 특수한 용도로 활용한다. 뉴욕의 경우 311번으로 전화를 걸면 뉴욕 정부 사무실로 연결된다. 이 같은 사실에 착안해 네스빗은 아이티의 모든 통신회사들이 하나의 지진 긴급 문자 번호를 지정하는 데 동의해주면 좋겠다고 생각했다.

네스빗은 워싱턴에 위치한 아파트에 앉아 지난 6개월 동안 함께 일했던 모든 NGO의 이름을 일목요연하게 정리한 다음 'SMS 허브'를 찾아내기 위해 모든 기관의 통신 상태를 확인했다. 네스빗은 밤새도록 국무부 관계자들 및 세계 각지에 흩어져 있는 의료 부문 지인들과 끝없이 전화를 하고, 트윗을 작성하고, 문자 메시지를 주고받았다. 많은 사람들과 다급하게 의견을 교환하는 와중에 네스빗은 자신의 모든 팔로워들에게 다음과 같은 내용의 트윗을 남겼다.

http://haiti.ushahidi.com을 위한 현지의 SMS 게이트웨이를 구축할 수 있도록 아이티의 프런트라인SMS 사용자들에게 연락해주세요.

거의 트윗 작성이 끝나자마자 네스빗은 서아프리카 카메룬에 위치한 트위터 팔로워 중 한 명에게서 연락을 받았다. 카메룬의 팔로워는 네스빗에게 아이티의 통신업체 디지셀에서 IP 관리자로 일하는 장 마크 카스테라Jean-Marc Castera에게 연락해볼 것을 권했다. 네스빗은 곧장 스카이프를 이용해 카스테라와 대화를 주고받으며 쇼트 코드short code를 개발할 계획을 세웠다.

네스빗은 "이제 나에게 '트윗을 남기는 데 쓸데없이 시간을 낭비'하는 이유가 뭐냐고 묻는 사람들에게 해줄 말이 생겼다"고 이야기했다.

장 마크 카스테라를 찾아낸 사건은 미션 4636에서 잭팟과도 같았다.

네스빗의 요구를 전해들은 카스테라는 의심과 의구심을 드러내 보이기보다 즉각 아이티 최대의 휴대전화 통신업체인 디지셀의 CEO와 접촉해보겠다고 약속했다. 카스테라는 그 누구도 상상할 수 없었을 만큼 대단한 성과를 갖고 돌아왔다. 재난구조 활동에 참여하는 모든 사람들이 4636이라는 SMS 코드를 쓰는 방안을 제안한 것이다. 원래 4636은 자동 응답 서비스를 통해 날씨 정보를 제공하는 단순한 서비스였다. 하지만 이제 디지셀의 도움 덕에 4636은 곤경에 처한 아이티인들에게서 재난 관련 메시지를 수집하는 SMS 허브 기능을 할 수 있게 되었다.

하지만 이와 같은 기술적인 가능성을 현실로 바꾸기는 쉽지 않았다. 바로 이 대목에서 새로운 영웅, 하지만 그다지 유명세를 떨치지는 못한 영웅이 등장했다. 질병과 재난, 응급상황에 대처하기 위한 새로운 방안을 만들어내는 비영리 단체 인스테드의 에릭 라스무센Eric Rasmussen과 니콜라스 디 타다Nicholás di Tada가 바로 숨은 영웅들이었다.

지진 발생 1년 전, 영국에 기반을 두고 있는 톰슨 로이터 재단은 인스테드에 긴급 정보 서비스(웹과 모바일을 기반으로 하며 재난이 발생했을 때 언론인들과 생존자들이 원활하게 의사소통할 수 있도록 도움을 주는 플랫폼) 개발을 의뢰했다. 아이티에서 지진이 발생한 지 채 몇 시간이 지나지 않았을 무렵, 톰슨 로이터 재단은 인스테드에 아이티로 날아가 작전 본부를 설립해 줄 것을 요청했다. 강력한 진동이 아이티를 뒤흔든 지 60시간이 흐른 후, 라스무센과 디 타다, 그 외 일부 재단 관계자들은 아이티로 날아가 포르토프랭스 국제 비행장 동쪽 활주로에 작전 본부를 세웠다. 지진이 발생한 후 현지에 모습을 드러낸 최초의 조직 중 하나였다.

인스테드 팀은 비행장에 위치한 작전 본부에서 몇 가지 매우 중요한 일을 해냈다. 먼저, 아이티의 휴대전화 사용자 중 90%가 4636번으로 문자 메시지를 전송할 수 있도록 아이티의 통신 시장을 지배하고 있는 양대 통신업체(디지셀과 콤셀)와 협력하여 4636번으로 들어오는 문자 메시지를 수집하는 데 필요한 인프라를 구축하고 연결했다. 그런 다음, 인스테드 팀은 여러 단체들이 시스템 내로 전송되어 들어오는 메시지에 접근할 수 있도록 우샤히디와 협력했다. 이번에도 역시 숨겨져 있었던 네트워크가 엄청난 위력을 발휘했다. 지진 발생 당시, 인스테드의 엔지니어링 부사장 에드 제지에르스키는 나이로비에서 우샤히디와 함께 활동 중이었다. 따라서 제지에르스키는 두 플랫폼 간의 원활한 통합을 이끌어낼 수 있었다.

그 후, 인스테드와 톰슨 로이터 재단에서 파견 나온 팀은 포르토프랭스에 위치한 라디오 방송국을 찾아다니며 긴급 쇼트 코드를 사람들에게 방송해줄 것을 요청했다. 우수한 기술이 토대가 되긴 했지만 라디오라는 전통 플랫폼이 없었더라면 미션 4636은 별 도움이 되지 않았을 것이다. 라디오를 켜놓은 사람들은 모두 4636에 관한 소식을 들었고 친구와 이웃들에게 정보를 퍼뜨렸다. 부상당했거나, 잔해에 깔려 있거나, 식료품과 물을 필요로 하는 아이티인들은 자신이 처한 상황과 공간 좌표를 4636번으로 전달할 수 있었다. 또한 4636번으로 전달된 메시지와 좌표는 즉각 위기 지도 제작자들에게 전해져 역동적인 지도에 반영되었다.

지진 발생 이틀 후, 대부분의 기술 플랫폼이 마련되었고, 위기 지도 제작에 참여할 자원봉사자를 모집하는 과정도 순조롭게 진행되었으며, 쇼트 코드도 확보되었다. 하지만 여전히 하나의 커다란 장애물이 남아있었다. 대부분의 피해자들이 크리올어로 문자 메시지를 보냈던 것이다.(위기 지도 제작자와 긴급구조요원들은 대부분 영어를 사용하는 사람들이었다) 미션 4636은 아이티인들이 사용하는 크리올어와 영어를 모두 능숙하게 구사하며 번역을 할 수 있는 사람들이 필요해졌다. 창발적 협력의 기치 아래

가장 의외의 인물이라 할 만한 사람이 나타나 이 일을 맡았다.

1년 전, 말라위에서 자신이 직접 설립한 신생단체 프런트라인 SMS에서 활동 중이던 네스빗은 로버트 먼로Robert Munro라는 이름의 컴퓨터 언어학자를 만났다. 먼로는 말라위를 떠난 후 스탠퍼드 대학으로 돌아와 여러 언어로 작성된 다량의 SMS 메시지를 처리할 방법을 찾는 등 박사 과정 연구를 지속했다. 지진 발생 24시간 후, 먼로는 기차를 타고 팔로 알토에서 샌프란시스코의 집으로 돌아가고 있었다. 기차 안에서 이메일을 확인한 먼로는 네스빗이 보낸 새로운 메시지를 확인했다.

"말라위에서 조시와 함께 SMS 분류 작업을 했었습니다. 조시는 SMS 분류 프로그램을 아이티에 맞게 수정해줄 수 있는지 물었습니다."

집으로 돌아가는 내내 먼로는 계속해서 이메일을 주고받고 스카이프로 대화를 나눴다. 이후 10주 동안 먼로는 잠자는 시간을 제외한 모든 시간을 미션 4636에 할애했다.

처음에는 우샤히디와의 기술적인 논의를 통해 4636으로 접수되는 문자 메시지를 처리하기 위한 최고의 방법을 찾는 데 골몰했다.

먼로는 "긴급하게 기술 플랫폼을 선보이기 위해 노력하던 중 메시지를 처리할 사람이 없다는 사실을 깨달았습니다"하며 다음과 같이 덧붙였다. "저는 시에라리온에서 사용하는 크리올어도 좀 구사하고 프랑스어도 좀 합니다. 하지만 몇 주 동안 메시지를 번역할 수 있을 만큼 능숙하지는 않았어요. 모두가 사흘 동안 한 시간도 채 잠을 자지 못한 그런 상황이었습니다. 내가 하고 있는 모든 일이 실패로 끝날 것만 같은 그런 기분이 들었습니다."

먼로는 번역가를 찾아낸 다음 훈련을 시키고 적절히 이끌어가는 모든 과정을 자신이 직접 책임져야 한다는 사실을 깨달았다. 사람들을 관리해본 경험이 없었던 탓에 먼로는 번역가들을 관리해야 한다는 생각만으로도 갑자기 기가 죽었다. 하지만 미션 4636을 성공시키기 위해 모든 사람들이 쏟아붓고 있는 에너지와 노력을 생각하면 결코 포기할 수는 없었다. 먼로는 크리올어를 구사하는 아이티 사람들을 찾기 위한 방법을 연구하면서 빠른 속도로 일을 진척시켰다.

4636팀이 스카이프 채팅을 통해 쉴 새 없이 대화를 나눴다는 이야기를 들으면 모든 사람들이 서로를 잘 알고 있을 것이라고 생각하기 쉽다. 혹은 적어도 같은 시간대에 있는 사람들끼리라도 서로를 잘 알고 있을 것이라고 생각하기가 쉽다. 하지만 현실은 정반대였다. 상당수는 서로 일면식도 없는 사람들이었고 새로 업무에 투입된 사람들 중 상당수는 세계 각지에서 활동하며 스카이프 채팅을 통해 대화를 나누고 있었다. 먼로가 크리올어와 영어, 둘 모두를 능숙하게 구사하는 사람을 찾기 위해 노력하는 동안 네스빗은 새로운 파트너들이 플랫폼에 안착할 수 있도록 도움을 주었다.

네스빗은 "어떤 시스템과 파트너가 프로젝트에 투입된 이유를 제대로 설명하는 능력이 매우 중요하다는 사실을 깨달았다"고 이야기했다. 프런트라인 SMS(네스빗이 설립한 조직)가 보유한 그 어떤 기술도 미션 4636에 사용되지 않은 것은 결코 우연이 아니었다. "이해관계가 전혀 없는 독립적인 연결망을 활용했기 때문에 훨씬 빠른 속도로 신뢰를 구축할 수 있었습니다."

다시 샌프란시스코에 있는 집으로 돌아온 먼로는 페이스북을 활용해 번역가를 발굴할 방법을 찾아냈다. 해외에 거주하는 아이티인들이 페이스북상에서 여러 집단을 중심으로 뭉치기 시작했으며 그중 상당수가 돕고 싶다는 강력한 의지를 피력했다. 먼로는 곧 몬트리올에서 활동하는 아이티인 단체 유니언 아이티, 미국 서비스 노조 등 세계 각지의 자원봉사 단체의 힘을 빌리기 시작했다. 자원봉사 단체들은 오랜 시간 동안 쉴 새 없이 문자 메시지를 번역했다. 포르토프랭스의 거리와 표지판에 익숙한 자원봉사자들의 전술적 지식은 커다란 도움이 되었다.

지진 발생 후 단 며칠 만에 전체 시스템이 자리를 잡고 제 기능을 하기 시작했다. 아이티 전역의 라디오 방송국은 4636번을 긴급 쇼트 코드로 소개했다. 절박하게 도움의 손길을 기다리고 있던 수많은 아이티인들은 휴대전화로 4636 SMS 허브에 문자를 보냈다. 크리올어로 작성된 문자 메시지에는 포르토프랭스 주민들만 이해할 수 있는 거리 이름과 주소가 적혀 있었다. 주민들이 전송한 정보는 즉각 크리올어를 사용하는 전 세계의 아이티인들에게 전달되었고 아이티인 자원봉사자들은 신속하게 크리올어 메시지를 영어로 번역했다. 또한 이 과정에서 자원봉사자들은 포르토프랭스 현지에서 쌓은 지식을 총동원해 정확한 지리좌표를 찾아냈다. 크리올어에서 영어로 변환된 정보는 즉각 세계 각지에서 활동하는 위기 지도 제작자들에게 전달되었고, 메시지를 전달 받은 위기 지도 제작자들은 각각의 메시지에 지오태그를 달아 실시간 정보에 반영했다. 세계 각지에 위치한 다양한 조직, 대학, 기업에 소속된 수천 명의 자원봉사자들의 참여로 이루어지는 이 모든 과정을 진행하는 데 걸리는 시간은 그리 길지 않았다. 초기에는 약 10여 분쯤 소요되었으나 차차 소요 시간이 줄어들어 나중에는 이 모든 과정을 처리하는 데 2분 이하의 시간이 소요되었다.

가장 시급하게 도움을 필요로 하는 곳에 수색구조팀을 파견하는 역할을 수행하는 유엔재난평가조정단과의 연계를 통해 우샤히디는 최종적인 목표를 달성할 수 있었다. 사건 발생 12시간 만에 우샤히디 지도는 유엔,

미 남부군사령부, 해병대 등에서 파견 나온 수많은 긴급구조요원들에게 중요한 정보원 역할을 하게 되었다.

4636팀은 세계 각지에서 모여든 수천 명의 타인들과 함께 선구적인 디지털 재난 대처 시스템을 구축했다. 심지어 그 어떤 조직이나 개인도 공식적인 책임을 맡고 있지 않으며 거의 아무것도 없는 상태에서 이런 시스템을 만들어냈다.

미션 4636 블로그에는 마이어를 비롯한 수많은 사람들이 보여준 헌신적인 노력이 얼마나 엄청난 효과를 발휘했는지 설명하는 글이 올라와 있다.

해병대에서 오픈소스 정보 분석을 맡고 있는 크레이그 클라크Craig Clark는 미션 4636 1단계가 시작될 무렵 이런 글을 남겼다. '우샤히디/아이티 프로젝트가 만들어낸 성과는 아무리 강조해도 지나치지 않습니다. 이 프로젝트는 매일 사람들의 목숨을 구하고 있습니다. 모든 사례를 기록해둘 만한 시간이 있으면 좋을 것 같군요. 하지만 그런 사례가 너무도 많습니다. 게다가 우리는 아주 빠른 속도로 일을 처리하고 있습니다. (……) 해병대는 가장 절실한 상황에 놓여 있는 사람들에게 도움을 주기 위해 하루 종일 쉴 새 없이 우샤히디/아이티 프로젝트를 활용하고 있습니다. (……) 계속해서 지금처럼 훌륭하게 일해주시기 바랍니다! 여러분들은 오픈소스 세계[35]에서 전례가 없을 정도로 엄청난 변화를 만들어내고 있습니다.'

프로젝트가 시작되고 며칠이 지난 후, 미션 4636은 1단계에서 2단계로 넘어가기 시작했다. 당시의 상황에 대해 네스빗은 이렇게 이야기했다. "잔해더미에서 구출해야 할 사람들이 많이 남아 있지 않은 상황이었습니다. 식량, 물, 의료 서비스 등 좀 더 전반적인 요구에 대처해야 할 때가 되었던 거지요."

미 해안경비대와 미 남부군사령부는 2단계가 진행되는 동안 피해자들이 물과 음식, 의료 서비스를 받을 수 있도록 지원하는 등 주요대응팀의 역할을 했다. 또한 2단계에 접어들자 구호 활동을 계획하고 조정하기 위해 지도를 활용하는 조직의 숫자가 점차 늘어났다.

크리올어를 할 줄 아는 번역가들은 온라인상에서 서로 지도와 정보를 교환하는 등 해외에 거주하는 아이티인들을 정보 고리 내로 더욱 깊숙이 끌어들였다. 메시지 번역 작업은 최종적으로 아이티에 거주하는 아이티인들에게로 넘어갔다. 크라우드소싱을 위한 기술 플랫폼을 개발하는 민간기업 크라우드플라워와 마이크로워크 디지털 프로젝트를 전문으로 처리하는 비영리 단체 새머소스의 협업 지원을 통해 임금 근로자에게 번역 업무를 성공적으로 넘길 수 있었던 것이다.

미션 4636이 얼마나 많은 사람들의 목숨을 구했는지에 대한 공식적인 통계는 없다. 하지만 크라우드플라워는 메시지를 번역하고, 지도로 제작해 지오태그를 달고, 분류하는 과정을 모두 더한 평균 반응 시간[36]이 2분을 넘지 않았다고 설명한다. 미션 4636은 총 10만 건이 넘는 SMS를 처리했다. 심지어 1시간에 5천 건이 넘는 메시지를 처리한 적도 있었다.

미션 4636이 종결될 무렵에는 컴퓨터 프로그래머, 소프트웨어 설계 전문가, 지도 제작에 참여하는 자원봉사자, 아이티계 미국인 번역가, 아이티 시민, NGO, 해병대, 적십자, 국무부, 유엔 등에서 파견된 긴급구조요원 등으로 구성된 협력 생태계 전체가 미션 4636을 위해 힘을 모으고 있었다. 더욱 놀라운 사실은 대부분이 다른 구성원들을 직접 만나본 적조차 없었다는 것이다.

종족, 네트워크, 팀

미션 4636은 상상하기 힘들 정도로 엄청난 일이었다. 그렇다면 무엇이 미션 4636과 같은 협력을 가능케 하는 것일까? 자원봉사자들을 하나로 묶어주는 사회 연결망의 구조에서 답을 찾을 수 있다.

사회 연결망은 흔히 느슨한 관계 및 강한 관계로 이루어진 것으로 묘사된다. 가령, 친한 친구나 가족 구성원과의 관계는 대개 공통된 경험, 풍부한 신뢰, 탄탄한 호혜의식, 상당한 상호작용 등에 뿌리를 두고 있는 강한 관계라고 볼 수 있다. 사람은 누구나 자신과 비슷한 특성을 갖고 있는 사람들과 어울리는 경향이 있다.(현상 네트워크 전문가들은 이런 현상을 일컬어 동질성이라고 이야기한다) 따라서 자신과 강한 관계를 갖고 있는 사람들과 좀 더 많은 공통점을 갖고 있는 경우가 많다. 특히 자신의 선택에 의해 강한 관계를 맺은 대상과 좀 더 많은 공통점을 갖는 경우가 많다. 선택에 의해 강한 관계를 맺게 된 상대가 바로 '나의 사람', 즉 '자신의 종족'이다. 반면, 느슨한 관계란 사업적으로 알게 된 지인, 강한 관계를 통해 알게 되었으나 일정한 관계를 유지하는 지인(친구의 친구) 등 그다지 친하지 않은 사람과의 관계를 일컫는다.

1973년, 스탠퍼드 대학의 사회학자 마크 그래노베터Mark Granovetter[37]는 새로운 직장을 찾는 과정에서 사회 연결망이 어떤 역할을 하는지 살펴보기 위해 수십 명을 상대로 인터뷰를 진행했다. 이 과정에서 그래노베터는 대다수의 사람들이 느슨한 관계(친한 친구가 아니라 지인)를 통해 일자리를 찾는다는 사실을 발견했다. 이후, 사회학 및 네트워크 이론 전문가들이 느슨한 관계를 높이 평가하기 시작했다. 또한 다양한 연구를 통해 느슨한 관계가 모든 종류의 사회적 이동성 및 혁신 확산에 중요한 역할을 한다는 사실이 밝혀졌다. 뉴욕 대학교의 정보 경제학자 사이넌 애럴Sinan Aral의 이야기를 들어보자. "느슨한 관계는 사회 연결망 내에 존재하는 서로 매우 다른 동네에 사는 사람들을 이어줍니다. 따라서 자기 자신, 그리고 가까운 사람들이 얻을 수 없는 새로운 정보(새로운 일자리에 관한 정보)를 신속하게 찾아낼 수 있습니다." 이와 같은 느슨한 관계는 사회적 구조(사람들 간의 연결 관계가 다소 약하다) 내에 존재하는 구멍을 잇는 교량의 역할을 한다. "이런 관계는 네트워크상에서 정보를 확산시키는 데 매우 중요한 역할을 합니다. 긴급 상황에서는 특히 그렇습니다."

하지만 결속력이 강한 관계 역시 중요한 역할을 한다. 애럴은 "새로운 자료, 특히 복잡한 자료를 만들거나 합성하는 등 집중적이고 협력 중심적인 활동을 할 때는 강한 관계(밀접한 관계)를 바탕으로 하는 팀을 만드는 것이 중요하다"고 이야기한다.

사실 애럴의 연구를 통해 느슨한 관계의 강점에 대한 그래노베터의 통찰력이 불완전할 수도 있다는 사실이 드러났다.[38] 느슨한 관계가 연결성을 제공하는 것은 사실이지만 대부분의 사람들은 느슨한 관계가 아니라 강한 관계를 통해 대부분의 참신한 정보를 얻는다. 느슨한 관계를 맺고 있는 지인들과의 상호작용은 빈도가 낮고 범위가 좁은 반면 동일한 부족에 속한 사람들 간의 상호작용은 빈도와 강도의 측면에서 압도적이기 때문이다. 애럴의 이야기를 들어보자. "친한 친구와 1주일에 세 번씩 대화를 나누고 오래된 골프 친구와 1년에 한 번쯤 대화를 나눈다고 생각해봅시다. 친한 친구가 들려주는 이야기 중 새로운 이야기가 극소수에 불과하다 하더라도 비율적으로 따져보면 친한 친구들로부터 대부분의 새로운 정보를 얻게 됩니다."

이런 특성이 나타나는 것은 다양성과 대역폭의 균형diversity/band width

trade-off이라 불리는 현상 때문이다. 사회적 관계의 다양성을 확대하면 각각의 관계에 쏟아부을 수 있는 대역폭이 좀 더 제한되며 사회적 관계를 통해 얻을 수 있는 정보 또한 점점 약해지고 정보의 폭 또한 좁아진다. 이런 이유 때문에 어떤 경우에는 느슨한 관계가 적합하고 또 다른 경우에는 강한 관계가 어울린다.

다시 애럴의 이야기를 들어보자. "가장 효과적인 네트워크는 서로 강력하게 연결되어 있는 협력자들로 구성된 작고 다양한 팀으로 이루어진 경향이 있습니다. 또한 협력자 개개인은 규모가 크고 다양성이 내재된 약한 관계 네트워크를 갖고 있습니다. 서로 다른 두 가지 특성을 모두 갖고 있는 거지요."

지금까지 우리는 미션 4636 사례를 통해 강한 관계와 느슨한 관계 사이에서 어떤 식으로 상호작용이 이뤄지는지 살펴봤다. 예컨대, 트위터 같은 플랫폼을 활용하면 느슨한 관계를 유지하기가 매우 수월해진다. 자신이 잘 알지 못하는 사람들을 수동적으로 팔로우하고, 그 사람들을 통해 응급상황에서 도움을 요청해야 할 또 다른 사람에게 접근할 수 있기 때문이다. 조시 네스빗은 바로 이런 방법을 통해 디지셀에서 일하는 장 마크 카스테라를 찾아냈다. 네스빗이 카스테라를 찾아낸 것은 미션 4636 사례에서 핵심이 되는 사건 중 하나였다. 만일 네스빗이 카스테라를 찾아내지 못했더라면 프로젝트 자체가 성공하지 못했을 수도 있다.

반면 자원봉사자들은 일면식도 없는 타인들로 구성되어 있으며 전적으로 무작위적인 특성을 갖고 있는 집단이 아니었다. 프로젝트의 핵심에는 안면이 있고 이미 상호 신뢰 관계를 갖고 있는 사람들로 구성된 다수의 소규모 팀이 자리를 잡고 있었다. 소프트웨어 플랫폼을 구축한 엔지니어들로 구성된 부족과 마찬가지로 이런 부류의 소규모 팀들은 강한 관계를 바탕으로 한다.

4636 프로젝트의 진정한 위력은 느슨하게 연결된 자원봉사자들을 단기간 내에 강하게 결속시키며 열성적인 협력자로 변모시켰다는 데 있다. 협력자들 가운데 서로 직접적으로 만난 사람들은 소수에 불과했다. 하지만 비공식적인 네트워크는 적정한 신뢰의 토대가 되었다. 윌리엄 유리가 아브라함의 이야기를 활용해 서로 다른 종교를 갖고 있는 세 부족에게 공통의 문화와 공통의 가치관을 일깨웠듯이 4636 플랫폼이 갖고 있는 개방적인 성질(우샤히디를 작동시키는 암호와 지도 제작 활동에 내재되어 있는 협력적인 본질)은 재난 구호에 참여하는 부족의 범위를 국제 관료 조직에서 전세계의 자원봉사자들로 확대했다. 4636 프로젝트가 널리 확산될 수 있었던 것은 플랫폼 자체가 공식적인 권한을 최소화하고 개개인이 개별적이고 유용한 업무를 수행할 수 있도록 구성되어 있었기 때문이다.

'우샤히디-아이티@터프츠'의 경우, 대학원 특유의 문화(특별히 용도가 정해져 있지 않는 여유 시간이 많고 그 시간 동안 다른 사람들과 직접 얼굴을 마주하고 필요한 활동을 하기가 상대적으로 수월한 사람들로 가득한 협력적인 환경)도 상당한 도움이 되었다.

4636 프로젝트에는 네트워크상에서 이뤄져야 할 바람직한 행동(무엇보다도 공통된 목표를 달성하기 위한 헌신적인 노력)을 몸소 실천하며 공통의 목적을 배신할 징후를 전혀 내비치지 않는 리더도 있었다. 부담이 매우 큰 상황에서도 마이어, 먼로 등 프로젝트를 이끌어나가는 사람들은 결코 포기하지 않았다. 이들은 까다로운 임무를 묵묵히 수행하는 한편 다른 구성원들도 그럴 수 있도록 격려했다. 인스테드 팀은 모두의 이익을 위해 무대 뒤에서 쉴 새 없이 일했다. 아무런 보상도 없는 경우도 많았다. 조시 네스빗은 자신이 보유한 기술을 프로젝트에서 아예 배제하는 등 사리사욕

은 뒤로 미뤄됐다. 이런 노력이 있었기에 네스빗은 중립적인 결정권자 및 연결자의 역할을 하며 사람들에게 신뢰를 불어넣을 수 있었다.

마지막으로 플랫폼을 통해 결과를 바로바로 확인할 수 있다는 점도 4636 프로젝트에 커다란 도움이 되었다. 플랫폼이 제공하는 피드백 고리는 관계자들에게 동기를 부여하고 이들이 느끼는 행위자로서의 의식을 강화했다. 좀 더 많은 노력을 기울일수록 프로젝트의 가치가 좀 더 커졌고, 프로젝트의 가치가 커질수록 관계자들은 좀 더 많은 일을 하고 싶어했다. 지도 제작 작업에 참여한 지 사흘이나 나흘쯤 되면 세웰과 같은 자원봉사자들은 자신이 단순히 필요한 차원을 넘어서 구호 활동에 없어서는 안 될 정도로 중요한 존재라고 생각했다.

하지만 미션 4636을 지나치게 미화하지 않도록 주의하자. 미션 4636은 하나의 협력 활동으로서 놀라운 성공을 거뒀다. 그랬기 때문에 이렇게 장황하게 설명한 것이다. 하지만 몇 가지 중요한 부분에서 실패했다는 사실 또한 간과해서는 안 된다.

먼저, 시스템 전체를 실시간으로 구축했기 때문에 전통적인 대규모 재난 대처[39]를 지원하는 시스템과의 심층적인 통합 프로세스가 없었다. 지진이 일어난 지 며칠 내로 포르토프랭스에 도착한 긴급구조요원들은 거의 절대적인 정보 격차를 경험했다. 한 나라의 인프라, 도로, 병원 네트워크, 학교, 수자원 시스템 등을 묘사하는 가장 기초적인 데이터세트 중 상당수가 잔해 속에 파묻힌 컴퓨터에 저장되어 있었다. 아이티 정부, 유엔, 각종 NGO 등 소속이 어디건 머릿속에 관련 데이터가 들어 있는 사람들 중 상당수는 실종되거나 사망했다. 예컨대, 아이티의 교육부는 완전히 파괴되었고 학교의 명칭이 나열된 목록[40]은 하나도 남김없이 사라져버렸다. (학교 목록이 남아 있었더라면 집을 잃은 사람들을 수용하는 데 많은 도움이 되었을 것이다.) 지진 발생 직후 공식적인 위기 대응 조직들은 이런 데이터세트를 찾아내고 재건하는 데 집중했다. 이런 의미에서 공식적인 조직들이 필요하다고 느끼는 것과 위기 지도 제작자들이 공급하는 것 그리고 위기 지도 제작자들이 데이터를 제공하는 방식 간에는 중대한 부조화가 존재했다. 역설적이게도 현장에서 구조 작업을 진행하기 위해 필요한 '통상적인' 데이터가 모두 사라져버린 상황에서 전통적인 방식으로 활동하는 일부 기관 및 관계자들은 4636이 제공하는 데이터의 양과 포맷이 정보 과부하를 초래한다고 생각했다. 4636이 내놓는 데이터를 활용할 준비가 되어 있지도 않았고 그 데이터를 바탕으로 어떻게 대처해야 할지 알려주는 프로토콜도 없었다.

'위기 지도 제작에 투입되는 정보가 진짜라는 것을 어떻게 확인할 수 있을까?'라는 질문도 걸림돌이 되었다. 사람들이 제공한 정보가 얼마나 정확할까? 위기에 처한 사람들은 비상벨을 울리고 싶은 강력한 동기를 갖고 있다. 자원 자체가 제한적인 상황에서 위기 지도 제작자와 긴급구조요원들이 이들의 요구가 진짜인지 그렇지 않은지 어떻게 확인할 수 있을까? 바로 이러한 이유 때문에 현장에서 개별 사건 대처보다는 창발적인 '중심 centers of gravity(사람들의 요구가 새롭게 등장하고 여전히 충족되지 않고 있는 곳이 어디인지 보여주는 데이터에서 관찰되는 추세 및 클러스터)' 구축을 위해 우샤히디 지도를 사용하는 경우가 많았다.

마지막으로, 규모라는 단순한 문제가 있었다. 새로 설립된 민첩한 기술 단체들은 대개 규모가 작은 편이었다. 심지어 조직이라 부르기가 뭣한 경우도 있었다. 반복 가능한 결과를 제공하기 위해 필요한 인프라와 적절한 자원을 보유한 곳도 드물었다. 자원봉사자들에게 먹일 피자 값을 내는 것조차 힘겨워하는 곳도 있었다. 아이티에서 지진이 발생한 지 몇 주가 흐른 후, 파키스탄에서 훨씬 규모가 큰 지진이 발생했다. 하지만 많은 사람들의 협력을 기반으로 하는 4636 모델 같은 것은 전혀 관찰되지 않았다. 그 이유가 무엇일까? 단순하게는 피로도 한 가지 원인이었고 가장 적극적인 단체들이 여전히 아이티에서 열심히 활동 중이라는 점 또한 원인이 되었다. 북미에서 멀리 떨어져 있다는 지리적 특성 또한 영향을 미쳤다. 그뿐만 아니라 좀 더 심층적인 문제도 있었다. 아이티는 규모가 작은 신생 조직들에게 투자자들을 상대로 조직의 가치를 증명해 보일 수 있는 기회를 선사했다. 하지만 누가 무엇을 기여했으며 각각의 요소가 얼마나 중요한지 분류하기가 쉽지 않았다. 몇몇 조직의 역할은 지나치게 강조되었고 또 다른 조직의 역할은 제대로 알려지지 않았으며, 그 결과 일부 조직은 감정이 상하고 말았다. 특히 이처럼 유동적이고 협력적인 환경하에서는 적절하게 공을 나누고 적절하게 보상을 제공하는 것이 무엇보다 중요했다.

하지만 이 모든 문제점에도 불구하고, 결론적으로 4636이 성공적이었다는 데에는 의심의 여지가 없다. 역사상 처음으로 자원봉사 기술 전문가, 피해를 입은 시민, 세계 각지에 흩어져 있는 해외 동포들로 구성된 글로벌 커뮤니티가 중대한 재난 대처 활동에 중요한 기여를 했기 때문이다. 4636에 있었던 실패 중 상당수는 전례 없는 새로운 협력방식으로 인해 생겨난 불가피한 부산물이었다. 또한 차후에 개선이 이뤄지고 새로운 프로토콜이 개발되면 이런 문제들은 얼마든지 해결될 수 있다.

4636 프로젝트가 비단 재난구조에 관한 교훈을 주는 데서 그치는 것은 아니다. 마지막으로, 리버티 스트리트 33번가에 모여 앉은 은행가들 이야기로 다시 돌아가보자. 중대한 이해관계가 걸려 있는 상황에서 회의 참가자들이 하나같이 머릿속으로 '우리 편'과 '상대편'을 따져가며 계산

기를 두드렸던 주말. 4636 방식의 포괄적이고 협력적이며 혁신적인 '제3의 입장'이 존재하도록 강제하는 구조적인 요소가 갖춰져 있었더라면 어떤 일이 벌어졌을까? 다음 장에서 살펴보겠지만, 좀 더 다양한 주체를 협상에 끌어들였더라면(기술적인 플랫폼 및 협력 과정을 통해 모인 이들의 범위를 확대했더라면) 논의의 도덕적 경로가 달라졌을 수 있고, 다 함께 둘러앉아 고민하는 분위기 속에서 완전히 새로운 미래가 열렸을 수도 있다.

6장

인지
다양성

★
문화는, 조직의 회복력을 강화하거나 없애버리는 데 매우 중요하다. 모순적인 상황임을 알려주는 신호가 내부에서 관찰되지 않으면 일정 수준 이상의 위험 항상성이 자연스럽게 뿌리를 내린다. 그리고 차츰 편협한 사고가 조직을 장악하게 된다.

20세기 초, 말의 도움 없이 휘발유를 동력 삼아 달리는 세계 최초의 자동차가 영국에서 모습을 드러냈다. 또한 자동차의 등장으로 관리 부문에서 '교통안전 및 도로안전'이라는 완전히 새로운 영역이 나타났다. 당시에는 도로 표지판도 없었고 명확한 도로 규정 자체도 없었으며 도로를 설계할 때 운전자는 아예 고려의 대상이 아니었다. 그러다가 이런 상황을 개선하기 위한 사회 운동이 등장했다. 영국 아일랜드 자동차협회는 영국의 토지 소유주들에게 도로 위의 운전자가 앞을 잘 볼 수 있도록 높이 솟아 있는 울타리를 잘라달라고 요청했다.

1908년 7월 13일, 자동차협회의 요구에 분노한 윌로비 버너 대령[1]이 급히 휘갈겨 써 내려간 한 통의 편지가《타임스》런던판에 실렸다.

안녕하십니까.

타임스 독자들께서 자동차협회의 제안에 따라 울타리를 잘라내기 전에 제가 어떤 경험을 했는지 알아두면 좋을 것 같군요. 저는 4년 전에 울타리와 관목의 높이를 4피트 높이로 쳐냈습니다. 이 작은 마을 한켠에 자리를 잡고 있는 위험천만한 교차로에서 30야드쯤 떨어진 곳이었습니다. 울타리와 관목을 잘라내고 나니 두 가지 결과가 나타났습니다. 이듬해 여름, 빠른 속도로 달리는 자동차들이 만들어낸 먼지가 저희 집 정원을 뒤덮었고 근처를 지나는 자동차의 평균 속도가 상당히 빨라졌습니다. 이것만 해도 충분히 문제가 될 만했습니다. 하지만 경찰에 붙잡힌 사람들은 '모퉁이 부분에서 앞이 잘 보였다'며 '빠른 속도로 달리는 데 아무런 문제가 없었다'고 항변했습니다. 그제야 제가 실수를 했다는 걸 깨달았습니다.

그때부터 저는 울타리와 관목이 마음대로 자라도록 내버려두고 있습니다. 또한 장미와 홉을 심어 8~10피트 정도 되는 장막을 만들었습니다. 그 덕에 저희 집 정원이 자동차로 인한 먼지로부터 상당한 보호를 받게 되었고 저희 집 주위를 달리는 자동차의 속도가 현저하게 줄어들었습니다. 그 이유는 매우 간단합니다. 울타리의 높이가 높아져 앞이 잘 보이자 않자 다수의 운전자들이 자신의 안전을 위해서 합리적인 수준으로 속도를 낮췄거든요.

따라서 제가 하고 있는 방법을 활용해 운전자들에게 자동적으로 이런 인식을 심어주면 도움이 될 것 같습니다. 울타리를 잘라내는 것은 무분별한 운전을 장려하는 것이나 다름없습니다.

−윌로비 버너

모든 안전 편익은 단순히 성과 편익으로 소모되는 것일까? 인간은 근본적으로 효율성을 높이고 좀 더 큰 보상을 얻기 위해 시스템을 조작하도록 만들어진 것일까? 엔지니어링 부문에서는 하나의 사회로서 인간이 좀 더 안전한 삶을 살 수 있도록 돕기 위한 노력이 이뤄지고 있다. 하지만 역설적이게도 이런 혁신으로 인해 우리 인간은 위험의 문턱에 점차 가까워지고 있다.

1815년, 왕립학회 회장 험프리 데이비Humphry Davy 경은 광부들을 위한 안전등(데이비 램프)을 개발했다. 당시 데이비 램프는 광업 역사상 안전 개선에 가장 중대한 기여를 한 것 중 하나라는 평판을 얻었다. 하지만 정작 영국 전역의 광산에서 램프가 사용되자 폭발 사고 및 사망자의 숫자가 줄어들지 않았다.[2] 오히려 사고와 사망자가 증가했다. 어떻게 이처럼 정반대의 결과가 나타난 것일까?

데이비 램프는 메탄의 발화점보다 낮은 온도에서 작동하도록 설계되어 있었기 때문에 데이비 램프를 지닌 광부들이 메탄이 풍부한(따라서 좀 더 위험한) 곳으로 좀 더 깊숙이 굴을 파고들어갔다. 안전장치를 개발하기 위한 시도로 출발한 것이 결국 시스템 전체를 가장자리로 밀어내는 결과로 이어지고 말았다. 견고하지만 취약한 수많은 시스템, 특히 사회와 관련된 견고하지만 취약한 시스템 내에서 이런 경향(현재 안전을 위해 작동 중인 통제 메커니즘이 서서히 약화되는 경향)이 관찰되는 경우가 많다.

1975년, 시카고 대학 경제학자 샘 펠츠먼Sam Peltzman은 1960년대 말에 연방정부가 내놓은[3] 각종 자동차 안전 기준을 분석했다. 펠츠먼은 논문에서 이런 기준이 자동차 소유주들의 안전에 도움이 될지는 몰라도 보행자, 자전거 운전자, 도로에서 그 외의 탈것을 타고 이동하는 사람들의 사망을 초래한다고 설명했다.

유니버시티 컬리지 런던의 지리 교수 존 애덤스John Adams는 20년이 넘는 기간 동안 위험이라는 주제로 연구를 해오고 있다. 1981년, 애덤스는 안전벨트가 고속도로상에서 발생하는 사망에 미치는 영향[4]을 발표했다.(애덤스의 연구는 널리 알려져 있다)

애덤스가 집필한 위험에 관한 수많은 글[5] 중 하나를 살펴보면 다음과 같은 내용이 기술되어 있다. "여러 나라들이 연이어 안전벨트 착용을 의무화하고 있는데 안전벨트가 약속한 대로 교통사고 사망률이 줄어들지 않은 이유가 무엇일까? 운전자들을 나쁜 운전의 결과로부터 보호해주기 위해 도입된 방안들이 오히려 안 좋은 운전을 장려하는 듯하다. 안전벨트 의무화 법안은, 이미 자동차 안에서 최고의 보호를 받고 있는 사람들에게서 가장 위험한 상황에 놓여 있는 자동차 바깥의 보행자와 자전거 이용자에게로 위험을 떠안는 주체를 이동시키는 데 주된 효과를 발휘한다."

날이 갈수록 애덤스와 같은 생각을 하는 행동 과학자와 위험 분석가들이 점차 늘어났다. 애덤스는 행동 과학자 및 위험 분석가들과 힘을 모아 이처럼 반직관적인 결과를 위험 보상risk compensation(인간이 위험을 용인하는 성향을 타고 났다는 아이디어)이라는 개념으로 분류했다. 자동차와 도로에 안전을 위한 장치가 더해질수록 운전자는 위험도가 낮아졌다고 생각하며 좀 더 과감하게 운전하는 경향이 있다. 한층 안전하다는 생각 때문에 더 무분별해지는 것이다.

일상생활을 둘러싼 모든 측면에서 이런 현상이 관찰된다. 게임을 할 때 보호 장치를 착용한 아이들은 신체적으로 좀 더 커다란 위험을 감수하는 성향을 보인다.[6] 공중 보건 관계자들은 HIV 치료의 효과가 커질수록 사람들이 좀 더 위험한 성행위[7]를 즐기게 된다고 설명한다. 삼림 감시원들은 구조요원이 언제든 자신을 도와줄 것으로 여겨지면[8] 여행자들이 더욱 커다란 위험을 감수한다고 이야기한다. 유명한 스카이다이버 빌 부스만큼 이 같은 인간의 성향을 잘 표현한 사람은 없다. 부스는 자신의 이름을 따 '부스의 두 번째 규칙'을 만들었다. 부스의 두 번째 규칙이란, '스카이다이빙 장치가 안전해질수록 스카이다이버들은 좀 더 커다란 위험을 감수하게 되고 결국 사망률은 일정한 수준에 머물게 된다'[9]는 것이다.

대부분의 사회 과학자들은 위험 보상이 존재한다는 데 동의한다. 하지만 제럴드 와일드Gerald Wilde는 1976년에 위험 한계 이론을 한층 강화하는 모형을 개발했다. 와일드는 존 애덤스와의 협력을 통해 인간이 온도 조절 장치와 유사한 방식으로[10] 움직이며 위험, 안전, 보상 간의 균형을 찾기 위해 끊임없이 노력 중이라고 가정했다. 온도 조절 장치의 설정은 사람마다, 집단마다, 문화마다 다르다. 애덤스의 이야기를 들어보자. "어떤 사람은 뜨거운 걸 좋아합니다. 폭주족이나 그랑프리 대회에 출전하는 카레이싱 선수 같은 사람들이 대표적입니다. 하지만 차가운 걸 좋아하는 사람도 있습니다. 겁이 많은 남자나 신중한 중년 부인이 그런 경우에 해당됩니다. 하지만 절대 영도absolute zero의 상태를 원하는 사람은 아무도 없습니다."[11] 와일드는 이를 일컬어 '위험 항상성 이론theory of risk homeostasis'이라고 칭한다. 다시 말해서 모든 사람은 자신이 용인할 수 있는 위험 수준(위험 온도)에 익숙해지기 때문에 인생의 한 부분에서 위험 수준을 낮춰야만 하는 상황이 되면 의식적으로건 무의식적으로건 다른 종류의 위험 수준을 높여 위험 온도가 쾌감대comfort zone에 들어서도록 만든다는 것이다. 이미 연구를 통해 안전벨트 착용이 의무화되면 운전자들이 쾌감대를 벗어나지 않기 위해 좀 더 빠른 속도로 달리고, 좀 더 위험하게 다른 자동차를 추월하고, 운전을 하는 도중에 화장을 한다는 사실이 밝혀졌다. 사실상 운전자들은 또 다른 자신의 욕구를 채우려고 운전 행동을 수정함으로써 법률의 요구에 의해 강제로 갖추게 된 추가적인 안전장치를 소모해버린다.

수많은 생물학적 시스템에서 항상성의 개념이 관찰된다. 외부 온도가 급격하게 변하더라도 사람의 체온은 화씨 98.6도(섭씨 37도) 수준에서 유지된다. 외부 온도가 좀 더 높아지면 인체는 땀을 흘려 체온을 떨어뜨린다. 이와 같은 조절 메커니즘은 생명을 갖고 있는 모든 시스템의 필수 조직을 구성한다. 두뇌가 원활한 기능을 할 수 있도록 충분한 양의 포도당이 공급되지 않으면 간이 활동을 시작해 글리코겐을 분비한다. 간에서 생성된 글리코겐은 혈액을 타고 뇌로 흘러가 포도당 수치를 높이는 역할을 한다. 이런 과정을 통해 시스템 전반에서 항상성이 유지되는 것이다.

동물들이 개체 수의 차원에서 항상성을 유지한다는 근거도 있다. 그 어떤 포식자의 위협도 받지 않도록 쥐를 우리에 가둬 충분한 먹이를 제공한다고 해서 쥐의 개체 수가 무한정 늘어나지는 않는다. 과학자들은 일정한 수준의 최적 개체 수가 확보되면 암컷 쥐의 배란 및 번식이 줄어든다는 사실을 발견했다. 어항에서 자라는 구피 역시 쥐와 마찬가지로 일정한 숫자의 개체 수를 유지한다. 하지만 구피는 새끼가 태어난 직후에 먹어치우는 방식을 통해 일정한 수준으로 개체 수를 유지한다.

위험 항상성도 유사한 피드백 메커니즘을 바탕으로 움직인다. 가정용 보일러의 경우를 생각해보자. 항상성을 관찰할 수 있는 단순하지만 우아한 사례가 가정용 보일러이다. 온도 조절 장치는 스위치를 통해 온도계와 연결되어 있다. 스위치를 누르면 실내 온도를 원하는 수준으로 떨어뜨릴 수 있을 뿐만 아니라 바로 그 스위치를 이용해 보일러를 가동시킬 수 있다. 보일러가 실내에 열을 공급하면 온도계는 계속 올라간다. 하지만 항상성 수준(최적의 온도)에 도달하면 보일러의 전원이 내려가고 열은 차단된다. 실내 온도가 다시 내려가면 온도 조절 장치를 통해 관련 정보가 보일러로 전달되고 다시 똑같은 과정이 반복된다.

와일드는 주변 환경에 대한 피드백 고리 내에 위험 조절 장치가 내재되어 있는 경우에도 이와 같은 변화가 생겨난다고 주장한다. 와일드는 피드백 고리 내의 위험 조절 장치가 행동 조절을 야기한다고 설명한다. 대부분의 사람들은 눈보라 속에서 운전할 때 속도를 늦춘다. 일부 남성 그리고 대부분의 여성들은 낯선 곳을 지나다가 어두컴컴한 곳이 나오면 그곳을 통과하는 것이 안전할지 두 번 생각한다. 바닥이 미끄러우면 사람들은 좀 더 신중하게 발을 내딛는다. 이런 행동은 아주 단순한 상식처럼 느껴진다.

위험한 행동이 정책과 규제라는 안전 메커니즘 내에서 균형 피드백 고리를 만들어내는 방식은 직관적으로 이해가 잘 안 갈 수도 있다. 독일 뮌헨에서 3년에 걸쳐 진행된 택시에 관한 연구[12]를 통해 잠김 방지 브레이크가 장착된 택시가 그렇지 않은 택시에 비해 사고를 낼 확률이 좀 더 높다는 사실이 밝혀졌다. 가속도계 분석 결과는 더욱 놀라웠다. 연구진은 분석을 통해 좀 더 안전한 자동차를 운전하는 기사들이 그렇지 않은 차량을 운전하는 기사들에 비해 좀 더 빠른 속도로 운전하고 좀 더 갑작스레 제동한다는 사실을 확인했다.

가장 위험한 사례이자 자주 언급되는 사례로는 아스피린에 어린이가 열 수 없는 뚜껑을 부착할 것을 강제한 소비자 제품 안전 위원회의 규제 방안에 관해 듀크 대학교 킵 비스쿠시Kip Viscusi가 한 연구를 들 수 있다. 비스쿠시의 연구 중 일부를 살펴보자.

안전뚜껑 발명 이후의 중독률 패턴은 한층 더 놀라웠다. 안전뚜껑을 사용한 제품이라고 해서 중독률이 줄어든 것은 아니었다. 뚜껑을 열어놓은 채 그냥 내버려두는 등 부모의 무책임한 행동이 증가한 점 또한 안전뚜껑이 기대와는 달리 커다란 기여를 하지 못한 원인이 되었다. 또한 이와 같은 '안심 효과lulling effect'로 인해 안전뚜껑을 채택하지 않은 관련 제품[13]으로 인한 중독사고 발생률이 높아졌다.

와일드는 위험에 대한 인간의 욕구를 하성 삼각주에 비유한다. 강이 세 갈래로 나뉘어 흐르다가 바다로 흘러들어가는 상황에서 셋 중 두 개의 물길을 막아 물이 흐르지 않도록 만들 수는 없다. 위험으로 향하는 인간의 욕망은 흘러가는 강물과 같다. 두 개를 틀어막으면 나머지 하나가 한층 더 커지거나 완전히 새로운 물길이 생겨난다. 와일드는 스카이다이빙과 같은 위험한 행동을 불법으로 규정한다고 해서 스카이다이버들이 바구니를 짜며 안전한 삶을 살 가능성은 적다고 설명한다. 그 대신, 그들은 다시 편안하게 받아들일 수 있을 정도로 위험 수준이 높아질 때까지 위험으로 가득한 새로운 취미를 만들어낼 것이다.

와일드의 이론이 개개인의 선택에 영향을 미치는 차원에서 그치지 않고 한층 당혹스럽게도 지역사회 전체, 혹은 조직 전반의 문화에 영향을 미친다면 어떨까?

위험 문화

2010년 4월 20일에 발생해 열한 명의 목숨을 빼앗고 미국 역사상 최악의 환경 관련 인재를 초래한 BP의 딥워터 호라이즌 기름 유출 사고는 매우 유명하다.

하지만 당시만 하더라도 기름 유출 사고가 BP의 통상적인 패턴이라는 사실이 그리 널리 알려져 있지 않았다. 딥워터 호라이즌 사고가 발생하기 전 10년 동안 BP는 거의 2년에 한 번꼴로 심각한 사고에 연루되곤 했다. 2003년에는 북해에 위치한 BP의 굴착 장치에서 다량의 가스가 솟아올라 작업시설이 통째로 날아갈 뻔했다. 2005년에는 텍사스 주 텍사스시티에 위치한 BP의 정유공장이 폭발해 15명의 근로자가 사망했다. 2006년에는 알래스카 노스슬로프에 위치한 BP의 송유관이 파열되어 20만 갤런의 원유가 유출되었다.

2007년, 미 화학안전위원회 회장 캐럴린 메릿Carolyn Merritt은 텍사스시티 폭발 사고 진상 조사를 진행한 후 다음과 같이 말했다. "폭발 사고가 발생한 후 BP에 이와 같은 문화(안전을 중요하게 여기지 않는 문화)가 만연해 있을 수도 있다는 생각이 들어 너무도 두려웠습니다."[14]

당시 BP의 CEO로서 실제 이상으로 과장된 평가를 받고 있었던 존 브라운 경은 폭발 사고에 이어 같은 해에 터져 나온 성추문을 견디지 못하고 결국 사퇴하고 말았다. 브라운은 10여 년 동안 BP를 이끌어나가면서 대규모 거래를 성사시키고자 안전을 비롯한 일상적인 문제를 등한시했다는 평가를 받았다. 브라운의 뒤를 이어 BP의 CEO 자리에 앉은 토니 헤이워드는 그동안 BP가 따랐던 관행이 "BP의 자체적인 기준과 법적 기준에 부합하지 않는다"며 "레이저처럼 정확하게" BP의 사고 기록에 주목하겠다고 약속했다.

하지만 BP의 문화는 헤이워드가 쏘아대는 레이저 광선에 꿈쩍도 하지 않았다.[15] 헤이워드가 BP의 CEO로 취임한 지 2년이 지난 2009년, 미 연방 직업 안전 보건국은 불과 4년 전에 많은 사람들의 목숨을 앗아간 사고가 발생했던 바로 그 텍사스시티 정유공장에서 7백 건이 넘는 안전 규정 위반 사례를 적발했다. 직업 안전 보건국은 8,740만 달러의 벌금을 부과했다. 2005년 폭발 사고 당시 부과한 벌금의 네 배가 넘는 금액이었다. 같은 기간 동안 비단 텍사스시티뿐 아니라 BP 알래스카 작업장에서도 위험한 상황이 지속적으로 연출되었다.

엄청난 벌금과 정부의 경고도 BP에 별다른 영향을 주지 못했다. BP 경영진은 점차 엄청난 이해관계가 걸려 있는 글로벌 에너지 채굴 세계에서 성장하려면 벌금과 경고라는 대가를 감수할 수밖에 없다고 여기게 되었다. BP는 정상적인 절차 대신 비용 절감을 위한 절차를 활용하는 등 엔지니어링 및 운영 관련 계획에 위험 수준이 높은 의사 결정을 반영했다.

가령, 딥워터 호라이즌 사고가 발생한 날에도 BP는 유정을 막기 위해 무거운 시추이수를 사용하지 않고 가벼운 바닷물을 사용하기로 했다. BP는 계획보다 더딘 일정과 하루에 75만 달러의 비용을 초래하는 과정을 속전속결로 해치우기 위해 이런 방법을 택했다. 하지만 바닷물을 이용해 유정을 막는 방법의 효과는 확인된 바가 없었다. 작업반장 듀이 레베트를 비롯해 굴착장치에서 근무 중이던 근로자들은 상당한 우려를 표시했다.[16] 그러나 그들의 우려는 묵살당했다. 현장 근로자들이 두려워했던 대로 바닷물은 남아 있는 가스가 밖으로 빠져나오지 못하도록 막을 수 있을 정도로 압력이 세지 않았고 결국 가스 폭발 사고가 발생하고 말았다. 레베트와 열 명의 근로자들이 목숨을 잃었다.

사고발생 당시 현장에 있었으나 목숨을 건진 생존자들과 BP의 전 직원들은 안전에 대한 우려를 제기하면 해고당할 수도 있다는 암묵적인 양해가 있었다고 이야기했다.

북해에 위치한 BP의 석유 생산 시설에서 해양 시설물 부관리자를 지냈던 오베른 휴스턴은 최근 다음과 같은 글을 블로그에 올렸다. "BP 경영진은 그다지 중요하지도 않은 안전 문제를 강조했다. 가령, 난간을 잡으라거나 후진 주차 방식의 장점에 대해 몇 시간씩 토론하거나 커피잔에 뚜껑을 덮지 않는 것이 얼마나 위험한지 강조하는 식이었다. 하지만 자사가 보유한 복잡한 시설물에 투자하고 그것들을 유지하는 문제[17]와 같이 중요한 안전 문제에는 그다지 열의를 보이지 않았다. (…) 끊임없이 비용을 강조하고 상업적으로 현명한 판단을 내리기 위해 노력하면서도 실질적인 업무와 관련된 부분에는 전문성을 갖고 있지도 않았을뿐더러 열정을 내비치지도 않았다. 경영진은 석유 사업과 관련된 기술적인 세부사항에 대해서는 잘 알지도 못하면서 분기별 성과에 집착하는 시장 분석가들의 의견에 귀를 기울였다. 시장 분석가들은 비용 절감을 위한 경영진의 끈질긴 노력을 장려하고 응원했다. 그 결과 회사의 최상부에 위치한 사람들은 항상 단기적인 시각을 갖게 되었다."

딥워터 호라이즌 석유 유출 사건을 통해, 중재 위험을 높이고 조직의 회복력 강화를 위한 조건을 형성하거나 없애버리는 데 있어서 문화가 얼마나 중요한 역할을 하는지 확인할 수 있다. 비단 해상에서 이뤄지는 석유 시추 세계에서만 그런 것이 아니다. 예컨대, 컨설팅 회사 KPMG가 거의 5백 명에 이르는 은행 경영자들을 상대로 2009년에 실시한 조사[18]에서 응답자 중 거의 절반(48%)이 금융기관의 위험 문화가 금융위기를 초래한 주범이라고 지목했다. 또한 조사에 참가한 기업 이사 및 사내 감사 중 절반 이상(58%)이 자사 직원들은 위험을 어떤 식으로 평가해야 하는지 제대로 (혹은 전혀) 알지 못한다고 답했다.

내부에서 모순적인 상황임을 알려주는 신호가 관찰되지 않으면 일정 수준의 위험 항상성이 자연스럽게 뿌리를 내린다. 그리고 차츰 편협한 사고가 조직을 장악하게 된다. 지배적인 관점과 가치를 지지하는 사람은 보상을 받고 승진하게 된다. 반대로 다른 표준을 지지하는 사람은 체계적으로 입지가 약화되며 결국 조직에서 쫓겨난다. 좋든 나쁘든 이런 일이 벌어질 때마다 남아 있는 모든 사람들에게 무언의 강력한 신호('문화를 바꿀 수 없어. 그냥 여기서는 모두가 그렇게 하는 거야. 성공하고 싶다면 그런 식으로 생각하고 행동해야 해')가 전달된다.

제프리 웨스트가 다양성, 즉 '이상한' 사람들의 존재를 기반으로 하는 역동성을 어떤 식으로 지지했는지 생각해보자. 이상한 사람들(반대를 표시할 수 있는 사람)이 없으면 취약성이 그 틈을 파고든다.

근시안적인 태도를 되돌릴 수 있는 방법이 있을까? 미군처럼 항상 회의적인 의견을 피력하는 전문가를 구축해 활용하는 것도 한 방법이다.

레드팀 대학교

캔자스 주 레번워스의 지명을 본 딴 포트 레번워스는 미시시피 강 서쪽에 위치해 있으며 1827년부터 지금까지 운영되고 있는, 현존하는 가장 오래된 미 육군 주둔지이다. 화려한 유산과 위풍당당한 건축 양식으로 인해 포트 레번워스의 여러 건물을 보고 있노라면 동부의 고루한 대학 캠퍼스가 떠오를 수도 있다. 하지만 포트 레번워스는 훨씬 뛰어난 선견지명을 갖고 있는 교육기관이자 레드팀 대학교라는 별칭으로 널리 알려진 해외 군대 문화학 대학교University of Foreign Military and Cultural Studies가 위치한 곳이다.

퇴직한 육군 대령 그레그 폰트넛Greg Fontenot의 지휘 아래 2004년에 설립된 레드팀 대학교의 목표는 선의의 비판자(전쟁터에 비판적인 사고를 접목하고 사령관이 과도한 자신감, 전략적 불안정성, 집단 순응 사고 등의 위험을 피해 갈 수 있도록 돕는 현장 정보원) 역할을 하는 전문 인력을 양성하는 것이다.

1972년, 어빙 제니스Irving Janis는 피그스만 침공 작전과 같이 실패로 돌아간 군사작전에 대해 설명한 적이 있다. 당시 제니스가 이야기했듯이 집단 순응 사고는 서로 밀접하게 연계되어 있으며 사회적 응집성을 바탕으로 움직이는 집단(전쟁터에서 전투를 하는 군부대의 업무 환경과 정확하게 일치) 내에서 발생하는 조직적인 이상 현상이다. 집단 순응 사고의 특징으로는 핵심 의사결정권자가 불사신과 같다는 굳은 오해, 자신이 속한 집단에 도덕성이 내재되어 있을 것이라는 믿음, 조직 전체의 관점에 동의하지 않는 사람에 대한 정형화된 사고, 심도 깊은 논리적 분석을 만류하는 지나치게 단순한 도덕적 표현 등이 있다. 스스로 사고 경호원의 역할을 자처하는 사람들은 그 외의 다른 관점이 표출되지 못하도록 막고 반대 의견을 표현하는 사람들에게 엄청난 압박을 가해 마치 만장일치가 이뤄진 듯한 착각을 불러일으킨다. 이런 환경하에서는 실제로 반대하는 사람이 많다 하더라도 겉으로 드러나지 않는다. 이런 유형의 문화 인지적 편협성은 전쟁터에서 병사들의 사망을 초래하고 불필요하게 전쟁을 연장시킨다. 폰트넛는 이런 현상을 근절하기 위해 힘을 모으고 있다.

대머리인 폰트넛은 짙은 선글라스를 끼고 있으며 엽궐련을 좋아한다. 모든 것을 꿰뚫고 있는 듯 빈틈이라고는 없어 보이는 폰트넛과 마주앉아 본 사람이라면 '나랑 이야기하는 것보다 훨씬 중요도가 높은 그런 결정을 연달아 내린 사람 같군'이라는 생각을 하게 될지도 모른다. 폰트넛은 어떻게 보건 현장에서 활약하는 전형적인 전차 사령관처럼 보인다. 실제 폰트넛은 30여 년 동안 현장에서 전차 사령관을 지냈다. 하지만 일단 신중하고 느린 말투로 이야기를 시작하면 상황은 달라진다.(적당한 때가 되면 이야기를 시작할 것이다) 일단 이야기가 시작되면 폰트넛은 알카에다와 같은 비대칭적인 위협에 대처하기 위한 군사 전략 분석에서부터 융 이론을 바탕으로 한 북한 지도부의 원형, 중국 철학의 문화적 측면 등에 이르기까지 온갖 주제에 대한 해박한 지식을 술술 풀어낸다. 폰트넛은 미 육군 사관학교에서 역사를 가르치고 있다.

폰트넛은 오랜 기간 동안 군인으로 활약하면서 그동안 미국이 치러온 냉전 이후의 전쟁을 생생하게 목격하고 미군이 동의하는 목적의 변화 및 집단 순응 사고에 내재된 오싹한 위험성을 몸소 체험했다. 폰트넛은 제1차 걸프전 때 사담 후세인 전선을 무너뜨린 대대를 지휘했으며 이후 보스니아 침투 임무를 맡은 제1여단을 지휘했다. 하지만 폰트넛은 목적지에 도달한 다음 어떻게 대처해야 할지 준비가 되어 있지 않았다.

"제1차 세계대전에 관한 방대한 자료를 연구했습니다. 어서 보스니아에 당도하고 싶은 마음뿐이었습니다. 하지만 막상 보스니아에 도착하고 나니 우리가 작전 환경을 제대로 파악하지 못하고 있다는 생각이 들었습니다. 전쟁에 개입한 모든 사람들이 자신들만 알고 있는 문제를 이유 삼아 서로를 죽이고 있었습니다. 하지만 우리는 도저히 이해할 수 없는 문제였습니다. 모두가 똑같아 보였습니다. 그 사람들이 우리를 어떻게 생각할지 상상이 잘 되지 않았습니다. 겸허해지더군요. 처음 보스니아로 진격할 때는 제가 무언가를 알고 있다고 생각했습니다. 하지만 곧 아무것도 모른다는 사실을 깨달았습니다."

문화적 배경을 충분히 익히지 못한 가운데 폰트넛은 전쟁터에서 병사들이 그 모든 상황을 제대로 파악하기 위해 노력하는 모습을 지켜봤다. 의구심을 느낀 병사들이 이미 자신이 알고 있는 원칙으로 되돌아가는 경우도 많았다. 병사들은 실제로 자신이 처해 있는 환경과 반드시 잘 어울린다고 보기 어렵고 머릿속에 기계적으로 입력되어 있는 관행 및 사고방식으로 회귀하곤 했다. 살상과 파괴를 일삼아왔던 군대가 흩어진 것을 한데 모아놓거나 최소한 추가로 허물어지는 것을 막기 위해 노력할 것을 요구받고 있었다. 한참 후에 등장한 전쟁에 대한 아퀼라의 예측과 일맥상통하는 부분이었다.

"그런 상황에서는 문화가 전부입니다. 전투원들의 역량을 이해해야 할 뿐 아니라 전투에 임하는 병사들이 어떤 생각을 하는지도 이해해야 했습니다. 발칸 반도에 위치한 국가들은 역사적으로 서로 사이가 좋지 않았었지요. 오래전부터 서로 적대감을 갖고 있었지만 외부인들의 눈에는 잘 보이지 않았습니다. 우리 측 병력은 적절한 하드웨어를 갖고 있었습니다. 하지만 적절한 문화 소프트웨어가 마련되어 있지 않았습니다. 따라서 무언가를 오해하게 될 가능성이 매우 컸습니다. 전쟁을 억제하기 위해 누군가가 한 행동이 전쟁을 야기하는 또 다른 행동이 되는 거지요."

전 세계의 군대는 전쟁터에서 맞닥뜨리게 될 예기치 못한 놀라운 상황에 대처하기 위해 오랫동안 모의훈련을 해왔다. 실제 전투 상황을 가정해 가상훈련을 진행할 경우, 아군과 적군에게 파란색과 빨간색이 각각 배정된다. 블루팀은 훈련 계획을 수립하고 레드팀은 진지를 사수하거나 블루팀의 작전을 방해하기 위해 대비한다. 이런 훈련에는 몇 가지 중대한 한계가 있다. 먼저, 이런 훈련은 대개 블루팀의 계획을 따르는 방식으로 진행된다. 레드팀은 계획을 수정하거나 블루팀의 전술에 영향을 미칠 수 없다. 그럼에도 불구하고 군대는 이런 훈련을 통해 적, 시민, 파트너(전쟁터에서는 '나머지 사람들'이라고 총칭) 등이 가상의 상황에 어떻게 대처할지 생각해볼 수 있다. 이 시대의 전쟁을 지배하는 요소는, 날이 갈수록 복잡해지고 충돌의 강도가 낮아지며 연합 방식으로 진행되는 전투, 전초기지와 원조 활동, 대반란 작전 등이다. 따라서 이런 통찰력을 확보해야 할 필요성이 급격하게 증대되고 있다.

폰트넛은 '다른 사람들처럼 사고하는' 방식의 모의훈련 접근방법을 새로운 차원으로 발전시키고, 시뮬레이션 상황에서 구시대적 발상을 완전히 배제하고, 실제로 전투를 하고 실제로 평화유지 활동을 하는 실제 부대에 접목하기를 원했다. 2004년, 레드팀 대학이 설립되었고 현재 약 3백 명의 졸업생이 세계 각지에서 활발하게 활동 중이다.

레드팀 대학은 18주에 걸쳐 수업을 진행하며 군사 이론에서부터 협상 전략, 비즈니스 모델, 테러, 대반란에 이르는 모든 부문에서 서로 연결되어 있는 아이디어를 집중적으로 전달한다. 또한 한쪽으로 치우치지 않고 의도적으로 절충적인 방식을 택하며 사례 연구와 인류학도 적극 활용한다.

폰트넛을 비롯한 교수진은 창의적인 사고 및 행동 경제학에 관한 유명한 연구, 이라크, 이란, 중동, 테러조직, 북한 등 현재 문제가 되고 있는 대상에 대한 전략적이고 심층적인 분석, 철학과 문화 비평에 관한 다소 덜 알려진 논문 등 다양한 자료를 활용해 강의를 꾸준히 발전시켜나가고 있다. 레드팀 대학에서 사용하는 훌륭한 교과서 중 하나는 프랑스의 중국학 전문가 프랑수아 줄리앙이 집필한《사물의 성향La Propension Des Choses》이다. 줄리앙은《사물의 성향》에서 중국의 '세勢(shi)' 개념을 탐구했다. '세'는 다양한 의미를 함축하고 있으며 하나의 영어 단어로 번역되지 않는 용어이다. 세에는 중국의 사상, 군사, 그 외 다양한 영역에 내재되어 있는 고유의 성질이 반영되어 있다. 줄리앙은 세를 '성향', 혹은 마치 씨앗처럼 어떤 상황 내에서 싹트는 경향이라고 번역하지만 실제로는 '세'라는 용어에 권력, 관계, 환경 등 다양한 뜻이 내포되어 있다. 일단 어떤 상황의 성향이 발현되면 상황이 다시 균형 상태로 되돌아가기 전에는 성향을 중지시킬 수 없다. 중국식 사고에 의하면, 이런 성질로 인해 거대한 힘의 불균형 내에서 잠재력뿐 아니라 강력하게 재균형을 선호하는 성향이 관찰되는 것이다. 누군가가 전쟁터에서 활동 중인 주체들의 성향을 제대로 이해하고 그에 걸맞은 방식으로 설계를 하고 이미 활동 중인 열성적인 세력을 형성할 수 있다면 갈망하던 결과가 나타나는 바로 그 순간 충돌 자체를 피할 수 있을지도 모른다.

레드팀 대학에 도입된 수많은 개념과 마찬가지로 세에 대해서 공부를 하려면 새로운 문화적 틀과 새로운 사고방식을 포용해야 한다. 이 경우에는 비축 원자재와 물건(군대에서 일반적으로 사용하는 단위)에 관한 사고에서 흐름과 관계에 대한 사고로 전환할 필요가 있다. 참여 중인 군 장교 중 과거에 이런 사고방식에 노출된 경험이 있는 사람은 소수에 불과하다.

포괄적인 개념 포트폴리오는 좀 더 편협하고 상의하달 방식으로 진행되는 교수법에 익숙한 수많은 군 장교들에게 한숨 돌릴 수 있는 반가운 시간이다. 하지만 결코 가벼운 세미나와는 다르다. 레드팀 대학에서 수업을 듣는 장교들은 매일 저녁 평균 250페이지에 달하는 글을 읽고 분석해야 한다. 이 프로그램은 레드팀 장교들이 다른 식으로 생각하고, 기존의 가정에 도전하고 편견을 버리고, 전장에서 사령관에게 쉽게 답하기 어려운 질문을 던지고, 미국의 동맹 파트너, 적군, 기타 세력이 갖고 있는 (그리고 이들에 대한) 다소 불명확한 문화적 인식을 고려하도록 장려하는 것을 목표로 한다. 폰트넛은 "장교들이 서양 군대식 사고를 토대로 하는 관습을 벗어던지도록 도움을 주고, 이런 과정을 통해 새로운 깨달음을 얻은 장교들이 또 다른 사람들에게 구태의연한 사고방식에서 벗어날 수 있도록 도움을 주도록 만드는 것이 목표"라고 이야기한다.

물론 교실에서 이런 관계를 배우는 것과 실전에서 사령관과 함께 협력하는 것은 전혀 다른 문제이다. 실전 상황에서 레드팀 대학이 주장하는 접근방식을 활용하는 방안을 회의적으로 바라보는 사람들도 많다. 레드팀 대학 졸업생들은 이따금 노골적인 적개심과 마주하곤 한다. 레드팀 대학 졸업생 스티브 홀의 이야기를 들어보자. "군대의 지휘통제 구조에 내재되어 있는 본질적 속성이 있기 때문에 이런 접근방법이 맹비난 받는 경우도 있습니다. 이러한 비난은 무척 열심히 일하지만 한 걸음 뒤로 물러

서서 큰 그림을 볼 줄 모르는 사람들이 빚어내는 부작용이라고 볼 수도 있습니다. 직급이 높은 사람들도 이런 접근방법을 원합니다. 하지만 수완이 뛰어난 사람들이 반발하는 경우도 있습니다. '어깨 너머로 쳐다보는 그런 사람은 필요 없어!' 하고 이야기하는 식입니다."

실제로 전장에서 임무를 수행하는 군인들에게 새로운 아이디어를 효과적으로 전달하는 방법에 레드팀 대학이 커리큘럼의 상당 부분을 할애하는 것도 바로 이 때문이다. 홀은 "우리의 역할은 일이 터진 후에 뒤늦게 사령관을 비판하는 것이 아니라 사령관들이 좀 더 훌륭한 방식으로 사고하고 평상시대로라면 생각하지 못했을 법한 관점과 선택 방안을 고려할 수 있도록 돕는 것"이라고 덧붙인다. 레드팀 대학의 다른 졸업생들과 마찬가지로, 홀은 문제를 제기한 다음 논쟁이 과열될 듯한 분위기가 연출되면 한 발 물러서라고 배웠다. 너무 세게 몰아붙이면 망설임 때문에 조직의 기능 자체가 마비될 수도 있다. 이것은 레드팀 대학이 성취하고자 하는 목표와 정반대이다. "우리는 정중한 도전 못지않게 제시된 의견에 대한 긍정적 강화의 심리를 중요시합니다. 상관을 어떻게 납득시킬지 방법을 찾아야 합니다." 장교들은 레드팀 대학에서 수업을 받는 동안 영화에 나오는 장면을 분석한다. 예를 들어, 〈대부〉를 보면서 로버트 듀발이 열연한 법률 고문이 어떤 전술을 사용하는지 살펴보고 외부적인 요인을 상부에 효과적으로 전달할 방법을 찾는 식이다.

홀은 오늘날의 장교들이 받는 훈련 중 상당 부분이 전혀 다른 유형의 충돌에 어울리도록 설계되어 있는 만큼 레드팀 대학의 접근방법이 특히 시의적절하다고 설명한다. 홀의 이야기를 들어보자. "저는 코브라 헬리콥터 조종사로 훈련 받았습니다. 우리는 소련군을 어떻게 상대할지 생각하도록 훈련 받았습니다. 레이더를 피하기 위해 야간에 낮은 고도를 유지하며 천천히 헬리콥터를 조종했습니다. 탱크도 신경 썼습니다. 지금 이라크에서는 이런 방법은 전혀 도움이 되지 않습니다. 낮 동안 헬리콥터를 조종해야 하고 피해야 할 레이더도 없습니다. 구식이긴 하지만 그래도 살상 무기가 될 수 있는 칼라슈니코프 기관총에 맞지 않도록 신경을 써야 합니다."

폰트넛의 이야기를 들어보자. "우리는 사람들이 사악하거나 게으르다거나 무능하다는 가정하게 활동하는 게 아닙니다. 다만 자신이 하고 있는 일을 객관적으로 분석하기 어렵다는 것이죠. 사람들은 비유를 통해 추론합니다. 또한 자신이 갖고 있는 가설이 검증되지 않은 것이라는 사실을 자각하기 힘듭니다. 누군가가 검증되지 않은 가설에 이의를 제기하지 않는다면 관습과 안주에서 비롯된 자만심이 모습을 드러낼 겁니다."

레드팀은 안주를 막기 위해 '인지 다양성cognitive diversity' 강화를 위한 노력을 기울인다. 인지 다양성이란, 미시건 대학에서 복잡계, 정치, 경제를 가르치는 스콧 페이지Scott Page 교수가 사용한 표현으로, 각 집단 내에 다양한 생각을 갖고 있는 사람들을 배치하는 방식을 일컫는다. 팀 내의 인지 다양성을 개선하면 훨씬 나은 결과가 도출된다는 주장을 뒷받침하는 수학적 모형도 있다. 페이지는 다양성 예측 정리diversity prediction theorem를 언급한다.[19] 다양성 예측 정리는 군중의 집단적 정확성은 개개인의 정확성을 평균한 값에서 집단의 예측 다양성을 뺀 값과 일치한다는 것을 보여주는, 실험적으로 검증된 수학 모형이다.

이 같은 사실은 무엇을 의미할까? 정확한 예측 능력을 갖고 있으며 정말로 똑똑한 군중을 원한다면 극히 똑똑한 군중(뛰어난 능력), 혹은 적당히 똑똑하지만 인지 다양성을 갖춘(높은 다양성) 군중이 필요하다. 능력과 다양성은 동등하게, 긍정적으로 기여한다. 매우 높은 수준의 다양성을 갖춘

팀은 매우 능력 있는 팀 못지않게 뛰어난 성과를 낸다. 1장에서 논의한 포트폴리오 접근방법과 유사한 방법을 활용해 뛰어난 인재를 인지 다양성이 매우 높은 팀으로 재구성하면, 좀 더 안전하고 좀 더 높은 수준의 회복력을 갖출 수 있으며, 좀 더 뛰어난 성과를 낼 수 있다.

인지 다양성의 성과 효용을 실험적으로 증명한 사람은 토론토 대학의 심리학자 케빈 던바Kevin Dunbar이다.[20] 던바는 과학 실험실이라는 매우 철저하고 엄격한 환경하에서 인지 다양성이 어떤 영향을 미치는지 직접 확인했다. 던바와 연구진은 1년 동안 네 개의 분자 생물학 실험실에서 발견되는 업무 습관을 관찰했다. 평소의 실험 방식과는 반대로 과학자들이 피실험자가 되었고 던바는 야생에서 생활하는 침팬지를 연구하는 영장류 동물학자처럼 실험실이라는 서식지에서 활동하는 과학자들을 연구했다. 던바는 과학자들이 다른 과학자들에게 연구 내용 및 당면한 문제를 공개하는 정기 실험실 회의에 참석했다. 과학자들이 제시한 데이터 및 잠정적인 업무 결과를 검토했으며 실험실에서 오랜 시간을 보내며 과학자들을 인터뷰하고, 이들의 행동을 관찰했으며, 그냥 실험실에서 시간을 보내기도 했다.

이런 과정을 통해 던바는 어떤 사실을 발견했을까? 사람들은 흔히 과학이 합리적이고 지루한 과정이라고 생각한다. 하지만 던바는 연구를 통해 사람들이 갖고 있는 과학에 대한 진부한 개념이 사실과 다르다는 것을 깨달았다. "과학의 실제 과정은 놀라울 정도로 엉성하고 온통 불확실성으로 가득합니다. 끊임없이 예상치 못한 결과와 마주하게 됩니다. 과학자들이 예기치 못한 결과와 맞닥뜨릴 확률은 무려 50%나 됩니다. 어쨌건 그런 결과를 받아드 과학자는 스스로에게 이런 질문을 던집니다. 내가 방법론적으로 실수를 저지른 탓에 이런 결과가 나온 걸까? 장비에 문제가 있는 걸까? 이도저도 아니면 중요한 의미가 있는 새로운 결과인 걸까? 이게 도 대체 무슨 뜻일까?"

던바는 이런 질문에 답을 해야 하는 상황에 놓이면 대다수의 사람들과 마찬가지로 과학자들도 유추를 통해 예기치 못한 결과를 설명하는 경향이 있다는 사실을 발견했다. 하지만 과학자 집단이 함께 모여 추론하는 과정에는 커다란 차이점이 있었다. 동일한 분야에서 연구하는 다수의 과학자들이 참석하는 실험실 회의에서 참석자들은 좀 더 제한적이고 편협한 유추를 통해 예상치 못한 결과를 해석하는 경향을 보였다. 예컨대, 대장균 전문가로 가득한 실험실에서 연구를 통해 예기치 못한 결과가 도출되면 거의 전적으로 이전에 공개된 대장균 관련 연구 결과를 통해서만 결과를 해석했던 것이다. 따라서 이런 유형의 실험실에서는 연구의 진척 속도가 느린 편이었다. 반면 좀 더 다양한 부류의 과학자로 이루어진 실험실은 목표 연구 분야 밖에서 등장한 개념 및 과거의 연구 결과를 활용하는 등 좀 더 포괄적이며 광범위한 유추를 사용하고 좀 더 빠르게 나아가는 경향을 보였다.

던바는 이렇게 유추한다.(그 외에 어떤 방법이 있겠는가?) "편협한 유추는 체스판에 놓여 있는 졸병(폰)과 같습니다. 제한적인 방식으로만 이동 가능하고 서로 조금씩 다른 온갖 가능성을 꼼꼼하게 확인해야 합니다. 반면 좀 더 광범위한 유추는 퀸과 같습니다. 해결책을 탐색 가능한 공간 내에서 서로 완전히 다른 영역으로 재빠르게 이동할 수 있으니까요."

이 같은 차이가 미치는 영향은 엄청나다. "우연히 같은 주에 두 개의 서로 다른 분자 생물학 실험실이 동일한 기술 문제에 직면했다는 걸 알게됐습니다. 실험실 A[21]를 지휘하는 사람은 매우 뛰어난 과학자였습니다. 하지만 나머지 과학자들도 자신과 비슷한 사람들이었습니다. 실험실 B는 화학자, 의학박사, 유전학자 등 다양한 과학자들로 구성되어 있었습니다. 실험실 B에 소속되어 있는 두 명의 과학자는 회의에서 단 2분 만에 문제를 풀었습니다. 하지만 실험실 A는 두 달이 지난 후에도 여전히 점진적으로 문제를 풀어나가고 있었습니다."

물론 실험실 B가 갖고 있는 다양성은 공짜가 아니다. 다양성을 확보하려면 대가를 치러야 한다. 다양한 팀 구성원을 조화시키고 통합하려면 많은 시간이 필요하다. 다양성을 추구하는 과정에서 발생하게 마련인 혼돈을 바탕으로 매우 뛰어난 결과를 얻는 대가로 다양한 분야의 사람들끼리 협력하고 그다지 뛰어나지 않은 보통 수준의 차선을 받아들이도록 강요하는 것처럼 보일 수도 있다. 또한 가치관이 서로 일치하지 않거나 최종 목표에 대한 견해가 다르거나 방법론적인 차이를 메울 수 없을 정도로 다양해서도 안 된다. "인지 다양성을 활용하는 실험실이 온난 지대를 차지하고 있다는 사실을 발견했습니다. 다시 말해서, 이런 실험실에서 일하는 팀 구성원들 간에는 의미 있는 전문 분야의 차이가 있었지만 해소할 수 없는 차이는 없었습니다. 가장 중요한 것은 모두가 이해하는 목표가 실험실 구성원들을 하나로 묶어줬다는 겁니다. 그 목표는 바이러스를 추적하는 것일 수도 있고 유전자 메커니즘을 파헤치는 것일 수도 있겠지요. 이 모든 요소들이 갖춰지자 팀 구성원들은 자신의 생각을 다른 사람들에게 설명하고 모두가 공유할 수 있는 자체적인 용어와 언어를 개발하는 데 좀 더 많은 시간을 쏟고픈 욕구를 느꼈습니다. 새로운 참가자들도 실험실의 일원으로 통합되는 과정에서 다양한 분야를 아우르는 특수한 언어를 익히게 됩니다."

이런 팀들이 적절한 시기에 적절한 유형의 유추를 활용했다는 것 역시 매우 중요하다. "연구를 진행하는 동안 다음과 같은 내용을 반복적으로 확인할 수 있었습니다. 먼저 제대로 돌아가지 않는 실험 내용을 바로잡을 때는 좁은 범위에서 유추하는 방법이 효과적이었습니다. 반면 새로운 가설을 세울 때는 조금 더 넓은 범위의 유추가 도움이 되었습니다. 전문가가 아닌 사람들에게 설명할 때는 좀 더 넓은 범위의 유추가 도움이 되었습니다."

뉴욕 대학교의 사이넌 애럴Sinan Aral도 추가적인 연구를 통해 던바와 같은 결과를 발견했다.[22] 애럴과 동료들은 1,400개의 경영자 전문 채용팀이 5년 동안 주고받은 이메일을 조사한 결과 생산성 그래프가 뒤집힌 U 자 모양을 하고 있다는 사실을 발견했다. 과학자들과 마찬가지로 채용 담당자들도 주제 전문성과 사회 연결망의 측면에서 구성원들끼리 지나치게 공통점이 많을 경우 훌륭한 후보감을 제대로 발굴해내지 못했다. 반면, 채용 전문가들이 자신의 전문성이나 사회 연결망과 너무 떨어진 분야에서 활동할 경우에도 그다지 생산성이 높지 않았다. 하지만 양극단의 중간 지점, 즉 팀 구성원들이 동일한 심성 모형을 공유하면서도 당면한 업무에 적정 수준의 다양성을 제공하는 경우에는 생산성이 급증했다. "적정 수준의 다양성이 존재하는 환경하에서 업무량, 업무 진행 속도, 업무를 통해 생성되는 매출 등이 모두 증가했습니다."

던바와 연구진은 인지 다양성과 실질적인 다양성이 서로 간에 강화 작용을 한다는 사실도 발견했다. 가령, 남성 과학자들은 대개 예기치 못한 결과를 발견했을 때 자신이 그 원인을 알고 있다고 가정한 다음 무작정 연구를 지속하는 경우가 많았다. 또한 이런 태도로 인해 막다른 골목에 다다를 때가 많다. 반면 여성 과학자들은 예상치 못한 결과가 나온 원인이 무엇인지 찾아내기 위해 실험을 되풀이하는 경우가 훨씬 많다. 던바의 이야기를 들어보자. "여성은 수동적이라거나 남성처럼 구는 사람만 성공할 수 있다는 파괴적인 관점이 있습니다. 하지만 저희가 살펴본 실험실에서 여성들은 남성 못지않게 적극적인 모습을 보였습니다. 예상치 못한 상황에 직면한 여성 과학자들은 전혀 다른 방식으로 접근했습니다."

던바는 과학자들이 어떤 식으로 활동하는지 기록하는 데서 그치지 않고 과학자들의 뇌가 예상했던 결과와 예상 밖의 결과에 어떻게 반응하는지 연구했다. 피실험자들이 예상했던 결과를 손에 쥐자, 뇌에서 정보를 기억으로 저장하는 부분이 활성화되었다. 마치 좋은 행동에 대한 보상과도 같았다. 좀 더 쉽게 설명하자면 두뇌는 '내가 원했던 걸 얻었어. 기억해둬야겠어!'라고 생각하는 것이다. 하지만 예상치 못한 결과와 마주했을 때 정보가 아예 기억되지 않는 경우가 많았다. 던바는 "마음에 들지 않는 데이터를 얻었다고 아예 처리조차 하지 않는 경우도 이따금 있었다"고 이야기한다.

곳곳에서 관찰되는 확증 편향confirmation bias(실제로 옳건 그렇지 않건 자신이 갖고 있는 가정, 예상, 가설을 확인해주는 정보를 선호하는 개개인의 경향)이 신경학적으로 발현된 것이라고 볼 수 있다. 확증 편향을 맨 처음 관찰한 사람은 영국의 심리학자 피터 웨이슨Peter Wason이었다.[23] 웨이슨은 1960년에 단순하지만 효과적인 실험을 통해 확증 편향을 증명해 보여다. 웨이슨은 피실험자들에게 3개의 숫자(가령, 2-4-6)를 제시했다. 그런 다음 각 피실험자에게 어떤 규칙이 3개의 숫자를 하나로 묶고 있는지 추측해볼 것을 요구했다. 피실험자들은 자신이 생각한 규칙에 맞춰 3개의 숫자를 조합한 후 실험자에게 제출했다. 실험자는 피실험자가 제출한 숫자가 규칙과 부합하는지 그렇지 않은지 알려주었다.

실험자가 피실험자들에게 위의 숫자 3개를 제시하자 대부분의 피실험자들은 초기 가설을 세우기 시작했다. 피실험자들은 짝수를 일렬로 배열한 숫자 조합을 내놓았다. 피실험자들은 4-6-8, 4-8-12, 8-10-12 등 몇 개의 숫자 조합을 내놓았고, 실험자가 모든 조합에 긍정적인 반응을 보이자 규칙을 찾아냈다고 확신했다. 하지만 피실험자들은 한 가지 중요한 사실을 발견하는 데 실패했다. 짝수가 아니라 오름차순으로 3개의 숫자를 배열하는 것이 규칙이라는 점을 깨닫지 못했던 것이다. 자신이 수립한 가설의 부당성을 입증할 만한 숫자 조합(예: 8-6-4, 1-2-3, 2-2-2)을 내놓은 사람은 놀라울 정도로 적었을 뿐만 아니라 전체 피실험자 중 기저에 깔려 있는 규칙을 제대로 추론한 사람은 20%에 불과했다.

확증 편향의 기저에 깔려 있는 잠재의식적 혐오는 자신이 틀렸을지도 모른다는 사실을 발견하는 것을 싫어하는 인간의 보편적인 성향에 뿌리를 두고 있다. 위력을 확인하고 싶다면 간단한 실험을 해보자. 트위터나 페이스북 같은 곳에서 자신의 신념과 정치적으로 반대되는 이야기를 해보자. 그러면 팔로워들 사이에서 즉각적으로 혼란이 이는 모습을 볼 수 있을 것이다. 어떤 사람은 즉시 팔로잉을 관둘 테고 대신 새롭게 팔로잉을 시작하는 사람도 있을 것이다. 어느 쪽이든 사람은 이런 행동을 통해 자신의 확증 편향을 드러내 보인다.

인간은 이런 성향으로 인해 자신이 동의하지 않는 메시지를 피하게 된다. 그뿐만 아니라 피할 수 없는 대상에 대한 해석이 차단된다. 2009년, 오하이오 주립대학의 헤더 라마르와 동료들은 텔레비전 쇼 〈더 콜버트 리포트The Colbert Report〉와 관련해서 재미있는 사실을 발견했다.[24] 정치적으로 보수적인 성향을 갖고 있는 미국 시청자들은 콜버트가 진보주의를 싫어하며, 농담을 하는 척하는 것뿐이며, 실제로는 진심을 이야기하는 것이라고 생각하는 경향이 많다는 사실을 확인했다. 반면 진보주의적 성향을 갖고 있는 시청자들은 콜버트가 풍자를 활용해 보수주의자들을 조롱하며 보수적인 정치 견해(진보주의자들이 동의하지 않는 것)를 제시할 때 진지하게 굴지 않는다고 생각하는 경향이 있었다. 모든 사람들이 콜버트가 재미있다는 데 동의했다. 하지만 콜버트가 실제로 진보주의적인 성향을 갖고 있는지 보수주의적인 성향을 갖고 있는지에 대한 해석은 시청자 본인이 실제로 진보주의자인지 보수주의자인지에 따라 결정되었다. 〈더 콜버트 리포트〉는 우리가 갖고 있는 선입견과 더불어 우리의 정체성을 확인해주는 정확한 거울의 역할을 한다.

〈더 콜버트 리포트〉처럼 어디에서나 흔히 찾아볼 수 있고 밀접한 관련이 있는 대상에 실수를 저지르기가 이토록 쉽다면, 레드팀 대학 졸업생들이 어떤 도전에 직면할지 상상해보자. 레드팀 대학 졸업생들은 문화적으로 낯설고 이따금 치명적인 사건이 발생하는 환경, 지휘통제 조직이 지배적인 힘을 갖고 있으며 확증 편향이 말 그대로 사람의 목숨을 앗아갈 수도 있는 환경에서 작전을 수행하는 군부대에서 활동한다.

레드팀 졸업생들이 주어진 역할을 효과적으로 수행하려면 그럴 수 있는 환경이 조성됐을 때 이의를 제기해(물론 상대에게 도움이 되는 방식으로) 고위급 사령관의 사고를 둘러싼 개념 검색 영역을 확대해야 한다. 레드팀 졸업생은 자신이 모시는 사령관이 직접 창시했을 수도 있는 전략과 관련해 대중적이지 않고, 독특하고, 특이한 관점을 제시해야 한다. 레드팀 졸업생들은 상대를 향한 존중을 토대로 한 이의제기, 상대에게 도움을 주는 것을 목표로 하는 반대 등으로 이뤄진 온난 지대를 유지해야 한다. 또한 군 조직 내에서 중요한 역할을 하는 명령 체계 내로 끌려 들어가도 안 되고 명령 체계로부터 완전히 배척당해도 안 된다. 그와 동시에 항상성, 집단 순응 사고, 확증 편향 등 어디에나 있는 위험에 정면으로 맞서야 한다. 레드팀 졸업생들은 자신들이 영향을 미치고 있다는 것을 증명해 보이기 힘들 수도 있다. 오랜 시간에 걸쳐 조직의 문화적 변화를 초래하고, 경계 태세를 갖춘 채 암시적인 규범이나 편향이 조직 내에 뿌리를 내리기 전에 제거하기 위해 노력해야 하기 때문이다. 레드팀 졸업생들은 주어진 역할을 잘 해낸다 하더라도 자신의 지문이 남지 않는다. 다만 이들의 노력 덕에 좀 더 나은 의사결정이 이루어질 뿐이다.

군대 사령관 그리고 이 세상의 모든 리더들이 기억해야 할 명확한 교훈은 이것이다. 회복력이 있는 문화는 다양성과 차이에 뿌리를 두고 있으며, 이따금 모습을 드러내는 반대 의견에 관대하다는 것이다. 이런 요인은 적응력이 떨어지는 문화 규범을 변화시키기 위해 노력하는 모든 지역사회에 너무도 중요한 영향을 미치는 대체 탐색 공간을 보호한다. 의도적으로 다양한 의심을 제기하는 사람들에 대한 사회 전반의 믿음은 레드팀 대학(군대가 군대를 위해 설계한 개입 방식)의 성공에 상당한 도움이 되었다. 레드팀 졸업생들은 외부인 역할을 하도록 훈련을 받았다. 그럼에도 불구하고 이들은 여전히 군대 문화의 일부와 같다. 이 같은 특성 때문에 레드팀 졸업생들은 다양성 온난 지대에서 활발하게 활동할 수 있다. 다음 장에서 살펴보겠지만, 지역사회의 문화 내에 이런 식으로 회복력을 개선시키기 위해 개입방법을 접목하는 것은 단순히 바람직한 차원을 넘어선다. 지역사회가 원활하게 기능하길 바란다면 반드시 이런 노력이 있어야 한다.

7장

곤경을 이겨내고
회복하는
지역사회

★
주위에 만족을 느끼는 사람이 한 명 늘어날 때마다 덩달아 만족을 느끼게 될 가능성은 2%
늘어난다. 주변에 불만을 갖고 있는 사람이 늘어날 때마다 불만을 느끼게 될 가능성은 4%
증가한다. 흥미롭게도, 행복에 '감염'되었을 때 그 효과는 불행에 감염되었을 때에 비해 두
배나 더 오래 지속되었다. 폭력이 생각을 통해 전염되는 질병이라면, 마찬가지로 생각을 통
해 치료할 수 있다.

이 책의 앞부분에서 살펴본 산호초나 경제 시스템과 마찬가지로 모든 지역사회는 이따금 새롭게 등장하는 내적 문제(적응력이 떨어지는 행동, 문제, 환경 등)에 적절히 대처해야 한다. 적절히 대처하지 않고 문제가 악화되도록 내버려두면 지역사회가 넘어서는 안 될 중대한 한계선을 넘어갈 수도 있다. 행동 전염을 중단하는 것(예: 마약 사용자들 간의 바늘 공유)이건 사회적 규범에 도전하는 것(예: 쓰레기 재활용 장려)이건, 사회적 회복력은 지역사회의 적응 능력, 혹은 감지하고, 금지하고, 개입하는 능력에 의해 결정되는 경우가 많다.

상부에서 명령을 내린다고 해서 이런 능력이 생겨나는 것이 아니다. 사람들의 일상생활을 지배하는 사회적 구조 및 관계 내에서 이런 능력을 키워야만 한다. 다음으로는 서로 정반대에 위치한 두 지역(방글라데시와 시카고)의 지역사회 회복력 사례를 살펴보려 한다. 개입이 잘못될 경우 얼마나 끔찍한 결과가 발생하고 개입이 올바르게 진행될 경우 얼마나 중대한 변화가 나타나는지 확인할 수 있을 것이다.

오염된 우물

1970년대 초, 방글라데시는 인간이 생활하기에 그리 건강한 곳은 아니었다. 당시, 자연재해, 폭발적으로 증가하는 인구, 극도의 빈곤으로 고통받던 신생 국가 방글라데시에는 자국 국민들을 돌보기 위한 자원이 없었다. 이 같은 문제가 가장 심각하게 관찰된 (그리고 느껴진) 부문은 다름 아닌 깨끗한 수자원이었다. 매년 콜레라, 장티푸스, 간염[1] 등의 질병으로 약 25만 명의 방글라데시인이 죽어갔다.(이는 2010년에 지구 전역에서 지진, 열파, 홍수, 화산, 태풍, 눈보라, 산사태, 가뭄 등의 자연재해로 목숨을 잃는 사람의 숫자와 같다)[2]

1972년, 개발 부문 사회의 사람들은 방글라데시 위기에 희망을 주는 신기술의 약속에 들떠 있었다. 당시 많은 사람들을 흥분케 했던 신기술이란 다름 아닌 수동 펌프였다. 다른 나라에서는 지면에 구멍을 뚫으려면 단단한 바위를 뚫어야 하기 때문에 많은 돈이 들고 오랜 시간이 걸린다. 하지만 방글라데시의 충적 평야는 부드러운 모래와 진흙으로 이루어져 있었다. 서너 명의 남성이 힘을 모으면 단 하루 만에 백 피트 깊이의 우물을 뚫어 깨끗한 지하수를 퍼 올릴 수 있었다. 유니세프는 방글라데시 전역에 얕은 관우물 파묻는 전국적인 프로그램을 도입했다. 관 꼭대기에 작은 수동 펌프를 설치하면 짧은 시간 내에 깨끗한 물이 지표로 올라왔다.

머지않아 방글라데시의 모든 마을에서 수동 펌프를 원하게 되었다. 주민들의 요구에 부응할 수 있을 정도로 작업팀이 신속하게 관우물을 설치하기가 힘들 정도였다. 1978년에는 유니세프의 도움 덕에 30만 개가 넘는 관우물이 방글라데시 전역에 설치되었다.[3] 1990년대 말이 되자 관우물의 숫자가 천만 개를 넘어서 2000년까지 방글라데시 주민 80%에게 안

전한 식수를 공급하겠다는 목표를 초과달성하게 되었다.[4]

관우물은 현대 개발 부문을 장식할 빛나는 성공 사례처럼 보였다. 깨끗한 물에 접근할 수 있게 되자 1970년에 거의 24%에 달했던 5세 미만 어린이의 사망률이 1990년대 말경 10% 이하로 급감했다.[5] 깨끗한 수자원 부족이라는 문제를 해결하기 위한 유니세프의 이 같은 접근방법은 남아시아와 전 세계가 직면한 문제를 해결하는 탁월한 모델로 칭송받았다.

방글라데시 정부는 유니세프가 설치한 우물의 효과를 극대화하기 위해 시민들에게 지하수 대신 좀 더 안전한 관우물을 사용할 것을 촉구하는 공공 캠페인을 벌였다. 캠페인 메시지는 매우 효과적으로 전달되었고 관우물은 점차 부와 안보, 안전 등을 상징하는 존재로 거듭났다. 심지어 신부가 관우물을 지참금으로 내놓는 경우도 있었다.[6]

하지만 캘커타 소재 열대 의학 대학원School of Tropical Medicine의 젊은 피부과 전문의 사하K. C. Saha 박사는 1983년에 충격적인 문제를 확인했다.[7] 인근 마을에서 찾아 온 환자들의 피부에서 사하가 '검은 빗방울'이라고 부르는 짙은 색 반점이 관찰되었던 것이다. 여러 환자에게서 색소침착과잉 현상을 발견한 사하는 환자들의 얼굴에 있는 짙은 색 반점이 장기간에 걸쳐 비소에 노출되었을 때 발생하는 비소 중독의 제1차 징후라고 결론 내렸다.

비소는 무색무취의 독성물질이기 때문에 화학 검사를 하지 않으면 검출이 불가능하다. 이런 특성 탓에 비소는 미스터리, 스릴러, 정치적 암살 등의 음모에 자주 등장하곤 한다. 비소의 농도가 높으면 단기간 내에 피부에 반점이 생긴다. 하지만 농도가 낮으면(예: 식수에 녹아 있는 경우) 잠복 기간이 길어진다. 몇 년 동안 아무런 흔적도 없이 잠복해 있는 경우도 있다. 방글라데시 주민들이 오랫동안 서서히 독극물을 마시고 있었던 것이다. 비소가 섞인 물을 마시면서도 무색무취의 성질 탓에 맛을 느끼지 못했을 뿐이었다.

1987년까지 병원으로 사하를 찾아 온 비소 중독 환자의 수는 1,200명을 넘어섰다. 사하를 찾아온 환자들이 갖고 있는 공통점은 하나뿐이었다. 모든 환자들은 똑같은 마을의 관우물을 통해 물을 마셨다. 당연한 결과지만 환자들이 사용한 여러 우물에 들어 있는 물을 검사한 결과 사하는 비소의 농도가 위험한 수준이라는 사실을 발견했다. 유니세프가 땅속 깊은 곳에서 흐르는 물은 무조건 깨끗할 것이라고 생각해 관우물 속에 들어 있는 물의 독성을 검사하지 않은 것이 문제였다. 1993년까지 4만 명의 방글라데시 주민에게서 비소 중독의 특징인 피부 색소 침착 증상과 더불어 피부 경화, 손발의 반점, 팔 다리가 붓는 증상, 손발의 감각 상실 등 심각한 증상이 관찰되었다. 색소 침착이 감염을 초래해 괴저를 일으키는 경우도 많았다. 게다가 비소에 노출되면 피부암, 폐암, 방광암[8] 같이 좀 더 심각한 질환에 걸릴 가능성도 커진다. 이후, 세계보건기구는 오염된 우물에서 물을 퍼 마신 방글라데시인 100명 중 1명이 비소 관련 암[9]으로 사망할 것이라는 관측을 내놓았다.

사하와 동료들이 식수가 오염되었다는 근거가 담긴 연구 자료를 잇달아 공개했지만 유니세프와 방글라데시 정부의 반응은 그저 냉담할 뿐이었다. 그로부터 10년이 지난 1998년, 유니세프는 다음과 같은 말로 방글라데시 사태에 대한 의견을 표명했다. "우리는 관우물이 아니라 안전한 물을 중요하게 여깁니다. 하지만 지금으로서는 관우물이 값싸고 효과적인 방법입니다. 우리가 진행 중인 관우물 프로그램은 앞으로도 계속될 겁니다."[10]

하지만 그때도 이미 상황이 너무 늦어버린 다음이었다. 관우물에 들어 있던 비소가 우물 밖으로 나와 식량 공급망을 침투해 들어갔던 것이다. 관우물을 이용해 재배된 쌀에는 정상 수준의 9배가 넘는 비소가 들어 있는 것으로 밝혀졌다. 쌀에는 비소가 농축되어 있었다. 오염된 우물물을 먹지 않더라도 식품을 통해 다량의 비소를 섭취하게 되는 구조였다.[11]

방글라데시 정부는 2000년에 약 천만 개의 관우물 중 40~50% 정도가 비소로 오염되어 있는 것으로 추정했다.(둘 중 하나꼴로[12] 오염된 것이었다) 세계보건기구는 간단하고 끔찍한 성명을 내놓았다. "방글라데시는 역사상 최대 규모의 집단 중독 사태[13]를 겪고 있습니다."

재앙이 임박한 상태인 만큼 빠르고, 효과적이고, 방대한 규모의 개입이 필요하다는 것이 너무도 명확했다. 지난 30년 동안 방글라데시 주민들에게 관우물을 이용할 것을 적극 권장해왔지만 이제 정부와 NGO가 힘을 더해 다시 정반대로 방향을 틀어야만 했다. 전부는 아니라 하더라도 관우물 중 상당수가 오염되어 있다는 사실을 신속하게 알려야만 했던 것이다. 시골에 거주하는 수천만 명의 주민들에게 이 같은 사실을 효과적으로 전달하는 것은 쉬운 일이 아니었다. 사실 시골에 거주하는 방글라데시인 중 상당수는 글을 읽고 쓸 줄도 몰랐고 정부가 제공하는 정보를 불신하는 풍조도 나날이 심각해지고 있었다.

단순히 사람들에게 문제점을 말하는 방법에는 한계가 있었다. 독이라는 뜻의 현지어 '비쉬'는 악취를 풍기거나 메스꺼운 느낌[14]을 주는 것을 뜻했다. 하지만 우물물은 깨끗하고 투명해 보였다. 방글라데시 정부는 위험을 알리기 위한 좀 더 간단한 무언가, 대체로 교육을 받지 못한 사람들의 반향을 불러일으킬 수 있을만한 무언가를 생각해내야 했다. 결국 방글라데시 정부는 보편적으로 사용되는 붉은색과 녹색을 활용하기로 했다.

방글라데시 정부는 세계은행의 도움을 받아 방글라데시 비소 감소 물

공급 프로젝트Bangladesh Arsenic Mitigation Water Supply Project, BAMWSP라는 이름하에 전국에서 수질검사를 하기 시작했다. 방글라데시 전역의 우물을 직접 방문해 비소 검사를 실시한 BAMWSP 담당자들은 우물이 오염되어 있는 경우에는 우물 입구에 붉은 페인트를 칠하고 우물이 식수로 사용하기에 안전한 경우에는 우물 입구에 초록색 페인트를 칠했다.

5년에 걸쳐 4천 4백만 달러를 투입한 끝에 BAMWSP는 방글라데시 전역에 위치한 8만 6천 개의 마을[15]에 있는 천만 개의 우물 중 약 절반을 검사하고 안전성 여부를 색깔로 표시할 수 있었다. 검사를 받은 지역사회 중 약 10%에서는 우물 중 80% 이상이 오염되어 있다는 결과가 나왔다. 이런 마을에는 '비소 파라(이웃이라는 뜻의 뱅골어)'라는 별명이 붙었다. 이런 마을에 거주하는 주민 중 상당수의 피부에는 한눈에 확인되는 검은 빗방울이 자리를 잡고 있었기 때문이다.[16]

이 같은 개입은 공식적으로는 거의 즉각적인 성공으로 여겨져 환영받았다. 연구진은 우물의 안전성을 페인트로 표시하자 붉은색 우물 활용도가 1%로 줄어든 것으로 추정한다. 방글라데시 정부는 대부분의 가정에 비소 오염에 관한 소식을 충분히 전달했다고 발표했다. 국제 개발 사회는 다시 한 번 우물의 안전성을 페인트로 표시하는 방법이 역사상 가장 성공적인 공중위생 개입 중 하나였다고 환영했다.[17]

하지만 확실한 데이터와 공식적인 발표의 이면에서 한층 복잡한 이야기가 전개되기 시작한다.

대규모 행동 변화를 선동하는 것(이 경우에는 붉은색 우물 대신 안전한 녹색 우물을 사용하도록 장려하는 것)은 복잡하고 다면적인 일이다. 또한 온갖 문화 규범, 금기, 동기 부여 장치, 관습 등에 대한 정보를 바탕으로 변화를 추진해야 한다. BAMWSP의 개입은 우물의 비소 오염 현황을 시골 주민들에게 알리는 데 도움이 되었다. 하지만 BAMWSP의 노력은 일회적인 검사 및 표시 작업으로 끝났을 뿐이다. 지역사회의 우물 상태를 공개했을 때 사회 문화적으로 발생 가능한 결과에 대처하기 위한 노력은 이뤄지지 않았다. 윌리 스미츠가 진행 중인 숲 가꾸기 프로젝트나 미션 4636과 같은 창발적인 조직과 달리, BAMWSP는 엔지니어링의 주도하에 외부에서 적용하는 일회적인 접근방법이었다.

방글라데시에서는 물과 관련된 일이 모두 여자의 차지이다. 물을 길어 저장하고 분배하는 등 집에서 물을 관리하는 일을 모두 여자가 도맡아왔던 것이다. 하루에도 몇 번씩 집으로 물을 나르는 사람이 여자였기 때문에 붉은색 우물 대신 녹색 우물에서 물을 길어야 할지 결정하는 사람도 바로 여자였다.

여성이 공공장소에서 활보하는 것을 엄격하게 규제하는 국가에서 주민들에게 안전한 식수를 공급하려면 주민들이 거주하는 집과 가까운 곳에 우물을 설치해야 한다. 또한 여성과 어린 소녀들이 사회적으로 적절하고 용인된 방식으로 우물에 접근할 수 있어야 한다. 어떤 연구를 통해 오염된 우물을 사용하는 사람들이 쉽게 접근할 수 있는 곳에 녹색 우물이 위치해 있음에도 불구하고 여성들이 녹색 우물에서 물을 긷지 않는다는 사실이 밝혀졌다. 녹색 우물이 모스크 바로 앞에[18] 위치해 있었기 때문이었다. 종교적 규범 및 문화적 규범이 성공적인 우물 교체의 걸림돌이 되었던 것이다.

2000년대 초, 미네소타 대학교의 인문 지리학자 파르하나 설태너Farhana Sultana는 수자원 활용[19]을 주제로 방글라데시의 남성과 여성을 조사했다. 거주 지역 내의 우물이 오염되었다는 이야기를 들은 남성 중 절반은 성인 여성과 여아들이 깨끗한 물을 얻기 위해 공개적으로 활보해야 한다는 점을 가장 우려했다. 여성 중 3분의 1은 물을 얻기 위해 멀리 이동하거나 다른 누군가의 우물을 사용해야 한다는 점을 우려했다.

다른 누군가의 녹색 우물을 사용하기 위해 협상을 하려 들면 충돌이 발생할 가능성이 컸다. 전체 우물 중 80%가 붉은색으로 칠해진 어느 마을('비소 파라')에 거주하는 여성들은 안전한 우물 앞에 줄을 서서 기다리느라 너무 오랜 시간이 걸리는 데다 우물 주위의 뜰에서 사소한 싸움이 생겨나기 시작했다고 불평했다. 녹색 우물을 소유한 사람들은 너무 많은 여성들이 자기 땅으로 몰려온다며 분개와 분노를 표출할 때가 많았다. 가족 외의 다른 사람들이 우물을 사용할 수 없도록 수동 펌프를 아예 없애는 사람도 있었다.

어떤 남성은 설태너에게 이렇게 이야기했다. "한자리에 너무 많은 여자들이 모여 있으면 너무 시끄럽고 싸움도 많이 일어납니다. 누가 자기 집 안에서[20] 매일 이런 일이 벌어지는 걸 참고 있겠습니까?" 또 다른 여성은 녹색 우물에서 물을 얻으려고 기다리는 동안 끊임없이 말다툼을 벌이고 모욕을 당할 바에야 차라리 비소가 섞인 물을 마시겠다고 항변했다.

행동을 효과적으로 수정하려면 그런 행동으로 인해 어떤 결과가 나타나는지 제대로 파악해야만 했다. 방글라데시 정부는 인구통계보건조사를 실시한 후 방글라데시 주민 다섯 명 중 한 명이 자신이 소유한 우물의 상태를 '이해했다'[21]고 발표했다. 하지만 현실은 조금 달랐다. 설태너는 제대로 교육을 받지 못한 방글라데시 사람들에게 '비소 오염'이라는 표현은 너무 모호하고 추상적이었다고 설명한다. 방글라데시 주민 중 상당수는 지하수, 대수층 같은 과학적인 개념들을 제대로 이해하지 못했기 때문에[22] 물을 퍼 올리는 메커니즘, 혹은 우물 자체가 오염되었다는 뜻으로 받아들였다고 이야기했다. 방글라데시 주민들은 과학적인 원리를 제대로 파악하지 못한 채 '젠구(검은색 빗방울 반점)'가 신의 저주[23]라고 말했다.

비소 중독이 전염성 질환이 아니라는 사실을 알고 있다고 답한 마을 주민들조차도 언젠가 자신들도 비소 중독에 시달리게 될 수도 있다는 두려움을 드러내 보였다. 심지어 오염이 확산될 수도 있다는 두려움에 사로잡힌 마을 주민들이 비소 중독으로 고통 받는 피해자들을 추방하는 것이 최고의 방편이라고 합의하는 경우도 많았다.

2003년이 되자 우물에 칠해진 붉은색 페인트를 벗겨내는 가구와 지역 사회에 대한 사례가 보고되기 시작했다. 우물에 녹색 페인트를 칠하는 사람도 있었고 붉은색을 벗겨낸 후 아무런 색깔도 없는 상태로 내버려두는 사람도 있었다. 비소 중독이 '전염'된다는 오명이 가진 위력이었다. 자신이 비소에 중독되었다는 사실을 숨기기 위해 물이 오염되었다는 사실을 알면서도 비소에 중독된 물을 마시는 주민들이 생겨났다.

그동안 붉은색 우물물을 먹어왔다는 사실을 알게 된 남편이 아내와 이혼하고 아내를 버리는 일이 속출했으며, 오염된 우물과 가까운 곳에 거주하는 어린 소녀들의 결혼 성사율이 급감했다. 아예 결혼을 못하는 경우가 많았다. 2001년에 실시한 비소 태도 조사에서 자신의 자녀가 비소 중독 환자와 결혼하도록 허락하겠다고 답한 응답자는 20명 중 1명에 불과했다. 그뿐만 아니라 붉은색 우물을 소유한 가정에서 자란 여아와 결혼할 때는 평균 이상의 지참금을 요구하는 일이 많았다. 연구진은 '베라마 마이야 안무 케노(왜 아픈 아이를 데려와)?'[24]라는 말을 어디에서나 심심치 않게 들을 수 있었다고 증언했다.

방글라데시의 곳곳에서 개입을 통해 행동을 수정하는 데 성공했다. 하지만 좋은 쪽이 아니라 나쁜 쪽으로 변화가 이뤄졌다. 가장 비소 오염이 심각한 지역(등록된 우물 중 80%가 넘는 곳에서 비소 농도가 허용치를 초과하는 것으로 밝혀진 곳)에 거주하는 9백만 명의 주민 중 정부의 지원을 통해 우물이 아닌 다른 방법을 통해[25] 안전한 물을 공급받은 사람은 약 4백만 명에 불과했다. 붉은 우물을 대체할 만한 성공적이고 안전한 대안을 확보하지 못한 수많은 성인 여성과 여아들은 연못이나 호수 같은 표층수를 다시 이용하기 시작했다. 하지만 이런 표층수는 배설물로 인한 병원균[26]에 오염되어 있을 가능성이 훨씬 컸다.

물론 물을 여과해서 끓여 먹는 관행이 자리 잡은 상태였다면 표층수가 안전한 대안이 될 수 있었을지도 모른다. 하지만 수십 년 동안 관우물을 사용한 탓에 방글라데시 시골 주민 사이에서는 물을 여과해서 끓여먹는 습관이 사라져버렸다. 물을 끓이려면 불을 지피기 위해 연료를 구입해야만 했고 대다수의 시골 주민들은 형편이 좋지 않아 값비싼 연료를 물을 끓이는 데 사용할 수 없었다. 연구진은 이런 요소들이 모두 더해진 탓에 얕은 관우물을 포기한 방글라데시 가정의 설사병 발병률이 20% 증가한 것으로 추산한다.[27]

연달아 우울한 결과가 공개되었지만 이따금 좋은 소식도 있었다. 에름 디-카말디라는 마을에서 콜롬비아 대학교 연구진은 스스로를 비소 활동가라 칭하며 7백 피트 깊이의 깨끗한 우물을 보유한 학교 교사를 만났다. 그 교사는 다른 사람들에게 자신의 집에 있는 우물물을 먹을 것을 권한 다음 지역사회 내에 깊고 안전한 우물을 설치해야 한다고 촉구했다. 이 같은 그의 주장은 효과가 있는 듯했다. 안전하지 않은 우물을 소유한 주민 넷 중 셋이 대안 우물을 사용하는 등 교체율이 최고 수준에 달했다.[28]

BAMWSP가 측정한 것은 결과가 아니라 단순한 산출량이었다. 다시 말해서, BAMWSP는 깨끗한 물에 접근할 수 있는 사람의 숫자나 또 다른 복잡한 사회적 여파가 아니라 비소 검출 여부를 검사한 우물의 숫자만 고려했을 뿐만 아니라 끊임없이 변하는 복잡한 사회 시스템에 적용한 일회적인 개입방식에 불과했던 것이다.

지역사회의 적극적인 노력 없이는 이런 문제를 단기간 내에 바로잡기가 힘들다. 2009년에 방글라데시 통계청과 유니세프가 공동 실시한 조사에 의하면 약 2천만 명의 주민들이 여전히 과도한 양의 비소에 노출[29]되어 있다. 2009년, 방글라데시 정부는 '2011년까지 비소 문제를 해결하고 안전한 식수를 공급하기 위한 조치를 취할 것'[30]이라는 내용의 선거 공약을 발표했다.

식수 문제 개입으로 초래된 예기치 못한 결과를 해결할 방안을 찾기 위해 전문가들과 정치인들이 고심 중인 가운데, 방글라데시 주민들은 여전히 남몰래 기도하며 양동이를 들고 우물로 발걸음을 옮긴다.

방글라데시 우물 사례는 일련의 실패가 연달아 일어난 사례라고 볼 수 있다. 기본적인 엔지니어링 역량을 갖추지 못한 정부 기관의 실패, 좋은 의도로 접근했음에도 불구하고 활동 중인 환경의 특성을 이해하지 못한 서구 구호단체의 실패, 상의하달의 특성을 갖고 있는 관료 조직 특유의 과도하게 느린 업무 처리 속도와 실수를 인정하지 않는 태도, 목표하는 지역사회의 복잡한 문화를 전혀 고려하지 않거나 가장 심각한 영향을 받게 될 사람들을 구조적으로 동참시키기 위한 노력을 기울이지 않은 사회적 개입방법으로 인한 실패, 가난한 사람들은 그다지 기여할 것이 없다는 가정을 바탕으로 조직들이 보여준 극단적인 귀족적 태도 등이 모두 방글라데시 우물 사태의 원인이 되었다.

자, 이번에는 관련자들에게 활력을 불어넣고 이들의 참여를 장려하는 개입방식을 활용했더라면 어떤 결과가 나타났을지 상상해보자. 문화적으로 적절한 방안을 설계하기 위해 여성과 소녀들의 자문을 구했다면 어땠을지 상상해보자. 주민들이 안전한 우물을 식수원으로 활용할 수 있도록 돕기 위해 훈련을 받고 관련 기관을 대신해 주민들을 상대하는 지역사회 담당자 네트워크를 구축했더라면 어땠을지 상상해보자. 지역사회의 일원으로 여러 지역사회를 잇는 역할을 하는 현지인들에게 문제를 감시하고 감지하고 해결하는 역할을 맡기고, 필요할 때 개입할 수 있는 권한을 부여하고, 어떤 문제로 인해 치명적인 결과가 발생하기 전에 미리 문제에 대처할 수 있도록 했더라면 상황이 어떻게 달라졌을지 상상해보자.

자, 여러분이 상상한 모습은 지구 반대편, 시카고 남부에서 있었던 놀랍도록 성공적인 개입 사례와 많이 닮았을 것이다.

폭력을 근절하기 위한 노력

캐런 클라크Karon Clark는 두꺼운 철제 책상 서랍 제일 위 칸에 관심 대상에 관한 자료를 모아둔다. 시카고 도심에 본부를 두고 있는 획기적인 폭력 예방 프로그램 시즈파이어CeaseFire(휴전이라는 뜻—옮긴이)에서 봉사자로 활동하고 있는 클라크가 관리하는 관심 대상(지역사회 구성원 중 폭력을 행사할 위험도가 높은 인물)은 보통 10~14명쯤 된다. 클라크가 담당하는 의뢰인 중에는 여러 차례 클라크의 책상 서랍 맨 위 칸을 드나든 사람도 있다. 감옥에 갔다가 갱생의 길을 걸었지만 다시 마약에 빠지고 폭력단의 일원이 되었다가 폭력을 써서 다시 감옥으로 가는 악순환의 고리에 빠지는 것이다. 하지만 클라크는 여러 의뢰인 중 특히 한 명에게 큰 기대를 품었다.

"데이비언(개인정보 보호 차원에서 가명을 사용했음)[31] 파일을 어서 닫아버릴 수 있으면 좋겠어요. 거의 다 된 것 같아요. 데이비언은 정말 그럴 수 있는 아이랍니다."

데이비언은 2008년 1월부터 캐런 클라크의 관심 대상이 되었다. 하지만 어떤 측면을 보더라도 그는 잘해오고 있었다. 탄탄한 체구에 뛰어난 풋볼 실력을 갖춘 데이비언은 음주나 마약으로 속을 썩이는 일 없이 고등학교 생활을 잘해냈다. 데이비언은 유명 대학 풋볼팀에 들어가는 데 모든 희망을 걸었다. 하지만 최종 시험 단계에서 그만 탈락하고 말았다.

"제 의뢰인이 됐던 첫째 날, 데이비언이 사무실로 걸어 들어와 제게 말하더군요. 그는 퍽 화가 난 상태였습니다. '저는 대학에 안 갈 겁니다'라고 하더군요. 하지만 데이비언에게는 좋은 가족이 있었습니다. 교육 수준은 높지 않았지만 모두 좋은 사람들이었습니다. 데이비언에게 한 번 더 시도해보자고 권했습니다."

클라크는 지난 4개월 동안 데이비언과 함께 일리노이 주에 위치한 2년제 대학을 찾아다니며 풋볼팀 감독에게 데이비언을 소개하고 데이비언이 재정 지원 서류를 작성할 수 있도록 도와주었다. 몇 주 전, 클라크는 데이비언이 면접을 볼 수 있도록 약 한 시간 정도 떨어진 대학에 데려갔다.

"데이비언은 도서관에서 귀여운 여학생을 만났습니다. 그 여학생이 데이비언에게 전화번호를 건네더군요. 그 뒤로 더 대학에 가고 싶어 하더라고요."

클라크는 데이비언이 대학에 가게 될 가능성을 생각하며 심호흡을 했다. 클라크가 내년이 되면 책상 서랍에서 데이비언의 파일을 꺼내 보관소에 넣어둘 수 있을 것이라고 확신하는 데는 그럴 만한 이유가 있었다. 그럼에도 불구하고 클라크는 여전히 초조한 기분을 떨쳐버리지 못했다.

클라크가 소속된 시즈파이어 웨스트 가필드 파크 지부는 오래된 가게 앞에 위치해 있다. 다른 지역사회 조직과는 달리, 시즈파이어는 의뢰인들을 위해 아주 늦은 시간까지 문을 연다. 봉사자들은 꼭두새벽이 될 때까지 문을 열어둔다. 또한 몇 시간마다 동네를 순찰하며 의뢰인들의 동태를 관찰하고 거리에서 어떤 일이 벌어지는지 직접 확인한다.

금요일 밤이 찾아왔다. 평소였다면 클라크는 동료들과 함께 거리를 걸으며 이따금 멈춰 서서 인사도 건네고 직접 거리 상황도 확인했을 것이다. 하지만 오늘은 하루 종일 비가 내린다. 순찰팀은 자동차에 올라타 천천히 어두운 거리를 돌기 시작한다. 처음에는 길모퉁이가 여느 때보다 한산해 보인다. 한 무리의 젊은 남녀가 현관 앞에 앉아 이야기를 나누는 모습이 눈에 들어온다. 자동차가 멈춰 서자 수다를 떨던 무리가 소리를 질러댄다. "고마워요, 시즈파이어! 티셔츠가 마음에 들어요!"

클라크가 "최근에 열린 행사에서 티셔츠를 받았어"라고 설명한다.

클라크와 함께 봉사활동을 하는 동료 중 한 명이 자신의 의뢰인이 거리를 배회하는 모습을 포착한다. 커다란 티셔츠와 헐렁한 바지를 입은 젊은 사내였다. 클라크의 동료는 창문을 내리고 상대를 부른다.

"요즘 어떻게 지내니?"

"별일 없어요. 잘 지내요."

"이번 주에 사무실에 한 번 들를래? 확인해야 할 때가 된 것 같아."

순찰을 돌다 보면 이런 만남이 숱하게 이뤄진다. 매일 저녁, 봉사자들은 가능한 많은 의뢰인의 행방을 추적하며 의뢰인의 상태가 매일 얼마나 개선되고 있는지 평가하고 의뢰인들이 주류 사회에 진입할 수 있도록 자원을 제공하고 지원을 아끼지 않는다. 시즈파이어 봉사자들은 동네를 순찰하며 지역사회의 온도를 몸소 체감한다. 매일 저녁 동네를 돌며 오늘 밤에는 동네 분위기가 얼마나 뜨거운지 살피는 것이다.

금요일 밤의 파티가 점차 열기를 띠어갈수록 점점 더 많은 사람들이 거리로 몰려나온다. 오늘 밤에는 사람들이 길모퉁이 곳곳에 작게 무리 지어 앉아 있는 모습이 눈에 띈다. 어둡게 선팅한 차를 길에 세운 채 음악을 크게 틀어놓고 금요일 밤을 즐기는 사람들이 많다. 굽 높은 구두를 신고 이 차에서 저 차로 불안정하게 오가는 여자아이들도 있다.

클라크는 "이 동네에서 발생하는 가장 큰 다툼 중 일부는 여자들 때문에 벌어진다"고 이야기한다. "총을 쏘는 건 남자들입니다. 하지만 그런 싸움을 부추기는 건 여자입니다. 도발하는 거지요. 예를 들면, 남자친구의 친구와 잠을 잔다든지요. 남자들과 똑같이 폭력의 악순환 고리에 들어 있는 겁니다."

빗속에서 계속 차를 몰고 다니던 봉사자들은 현재의 의뢰인과 과거의 의뢰인들이 뒤섞여 있는 무리를 가리켰다. 봉사자들은 거의 모든 블록에서 차를 세우고 아무런 문제가 없는지 살핀다.

비어 있는 구역으로 몰려든 한 무리의 십대들에게 봉사자들이 물었다. "여기 뭐 새로운 일이라도 있니?"

"아니요. 여기는 시원해요."

시원한가? 뜨거운가? 시즈파이어에서 활동하는 봉사자들은 복잡한 사회 구조 내에서 폭력 사태가 발발할 가능성이 있는지 알려주는 신호를 파악하도록 훈련받았다. 마수드 아민이 제안한 21세기 전력망에 대한 비전과 마찬가지로, 시즈파이어 봉사자들은 지역사회를 위한 고유 수용 감각을 키워왔다. 클라크와 동료들은 이런 식으로 시즈파이어의 분산된 감지 네트워크의 일부를 담당한다.

오늘 밤은 거리 분위기가 차분하다. 시즈파이어의 중재 덕에 서로 으르렁거리던 두 패거리가 얼마 전에 싸움을 중단한 만큼 동네 전체에서 안도감이 느껴진다. 이제 지역사회 주민들도 날아가는 총알에 맞을지도 모른다는 두려움 없이 자유롭게 거리를 활보할 수 있게 되었다. 평화는 거리 곳곳에 무리를 지어 서 있는 사람들에게 연대감을 준다. 봉사자들은 자동차 안에서 태평스럽게 대화를 나눈다. 그리 늦은 시간은 아닌 데다 날이 밝으려면 아직 많은 시간이 남아 있다. 하지만 오늘 밤은 날씨도 좋다. 무더운 여름 날씨는 충돌을 유발하기로 악명이 높다. 오늘 밤이 '시원할' 것이라고 확신해도 좋을 만한 이유가 충분하다.

클라크가 갑자기 달리고 있는 자동차의 창문을 내린다. 길모퉁이 한 쪽에서 데이비언이 친구들과 함께 초저녁 파티를 즐기고 있다.

클라크가 묻는다. "여기서 뭐 하고 있니?"

잔소리를 하는 느낌이 묻어나긴 하지만 클라크의 목소리는 친절하다. 데이비언은 클라크에게 가까이 다가와 어깨를 들썩하더니 매력적이고 변덕스러운 미소를 지어 보인다.

"아무것도 안 하고 있어요. 아시잖아요."

"그래, 그러는 게 좋을 거야."

데이비언은 "그냥 사촌들이랑 놀고 있다"고 답하며 길모퉁이에 서 있는 아이들을 모호하게 가리켰다. 데이비언이 가리키는 쪽에서는 쿵쾅쿵쾅 음악이 울려 퍼지고 있다.

"여기에서 어슬렁거리지 마! 알았지?" 클라크는 농담하듯 이야기한다. 하지만 농담 속에 약간의 긴장감도 배어 있다.

데이비언은 그저 클라크를 쳐다보며 웃음을 짓는다. 데이비언은 클라크를 향해 다정하게 손을 흔들더니 다시 몸을 돌려 친구들을 향해 걸어간다. 클라크는 마지못해 창문을 닫고 다시 차를 몰기 시작한다. "저 녀석은 한 발은 넣고 한 발은 빼는 그런 식이라니까요. 몇 달만 더 노력해야지요. 몇 달만 더 노력하면 여기에서 벗어날 수 있을 거예요. 하지만 그러다가 문제가 생기지요. 항상 무언가 나타나 그 애들을 급습해 궁지로 몰아넣거든요."

클라크는 다시 한 번 뒤를 돌아본다. 저 멀리 자욱한 안개 너머로 데이비언의 모습이 점차 작아지는가 싶더니 안개 긴 창문 너머로 점차 흐릿해져갔다.

옆길로 빠지기 전, 클라크는 다시 한 번 주위를 살피고 머릿속으로 기억해야 할 내용을 정리해둔다. 마치 훌륭한 감지장치처럼 클라크는 데이비언이라는 소년의 형태로 취약성이 드러나는 순간 그 같은 사실을 시즈파이어 시스템에 전달할 것이다. 클라크는 자신이 지켜보고 있는 가운데 시스템이 무너지도록 내버려두지 않을 것이다.

2008년 여름, 시카고에서 125명이 총에 맞아 숨졌다. 같은 기간 동안[32] 이라크에서 사망한 미군보다 두 배가량 많은 숫자였다. 클라크는 많은 사람이 숨졌지만 '우발적'인 것으로 분류되는 만연한 거리 폭력 사건의 일부에 불과했다고 설명했다. 남자들은 여자를 두고 싸움을 일으켜 서로 총을 쏘아댔다. 자신이 무시당했다는 생각 때문에 총을 집어 드는 경우도 있었고, 본인이 그런 상황에서 총을 쏘고 싶건 그렇지 않건 주변의 친구들이 그렇게 해주기를 기대한다는 이유로 총을 쏘는 경우도 있었다. 한 번의 총질은 또 다른 총질을 불러오는 경우가 많았다. 이런 특징으로 인해 폭력과 응징의 주기가 점차 악화되었고 이웃들은 두려움에 떨며 위태롭게 질주를 하게 되었다.

시카고 폭력 예방 프로젝트Chicago Project for Violence Prevention의 후원하에 진행되고 있는 캠페인 시즈파이어는, 이처럼 음울한 추세를 영원히 바꿔놓기 위해 노력 중이다. 시즈파이어는 싸움이 실제 폭력 사태로 비화되지 않도록 막기 위해 혁신적인 전략을 활용한다. 또한 실제로 총을 발사하는 사건이 발생하면 추후에 보복이 일어나지 않도록 사건에 개입해 지역 전체에 차분함을 되찾고 진정할 수 있는 기회를 준다. 방글라데시에서 우물 사태를 해결하고자 이뤄졌던 개입과는 달리, 시즈파이어는 역동적인 불균형 상태 내에 존재하며 지역사회의 요구를 해결하기 위해 끊임없이 쇄신한다. 개입 활동의 끝도 없다. 외부의 모든 컨설턴트가 일정한 기한을 정해놓고 그 기한이 끝나는 날 짐을 싸서 떠나는 일도 없다. 시즈파이어 프로젝트하에서는 어떤 누구도 아닌 지역사회 내에 거주하는 사람들이 지역사회를 감시하는 역할을 맡는다.

2000년, 게리 슬럿킨Gary Slutkin은 새로운 프로젝트를 시작할 준비를 모두 마쳤다. 유행성 질병을 전공한 역학자인 슬럿킨은 세계보건기구의 일원으로 말라위, 우간다, 소말리아 등 동아프리카 지역에서 세계에서 가장 까다로운 일부 전염병과 관련된 일을 하다가 시카고로 돌아왔다. 슬럿킨은 미국으로 되돌아가고 싶은 마음은 있었지만 정작 미국으로 되돌아가서 어떤 일을 할 수 있을지 아무런 아이디어도 떠오르지 않았다.

"도시 폭력 문제를 해결해보고 싶었습니다. 도시 폭력 문제가 심각했거든요. 저는 사람들에게 도시 폭력 문제를 해결하려면 어떻게 하는 게 좋을지 계속 물어봤습니다. 그런 방법은 없더군요."

슬럿킨은 폭력 문제와 관련해 사람들에게서 흔히 관찰되는 두 가지 태도를 설명했다. "사람들은 복역 기간을 늘리고, 한층 엄격하게 법을 집행하는 등 처벌을 강화할 필요가 있다고 이야기합니다. 혹은 교육, 빈곤, 협력 활동 등을 개선해야 한다고 이야기하는 사람도 있습니다. 공중위생 부문에서 활동하는 사람들은 이러한 태도를 일컬어 '모두 근거 없는 믿음Everything Myth'이라고 이야기합니다. 처벌을 통해서 문제를 개선할 수는 없습니다. 처벌에는 행동을 장려하는 기능이 없기 때문입니다. 또한 이 같은 근거 없는 믿음은 폭력 문제를 해결하기 힘들다는 반증과도 같습니다. 결국 아무런 효과가 없는 일을 하는 방법과 아무것도 하지 않는 방법 중 하나를 선택해야 하는 거지요."

슬럿킨은 전염병을 치료해본 경험을 토대로 완전히 새로운 시각으로 문제를 조명했다.

"대규모 전략을 아무리 적용해도 말라리아는 박멸되지 않았습니다. 결국 모기장이 효과를 발휘했지요. 설사병을 줄이기 위한 노력 역시 도무지 효과가 없는 듯했습니다. 사람들은 온갖 근거 없는 믿음을 갖다 댔습니다. '수질을 개선하고, 위생을 강화하고, 영양 공급을 늘려야 한다'고들 이야기했습니다. 하지만 경구 수분 보충 요법이 등장하자 문제가 상당히 개선됐습니다. 적절한 개입방법을 찾아내고 적절한 행동 변화와 연계시키면 상황이 정말로 달라지기 시작합니다. 하나의 행동이라는 관점에서 봤을 때 폭력과 전염병에 유사점이 있다는 사실을 깨달았습니다. 우리가 이미 알고 있는 행동 변화 방법을 활용하면 변화를 만들어낼 수 있을 거라는 생각이 들었습니다. 이미 많은 것을 알고 있었지만 실제로 일이 어떻게 돌아갈지 전혀 감을 잡을 수 없었습니다."

슬럿킨은 이 같은 아이디어를 떠올린 후 동료들과 함께 5년에 걸쳐 시카고 내 폭력 문제 근절을 위한 행동 변화 전략을 수립했다. 슬럿킨은 시카고에서 활동하는 시즈파이어 담당자들을 보스턴으로 보내 당시 '보스턴의 기적Boston Miracle'으로 알려져 있었던 현상을 연구할 것을 주문했다. 보스턴의 기적이란 사법당국, 시 공무원, 보스턴 빈민가에서 활동하는 성직자 간의 혁신적인 협력 관계를 활용한 성공적인 폭력 예방 캠페인이었다.

"예전에도 이런 식으로, 맨땅에 헤딩하는 식으로 처음부터 일을 진행해본 경험이 있었습니다. 새로운 공중위생 위기에 대처하기 위해 초기 전략을 수립할 때는 거의 정보가 없는 상태에서 시작하는 경우가 많습니다. 그런 상황이 되면 다음과 같은 기초적인 질문을 던지게 됩니다. 이 같은 상황의 뒤에는 무엇이 있을까? 어떻게 이런 일이 벌어지는 걸까? 어떻게 이런 상황이 확산되는 걸까? 바로 이런 기분이 들었습니다. 아무것도 없는 상태에서 시작해야만 하는 상황이 되자 샌프란시스코가 떠올랐습니다."

1981년 6월 5일, 질병관리센터는 이후에 에이즈라는 이름이 붙여진 질병에 대한 최초의 공식 문서[33]를 공개했다. 〈질병률과 사망률에 관한 주간 보고서Morbidity and Mortality Weekly Report〉는 다섯 명의 주폐포자충 폐렴(억제된 면역 체계와 관련이 있는 기회 감염) 환자가 발생했다고 공표했다. 주폐포자충 폐렴 진단을 받은 다섯 명 모두 로스앤젤레스에 거주하는 젊은 남성이었다. 또한 이들은 모두 동성애자였으며 이전에는 건강상 아무런 문제가 없었다. 보고서가 인쇄되어 세상에 공개될 무렵 두 명은 이미 목숨을 잃은 뒤였다.

슬럿킨은 1981년 샌프란시스코 제너럴 병원에서 근무하고 있었다. 질병관리센터의 첫 번째 보고가 있은 지 한 달 후, 샌프란시스코 제너럴 병원은 병원 설립 후 처음으로 에이즈 환자를 맞게 되었다. 당시 병원을 찾은 에이즈 환자는 스물두 살의 젊은 남성으로 흉부 전체에 병변을 일으키는 카포시 육종이라는 희귀 피부암에 걸린 사람이었다. 1981년 말까지 샌프란시스코에서 아홉 명이 추가로 사망했다.[34]

"대부분이 남성 동성애자였습니다. 남성 동성애자들은 이성 커플과는 다른 방식으로 성행위를 한다는 사실을 알고 있었습니다. 하지만 왜 여성 동성애자들은 에이즈에 걸리지 않았을까요? 그때만 해도 이해가 쉽지 않았습니다."

슬럿킨과 연구팀은 무리 역학조사를 진행했다. 위험에 처한 지역사회 구성원을 면접하고 표본 및 대조군을 동시에 활용하는 시간 소모가 많은 과정이었다. 1983년경, 전자 현미경을 통해 질병을 일으키는 바이러스의 존재가 밝혀졌다. 그로부터 3년이 채 되지 않아 샌프란시스코 제너럴 병원에 8백 명(천 명당 한 명꼴)이 넘는 환자가 보고되었다.[35]

"갑자기 아이티 사람, 혈우병 환자, 마약 사용자 등이 병원으로 몰려왔습니다. B형간염이나 C형간염처럼 보였습니다만 도대체 그 병이 어떻게 확산되는지 알 길이 없었습니다. 우리는 혈액을 검사해야 한다는 사실을 알고 있었습니다. 하지만 행동을 수정해야 한다는 사실 또한 알고 있었습니다."

슬럿킨이 폭발적으로 확산되는 에이즈에 대처하기 위한 전략을 개발 중이었던 1980년대에는 건강신념 모형health belief model과 같은 이론의 시각으로 공중위생 부문의 행동 변화를 바라보는 경우가 많았다. 건강신념 모형이라는 심리적 모형은 대중의 건강 검진 및 예방 프로그램 참여(혹은 참여 부족)를 이해하기 위한 수단으로 1950년대에 개발되었다. 이 이론은 위험에 처한 사람들의 태도 및 신념에 주목했다. 또한 HIV/에이즈 지원 활동에 맞게 수정된 건강신념 모형은 성적으로 위험한 행동 및 HIV/에이즈 감염[36]을 이해하기 위한 틀로 자리 잡았다.

하지만 건강신념 모형에 내재된 가장 큰 한계점 하나가 공중위생 행동을 고민할 때 사회적 규범과 사회적 압박을 반드시 고려해야 함에도 불구하고 이런 요소가 반영되지 않았다는 것이었다. 앞 장에서 설명한 위험 항상성에 대해 생각해보자. 문화는 중요하다. 바로 이런 이유 때문에 공중위생 전략을 보강하기 위해 합리적 행동이론theory of reasoned action을 적용하게 되었다. 합리적 행동이론이란, 인간은 합리적이며, 규범적인 믿음(주변 사람들에게서 관찰되며 영향을 미치는 태도 및 행동)[37]과 행동적인 믿음(자신의 태도)으로 구성된 시스템 내에서 서로 연결되어 있다는 내용을 골자로 하는 이론이다. 이런 규범은 우리의 주변에서 명확하게 표현되어 있기도 하고 암묵적으로 존재하기도 한다. 방글라데시에서 여성들과 소녀들의 삶을 좌우하는 규범을 생각해보자. 물론 모스크 근처에 있는 녹색 우물에서 물을 긷는 것이 좀 더 편할 수도 있다. 하지만 종교와 성별을 토대로 하는 사회적 규범으로 인해 여성이 모스크 근처를 돌아다니는 것은 생각조차 할 수 없는 행위가 되어버렸다.

좀 더 와닿는 사례로 서양에서 통용되는 실내 흡연 규범을 떠올려보자. 50년 전 미국에서는 사회 규범(어떤 행동이 적절한지 알려주는 인지적 신호)상 대부분의 사회적 상황에서 흡연이 용인 가능한 행동으로 받아들여졌다. 따라서 사람들은 어디에서건 담배를 피웠다. 그러고 싶은 마음이 있었거니와 그래도 된다는 사회적 인정이 있었기 때문이다.

하지만 오늘날은 미국의 흡연자들이 거의 모든 보편적인 사회적 상황에서 흡연을 자제한다. 이런 행동에 벌금을 부과하는 명확한 법률과 규제도 흡연자들의 행동에 영향을 미치지만 사회적 규범의 변화가 진정한 변화라고 볼 수 있다. 사회적 규범의 변화가 훨씬 강력한 억제 작용을 하기 때문이다. 흡연자들이 담배에 불을 붙이지 못하도록 막으려면 친구나 동료가 질책하는 표정을 지을 수도 있다고 생각하게 만드는 것이 끔찍한 금연 광고를 내보내는 것보다 훨씬 효과적이다. 사회적 사망에 대한 인지 위험이 실제 사망에 대한 인지 위험보다 훨씬 크다.

사회적 규범은 어떤 행동이 용인 가능하고 어떤 행동은 그렇지 않은지 알려주는 강력한 신호의 역할을 한다. 따라서 사회적 규범에 대한 이해가 에이즈라는 질병이 알려진 초기에 HIV/에이즈 예방을 위한 공중위생 방안을 결정하는 데 중요한 역할을 했다.

예를 들면, 태국에서 남성의 콘돔 사용 여부를 결정짓는 가장 중요한 요소는 주변 사람들의 태도였다.[38] 호텔 수건에 관한 치알디니의 실험을 통해 확인한 것처럼 친구가 콘돔을 사용하면 덩달아 콘돔을 사용할 가능성이 컸다. 다른 지역사회에서는 또 다른 규범이 적용될 수도 있다. 가령, 미국 대학에서 여학생이 파트너의 콘돔 사용을 요구하는지 그렇지 않은지를 결정하는 가장 강력한 요소는 개인의 태도였다.[39] 이처럼 각기 다른 지역사회가 갖고 있는 규범을 이해하지 못하면 질병 발생에 대처할 공중위생 방안이 효과를 발휘하기 힘들 뿐만 아니라 오히려 문제를 악화시킬 수도 있다.

맨 처음 도시 폭력 문제에 접근할 당시, 슬럿킨은 지난 20년 동안 HIV/에이즈, 결핵, 콜레라 등을 근절하기 위해 개발했던 것과 유사한 전략을 사용하면 도움이 될 것이라고 가정했다. 다른 도시에서는 어떤 노력이 진행되고 있으며, 시카고에서는 기술적·재정적으로 어떤 방법을 활용할 수 있는지 검토한 후, 슬럿킨은 동료들과 함께 폭력의 확산을 막기 위해 시즈파이어를 활용한 개입 방안을 개발했다. 다음과 같은 간단한 원칙으로 설명할 수 있다.

첫째, 폭력의 전염을 차단하라.

둘째, 가장 큰 위험성을 안고 있는 전파자의 생각을 변화시켜라.

셋째, 지역사회 전체의 규범을 변화시켜라.

1단계 : 전염 차단

시즈파이어의 평가 책임자 엘레나 퀸타나Elena Quintana는 일리노이 대학교 시카고 캠퍼스 공중위생학과 건물 3층에 위치한 사무실에 앉아 있다. 복도 바깥쪽에는 탁한 초록빛의 사물함이 늘어서 있고 학교 건물에서 흔히 발견되는 얼룩덜룩한 바닥 타일이 깔려 있는 복도 안쪽 사무실은 단조롭다. 그와는 반대로, 퀸타나는 열정적인 에너지를 뿜어내며 이야기한다. 퀸타나는 맨 처음 시즈파이어가 설립되었을 때부터 시즈파이어에서 활동해왔으며 10년이 넘는 기간 동안 가정 폭력 문제를 해결하기 위해 슬럿킨과 협력하면서 지역사회 심리학 분야에서 박사학위도 땄다. 퀸타나는 그동안 다양한 주체들이 원활하게 대화를 나눌 수 있도록 자신이 공부한 내용을 적극 활용하며 시즈파이어 내에서 다양한 직책을 담당해왔다. 요즘 퀸타나는 거리에서 직접 발로 뛰는 시즈파이어 직원들과 시카고 사법당국을 잇는 주요한 전달자의 역할을 한다. 퀸타나는 주류사회의 인맥과 사회 연결망을 두루 갖추고 있었기 때문에 매주 월요일마다 경찰 관리 구역을 드나들어도 아무런 문제가 되지 않았다. 퀸타나는 사람들이 경계하는 대상이 아니었다. 지역사회 내에서 퀸타나가 물건을 훔칠까 봐 주의 깊게 쳐다보는 사람은 아무도 없었다. 이런 이유 때문에 퀸타나는 시카고 경찰서와의 관계에서 시즈파이어를 대표하는 유일한 공식 인물이 되었다.

하지만 2004년경 시즈파이어 직원들은 그동안 신뢰를 쌓기 위해 많은 노력을 기울여왔음에도 불구하고 위험도가 높은 의뢰인들 속으로 충분히 깊숙이 파고들지 못하고 있다는 사실을 알게 되었다. 폭력 사건을 효과적으로 방지하려면 시즈파이어는 가장 위험도가 높은 시민들로 구성된 사회 연결망 내에서 실제로 영향력을 끼칠 만한 사람을 시즈파이어로 끌어들여야 했다.

퀸타나의 이야기를 들어보자. "시즈파이어 관련자들은 '게임'에 대해 이야기하곤 합니다. 비주류에 해당되는 사람들이 조직적으로 배척당하고 어쩔 수 없이 대안 경제 속에서 살아가게 되는 그런 현상을 일컫습니다. '소란' 혹은 '게임'이라고 부르지요. 난투, 감옥, 마약, 범죄 조직, 불법 복제품, 매춘, 그 외 상상 가능한 모든 불법 활동이 여기에 포함됩니다. 이런 일을 할 수밖에 없는 환경에서 태어난 겁니다. 결국 주류사회의 일원이 아닌 거지요. 이미 게임에서 뛰고 있었던 사람들을 활용할 필요가 있었습니다. 그 사람들이 갖고 있는 정보를 활용해 의뢰인들이 합법적인 세계로 넘어올 수 있도록 도와야 했습니다. 이 시스템은 우리와 그들 사이의 대결 구도로 형성되어 있습니다. 소외된 사람들은 대부분의 혼자만의 힘으로 둘 사이의 간극을 넘어서지 못합니다. 또한 봉사자들은 그와 같은 사회적 거리를 이어주지 못합니다."

이와 같은 사회적 거리를 메우기 위해 노력하는 고도로 훈련된 전문가들이 시즈파이어 내에서 가장 규모가 큰 사무실 중 한 곳에 모여 매일 회의를 하고 있다. 회의에 참석한 사람들은 시즈파이어의 폭력 차단 담당자들이다. 시즈파이어의 폭력 차단 담당자들은 대개 20대에서 50대 사이의 흑인 남성 및 라틴계 남성들로 과거에 직접 수감 생활을 해본 경험이 있다. 그리고 지금 이 순간에는 폭력 확산을 막기 위해 일선에서 노력하고 있다.

퀸타나는 회의 시작과 동시에 지난 한 주 동안 인근에서 발생한 사건을 기록한 경찰 보고서를 읽어 내려간다. 회의에 참석한 남성들은 자리에 앉아 귀를 기울이며 고개를 끄덕인다. 퀸타나가 읽어 내려가는 내용을 듣고 낮은 목소리로 의견을 이야기하는 사람도 있다.

퀸타나가 보고서를 모두 읽고 나면 시즈파이어 일리노이 책임자 티오 하디먼이 자리에서 일어나 회의에 참석한 남성들에게 발언하기 시작한다. 40대의 흑인 남성 하디먼은 옆쪽에 남색 줄무늬가 길게 그려진 베이

지색 운동복을 입고 있다. 하디먼은 회의에 참석한 남성들을 향해 이야기를 하면서 부드럽게 손짓을 한다. 사람들은 하디먼의 이야기에 푹 빠진 것처럼 보였다.

"A그룹이 B그룹과 마찰을 일으키고 있습니다. 오전 8시에 총격전이 벌어질 거라는 정보가 있습니다. 오전 8시는 등교 시간입니다. 아이들이 등교를 위해 걸어가는 시간이지요."

회의실에 자리를 잡고 있는 남성들이 고개를 끄덕였다.

하디먼은 자신이 '교전수칙'이라고 부르는 개념에 대해서 언급했다. "우리에게 가장 큰 도움을 주는 존재는 다름 아닌 시간입니다. 우리는 그저 시간을 빌려 사태를 진정시키는 것뿐입니다."

레드팀 대학에서 훈련 받은 회의론자들과 마찬가지로, 폭력 차단자들은 가장 위험한 지역을 순찰하며 충돌이 심각해지기 전에 미리 문제를 파악하고 개입한다. 이런 과정을 통해 대체 개념 공간을 제공하는 것이다. 실제로 총격이 발생하면 이들은 피해자와 피해자들의 친구, 친척, 동료들을 찾아내 보복 총기 사용을 막기 위해 노력한다. 이런 과정을 통해 폭력의 확산을 방해하고 사회 연결망 내의 나머지 부분으로 폭력이 흘러가지 않도록 막는다. 시즈파이어가 폭력을 전염병으로 대한다고 보면, 폭력 차단자들은 새롭게 감염된 사람을 찾아내고 폭력 사태가 발생할 가능성을 낮추기 위해 지역사회 전체에 예방주사를 주는 공중위생 전문가의 역할을 한다고 볼 수 있다.

하디먼의 설명을 들어보자. "꽤 거친 곳에서 활동한 사람들로 구성된 특수한 집단을 찾아내야 한다는 생각이 들었습니다. 뒷골목에서 활동하던 그런 사람들 말입니다. 상대가 손에 총을 들고 있더라도 기꺼이 다가가 말을 건넬 수 있을 정도로 근성 있는 사람들 말이지요. 그럴듯하게 말하는 사람은 많습니다. 하지만 총을 쥐고 있는 사람들에게 실제로 다가가 말을 건넬 수 있는 사람은 그리 많지 않습니다. 실제로 그 일을 해내는 것은 매우 특수한 기술입니다."

하디먼은 매우 중요한 역할을 한다.(어쩌면 하디먼의 역할이 가장 중요한지도 모른다) 그는 폭력 차단자들처럼 지역사회 내에서 매우 커다란 영향력을 갖고 있는 사람들을 시즈파이어 활동에 끌어들이고 이들과 대화를 나눈다.

"대부분의 사람들은 적절한 대상과 대화할 경우 폭력적인 행동을 저지르지 않도록 상대가 자신을 설득해주기 바랍니다. 하지만 반드시 상대가 적절한 대상이어야 합니다. 우연히 그런 역할을 담당하게 되었지만 사실은 약해 보이는 사람과 대화를 나누게 되면 당장 상대를 짓밟으려 듭니다. 그동안 제 사무실에서 충돌을 중재한 적이 많습니다. 크게 소리를 지르며 벌떡 일어서서 욕설을 하며 소리를 지르는 사람도 있습니다. '이런 제기랄! 저 자식을 해치워버려야겠어요. 어쩔 수 없네요!' 하고 고함 지르는 겁니다. 그러면 제가 이야기합니다. '그건 절대 안 됩니다. 어쩔 수 없는 일이 아닙니다. 집에 여자 친구가 있잖아요. 좀 있으면 아이도 둘이나 생길 겁니다. 어머니는 편찮으십니다. 이런 상황에서 누군가를 총으로 쏘겠다니요. 도대체 그게 무슨 말입니까?' 이렇게 이야기를 풀어나가면 본질에 접근할 수 있습니다. 결국 누가 백 달러를 빚졌다거나, 누군가가 또 다른 녀석의 여자 친구와 놀아났다거나, 누군가가 화를 내고 협박하려 드는 등 자신이 하는 일을 방해한다거나 하는 것 때문에 총을 쏘겠다고 하는 겁니다. 그러면 제가 '진정하고 앉아서 다시 이야기해보자'며 '이야기의 본질을 생각해보자'고 권합니다."

사회적 기술 훈련이 발달했기에 이런 식의 개입이 가능하다. 먼저, 이런 방식으로 폭력 문제에 개입하려면 시즈파이어의 폭력 차단자와 봉사자들이 지역사회 내의 사회적 관계를 보여주는 심상지도를 최신 상태로 유지해야 한다. 심상지도란, 누가 누구와 함께 활동하며, 지역사회의 다양한 구성원들이 어떻게 연결되어 있으며, 뒷골목의 사회 연결망 내의 어떤 지점에서 상황이 점차 가열되거나 차분해지고 있는지 알려주도록 제작된다.

시즈파이어가 활동하는 지역사회는 끊임없이 변한다. 따라서 매우 민감한 정보를 반영해 심상지도를 지속적으로 업데이트한다. 시즈파이어가 해당 지역 밖에서 사람들을 채용하는 전통적인 사법조직이었다면 믿음과 신뢰, 주어진 일을 해내기 위한 접근성 등을 확보할 수 없었을 것이다. 시즈파이어는 활동을 하다가 불법적인 활동을 포착하더라도 비밀을 누설하지 않고 중립성을 유지한다. 시카고의 모든 경찰이 이 같은 시즈파이어의 정책을 환영하는 것은 아니다. 하지만 시카고 경찰 중 상당수가 경찰은 할 수 없는 일을 해내는 시즈파이어의 능력(혹은 경찰이 공권력을 다른 곳에서 좀 더 효율적으로 배치할 수 있도록 일을 처리하는 능력)을 존중한다.

그렇지만 훌륭한 사회적 지도를 확보하는 것만으로는 충분치 않다. 시즈파이어 직원들은 거리에서 발생하는 폭력의 논리도 이해해야 한다. 다시 말해서 비단 피해자뿐 아니라 수십여 명의 관련자들이 어떤 행동을 어떻게 해석할지 이해해야 한다. 총격 사전이 벌어진 후 부분적인 정보가 복잡하게 뒤엉켜 있는 상황하에서는 일분일초가 중요하다. 이런 상황에서 어디에서부터 개입을 해야 할까? 폭력 차단자들은 X가 Y에게 총을 쏘면, X의 형이 Z를 쏘고, Z의 친구가 또다시 개입해 상황이 더욱 악화될 수도 있다는 사실을 이해해야 한다. 뒷골목 세계를 상대하려면 이런 식으로 시나리오를 짜야 한다.

바로 이 대목에서 자살을 하려는 사람을 상대로 절벽에서 한 걸음 뒤로 물러나도록 설득하는 기술만큼이나 전문적인 기술인 개입의 묘미를 확인할 수 있다. 슬럿킨은 폭력 차단자들에 대해 이렇게 이야기한다. "폭력 문제에 개입하려면 진정한 지혜와 진정성, 살인을 저지르려는 의도와 방법, 감정 상태, 사회적 강화를 모두 갖춘 사람을 상대로 마치 재즈를 연주하듯 즉흥적으로 대처하며 실제로 살인을 저지르지 않도록 설득할 수 있는 능력을 갖고 있어야 합니다. 이런 사람들은 최근까지만 하더라도 아예 존재하지 않았던 기술을 갖고 있는 달인과 같습니다."

제비활치나 대안화폐 WIR와 마찬가지로, 폭력 차단자들은 시스템 내에 내재되어 있는 경기 조정 전략과 같은 역할을 한다. 사회 시스템이 총격이라는 중대한 한계점에 가까워지거나 한계점을 넘어설 때까지 모습을 드러내지 않고 있다가 필요한 순간이 되면 네트워크를 다시 준안정 상태로 재정비하기 위해 즉각 모습을 드러내는 것이다.

오전 9시부터 오후 5시까지만 근무하고 그 시간 동안만 방문 가능한 전통적인 사회복지부처와 시즈파이어 간에는 그다지 닮은 점이 많지 않다. 시즈파이어는 24시간 내내 활동하며 밤이 되면 가장 활발해진다. 또 다른 차이점도 있다. 대다수의 전통적인 조직들은 전과자에게 지역사회 봉사 활동을 맡기는 것을 꺼린다. 하지만 시즈파이어는 전과자들에게 적극적으로 도움을 받는다.

퀸타나도 이런 생각에 동의한다. "대부분의 조직들은 좀 더 주류적인 방식으로 활동합니다. 시즈파이어는 한때 암흑의 세계에서 일했던 사람들을 채용해 이들을 다시 사회로 내보내고 새로운 인생을 살도록 돕습니다. 정말 놀라운 일이지요. 시즈파이어에서 일하는 사람들은 '예수도 봉사활동가'였다고 이야기하곤 합니다. 폭력 차단자들은 시즈파이어와 함께 일하겠다는 결정이 개인적인 구원과 같다고 여기곤 합니다."

2단계 : 생각 변화

시즈파이어의 봉사 활동 책임자 프랭크 페레즈Frank Perez는 목에 커다란 황금 십자가 목걸이를 걸고 있다. 페레즈가 입고 있는 검은색 티셔츠에는 '총을 쏘지 마세요'라는 문구가 적혀 있다. 페레즈는 푸에르토리코 혈통으로 시카고 남부에서 폭력적인 범죄 집단의 일원으로 활동했다. 여러 해 동안 사법당국과 충돌했던 페레즈의 인생을 바꿔놓은 계기가 있었다.

"20대 후반에 이 모든 문제, 엉망이 되어버린 지역사회가 전부 제 탓이라는 사실을 깨달았습니다. 우리들로 인해서 그런 문제가 생긴 거였습니다. 그러니 우리가 문제를 해결할 방법을 찾아야 했습니다. 폭력이요? 제 잘못입니다. 지금은 이 모든 문제를 다시 해결하기 위해 제 인생을 걸고 있습니다."

페레즈는 사회복지학 석사학위를 딴 후 2002년부터 시즈파이어에서 활동하기 시작했다. 오늘 밤, 페레즈는 코베 윌리엄스와 함께 시카고 잉글우드 지역을 순찰하고 있다. 윌리엄스는 폭력 차단자이고 잉글우드는 윌리엄스의 순찰구역이다. 매우 힘든 일임에도 불구하고 윌리엄스는 아주 편안해 보인다. 윌리엄스는 뒷골목 생활을 하며 만난 사람들과 친분을 유지하고 한때 자신이 몸담았던 곳에서 시간을 보내는 것을 좋아한다. 윌리엄스는 시즈파이어의 슬로건인 '살인은 이제 그만'이라는 문구가 적힌 하얀색 야구 모자를 쓰고 있다. 윌리엄스의 목에는 시즈파이어 직원임을 알려주는 인식표가 매달려 있다.

시카고는 1990년대에 브론즈빌에 위치한 악명 높은 공영주택단지 로 버트 테일러를 해체하기로 결정했다. 로버트 테일러 주민들에게는 어디든 원하는 곳으로 이주할 수 있도록 섹션 8 주택 바우처가 제공됐다. 하지만 로버트 테일러에 거주했던 대부분의 주민들은 다른 곳으로 이주하기 위해 필요한 사회 연결망이나 재원을 갖고 있지 않았다.[40] 결국 대다수의 로버트 테일러 주민들은 옆 마을인 잉글우드로 이주했다. 로버트 테일러에서 쫓겨난 주민들이 대거 유입되자 마을 전체에 혼란이 찾아왔고 여러 조직으로 나뉜 폭력 단체에 얽힌 문제가 한층 악화되었다.

"과거에는 폭력 단체의 우두머리를 찾아가 이야기하면 그 우두머리가 조직원들에게 행동 지침을 일러주는 식으로 일이 진행됐습니다. 하지만 1970~1980년대에 조직범죄 처벌법인 리코법Racketeer Influenced and Corrupt Organizations Act, RICO이 도입된 후 정부는 폭력 집단 두목들을 소탕해 모조리 감옥에 집어넣었습니다. 지금은 그 누구도 전면에 나서서 리더가 되려고 하지 않습니다. 너무 위험하고 힘들거든요. 경찰의 감시를 받거나 총에 맞겠지요."

페레즈는 검찰의 권한을 강화하려고 도입된 리코법이 예기치 못한 결과를 초래한 잘못된 방법이었다고 생각한다. "리코법은 머리를 잘라내는 데는 도움이 되었습니다. 하지만 몸통은 그대로 남아 있지요. 그래서 지금까지 이렇게 많은 패거리와 변절자들이 있는 겁니다. 이런 부류의 사람들은 그 누구도 존경하지 않습니다." 이라크와 아프가니스탄에서 전쟁을 치르는 미군이 수행해야 할 역할에 대한 아퀼라 교수의 설명처럼 시즈파이어는 상황을 감지하고, 적절하게 규모를 조절하고, 필요한 경우 힘을 모아 스워밍하는 잠재적인 범죄자들의 능력에 대처하기 위해 노력 중이다.

초저녁의 잉글우드는 조용하다. 윌리엄스는 텅 비어 있는 여러 공간 중

한 곳을 짚어 시즈파이어가 최근에 여기서 바비큐 행사를 열었다고 했다. "정말 인기 있는 행사입니다. 육칠십 명이나 되는 사람들이 무료로 제공되는 음식을 맛보려고 이 행사에 모습을 드러냅니다. 바비큐 파티를 할 때마다 그런 행사를 좀 더 자주 열라고들 하지요."

페레즈는 "저희는 그런 행사를 일컬어 자정의 바비큐라고 부릅니다. 어떤 지역의 분위기가 너무 과열되면 저녁 9시에 자리를 펴고 가능한 한 오랫동안 사람들에게 핫도그를 나눠줍니다."

폭력 단체나 무리를 지어 다니는 패거리의 일원들이 시즈파이어가 바비큐 행사를 벌이는 곳과 멀지 않은 곳에서 여느 때처럼 마약을 사고파는 경우도 많다. 시즈파이어가 활용한 전략이 지역사회 내에서 신뢰를 얻고 진정성을 인정받았기 때문에 이런 풍경이 연출될 수 있는 것이다.

페레즈의 이야기를 들어보자. "폭력 단원들이 마약을 파는 모습을 포착하면 그냥 이렇게 말하죠. '자네들이 폭력을 휘둘러 이곳이 너무 과열되는 것 같아서 우리가 여기서 이런 행사를 하는 거야. 자자, 좀 차분하게 굴자고.' 폭력 단원들도 우리가 하는 말이 맞다는 걸 알고 있습니다."

슬럿킨은 "전통적인 공중위생 부문에서는 신종 인플루엔자와 같이 아직 효과적인 치료약이 없는 수많은 질병도 치료한다"고 이야기한다. "치료제가 없는 상황에서 질병이 대유행하면 감염을 저지하기 위해 특정한 관행 및 행동 변화를 야기합니다. 그러다가 백신이나 항생제가 등장하면 가장 취약한 사람들에게 즉시 제공하기 위해 노력합니다. 바이러스가 갖고 있는 독특한 특징 및 감염 경로에 대한 이해를 토대로 하는 전략입니다. 신종 인플루엔자의 경우, 기침과 분비물을 통해 감염됩니다. 나쁜 사람들로 인해서 감염되는 것이 아니라 공기로 전염되는 거지요."

여기까지 이야기한 슬럿킨은 잠깐 생각에 잠긴 듯 말을 멈췄다가 다시 이야기를 이어나갔다. 슬럿킨은 전혀 공인된 바 없는 자신의 생각을 풀어내기 시작했다.

"그리고 폭력은 생각에 의해 전염됩니다."

게리 슬럿킨은 폭력이 병과 같다는 것이 비유적인 표현일 뿐이라고 생각하지 않는다. 슬럿킨은 폭력도 병이라고 생각한다. 다만 전염의 매개체가 병균이 아니라 폭력의 본질과 용인 가능성, 동료에 대한 사회적 기대, 미래에 대한 희망감이나 절망감에 대한 생각과 결정, 아이디어 등이라는 것이 차이점이라고 여긴다. 폭력은 사람의 마음에서 마음으로 전염된다. 세균에 의한 감염이 아니라 모방을 통해 감염된다는 차이가 있을 뿐이다.

또한 폭력은 매우 전염성이 강하다.

시즈파이어의 폭력 차단자와 봉사자들이 감정에서 비롯되지 않은 폭력 문제를 해결해야 하는 경우도 많다. 다시 말해서 뒷골목 내에서 자신의 지위가 위태로워지지 않도록 입지를 다지기 위해 철저한 계산 끝에 폭력을 행사하는 경우가 많은 것이다. 이런 부류의 폭력의 기저에 깔려 있는 것은, 폭력이나 복수를 향한 욕망이 아니라 모욕을 당한(혹은 당할 것 같은) 상황에서 아무런 대응도 하지 않았을 때 주위 사람들이 자신을 이상하게 바라볼지도 모른다는 염려이다.

이 같은 사실을 토대로 폭력 차단자는 충돌이 치명적인 상황으로 흘러가기 전에 미리 충돌을 분산시키는 역할을 할 수 있다. 페레즈는 비행 청소년들이 쉽게 폭발하고 통제가 힘들다는 고정관념과는 달리 시즈파이어 의뢰인 상당수가 "시즈파이어를 방문하라는 요구를 받았을 때 순순히 응하고 직접 중재를 요청하는 경우도 많다"고 설명한다.

위험도가 높은 것으로 분류되는 사람들이 흥분을 가라앉힐 동안 자신을 돌봐달라고 자발적으로 요구하는 이유가 무엇일까?

페레즈는 "그런 행동을 하고 싶지 않지만 체면을 위해 해야만 하는 경우가 많기 때문"이라고 설명한다. "시즈파이어의 개입만 있으면 친구들에게 이렇게 이야기할 수 있습니다. '프랭크가 날 설득했지 뭘. 프랭크만 아니었더라면 확 일을 저질러버렸을 텐데.' 그럼 친구들이 이렇게 이야기하겠지요. '그래. 프랭크 말이지. 설득하는 데 아주 재주가 있지.' 이렇게 일이 진행되면 모두가 자존감을 지킨 가운데 상황이 종료됩니다."

페레즈는 놀이터에서 발생하는 싸움에 비유한다. 놀이터에서 놀다가 다른 아이들이랑 실랑이가 벌어져 3시 15분, 혹은 3시 45분에 결투를 벌이기로 했다고 생각해보자. 시간이 가까워질수록 점점 겁이 나게 마련이다. 하지만 멈출 수는 없다. 주위에서 친구들은 "체면을 구기면 안 돼"라고 부추긴다. 결국 놀이터로 나가보면 온 동네 아이들이 모여 응원을 하고 있다. 도저히 빠져나올 방법이 없다.

시즈파이어는 사람들에게 이런 상황에서 발을 뺄 수 있는 기회를 준다. 모든 사람들이 기분 좋게 상황을 마무리할 수 있다.

"시즈파이어만 아니었더라면 나도 가만히 있지 않았을 거야"라는 핑계거리가 있기 때문이다.

3단계 : 규범 변화

티오 하디먼은 시카고 알바니 파크 웨스트 서니사이드 애비뉴 3500 블록에 모여 있는 한 무리의 문상객 옆에 조용히 차를 세웠다. 여자들은 화장지로 하염없이 흐르는 눈물을 닦아내고 있다. 몇몇 남자들은 인도 옆에 늘어선 접이식 의자에 앉아 나무 아래 임시로 세워놓은 추모비를 쳐다보

다가 다시 눈길을 거두곤 했다.

언제나 기억할게. 절대 잊지 않을 거야.
사랑해, 나의 앤젤리나.
편안히 잠들라. 나의 흑인 친구여.

남자친구인 알렉스 산티아고와 함께 아파트에서 총에 맞아 숨진 열아홉 살의 앤젤리나 에스코바를 추모하기 위한 자리였다. 하디먼은 총격 사건이 시카고 서부나 남부의 폭력 단체, 혹은 패거리와 직접적인 관련이 있다고 생각하지 않는다. 하지만 하디먼은 연대감을 표하고 폭력 반대 운동을 지지한다는 뜻을 밝히기 위해 시즈파이어를 대표해 추모식에 모습을 드러냈다.

하디먼은 손으로 직접 써 내려간 메모와 꽃으로 가득한 추모비 옆에 서 있는 에스코바의 가족들에게 다가갔다.

"제 이름은 티오 하디먼입니다. 조의를 표하기 위해 시즈파이어를 대표해 이곳을 찾았습니다."

시즈파이어에서 일하는 사람들은 '신뢰할 수 있는 전령이 전달하는 신뢰할 수 있는 메시지'라는 말을 흔히 사용한다. 하디먼은 점차 불어나는 조문객들에게 시즈파이어가 제작한 카드를 나눠준다. 카드에는 짧은 메시지가 간략하게 적혀 있다. '총을 쏘지 맙시다.'

"마약 사용이나 마약 거래 등 다른 데는 관심이 없습니다. 저희는 모든 이가 지지할 수 있는 메시지, 즉 '사람들에게 총을 쏘지 말라'는 메시지를 전달합니다. 모두가 동의할 만한 메시지지요. 이런 방침 덕에 시즈파이어가 사람들의 지지를 받는 겁니다."

하디먼은 시즈파이어 알바니 지부 직원 몇몇이 연대를 표현하기 위해 조문객들 틈에서 함께 애도를 표하고 있다며 손으로 그들을 가리킨다. 머지않아 시카고 남부에 위치한 잉글우드에서 구원 봉사 교회의 목사로 활동 중이며 시즈파이어 활동에 동참하는 로빈 후드 목사가 모습을 드러냈다. 로빈 후드 목사는 사람들 앞에 서서 양손을 위로 들어올린다.

"우리 사회를 괴롭히는 또 다른 무분별한 폭력 행위가 일어났습니다. 제가 개인적으로 앤젤리나 에스코바 양이 어떤 사람인지 알고 있었던 건 아닙니다. 하지만 앤젤리나 에스코바 양이 누군가의 손녀이자 조카이며 딸이고 친구라는 사실은 잘 알고 있습니다."

조문객들이 한 사람씩 자리에서 일어나 폭력 현장에 있었던 무고한 구경꾼에 불과했던 에스코바에 대해 이야기를 한다. 마지막 조문객이 이야기를 끝마치자 목사는 첫 번째 구절을 반복한다. "우리 사회를 괴롭히는 무분별한 폭력 행위가 또다시 발생했습니다." 목사가 말을 끝맺으며 시즈파이어의 구호를 외치자 모든 사람들이 다함께 시즈파이어의 구호를 연호했다. "총격을 멈춰요! 폭력을 멈춰요! 살인을 멈춰요! 시즈파이어! 시즈파이어! 시즈파이어!"

조문객들의 목소리가 온 동네에 울려 퍼졌다. 신뢰할 수 있는 전령이 전달하는 신뢰할 수 있는 메시지를 반복해서 연호하는 행위는 유리가 제안했던 제3의 입장과 같은 역할을 한다. 이런 행위를 통해 총기 사용이 용인될 수 없다는 새로운 규범을 알리고 강화할 수 있기 때문이다. 지역사회 전체가 한 목소리로 요구를 하고 지역사회의 요구에 대응하는 것이다.

흡연에 대한 사회적 수용을 바꾸는 것과 마찬가지로, 규범을 변화시키려면 오랜 시간이 걸린다. 그뿐만 아니라 자정의 바비큐 파티와 거리 순찰에서부터 가가호호 가정을 방문하는 전략, 앞으로 등장할 수많은 방법에 이르기까지 시즈파이어가 대중의 참여를 유도하기 위해 활용 중인 모든 방법을 총동원해야 한다. 끊임없는 반복, 심층적이고 진정 어린 참여, 지속적인 노력, 불가피한 실패를 용인하는 태도 등이 바탕이 되어야 이런 노력이 성공할 수 있다. 최후의 총격이 지역사회에 혼란을 초래한 뒤 오랜 시간이 지나더라도 다시 폭력이 발생하지 않도록 만들려면 이런 규범을 끊임없이 강화해야 한다.

행동 변화는 결코 단순히 이뤄지지 않는다. 하지만 최근 연구를 통해, 폭력이라는 모방성 질병이 사회 연결망을 따라 확산되듯 새로운 규범도 폭력과 매우 유사한 방식으로 지역사회의 사회 연결망을 따라 확산될 수 있다는 사실이 밝혀졌다.

생물물리학자 앨리슨 힐allison Hill이 이끄는 하버드 대학 연구진[41]은 최근 저명한 프래밍험 심장 연구를 통해 확보한 데이터를 토대로 놀라운 사실을 발견했다. 긍정적인 감정과 부정적인 감정이 전염성 질환과 유사한 성질을 갖고 있으며 오랜 기간에 걸쳐 지역사회 내의 사회 연결망을 따라 확산된다는 근거를 찾아냈다.(프래밍험 심장 연구란 1948년에 매사추세츠 주에 위치한 프래밍험이라는 마을에서 주민들을 대상으로 시작된 연구로, 지금까지 지속되고 있다) 연구진은 주위에 만족을 느끼는 사람이 한 명 늘어날 때마다 덩달아 만족을 느끼게 될 가능성이 2% 증가한다는 사실을 발견했다. 하지만 안타깝게도 주변인 중 불만을 갖고 있는 사람이 한 명 늘어날 때마다 불만을 느끼게 될 가능성은 4% 증가한다. 다시 말해서 불행한 사람들은 행복한 사람들보다 상대방의 마음 상태에 두 배나 강력한 부정적인 영향을 미치는 것이다. 하지만 흥미롭게도 연구진은 행복에 '감염'되었을 때 그 효과가 좀 더 오래 지속된다는 사실을 발견했다. 행복 감염은 불행 감염에 비해 두 배나 오래(10년) 지속되는 것으로 보인다.

시즈파이어의 입장에서 보면 이 같은 연구 결과를 '규범 변화가 가능할 뿐 아니라 간접적으로 접근하는 지역사회 구성원들이 직접적으로 접근하는 대상 못지않게 중요하다'는 의미로 해석할 수 있다. 폭력이 생각을 통해 전염되는 질병이라면 마찬가지로 생각을 통해서 치료할 수도 있다.

폭력이라는 질병이 완전하게 치료되기까지는 오랜 시간이 걸리겠지만 시즈파이어는 그전에 총기 폭력 문제에 중대한 기여를 할 것으로 보인다. 예컨대, 시즈파이어의 접근방법 덕에 2000년 한 해 동안 시카고 내에서 치안 상태가 가장 나쁜 지역(11번 경찰 관할 구역인 웨스트 가필드 파크)에서 발생한 총기 사용 횟수가 67%나 줄어들었다. 추가로 자원을 확보한 시즈파이어는 세 곳의 동네에 추가로 동일한 접근방법을 적용했다. 재정 자원을 고루 나누어 활용한 결과, 세 곳 모두에서 총기 사용이 33~45% 감소했다. 추가로 재원을 지원 받아 다섯 번째 지역을 관리 구역에 포함시키자 다섯 번째 지역에서 총기 사용이 45% 감소했다. 시즈파이어가 감독하는 동네의 숫자가 머지않아 5개에서 15개로, 또다시 25개로 늘어났으며 모든 지역사회에서 피드백 시스템이 생겨났다.[42] 현재, 시즈파이어는 시카고 남부와 서부[43]에 있는 모든 지역에서 총기 사용을 40% 이상 줄이는 놀라운 성과를 자랑하고 있다.

시즈파이어가 이처럼 놀라운 성과를 거둘 수 있었던 것은 봉사자와 폭력 차단자들이 있었기 때문이다. 이들은 면역계의 대식세포와 같은 역할을 하며 끊임없이 위협을 찾아내고 억제할 뿐만 아니라 폭력이라는 전염병이 지역사회를 떠받치는 기층 내에서 좀 더 널리 확산되지 못하도록 방지하는 역할을 한다.

시즈파이어 활동과 같은 개입 활동은 결코 정적이지 않다. 성공적인 개입을 위해서는 지역사회의 동의와 지지, 개입 활동이 효과를 발휘할 수 있을 만한 충분한 시간, 지속적인 경계가 필요하다. 하지만 제대로 진행되기만 하면 이런 유형의 개입을 통해 매우 유익한 무언가, 폭력과 관련된 특정한 맥락을 초월하는 무언가, 즉 막강한 힘을 갖고 있지만 평소에는 존재를 드러내지 않고 숨어 있는 사회 연결망을 구축할 수 있다.

다음 장에서 살펴보겠지만, 특별한 능력을 갖고 있는 리더들은 이와 같은 연결망을 효과적으로 활용하여 다양한 사람들에게 적용한다. 그리고 개입방법을 훌륭하게 설계하여 그 효용을 극대화시킨다.

8장

중개형
리더

★
중개형 리더는 상황에 따라 연결자, 중개자, 교사, 행동 경제학자, 사회공학자 등 필요한 역할을 수행한다. 먼저, 필요성이 대두되기 전에 미리 네트워크를 구축한다. 그다음, 만약의 경우 신속하게 구조를 변경하고 협력할 수 있게 직접적으로 관계를 구축한다. 마지막으로, 맥락을 만들되 동료를 전적으로 믿고 자신이 떠나야 할 때가 언제인지를 안다.

이 책을 집필하기 위해 세계 각지를 여행하면서 정말 놀라운 사실을 발견한 적이 많았다. 특정한 부류의 리더들이 지역사회의 회복력에 중요한 역할을 한다는 것도 그중 하나였다. 사실 여러 지역사회에서 놀라울 정도로 이 같은 특징이 일관되게 관찰되었다. 책을 구상하는 과정에서 의도한 바는 아니었다. '뛰어난 회복력을 가진 사람들의 일곱 가지 습관' 따위의 제목을 붙인 책을 쓸 생각 같은 것은 애당초 없었다. 하지만 혼란이 발생했을 때 역동적으로 재조직할 수 있는 역량을 갖춘 지역사회를 발견할 때마다 동일한 특징을 지닌 인물이 나타났다. 이런 리더들은 젊은 사람, 나이가 많은 사람, 가난한 사람, 부자, 남자, 여자 등 다양한 모습을 하고 있었다. 이런 리더들은 다양한 차원의 정치, 경제, 사회 조직 사이에서 관계와 거래를 중재하는 등 다양한 사람과 조직을 서로 이어주는 묘한 능력을 갖고 있다.

이런 리더들은 많은 사람들이 생각하는 전형적인 리더와는 다르다. 턱이 날카롭고 예지력 넘치는 CEO나 말끔하게 다듬어진 머리를 한 선출직 공무원 등 윗자리에 앉아 아랫사람들에게 대담하게 지시를 하는 상의하달식top-down 리더도 아니었고 현장에서 직접 발로 뛰며 조직을 이끌어나가는 하의상달식bottom-up 리더도 아니었다. 필자들이 찾아낸 리더들은 흔히 등한시되곤 하는 제3의 리더십 유형, 즉 '중간형middle-out' 리더십을 대변하는 인물들이었다. 이런 부류의 리더들은 다양한 조직 계급을 위아래로 오가며 자칫 소외될 가능성이 큰 집단을 서로 이어주고 다양한 구성원들을 연결한다. 이와 같은 중개형 리더translational leader의 권위는 공식적인 지위만을 바탕으로 하는 것이 아니다. 비공식적인 권위 및 문화적 입지 또한 이들의 권위에 영향을 미친다.(미션 4636에 참여한 조시 네스빗과 패트릭 마이어, 시즈파이어에서 활동한 티오 하디먼, 인도네시아에서 활동하는 월리 스미츠 등을 생각해보자) 지금부터 팔라우Palau 그리고 미래를 만들어나가는 중개형 리더 중 한 사람에 관한 놀라운 일화를 소개하려 한다. 혼란이 발생하면 이런 리더의 존재(혹은 부재)가 중대한 영향을 미친다는 걸 확인할 것이다.

팔라우에 대한 이해[1]

우리는 팔라우라는 섬나라를 방문하기 위해 뉴욕에서 호놀룰루로 5시간을 거슬러 비행기를 타고 날아갔다. 하와이에서 서쪽으로 멀리 떨어져 있는 미국령 괌으로 날아가기 위해 다시 비행기에 올라탔다. 하와이에서 괌으로 날아가는 동안 날짜변경선을 지났다. 5시간 늦은 시간대로 날아갔다가 다시 20시간 빠른 시간대로 이동한 셈이었다. 우리는 괌에 도착해 일본인 배낭여행객들과 모험을 사랑하는 다이버들 틈에 끼어 하루에 딱 한 번 괌을 출발, 미크로네시아 팔라우 군도로 날아가는 비행기를 기다렸다.

비행기가 절묘한 곳에 자리 잡은 해양 생태계에 내려앉자 마침내 팔라우를 향한 우리의 여정이 끝이 났다. 단번에 오늘과 어제 그리고 내일을 모두 지난 셈이었다. 뒤이어 자세히 살펴보겠지만 과거와 현재, 미래의 경계가 가장 적절한 수준으로 모호해진 느낌이었다.

팔라우는 약 340개의 섬으로 이루어진 태평양의 군도로서 필리핀에서 약 6백 마일 떨어진 곳에 위치해 있다. 팔라우 군도의 남쪽에는 무성하게 웃자란 치아 펫(멕시코가 원산지인 식물 치아를 심어 놓은 화분을 일컫는 것으로 씨앗을 뿌린 후 2~3주가 지나면 동물의 털과 닮은 모양으로 무성하게 잎이 자란다—옮긴이)처럼 바다에서 솟아오른 형상을 하고 있는 아름다운 바위들이 모여 있다. 이곳이 바로 세계적으로 유명한 록 아일랜드이다. 군도를 따라 늘어서 있는 보초는 팔라우의 유명한 석호를 형성한다. 석호의 너비는 최대 12마일 정도이며 수심이 얕은 곳도 있고 130피트에 달할 정도로 깊은 곳도 있다. 팔라우는 3개의 거대한 해류가 만나는 지점이기 때문에 인도양과 태평양에 서식하는 온갖 해양 생명체가 팔라우로 모여든다. 깊이가 약 2만 5천 피트 정도 되는 팔라우 해구는 용승류를 만들어내 얕은 해역에 풍부한 영양분을 공급한다.

이 모든 작용으로 인해 놀라운 수준의 생명의 다양성이 존재하는 곳이 탄생했다. 팔라우 군도에 서식하는 산호종의 숫자는 무려 7백 개에 달한다. 카리브해 지역에 비해 4배가량 많은 숫자이다.

이런 특징 덕에 팔라우는 다종다양한 생명이 존재하는 지역으로 각광받았다. 그레이트 배리어 리프와 더불어 세계 7대 수중 불가사의 중 하나로 선정되기도 했다. 팔라우 어부들이 세계에서 가장 박식한 사람들로 여겨지는 것도 전혀 놀라운 일이 아니다.

20세기가 되기 전까지, 팔라우 어부들은 오래전부터 지켜ㄴ온, 초와 석호에 대한 보유권을 중심으로 하는 보존 윤리를 따랐다. 각 지역사회가 어업권을 제한했으며 외부인은 허가 없이 물고기를 잡을 수 없었다. 마을 촌장이 이 모든 규정을 정했으며 마을 촌장 자리는 가계를 따라 이어졌다. 팔라우인들은 이 같은 전통 경제를 통해 자급자족을 바탕으로 풍요로운 삶을 살았다.(섬 특유의 문화로 인해 사회적 안정성, 지역사회 지지, 가계혈통 등에 높은 가치를 부여한 반면 물리적인 재화의 축적에는 그다지 의미를 두지 않았다. 어쩌면 전혀 중요시하지 않았다고 보는 편이 옳을 수도 있다)

18세기부터 19세기까지 팔라우는 영국과 스페인, 독일의 지배를 받았다. 팔라우는 작은 나라였고 그다지 주목을 끌 만한 요소도 없었기 때문에 여러 나라의 지배를 받으면서도 큰 변화는 겪지 않았다. 하지만 제1차 세계대전이 끝나고 공식적으로 일본에 귀속된 이후부터 팔라우의 전통문화가 파괴되기 시작했다. 일본은 팔라우 군도를 자국 영토로 편입한 다음 제국의 성장을 위해 없어서는 안 될 곳으로 발전시켰다. 당시 팔라우의 수도였던 코로르(지금의 수도는 바벨투아프 섬에 위치한 멜레케오크―옮긴이)는 자급자족 방식으로 생계를 꾸리던 어촌 마을에서 복잡한 도쿄의 전초기지로 변신했다. 정성 들여 가꿔놓은 초목을 따라 유리창과 지붕널로 꾸며진 현대식 주택이 들어섰고 코로르 중심가는 말쑥하게 정돈된 일본 도시의 분위기를 풍겼다. 1930년대 말경에는 수많은 일본인들이 팔라우로 이민을 갔고 팔라우 원주민들은 소수민족 신세가 되어버렸다.

일본 문화가 새로이 유입되자 새로운 경제 질서가 생겨났다. 일본인들이 새로운 그물과 모터 달린 배, 어획량을 대폭 늘려주는 각종 도구를 사용했다. 다른 마을에 물고기를 공짜로 나눠주던 시대는 끝이 났다. 갑작스레 물고기가 사고팔 수 있는 중요한 자산으로 취급받게 되었다. 시장 경제가 활기를 띠기 시작한 것이다.

제2차 세계대전이 끝난 후 팔라우가 미국의 신탁통치 지역이 되자 이런 추세는 더욱 강화되었다. 연구 과학자 로버트 요하네스Robert Johannes는 1970년대 초에 16개월간 팔라우의 어부들과 함께 생활하며 노인들의 이야기를 통해 팔라우의 어업 문화가 어떻게 변화했는지 연구했다. 요하네스는 이후 팔라우에서 일어난 변화에 관한 내용을 담은 선구적인 민족지학 서적 《석호가 들려주는 이야기Words of the Lagoon》를 발표했다.

> 팔라우의 어부는 점차 돈과 물고기를 두고 동료 어부들과 경쟁할 수밖에 없는 처지가 되어갔다. 코코넛 잎으로 만든 도구를 이용해 전통적인 방식으로 물고기를 잡던 시절에는 10여 명의 어부가 함께 물고기를 잡은 다음 잡힌 물고기를 나눠 가졌다. 하지만 어부는 코코넛 잎으로 만든 도구를 버리고 혼자서도 얼마든지 조업을 할 수 있도록[2] 도와주는 '케소케스'라는 수입 그물을 사용하기 시작했다.

미국 정부는 팔라우를 신탁통치하며 경쟁을 토대로 하는 시장 중심 활동과 이런 활동에 수반되는 기술을 장려하는 동시에 중앙 집중화된 민주적 지배 구조를 도입했다. 1955년, 입법부 설립이 허가되었고 다양한 지방자치단체에서 선출된 사람들에게 투표권이 주어졌다. 이와 같은 변화가 이뤄지는 과정에서 어장을 보호하는 역할을 비롯해 마을 촌장이 갖고 있던 세습적인 역할이 점차 사라져갔다. 이런 가운데 미국식 훈련을 받은 공무원들은 개인 소유, 경쟁, 사리사욕 등의 원칙을 장려했다. 국가적 발전을 앞세운 논리가 점차 힘을 얻자 보호 법안을 집행할 이유가 점차 사라졌다. 현대화를 위해 물고기를 조금 더 잡는 정도의 대가는 얼마든지 치를 수 있을 것처럼 보였다.

1959년에 티핑 포인트가 찾아왔다. 괌에서 암초 물고기 수출 시장의 문이 열렸고 미 정부가 좀 더 크고 효율적인 배를 구입할 수 있도록 팔라우 어부들에게 대출을 내주었기 때문이다. 머지않아 금융기관들이 돈을 갚으라고 압박을 가하자 어부들은 좀 더 물고기를 많이 잡아야 하는 처지가 되었다. 당연하게도 코로르, 가렘렝구이 등 인구밀도가 높은 팔라우 중심부의 섬에 거주하는 어부들은 곧 물고기 개체 수가 줄어드는 현상을 직접 경험했다. 팔라우 사람들은 수백 년 동안 물고기 개체 수가 줄어들면 개체 수가 다시 증가할 수 있도록 전통적인 보존 방법을 활용해왔었다. 물고기가 오랜 시간에 걸쳐 산란하고 번식할 수 있도록 일정한 구역에서 어류 포획을 중단하곤 했던 것이다. 하지만 1960~1970년대에는 어부들에게 그럴 만한 여유가 없었다. 그 대신, 물고기 개체 수가 줄어들어 타격을 입은 지역의 대표들이 모여 전통적인 석호 초 보호법을 무효화하는 법을 제정했다. 섬 주위에 서식하는 모든 물고기를 마음껏 잡기를 원했던 것이다.

그와 동시에, 또 다른 세력이 팔라우를 새롭게 변화시키고 있었다. 1970년대가 되자 젊은이들이 돈을 많이 주는 정부 조직에서 일하기 위해 고향을 떠나 코로르로 이동해갔다. 당시 팔라우의 공무원들은 미국 본토의 공무원들이 받는 급여를 기준으로 평균적인 팔라우 국민들에 비해 다소 많은 임금을 받았다. 이처럼 도시화에 매료된 사람들이 도시로 몰려들었다. 1980년이 되자 팔라우 인구 중 60% 이상이 코로르에 거주하는 지경에 이르렀다. 설상가상으로 이중 다수가 실업 상태였다. 일자리가 있는 사람도 낚싯배를 살 형편은 되지 않았다.

지구상에서 가장 풍요롭고 가장 다양한 해양 생태계 중 하나를 보유한 섬에서 시골 마을에 거주하며 풍요롭게 생활했던 팔라우 주민들이, 단 한 세기 만에 도시로 옮겨가 일자리도 구하지 못한 채 빚에 찌들려 직접 잡은 물고기조차 먹을 수 없을 정도로 가난한 신세가 되고 말았다. 대다수의 팔라우 주민들이 일본에서 소금에 절여 수입해온 통조림 고등어[3]로 연명했다.

이런 식의 변화가 대개 그렇듯, 전통적인 자급자족 사회에서 세계적인 경제망 안에서 활동하며 다른 곳과 상호연결된 사회로 변모한 팔라우도 다양한 결과와 맞닥뜨리게 되었다. 시장 중심의 민주적인 통치방식은 주민들에게 자유와 기회를 선사했다. 하지만 오랫동안 사회를 지탱해온 문화적 제도, 규범, 금기를 파괴하는 새로운 유인책과 의존성도 함께 생겨났다. 물론 그렇다고 해서 식민 지배를 받기 이전의 팔라우가 항상 행복하기만 했던 천국이었다거나 현대화에 충분한 덕목이 없다는 뜻은 아니다. 이런 사회가 대개 그렇듯 팔라우는 자발적이고, 유혹적이고, 강제적인 이유로 한 번 넘어가면 다시는 되돌아올 수 없는 한계선을 넘어서버렸다. 또한 팔라우 사람들 외의 그 누구에게도 이런 변화로 인한 비용과 효용을 비교할 수 있는 권리는 없었다. 하지만 논쟁의 여지가 없는 사실이 있다. 세계와 하나로 연결된 덕에 엄청난 이익이 생기긴 했지만, 현대화 과정이 전통적인 제도를 파괴하는 문화적 균열을 초래했고, 공통의 가치관을 약화시켰으며, 훌륭한 자연 유산과 팔라우 간의 관계를 위협했다는 것이 바로 그것이다.

보르네오 섬의 오랑우탄 사례와 마찬가지로, 세계 경제와 갑작스럽게 연결된 팔라우 사례를 통해서도 서로 다른 박자표를 따라 움직이는 여러 세력이 복잡한 사회 생태 시스템상에서 활동(상호작용)하기 시작하면 마찰이 생긴다는 걸 확인할 수 있다. 팔라우 시장에서 개별적인 거래를 하는 데 걸리는 시간을 생각해보자. 예를 들면, 물고기 한 마리를 파는 데 약 5초 정도의 시간이 걸린다고 생각해보자. 하지만 이번에는 물고기가 어부의 그물 안으로 들어갈 수 있도록 조직하려는 사회 정치 구조를 생각해보자. 이런 문화 시스템은 수십 년에 걸쳐 자리를 잡는다. (혹은 여러 세대에 걸쳐 이루어지는 일이라고 볼 수도 있다.) 한 걸음 더 나아가 생태학적인 시간 및 지질학적인 시간을 생각해보자. 생태계가 특정한 종의 물고기를 존속시킬 수 있을 정도로 다양성을 발전시키려면 몇천 년이 걸릴까? 그 물고기의 개체 수가 급감해 모두 사라져버렸을 때 훼손된 다양성을 복원하려면 또 얼마나 오랜 시간이 걸릴까?

보상 메커니즘(삼보자 레스타리에서 윌리 스미츠가 설계한 것과 같은 메커니즘)이 없는 상황에서 매우 느린 과정(예: 생태계 회복) 위에 빠른 속도로 진행되는 과정(예: 시장 거래)을 덧씌우면 시스템 전체의 적응 역량이 파괴될 수 있다. 결국, 전단 효과가 붕괴를 초래할 수도 있는 것이다. 식민 지배 이전의 팔라우는 군도 외부의 세력에 경제적으로 심각하게 의존하는 곳이 아니었다. 사실 섬으로 유입되거나 섬 밖으로 유출되는 물질적인 흐름의 양 자체가 많지 않았다. 사회 전반의 박자표가 느린 편이었고 상대적으로 안정되어 있었다. 또한 사회 시스템과 생태 시스템이 긴밀하게 동조화되어 있었기 때문에 정확한 피드백 고리를 바탕으로 보호를 결정할 수 있었다. 하지만 외적인 의존성이 생겨나자 팔라우의 경제와 가치 시스템에 영향을 미치는 새로운 박자표가 모습을 드러냈다. 팔라우처럼 작은 섬나라가 이토록 급격한 우선순위와 가치관의 변화를 어떻게 견뎌낼 수 있겠는가? 세계화로 인해 점점 의존성이 강해지고 의존성이 세상 곳곳에 미치는 영향이 점차 커지는 상황(생태계의 박자표가 인간 사회의 박자 및 리듬과 비동조화되는 상황)에서 자연이 주는 피드백을 다시 받아들이려면 어떻게 해야 할까?

팔라우에 필요했던 것은 과거와 현재, 빠른 박자와 느린 박자, 현지와 세계 사이에서 나아갈 길을 찾기 위한 방법이었다. 혹은 깊이 뿌리 내린 전통을 강화하고 세계화로 인한 새로운 제약과 전통을 잇는 교량을 만들기 위한 방법이라고 표현할 수도 있다. 오늘날의 팔라우는 중개형 리더의 도움 덕에 바로 이런 균형점을 찾아가고 있다.

노아와 조업 금지 방안

1978년에 미국으로부터 독립한 이후 팔라우 정부는 격동의 시기를 맞이했다. 팔라우가 완전한 독립(1994년 10월에 완전 독립했다―옮긴이)을 얻기 위해 과도기를 거치는 동안 젊은 팔라우 본토박이가 팔라우 천연자원부의 어업 관리 책임자가 되었다. 당시 20대였던 노아 이데옹Noah Idechong은 차세대 팔라우 리더의 훌륭한 본보기가 되었다. 이데옹은 하와이 퍼시픽 대학교에서 경영학을 공부했지만 팔라우에 속한 어느 섬의 동쪽 해변에 위치한 작은 어촌마을에서 태어나고 자랐다. 하와이에서 정규 교육을 받은 덕에 이데옹은 행정의 중요성을 깨달았으며 빠른 속도로 사라지고 있는 전통 어업 지식 및 어부의 본능에 내재된 형언할 수 없는 가치를 존중하게 되었다.

독립 후 일본과의 경제적 관계가 한층 탄탄해지자 일본 관광객들이 팔라우를 찾기 시작했다. 팔라우는 오래전부터 스쿠버 다이버들의 천국으로 알려져 있었지만(바다 깊은 곳까지 탐색이 가능하다는 매력과 해류의 변화는 팔라우를 세상에서 가장 멋진 다이빙 명소로 만들었다) 당시만 해도 전 세계의 다이버들 외에는 팔라우라는 지명을 들어본 사람이 드물었다. 그러던 1985년, 자연 상태 그대로 보존되던 팔라우의 어느 민간 소유 해변에 5성급 리조트가 들어섰다. 갑작스레 리조트에 대한 소문이 퍼져나갔고 팔라우는 역사상 처음으로 제법 많은 숫자의 관광객들을 상대해야만 했다.

관광객들이 몰아닥치기 시작한 지 얼마 되지 않아 팔라우를 찾은 다이버들과 현지 어부들이 충돌했다. 조업을 하기에 가장 좋은 장소 중에는 매력적인 다이빙 지점으로 각광받는 곳도 있었다. 어부들은 물고기를 잡기 위해 전 세계에서 몰려든 다이버들에 맞서 싸워야 했다. 다이버와 어부 들은 상호 대립 관계에 서로 전혀 다른 준거 틀을 적용했다. 다이버들은 초의 다양성이 보존되기를 바랐다.(팔라우를 찾는 다이버들 가운데는 환경 보호를 위해 일시적으로만 팔라우의 지역사회에 참여하는 사람들이 많았다) 반면 어부들은 외지인들이 의도를 갖고 팔라우의 섬에 접근했으며 현지인들의 경제적 문제에 거의 공감하지 못한다고 의심했다.

다이버와 어부 간의 충돌은 냉전 상태로 접어들었다. 하지만 몇몇 어부들이 어획량을 늘리기 위해 산호초 일부 지역을 다이너마이트로 폭발시키자 다시 양측의 충돌이 격해졌다. 양측 모두 자신들이 갖고 있는 불만 사항을 이데옹에게 갖고 왔다. 처음에는 어류 자원 관리를 담당했던 이데옹이 사람 관리라는, 한층 복잡한 역할을 맡게 되었다.

이데옹의 이야기를 들어보자. "저희는 어장을 만드는 방법밖에 몰랐습니다. 이해 관계자 관리라든가 지속 가능성 같은 건 생각해본 적도 없었습니다. 우리가 적용해본 적이 있는 틀이라고는 최대 지속 수확량밖에 없었습니다. 과거에는 그런 식으로 어장을 운영했거든요. 단순하게 우리가 여전히 과거에 속해 있다고 가정했습니다."

날이 갈수록 심각해지는 충돌을 진정시키기 위해 이데옹은 해양자원 담당 직원들에게 해결방안을 제시할 것을 요구했다. "우리한테는 아무도 없었습니다. 과학자도 없었고, 담당 공무원도 없었습니다. 아무도 없었지요. 우리가 보유한 인력이라고는 물고기를 잡고 어부의 이야기에 귀 기울이는 방법을 아는 사람뿐이었습니다. 그런 상황 때문에 제 태도가 바뀌었습니다. 좀 더 다양한 사람들을 동원해 어장을 관리할 방법을 찾아야 했습니다."

이데옹은 충돌 해결을 위해 두 단계로 접근하기로 마음먹었다. 먼저, 이데옹은 어부들과의 대화를 시도했다. 이데옹은 어부들이 다이버들과의 협력을 통해 팔라우 경제의 중심을 어업에서 환경보호 중심의 관광으로 이동시킬 수 있도록 어부들을 설득하고자 했다. 2단계에서는 다이버를 비롯한 관광객들과의 대화를 통해 관광객에게 환경보호 요금(관광 세금)을 부과하고자 했다. 현지인들을 위해 환경보호 요금을 지불하는 대신 관광객들이 환경보호 목표를 달성할 수 있도록 돕겠다는 방안이었다.

이처럼 야심찬 2단계 전략을 실행하기 위해 이데옹은 팔라우의 전통적인 환경보호 방법을 활성화시켜야만 했다. 이데옹은 마을 촌장을 찾아가 각 지역의 초에 대한 권한을 분명히 할 것을 요구하면 모든 문제가 해결될 것이라고 생각했다. 하지만 마을 촌장들과 대화하려고 온 이데옹에게 촌장들은 하나같이 "팔라우 정부가 권한을 빼앗아가버렸다"고 성토했다.

이데옹은 이 같은 반응에 놀라움을 감출 수 없었다. 물론 촌장의 권한이 약화된 것은 사실이었지만 석호와 초에 대한 권한을 인정하는 정책을 공식적으로 철회한 적은 없었다. 공식적인 법이 아니라 전통적인 리더들의 학습된 무력감learned helplessness으로 인해 이들의 권한이 약화되었던 것이다. 시장의 힘이 점차 확산되면서 자원과 영향력이 서서히 코로르에 위치한 팔라우 정부로 집중되었고, 이런 현상 탓에 모든 권한과 자원이 수도에 몰려 있다는 인식이 확산되었다. 전통적인 리더들은 명목적으로는 인정을 받았다. 하지만 말 그대로 명목상의 리더일 뿐이었다. 제도적인 뒷받침을 전혀 받지 못했던 마을 촌장들은 예스러운(혹은 권한을 박탈당한) 과거의 유물로 여겨졌다.

하지만 새로 들어선 정부는 토지 보유권 통제 및 생태계 관리에 모두 실패했다. 이데옹은 팔라우가 자국이 보유한 중요한 자원을 지속시키려면 두 개의 권한, 즉 전통적인 권한과 현대적인 권한을 적절히 조합해야 한다는 사실을 깨달았다.

"팔라우 국회로 가서 이렇게 이야기했습니다. '우리에게는 계획도 없고, 돈도 없고, 해결책도 없고, 과학자도 없습니다. 정말이지 아무것도 없습니다.' 눈앞에 닥친 문제를 해결하려면 팔라우식 해결책을 고안해야만 했습니다."

팔라우에서 오래전부터 사용되어 온 가장 극단적인 보존 방안 중 하나는 불bul이다. 불이란, 정해진 기간 동안 조업을 전면 금지해 물고기가 산란하고 개체 수를 늘릴 수 있도록 하는 방안이다. 이데옹은 이처럼 과감한 보존 방안을 활용해야만 감소 중인 어류의 개체 수를 다시 늘릴 수 있다고 확신했다. 결국 이런 방안을 통해 어류 개체 수가 증가하면 어부와 다이버, 양쪽 모두가 원하는 바를 달성할 수 있어 보였다. 하지만 이데옹은 이제 권한이라고는 전혀 없는 신세가 되어버린 마을 촌장들이 추가로 굴욕을 당할 위험을 감수하지는 않을 것이라고 생각했다. 이런 판단 끝에 이데옹은 특이한 아이디어를 들고 이들을 찾아갔다. 현지 마을을 위한 법률 고문의 역할을 자처했던 것이다. 이데옹은 팔라우 정부가 사용하는 생경한 언어를 이해할 수 있게 돕겠다고 약속했다.

이데옹은 마을 촌장들에게 동의를 받아낸 후 몇 달 동안 오래전부터 전해져 내려오는 법과 더불어 팔라우 헌법을 연구했다. 이데옹은 오랜 연구 끝에 중앙 정부가 촌장들에게서 벌금을 부과할 권한을 빼앗은 것은 사실이지만 불 법령을 시행할 수 있는 여지가 여전히 많이 남아 있다는 사실을 발견했다.

"빛을 발견했습니다. 촌장들에게 이렇게 이야기했어요. '불을 사용하세요. 문제가 생기면 제가 법률적인 측면에서 여러분을 돕겠습니다.' 완벽한 방법은 아니었습니다. 하지만 다른 방안이 없었습니다."

1990년대 초, 팔라우 곳곳에서 첫 번째 불이 시행되었다. 불이 시행되었으나 팔라우 북부 지역의 촌장들은 사법당국을 상대로 주장을 펼치는 데 고초를 겪었다. 이데옹은 지역에서 전국을 아우르는 모든 차원에서 전통적 관행이 그대로 반영된 법안을 제정해 '법률 언어'라는 발판을 마련해야 한다는 사실을 깨달았다.

이데옹은 "전통법을 그대로 반영한 법안을 제정하는 것이 매우 중요했다"고 설명했다. "우리는 전통적인 관행과 권한을 주장하면서 그와 동시에 법적 권한을 주장했습니다. 국가적인 차원에서 불을 시행할 때는 지역 사회 차원의 국민 발의를 통해 전통적인 관행을 실제 법 집행에 그대로 반영했습니다. 모든 측면에서 보호가 이뤄질 수 있도록 한 겁니다."

이데옹의 아이디어는 기대한 효과로 이어졌다. 팔라우 북부에서 제정된 첫 번째 거울 법안은 매우 성공적이었다. 현지 정부와 마을 촌장들은 협력을 통해 제한적인 조업과 교육적인 용도만 허용하고 전 지역을 영구적인 보호구역으로 지정했다.

이후부터 이데옹은 불이 시행될 때마다 현지 정부 차원에서 3년 동안 일부 지역 내에서의 어업을 금지하는 법안(3년 동안 해당 지역 내에서의 어업을 전면 금지하는 불이 효력을 발휘할 수 있도록 돕기 위한 법안)을 마련했다. 이데옹은 10년이 넘는 기간 동안 현지의 어부나 촌장들과 소통하는 데 심혈을 기울였다. 1994년, 이데옹은 마침내 팔라우 전 지역에서 전통적으로 어업 금지 구역으로 여겨져왔던 지점을 잇는 네트워크를 그대로 반영하며 전국에서 통용되는 해양보호법을 만드는 데 성공했다.

이데옹은 법률적인 노력을 기울이는 동시에 경제성장에 도움이 되는 관광산업에 어부들이 다이버들과 협력해 적응할 수 있는 토대를 마련해갔다. 이데옹은 자신에 대한 현지인들의 신뢰를 토대로 외지인을 팔라우로 데려오면 팔라우 경제에 얼마나 이익이 되는지 설명했다.

"이런 이야기를 들려줬습니다. '여기 물고기가 한 마리 있습니다. 이 녀석의 이름은 허먼입니다. 허먼을 잡아서 시장에서 팔면 70달러를 번다고 해봅시다. 하지만 관광객들이 와서 허먼을 보고 또 보면, 70달러보다 훨씬 많은 돈을 벌 수 있습니다.' 관광객들이 특정한 지점에서 감행하는 다이빙 횟수를 이용해 관광 수입을 계산한 다음 해당 년도에 물고기가 얼마만큼의 가치를 갖고 있었는지 추정했습니다. 어느 해를 기준으로 삼건 물고기를 이용해 관광산업을 하는 쪽이 훨씬 이익이었습니다. 이 같은 사실을 깨달은 어부들은 우리의 노력에 적극 동참했습니다. 관광에 얼마나 큰 이익이 있는지 명확하게 확인한 후부터 어부들은 관광객들을 위해 배를 태워주고 관광 가이드 역할도 하려 들었습니다."

이데옹이 제안한 전략의 마지막 단계는 팔라우를 방문하기 시작한 다이버와 그 외 관광객들에게 무언가를 요구하는 것이었다. 이데옹은 해양보호구역Marine Protected Areas을 보호하기 위한 자금이 지속적으로 유입될 수 있도록 관광객들에게 환경보호세를 부과해줄 것을 의회에 요청했다.

"옛날에는 환경을 보호하면 환경보호로 인한 이익이 즉각 마을로 되돌아왔습니다. 하지만 요즘은 현지인들이 '우리에게 돌아와야 마땅한 이익은 어디 있나요?'라고 묻습니다. 관광객들이 낸 세금은 곧장 팔라우 정부로 들어갑니다. 그래야 정부가 생물 다양성 및 보호 목표를 달성할 수 있다는 이유 때문입니다. 하지만 정작 모든 일을 실제로 하는 사람들은 현지 주민들입니다. 마을 주민들은 팔라우의 바다는 관광산업에 기여하고, 경찰은 관광객을 보호하고, 인프라 역시 관광객의 행복을 위해 존재한다고 불평합니다. 저는 관광수입 중 일부가 지역사회로 직접 흘러가야 한다고 생각합니다. 전혀 부끄러운 일이 아닙니다. 노력에 대한 대가로 유형의 이익을 줘야 합니다."

이데웅이 지속적으로 노력한 끝에 마침내 환경보호세가 공식적으로 도입되었다. 현지 주민과 다이버 모두 환경보호세 도입에 긍정적인 반응을 보였다. 팔라우 재무장관은 2012년 한 해 동안 150만 달러가 넘는 환경보호세를 거둬들일 수 있을 것으로 예상한다. 팔라우의 규모를 생각하면 엄청난 금액이다. 팔라우 정부는 환경보호세 전액을 현지에서 이뤄지는 지역사회 관리 활동을 돕기 위해 사용할 계획이다.

"돈이 흘러가고 있기 때문에 사람들은 더 이상 불평하지 않습니다. 사람들은 환경보호세가 어떻게 사용되는지 잘 알고 있고 관광객과 현지 주민 모두 환경보호세가 어떤 효용을 안겨주는지 직접 목격하고 있습니다. 저희는 모든 사람이 효용을 명확하게 이해할 수 있도록 투명한 시스템을 만들었습니다."

확대된 부족

1994년, 이데옹은 그간 정부에서 담당해왔던 어업 관리 업무에서 손을 떼고 팔라우보존협회Palau Conservation Society라는 비영리 환경단체를 설립했다. 이데옹은 정부에 소속되지 않은 단체에서 활동하면 마을 주민들에게 좀 더 가까이 다가갈 수 있다고 보았으며, 더불어 해양보호법의 보호를 받는 지역을 확대하고 서로 연결해 보호구역네트워크Protected Areas Network, PAN를 구축하는 활동에 주민들을 참여시키기가 한층 수월해질 것이라고 생각했다.

이데옹은 이 기간 동안 가장 전략적인 협력 관계 중 하나를 구축했다. 팔라우로 몰려드는 서구의 해양 생물학자 및 생태학자들을 팔라우보존협회와 협력하는 마을 촌장 및 어부들과 이어주는 교량 역할을 했던 것이다.

이데옹의 이야기를 들어보자. "적절한 정보와 과학이 필요하다는 사실을 잘 알고 있었습니다. 하지만 협력 관계에 놓여 있는 과학자들이 우리가 하는 일을 방해하지 않아야 한다는 전제조건이 있었습니다."

하와이 대학교에서 해양 보존 생물학을 연구하고 있는 밥 리치몬드Bob Richmond는 지금까지 약 30년 동안 이데옹과 함께 협력해왔다. 두 사람이 협력을 시작한 초기, 이데옹은 자신이 리치몬드에게 원하는 바에 대해서 솔직한 속내를 털어놨다.

리치몬드는 이데옹이 "팔라우 사람들에게 이래라 저래라 지시하는 건 안 된다"고 못 박았다고 설명했다. "노아가 원하는 좋은 파트너는 가장 믿을 만한 정보를 갖고 있는 과학자였습니다. 노아는 그 정보를 이해 관계자들에게 전달하는 것은 자신의 몫이라고 생각했습니다."

이데옹은 과학자들이 내놓은 정보를 전달할 때 산출량과 반대되는 개

넘인 결과를 중요하게 여겼다. 리치몬드의 이야기를 들어보자. "이 분야, 그리고 정부에서 활동하는 수많은 과학자와 연구진은 워크숍 횟수, 참석자 수, 새롭게 탄생한 포스터의 숫자 등을 헤아립니다. 하지만 이데옹은 초의 차원에서 어떤 일이 벌어지는지 관찰합니다. 어장이 개선되고 있는지, 산호가 돌아오고 있는지, 생태계가 인간과 자연적인 스트레스 요인에 맞서기 위한 회복력을 갖고 있는지 질문을 던지는 거지요."

2005년, 리치몬드는 이데옹과 팔라우보존협회에 연구 보조금을 지원하고 싶다는 뜻을 밝혔다. 리치몬드는 연구를 통해 팔라우에 위치한 특정한 유역에서 사람과 자연이 어떤 관계를 이루고 있는지 살펴보고자 했다. 리치몬드는 연구를 통해 얻은 결과를 팔라우보존협회와 협력 관계에 놓여 있는 지역사회에 적용할 수 있을 것이라고 생각했다.

리치몬드와 연구진이 연구를 진행할 장소를 물색하고 나서자 이데옹이 중재에 나섰다.

"이데옹이 환경보호 노력에 좀 더 커다란 도움이 될 만한 지역에서 연구를 진행해달라고 부탁하더군요. 순수하게 과학적인 목적을 바탕으로 연구 대상지를 결정하도록 내버려두지 않았습니다. 이데옹은 코로르의 주요 식수 공급원이 되는 유역을 연구 대상지로 지목했습니다. 이데옹이 지목한 지역은 맹그로브 서식지였습니다. 집을 지을 땅을 마련하느라 맹그로브가 빠른 속도로 사라지고 있는 곳이었지요. 맹그로브가 훼손되자 초도 막심한 피해를 입었습니다. 이데옹은 해당 유역에 관한 데이터가 사람들의 행동에 가장 큰 영향을 미칠 것이라고 생각했습니다. 연구 결과를 토대로 환경보호를 독려할 수 있을 것이라고 판단했던 거지요."

리치몬드와 연구진은 해당 유역 내에 위치한 가정을 가가호호 방문했으며 이데옹의 도움 덕에 지역사회의 모든 구성원으로부터 연구에 대한 동의를 받아낼 수 있었다.

그런 다음, 이데옹은 현지의 어부를 고용해 연구에 사용되는 각종 장비를 점검할 것을 요구했다. 리치몬드는 맨 처음에 장비가 도난당할지도 모른다는 우려 때문에 이데옹이 그런 제안을 한 것이라고 생각했다. 하지만 이데옹은 즉시 자신의 속내를 밝혔다.

"이데옹은 사람들이 항상 관심을 기울이기를 바랐습니다. 이데옹은 자신과 함께 일하는 직원들이 어부들을 찾아가 함께 맥주를 나눠 마시며 세부적인 사항들을 일상적으로 확인하기를 바랐습니다. 가령 '오늘은 비가 내렸지요'라거나 '이런저런 지역에서 조업을 했는데 물고기를 한 마리도 못 봤지요'라는 식의 대화를 나누기를 바랐던 겁니다."

이데옹의 계획은 효과가 있었다. 리치몬드와 연구진이 수집한 데이터를 마을 주민들에게 공개할 준비를 모두 마쳤을 무렵, 어부들은 이미 프로젝트에 적극 개입되어 있었고 최신 소식을 전해 듣고 싶은 생각에 사로잡히게 되었다.

"어부들은 모든 걸 알고 있었습니다. 그동안 우리가 수집한 데이터에 대해 하나도 남김없이 알고 있었습니다. 우리가 이야기를 해준 것도 아닌데 모두 알고 있었습니다. 프레젠테이션을 할 때 학습곡선 같은 건 관찰되지 않았습니다. 어부들은 이미 모든 데이터를 파악하고 있었고 우리가 진행 중인 프로젝트에 완전히 몰두하고 있는 상태였거든요. 노아의 뛰어난 지략을 보여주는 한 대목이지요. 노아는 연구가 시작된 이후 계속해서 모든 정보를 공개하고 투명하게 접근했거든요."

마을 주민들에게 모든 데이터를 공개한 리치몬드와 동료 과학자들에게 이데옹은 이제 방 뒤쪽으로 와 눈에 보이지 않는 존재처럼 있어 달라고 했다. 리치몬드는 "우리는 현지 주민들을 돕는 역할을 했다"고 설명한다.

이데옹의 조언을 받아 하와이에 있는 리치몬드의 실험실에서 박사 과정을 밟고 있는 두 명의 젊은 팔라우인, 임낭 골부와 스티븐 빅터가 해당 유역에 대한 연구를 통해 발견한 내용을 마을 촌장들에게 설명했다.

"우리는 팔라우의 전통 시골 가옥에 앉아 있었습니다. 두 학생이 파워포인트로 설명을 시작하더군요. 외국인들은 모두 아무 말 없이 그곳의 문화를 존중하며 뒤에 가만히 앉아 있었습니다. 노아는 자신을 돕는 어부들과 함께 앉아 있었습니다. 촌장들이 가장 앞에 앉아 있었습니다. 두 명의 팔라우인 박사들이 팔라우어로 적힌 파워포인트를 이용해 또 다른 팔라우인들에게 설명을 하는 동안 우리는 가만히 경청했습니다."

그다음에 벌어진 상황은 지금까지도 리치몬드에게 커다란 충격으로 남아 있다. 리치몬드는 당시를 과학자 및 연구가로서 자신이 내놓은 연구에 관한 중대한 발견의 순간이라고 묘사한다.

"발표가 모두 끝나자 촌장들이 임낭과 스티븐에게 매우 열정적으로 경의를 표했습니다. 보디랭귀지와 어조를 통해서 그런 느낌이 전해졌습니다. 가령 '이것 좀 설명해주겠나?'라거나 '이 부분은 잘 이해가 되지 않는군'이라는 식으로 매우 공손하게 대했습니다. 하지만 그러다가 무언가가 달라졌습니다. 서로 대립하는 분위기로 바뀌었습니다. 촌장의 어조가 거칠어졌습니다. 마치 팔라우의 젊은 과학자 둘을 질책하는 듯했습니다."

리치몬드는 무슨 문제가 있는 것이 아닌지 이데옹을 쳐다봤다. 리치몬드는 얼굴 표정과 눈빛을 이용해 상황이 괜찮은 것인지 물었다.

이데옹은 특유의 반짝거리는 눈빛으로 리치몬드를 쳐다봤다. 이데옹은 고개를 끄덕인 다음 편안하게 앉아 가만히 정면을 응시했다.

"이후에 자리가 파한 후 노아에게 이렇게 물었습니다. '도대체 마지막엔 왜 그렇게 된 겁니까? 서로 동등한 개인 간의 대화가 아니었어요. 마치 설교를 하는 것처럼 들렸어요.'"

이데옹은 위계질서를 중요시하는 팔라우의 문화하에서는 반드시 나이가 많은 사람들과 젊은 과학자들이 정보를 주고받는 구도가 조성되어야 한다고 설명했다. 이데옹은 리치몬드에게 촌장들이 무슨 이야기를 한 것인지 간략하게 설명했다. "촌장들이 젊은 과학자들에게 한 이야기를 대충 요약하면 이렇습니다. '자네들이 여기까지 와서 우리에게 들려준 이야기는 서양 과학자들이 들려준 이야기 못지않게 감명 깊었다네. 자네들은 훌륭한 정보를 갖고 왔어. 우리는 자네들이 정말 자랑스러워. 자네들이 해낸 일에 깊은 감명을 받았지. 그런데 제대로 된 팔라우 사람이라면 누구나 땅에서 쌓이는 퇴적물과 물속에서 쌓이는 퇴적물을 표현하는 용어가 다르다는 걸 알고 있을걸세.'"

촌장들이 전달한 메시지를 종합하면 이렇다. "자네들이 여기까지 와서 과학적으로 정말 흥미로운 것들을 우리에게 가르쳐줬지. 이제는 자네들이 더 훌륭한 팔라우인이 될 수 있게 가르치는 것이 우리의 몫이지."

리치몬드와 연구진이 관찰한 역학은 태평양에 위치한 섬나라의 문화를 특징짓는 전통적인 사회적 호혜주의의 대표적 사례이다. 정보를 받기만 하고 그 대가로 아무것도 돌려주지 않는 것은 무례한 행동으로 여겨진다. 리치몬드는 촌장들이 젊은 과학자들을 꾸짖는다고 생각했다. 하지만 실제로 촌장들은 무언가를 되돌려줌으로써 감사를 표시하고 있었던 것이다. 중개형 리더가 없으면 이처럼 문화에 내재된 미묘한 특성이 간과되는 경우가 많다.

이데옹은 리치몬드에게 "보호협정을 마무리할 수 있었던 것은 그날의 정보 교환 덕이었다"고 설명했다.

골똘히 생각에 잠겨 있던 리치몬드가 다시 입을 열었다. "한 가지 재미 있는 일이 있었습니다. 우리 연구팀의 일원인 뛰어난 모형 개발 전문가도 그 회의에 참석했습니다. 당시 모형 개발 전문가는 회의에 참석해야 한다는 사실 자체만 갖고도 몹시 불평을 늘어놓았습니다. 계속 불만을 늘어놓았지요. '우리가 왜 그 회의에 가야 되는 거죠? 거기에서 논문이라도 한 편 나온답니까? 왜 귀찮게 거기까지 가야 해요?' 우리는 '그냥 입이나 닫고 가만히 보고 있어'라는 말로 모형 개발 전문가의 불만을 일축했지요. 회의가 모두 끝난 후 모형 개발 전문가는 완전히 열변을 토했습니다. '과학적인 내용을 이해 관계자들에게 전달하는 장소에서 이런 식의 역학이 발생하는 광경을 내 평생 본 적이 없어요'라고 하더군요."

세심하게 사회를 바꿔나가려는 이데옹의 노력은 연구와 관련된 정책 집행 과정에서 더 빛을 발했다. 프레젠테이션을 진행한 지 6주쯤 되었을 무렵, 전통적으로 리더의 역할을 맡아온 촌장들이 선출직 리더를 찾아가 해당 유역에 진행 중인 개발을 중지해줄 것을 요구했다. 프레젠테이션이 진행된 지 6개월이 흐른 후 개발 중단 규정이 발효되었고 이후 몇 년간 효력이 지속되었다. 충분한 시간을 확보한 이데옹은 주와 연방 차원에서 해안에서 서식하는 맹그로브를 영구적으로 보호하는 법률을 제정했다. 개발 중단 규정의 효력이 사라진 후에도 맹그로브 서식지는 해양보호구역으로 지정되어 국법에 의해 공식적으로 보호받을 수 있게 되었다. 또한 맹그로브 서식지는 법의 언어뿐 아니라 전통의 언어로도 보존되고 있다.

노아 이데옹은 현재 팔라우에서 원로 정치인으로 활동하고 있다. 필자들은 코로르에서 이데옹이 자주 방문하는 장소 중 한 곳인 펜트하우스 호텔에서 그와 함께 아침식사를 했다. 예전처럼 검은색 머리카락은 숱이 무성했고 반짝이는 눈에서는 호기심이 배어났다. 하지만 요즘의 이데옹은 오랫동안 재미있는 이야기를 들려주기에는 너무 바빠 보였다. 2000년대

초, 이데옹은 다시 정부로 복귀해 팔라우 국회(하원과 상원으로 구성) 의장
으로 선출되었다. 이데옹은 팔라우 국회에서 활동하며 국내외에서 자연보
호를 위한 노력을 아끼지 않고 있다. 이데옹은 당시 팔라우의 대통령이었
던 토미 레멩게사우에게 생애 최초로 스쿠버 다이빙을 해볼 것을 권했다.
스쿠버 다이빙은 레멩게사우 대통령을 전혀 다른 사람으로 바꿔놓았다.
레멩게사우 대통령은 상어 지느러미 채취, 심해 저인망 어업, 살아 있는
암초 물고기 거래 등을 전면 금지하는 법안에 서명하고 이데옹이 제안한
보호구역네트워크 법안(해양 네트워크의 장기적인 경제적 지속 가능성을 보장
하는 법안)을 승인하는 등 임기 동안 보존 문제에 많은 관심을 쏟았다.

이데옹은 요즘 시간을 쪼개 팔라우와 미크로네시아의 다른 섬을 오가
며 새로운 환경하에서 자신의 성공 사례를 복제하고 그 규모를 키우기 위
해 노력 중이다. 이데옹은 미크로네시아 도전 계획(2020년까지 미크로네시
아의 모든 국가가 최소한 30%의 근해 해양 자원을 보존하고 20%의 지상 자원을
보존하는 것을 골자로 하는 계획)에 대해 열변을 토하고, 국제자연보호협회,
국제보존협회, 지구환경기금 등 국내외의 관련 단체들과 협력해 자금 확
보 방안을 마련 중이다. 또한 이데옹은 불이라는 메시지와 통합적인 리더
십을 유엔에 제안하기 위해 노력 중이다.

이데옹은 "다른 사람들은 해결책을 제시한다"면서 자신은 어떤 식으로
접근하는지 설명했다. "하지만 저는 대화를 제안합니다. 저는 사람들과
함께 일할 때 토론하고 또다시 토론합니다. 상대에게 생각을 할 수 있는
여유를 주고 다시 또 토론합니다. 다른 사람들이 생각을 할 수 있도록 이
끌고 도움을 줍니다. 하지만 그 과정에는 끝이 없습니다. 정해진 목표도
없습니다."

외부 단체들이 팔라우로 들어와 인프라 개선, 지역사회 구축 프로젝트

등을 시도하며 단기간 내에 문제를 해결해주겠다고 약속하는 모습을 오랜 세월 동안 지켜보며 이데옹은 자신만의 접근방법을 발전시켰다.

"프로젝트에 돈을 투입합니다. 그러다가 프로젝트가 끝나면 모든 노력이 사라집니다. 모든 관계자가 사라져버리지요. 저는 그동안 이런 방법을 피하려고 노력했습니다. 저는 평생에 걸쳐 협력 관계를 지속합니다."

보존 과학자 마이클 길보는 오랜 기간 동안 이데옹과 협력해오고 있다. 또한 길보는 이데옹을 동료이자 멘토라고 여긴다. 길보의 표현을 빌리자면, 이데옹은 '팔라우의 아버지'이다.

"노아는 과학에서 얻은 아이디어를 활용하는 데 매우 개방적인 태도를 갖고 있습니다. 하지만 팔라우에 어울리는 방식으로 과학을 접목시키려 합니다. 과학을 활용할 때 건강한 수준의 신중한 태도를 보입니다. 기후 변화를 비롯해 세계적인 문제가 산재한 상황에서 우리가 무엇을 할 수 있을까요? 노아는 사회 체계와 관련된 문제를 해결할 때 과학이 할 수 있는 역할에는 한계가 있다고 생각합니다. 과학자들은 이런 것들을 죽어라고 연구할 수 있습니다. 하지만 팔라우 사람들은 자신에게 주어진 일을 해야 합니다."

길보에게 팔라우 사람들에게 주어진 일이 무엇이냐고 물었더니 길보는 이렇게 답했다. "팔라우 사람들이 해야 하는 일이란, 능력을 키우는 겁니다. 누구나 할 수 있는 일이 바로 적응 능력을 키우는 겁니다."

노아 이데옹은 적응 능력을 키우기 위해 과거와 현대, 과학 영역과 사회 영역, 생태계와 경제, 공식적인 정부와 비공식적인 관리 구조 간의 관련성을 찾아야만 했다. 이데옹은 모든 중개형 리더가 공통적으로 갖고 있는 중요한 도구를 활용해 이 같은 일을 해낼 수 있었다. 그 도구는 다름 아닌, 동일한 시스템 내에서 각기 다른 규모, 구조, 시간을 토대로 하는 다양한 조직, 구성원, 세력 간의 관계를 중재하는 능력이다.

중개형 리더가 위계질서를 없애는 게 아니다. 중개형 리더는 오히려 위계질서를 인정하고 존중한다. 그 대신, 다양한 구성원들이 교차하는 지점에 서 있는 중개형 리더는 계층적인 권력 구조를 보완하는 사회 연결망을 서로 이어준다. 존중과 포괄의 정신에 뿌리를 두고 있는 이와 같은 상호보완적 관계는 혼란이 생기면 사회 시스템을 구성하는 모든 부분이 필요한 투자를 확보하고, 서로 연결하고, 서로 대화를 나눌 수 있게 도와준다.

네트워크 짜기

이데옹이 갖고 있는 타고난 역량은 '네트워크 짜기network weaving'라고도 한다. 네트워크 짜기란 네트워크 분석가 발디스 크렙스와 준 홀리가 만들어낸 표현이다. 두 사람은 오하이오 주에 위치한 애팔래치아 지역의 시골 마을⁴에서 회복력을 구축할 방법을 찾기 위해 광범위한 연구를 진행했고 그 결과를 토대로 네트워크 짜기라는 용어를 만들었다. 이데옹이 명확하게 네트워크 짜기 방식을 활용하지는 않았을 수도 있다. 하지만 이데옹의 활동에서 네트워크 짜기의 몇 가지 핵심 원칙이 관찰된다.

크렙스와 홀리는 회복력을 갖고 있는 지역사회 네트워크가 4단계에 걸쳐 모습을 드러낸다고 설명한다. 먼저, 공통의 관심사와 가치관, 목표를 갖고 있는 개인과 조직 사이에서 규모가 작고 자율성을 갖춘 클러스터가 모습을 드러낸다. 별도의 안내 없이 자율적으로 클러스터가 형성되는 경우가 많다. 팔라우의 경우라면 상업적인 목적으로 조업을 하는 어부나 다이버들 간의 밀접한 관계가 클러스터라고 볼 수 있다. 이런 클러스터는 이익 정치를 강화하는 역할을 하며 이 단계에서 상호연결성이 사라지면 클러스터를 구성하는 집단이 대립 관계로 남게 되며 좀 더 넓은 범위의 사회 구조는 점차 약화되어 붕괴될 수도 있다.

1단계보다 의도적 요소가 강해지는 2단계에 들어서면, 이데옹과 같은 중개형 리더가 허브 앤드 스포크hub and spoke 모형을 구축한다. 중개형 리더는 2단계에서 최초의 허브를 자처하며 수많은 구성원들을 연결한다. 이를 위해서 카리스마와 품위, 다양성의 정치를 헤쳐나가는 능력이 요구되는 경우가 많다. 2단계가 되면 중개형 리더는 자신이 구축하고 있는 네트워크를 연구하고 각각의 교점이 무엇을 알며 무엇을 필요로 하는지 찾아내는 데 많은 시간을 할애한다. 이 단계에는 진정성과 아량의 윤리가 중요하다. 네트워크 내에 단일 고정점이 자리를 잡고 있기 때문이다.(다시 말해 리더에게 문제가 생기면 네트워크 자체가 무너진다) 하지만 제대로 관리되기만 하면 새로운 네트워크(리더는 허브에 위치)는 연결력이 뛰어나다는 명성이 생기고 자체적으로 중력을 갖게 된다. 다이버와 어부를 화합시키기 위해 이데옹이 초기에 기울인 노력은 전반적으로 2단계와 관련 있다.

3단계에는 중개형 리더들이 네트워크 내에 있는 삼각구도를 없애기 시작한다. 대신 서로 다른 구성원들을 직접 이어주는 교량을 만든다. 2단계에는 중개형 리더가 구성원들과 연결되어 있는 유일한 교량의 역할을 하지만 3단계가 되면 상황이 달라진다. 이런 관계가 형성되면 멀티허브, 혹은 규모가 작은 다수의 허브로 구성된 사회 연결망이 생겨난다.

이 시점이 되면 네트워크 내에 존재하는 관계의 숫자가 대폭 증가한다. 따라서 네트워크를 짜는 실력이 가장 뛰어난 사람은 단순히 구성원들을 서로 잇는 차원에서 그치지 않고 자신과 연결되어 있는 사람들에게 직접 연결자가 되는 방법을 가르쳐준다. 크렙스는 "연결자에서 촉진자로 거듭나는 것이 중요하다"고 이야기한다. "이런 변화가 이뤄지지 않으면 중간에서 네트워크를 짜는 사람이 단시간 내에 수많은 관계에 압도당하게 됩니다. 또한 네트워크의 성장과 효율성이 급격하게 둔화됩니다. 심지어 역행하는 경우도 있습니다." 이 시점이 되면 중개형 리더는 신속하게 직접적인 리더에서 간접적인 리더로 거듭나야 할 뿐만 아니라 커뮤니티 전반에서 네트워크를 짜는 새로운 인물이 등장할 수 있도록 이끌어나가는 역할을 담당해야 한다.

이 과정이 성공적으로 진행되면 멀티허브 네트워크가 형성되고 새로운 역학이 등장한다. 새로운 역학이란 느슨한 관계 혹은 간접적인 관계의 위력을 일컫는 것이다. 특히 사회 연결망 내에 존재하는 허브 간의 관계에서 관찰되는 위력을 뜻한다. 느슨한 관계는 서로 다른 관점이나 전문성을 갖고 있는 집단을 잇는 중요한 교량 역할을 한다. 혹은 느슨한 관계가 강한 관계로 발전해 여러 허브를 묶는 역할을 할 수도 있다. 예를 들면, 이데웅이 밥 리치몬드의 과학 연구팀과 팔라우 어부 사이에서 별도의 중재 활동을 하지 않고 양측을 직접적으로 이어준 방법 역시 네트워크 짜기 3단계에 해당되는 사례라고 볼 수 있다.

크렙스와 홀리가 제안한 모형의 마지막 단계는 '중심 - 주변 사회 연결망core/periphery social network'이다. 중심 - 주변 사회 연결망은 두 사람이 제안하는 모형의 궁극적 목표이기도 하다. 중심 - 주변 사회 연결망 구조는 오랜 세월에 걸친 노력이 있은 후에야 관찰 가능한 것으로 매우 안정적인 동시에 매우 높은 수준의 회복력을 갖고 있다. 이런 구조하에서는 매우 강력하게 연결된 다수의 허브로 구성된 핵심 집단이 사회 시스템의 중심부에 위치하게 된다. 중심부에 위치한 허브는 주변부에 위치한 수많은 사람 및 자원과 약한 관계로 연결되어 있다. 이런 구조가 형성되면 효율적이고 자연스럽게 분업이 이뤄진다. 주변부는 환경을 감시하고 중심부는 주변부의 감시를 통해 관찰된 것 중 유용한 것을 시행하는 방식으로 분업이 진행되는 것이다. 크렙스의 이야기를 들어보자. "주변부 덕에 우리가 외부에서 새로운 아이디어 및 새로운 정보에 접근할 수 있는 겁니다. 중심부는 우리가 내부에서 그 아이디어와 정보를 바탕으로 활동할 수 있도록 도와줍니다." 이데옹이 지금 구축하고자 하는 것이 바로 이와 같은 중심-주변 모형이다. 이데옹은 미크로네시아 전역에 위치한 뛰어난 중심부를 잇는 네트워크를 연결해 각 중심부가 또 다른 중심부로부터 교훈을 얻기를 기대한다.

물론 그렇다고 해서 네트워크를 짜는 방법이 모든 문제를 해결하는 데 도움이 되는 특효약이라는 뜻은 아니다. 중개형 리더가 만들어내는 능력은 리더 개인에게 귀속되는 것이 아니다. 이런 능력은 지역사회에 귀속되는 것이다. 또한 혼란이 발생했을 때 지역사회가 이런 능력을 충분히 갖추고 있을 수 있도록 보장해주는 것은 아무것도 없을 뿐만 아니라 네트워크를 짜는 방법을 활용한다고 해서 지역사회 내의 경쟁 요인이 사라지는 것은 아니다. 항상 서로 반대되는 사람 및 조직이 존재하게 마련이며, 중개형 리더가 마치 이런 반대 세력이 존재하지 않는 척할 수는 없다. 대신, 좀 더 넓은 범위의 경쟁 환경 내에서 협력점을 찾을 수 있다.

크렙스는 "건강한 네트워크 내에서는 비슷한 점을 기준으로 관계를 구축하고 차이점을 기준으로 경쟁을 해야 한다"고 이야기한다. 크렙스는 이해를 돕기 위해 단지에 관한 우화를 들려주었다. "어떤 지역사회 내에서 두 명의 여성이 잼을 만들어 판매한다고 생각해봅시다. 한 사람은 유기농 잼을 판매하고 다른 사람은 특이한 맛의 잼을 판매합니다. 두 사람은 경쟁자입니다. 신고전경제이론에 의하면 두 사람은 인정사정없이 경쟁해야 합니다. 하지만 두 사람은 같은 지역사회에 속한 구성원이자 이웃입니다. 사회 연결망이 건강하게 유지되려면 두 사람이 관계를 맺고 있어야 합니다. 두 사람은 한정적인 방식으로 협력할 수 있습니다. 예를 들어, 단지를 공동으로 구매하면 둘 다 좀 더 저렴한 가격에 단지를 구입할 수 있습니다. 물론 단지를 공동 구매한다고 해서 경쟁이 사라지는 것은 아닙니다. 하지만 좀 더 포괄적인 정의와 상호 부조의 징후가 있는 관계를 구축할 수 있는 기회가 생겨납니다."

중개형 리더는 상황에 따라 연결자, 중재자, 교사, 행동 경제학자, 사회 공학자 등 필요한 역할을 수행하고 정직성, 투명성, 관용, 헌신적인 노력을 토대로 이런 임무를 수행해야 한다. 이런 중개형 리더는 사회 연결망 구축을 위해 다음과 같은 핵심 원칙을 가진다. 먼저, 필요성이 대두되기 전에 미리 네트워크를 구축한다. 둘째, 만약의 경우 신속하게 구조를 변경하고 협력이 진행되도록 직접적인 관계를 구축한다. 하지만 너무 많은 관계를 구축해 연결 상태가 과도해지도록 만들지는 않는다. 가장 중요한 마지막 원칙은, 맥락을 만들되 동료를 전적으로 믿고 자신이 떠나야 할 때가 언제인지를 안다.

9장

회복력을
얻기 위한
노력

★

인간의 생각은 비단 자신의 회복력뿐 아니라 다른 사람의 회복력에도 중요한 영향을 미친다. 자신이 믿기로 한 것, 스스로 택한 정신적 수양법, 혼란에 대처하는 자신만의 방법이 모든 것에 영향을 미친다. 결국 회복력은 내면에서 밖으로 뿜어져 나오는 것이다.

회복력의 패턴을 파악하기 위해 여행하는 동안 우리는 다양한 지역, 부문, 맥락, 아이디어를 넘나들었다. 어떤 상황에서 시스템이 취약해지다가 이내 무너져버릴 수 있는지 관찰했다. 여러 시스템의 상호연결성이 어떤 식으로 회복력을 강화하거나 약화시키는 피드백 고리(눈에 보이지 않는 경우가 많다)를 형성하는지도 관찰했다. 어느 영역에서 통용되는 회복력 전략이 또 다른 영역에서 어떻게 적용되는지 탐구했다. 또한 개인과 집단, 지역사회가 연결성과 협력, 다양성이 혼재하는 온난 지대를 포용해 어떻게 회복력을 강화할 수 있는지 살펴봤다.

이러한 연구를 통해, 회복력을 얻으려면 적절한 수준을 유지하는 것이 가장 중요하다는 사실을 깨달았다. 그러므로 회복력을 얻기 위해 갖춰야 할 다양한 요인들을 적정한 수준으로 유지하는 것이 매우 중요하다. 예를 들면 회복력을 위해서는 연결이 중요하다. 하지만 지나치게 연결되어 있는 것은 곤란하다. 이와 마찬가지로 회복력을 위해서는 다양성이 확보되어야 한다. 하지만 지나치게 다양한 것은 안 된다. 또한 회복력을 위해서는 필요할 때 다른 시스템과 동조화될 수 있어야 한다. 하지만 그와 동시에 다른 시스템과의 연결성이 해가 될 때는 즉시 비동조화가 가능해야 한다. 이러한 측면을 종합하면 전략적으로 우리는 하나의 거칠지만 큰 그림이 떠오르는 것을 느낄 수 있다. 즉, 유동성(전략, 구조, 행동)과 고착성(가치와 목적)이 의도적으로 적절히 결합된 입장을 취해야 하는 것이다.

물론 특정한 시스템의 회복력을 둘러싼 수많은 측면들이 주변 상황으로부터 많은 영향을 받는다는 문제가 있긴 하다. 가령, 어떤 접근방법이 어떤 조직의 회복력을 좀 더 강화시키는 반면 또 다른 조직의 회복력을 좀 더 약화시킬 수도 있다.('좀 더'라는 표현에 주목해야 한다. 회복력에는 절대원칙이 없으며 주어진 상황에 이분법적으로 접근해서도 안 된다. 그저 어떤 성향이 좀 더 강화되거나 약화될 뿐이다) 회복력 강화를 위한 모든 방안은 주어진 상황을 토대로 하는 것이다. 또한 특정한 상황에서 성공했다고 해서 반드시 또 다른 경우에도 성공한다고 보장할 수도 없다.

그렇다면 이런 원칙들을 어떻게 행동으로 옮길 수 있을까?

취약성과 한계점, 피드백 고리

모든 환경에 어울리는 단 하나의 해법은 없다. 하지만 좀 더 강한 회복력을 찾아가는 모든 여정은 시스템에 내재된 취약성, 한계점, 피드백 고리를 알아내고자 하는 지속적이고 포괄적이며 진솔한 노력에서 출발한다. 다시 말해서 시스템의 전체론적인 본질을 이해하고, 취약성을 초래하는 잠재 요인을 찾아내고, 피드백 고리의 방향성을 결정하고, 중요한 한계선을 지도로 표시하고, 한계선을 넘어섰을 때 마주하게 될 결과를 가능한 정확하게 파악해야 한다. 이를 위해서는 한층 주의를 기울여야 한다. 판단하려 들지 말고 이 세상을 있는 그대로 평가해야 하는 것이다. 사람뿐 아니라 조직과 지역사회도 마찬가지이다.

지금까지 살펴보았듯 취약성은 다양한 형태를 띨 수 있다. 예를 들어, 지속적인 빈곤과 같이 만성적이고 장기적인 문제가 나타날 수도 있고, 사회 이동성이 약화될 수도 있고, 환경 관련 충격에 한층 민감해질 수도 있고, 공급망과 인프라가 환경 파괴에 취약해질 수도 있다. 기업 문화가 적절하지 않은 수준의 위험을 용인하는 방향으로 이동하거나 효과적인 지배구조가 약화되거나 인지 다양성이 사라져 집단 순응 사고가 이뤄지거나 생물의 다양성이 사라져 생태계가 파괴되었을 때도 취약성이 나타날 수 있다. 토르티야 폭동 사례에서 확인한 것처럼, 여러 시스템을 하나로 묶어버리는 너무도 복잡한 여러 문제들 때문에 취약성이 모습을 드러내는 경우도 있다. 혹은 협력이 중요한 상황임에도 협력을 불가능하게 만드는 시스템의 불안정성이 취약성을 초래하기도 한다. 조직이나 지역사회의 경우를 생각해보면, 지역사회 구성원이나 직원들 간의 신뢰 부족, 강력하게 변화를 거부하는 태도, 서서히 심리적 회복력이 약화되는 현상 등이 취약성을 초래할 수도 있다. 하지만 취약성 자체가 반드시 부정적인 성질을 갖고 있는 것은 아니다. 취약성은, 외부의 보조금에 의존하는 '황금 수갑'이나 매우 수익성이 높지만 다각화되어 있지 않은 단일 영업 활동의 형태로 나타날 수도 있다.

모든 문명사회는 나름대로 취약성을 갖고 있다. 세계에서 가장 부유한 일부 국가, 특히 미국에 거주하는 상당수의 시민들은 충격과 혼란으로부터 대체로 영향을 받지 않는 시대를 살고 있어서 다행이라고 생각한다. 이와 같은 '역사로부터의 휴식vacation from history' 덕에 많은 사람들이 견고하면서도 동시에 취약한 연속체의 한쪽 끝, 효율적이고 취약한 그 지점에서 살아가는 데 점차 익숙해갔다. 일시적으로 결과가 드러나지 않는 세상에서는 정치, 금융, 사회경제, 생태 시스템이 서서히 훼손되고 비탄력성이 점차 증가하는 현상이 그다지 문제되지 않는 것처럼 보였다. 하지만 이제 좀 더 변덕스럽고 새로운 장이 시작되었다. 이런 변화로 인해 이미 상당 수준 훼손된 시스템이 회복력의 엔진 역할에서 벗어나 취약성의 원천 역할을 하게 되었다.

이 모든 취약성들은 서로 다른 특징을 갖고 있으며 서로 다른 대처 방안을 필요로 한다. 하지만 이 모든 취약성이 초래하는 결과는 동일하다. 취약성은 상위 시스템의 적응 능력을 떨어뜨리고 견고하지만 취약한 특성을 강화시킨다. 다시 말해서 이미 예상된 혼란에는 잘 대처하지만 특이한 도전에 직면했을 때는 무너져버릴 가능성이 큰 것이다.

그러함에도 당면한 취약성과 잠재적 혼란에 대하여 광범위하고도 적극적인 방식으로 고민하기 위한 구조적 장치를 마련하려는 지역사회나 조직은 놀랍게도 극히 적다. 이런 현상은 변해야 한다. 제법 규모가 큰 조직이 재무 상황이나 공급망과 관련된 위험을 지속적으로 감시하지 않는 것은 상상도 할 수 없는 일이다. 머지않아 환경문제(탄소, 물, 에너지, 기후 변화)에서부터 내부의 문화적 요인(협력과 신뢰의 수준), 사회적 문제(조직이 속해 있는 지역사회의 건전성 및 안녕)에 이르는 좀 더 다양한 잠재적 혼란을 살피지 않는 것 역시 상상할 수 없는 일이 될 것이다.

그렇긴 하지만 취약성을 찾기 위해 노력한다고 해서 반드시 취약성을 발견하고 제거할 수 있을 것이라고 생각해서는 안 된다. 뜻밖의 상황이라는 것은 당연히 불가피하고 예측할 수 없다. 하지만 취약성이 발생할 가능성이 있는 근원을 찾아내야 한다. 그것이 회복력 강한 대처의 토대가 되는 개방적이고 준비된 태도의 첫걸음이다.

　회복력이 오로지 위험 관리에만 도움이 된다는 뜻은 아니다. 앞으로 수십 년 동안 회복력은 혁신의 중요한 원동력이 될 것이다. 기업이 희귀한 생태자원과 자사를 비동조화시킬 수 있도록 도와주거나 고객이 예상치 못한 충격에 대처할 수 있도록 도움을 주는 새로운 기술과 서비스를 개발하는 시장이 엄청난 규모로 성장할 것이다. 몇 조 달러까지는 아니라 하더라도 최소한 수십억 달러 규모로 성장할 것으로 보인다.

　케냐 시골 지역에서 개발된 혁신적인 농업 소액보험 프로그램 킬리모 살라마의 경우를 보자. 킬리모 살라마는 미래에 상당한 경제적 이익을 안겨줄 것으로 예상되는 회복력 전략이기도 하다. 지속 가능한 농업을 위한 신젠타 재단, UAP 보험, 케냐의 이동통신 사업자 사파리컴이 선보인 킬리모 살라마(스와힐리어로 '안전한 농사'라는 뜻)는 수만 명의 소작농에게 보험 서비스를 제공한다. 1에이커의 땅에 옥수수를 심는 등, 소규모로 농사를 짓는 농부들이 보험에 가입해 가뭄, 홍수[1] 등 심각한 기상 상황에 대비할 수 있도록 돕는 것이다. 킬리모 살라마는 기후 변화의 영향력이 점차 증대됨에 따라 발생 빈도가 점차 증가하게 될 그런 사건에 대비할 수 있도록 도움을 준다.

　킬리모 살라마의 보험 서비스를 이용하는 고객들은 간신히 입에 풀칠할 정도로 가난한 농부들이다. 노동의 대가로 이들이 손에 쥐는 금액은 매우 적다. 하지만 기상 상황이 좋지 않을 때 대처하는 능력은 거의 전무하다. 타이밍이 좋지 않은 상황에서 가뭄이 발생하면 치명적인 결과가 나타날 수 있다. 이런 위험을 낮추기 위해 킬리모 살라마는 농부들에게 한 포대의 씨앗을 구매할 때마다 구매 금액의 5%[2]라는 소액을 내고 보험 계약을 체결할 수 있도록 돕는다. 킬리모 살라마와 보험 계약을 체결하는 농부들은 본인 소유의 휴대전화상에서 엠 페사(케냐 전역에서 사용 가능한 휴대전화용 지불 플랫폼)를 활용해 비용을 지불한다.

농부가 보험에 가입하면 킬리모 살라마는 태양열을 동력원으로 해 분산 배치되어 있는 무선 기상 관측소를 활용해서 농사 기간 내내 해당 농부가 농사를 짓는 땅 주위의 기후 패턴을 감시한다. 강우량이 너무 많거나 너무 적은 경우, 혹은 적절하지 않은 시기에 비가 내리는 경우에는 농부들이 휴대전화를 통해 자동으로 씨앗 가격에 해당되는 만큼의 배당금을 받게 된다.

킬리모 살라마에는 다양한 혁신이 내재되어 있다. 먼저, 킬리모 살라마는 자동화된 기상 감지 장치를 도입해 보험 서비스와 관련된 가장 값비싼 요소 중 하나(기상 문제가 실제로 특정 농장에 영향을 미쳤는지 일일이 확인을 해야 한다는 특성)를 사실상 제거했다. 킬리모 살라마의 설립자 로즈 고스링거Rose Goslinga의 이야기를 들어보자. "규모가 큰 농장이 보험 고객이라면 농장을 직접 방문하는 것이 당연합니다. 방문 비용을 보험료에 반영할 수 있으니까요. 하지만 고작 1에이커에 달하는 소규모 농장이라면 일일이 농장을 방문해서는 수지가 맞지 않습니다. 소규모 농장에 보험을 제공하지 못했던 주요 원인 중 하나가 바로 이것이었습니다. 기상 상황을 감시하는 무선 기상 관측소를 활용하기 때문에 저희는 직접 농장을 방문할 필요가 없습니다. 그 덕에 비용이 대폭 줄어들었습니다."

이와 마찬가지로 기상 감지 장치를 고객의 엠 페사 계좌와 직접 연결시킨 덕에 청구 과정 자체가 사라졌다. 기상이 악화되면 농부가 이미 알고 있으며 신뢰하는 메커니즘을 통해 자동으로 보험금이 지급된다. 보험 청구 사정인이 개입할 때보다 보험금 지급 과정 자체가 훨씬 빠른 속도로 진행된다. 감지 장치를 통해 수집한 정보를 토대로 해당 지역의 기후 추세에 대한 통찰력을 확보할 수도 있다. 또한 긍정적인 피드백 고리 내에서 기후 정보가 맞춤형 문자 메시지의 형태로 농부에게 실시간 전달된다. 킬리모 살라마가 제공하는 날씨 정보는 기상 상황이 좋을 때에도 농부가 좀 더 뛰어난 성과를 낼 수 있도록 도움을 준다.

소액보험에는 손실 대비 외의 효과도 있다. 보험으로 인해 위험 대비가 가능해지자 농부들이 좀 더 과감하게 투자를 했다. 고스링거는 어떤 농부가 킬리모 살라마 덕에 보험 가입이 가능해지자 좀 더 값이 비싼 대신 좀 더 수확량이 높은 옥수수를 재배하기 시작했다고 설명했다. 새로운 품종의 옥수수를 도입하자 수확량이 150% 증가했다.[3]

선진 기술과는 관련이 없지만 프로그램의 성공에 신기술 못지않게 많은 영향을 미치는 혁신도 있다. 고스링거는 킬리모 살라마를 개발하기 위해 동료들과 함께 비전통적인 고객을 비전통적인 방식으로 묶어 서비스를 제공할 방법, 새로운 고객의 특성에 걸맞게 보험 공급망(보험회사에 보험을 제공하는 재보험회사로 이어지는 공급망)의 구조를 변경할 방법을 찾아야 했다. 킬리모 살라마를 개발하는 과정에서 고스링거가 마주한 가장 중요한 과제는 다름 아닌 회의적인 태도의 농부들을 보험에 가입시킬 방법을 찾는 것이었다.

그 결과로 탄생한 킬리모 살라마는 기후 회복력의 미래에서 중요한 부분을 차지하게 되었고, 세계 보험업계의 미래에서도 중요한 부분을 차지하게 될 것으로 보인다. 아프리카의 소액보험 홍보 조직 마이크로인슈어런스 센터는 종류를 불문하고 모든 보험 상품을 더할 경우 소액보험 시장의 잠재 고객이 10억 명이 넘는 것으로 추산한다. 현재 소액보험 서비스를 이용하는 사람은 이중 3%가 채 되지 않는다.[4] 소액보험 시장 내에 엄청난 기회가 숨어 있는 것으로 여겨지는 가운데 킬리모 살라마 모형은 머지않아 해외로 수출될 것으로 보인다. 비단 남반구에 위치한 개도국이나 빈국뿐 아니라 혁신의 흐름에 대한 사람들의 고정관념을 거슬러 북반구의 선진국으로도 수출이 이루어질 것이다. 21세기에는 회복력이 단순히 사회적인 효용을 제공하는 차원에서 그치지 않고 세계적인 시장 기회를 안겨줄 것이다. 또한 이 기회를 통해 선진국들은 가르침을 주는 동시에 많은 것을 배우게 될 것으로 보인다.

애드호크라시

사회적 회복력이 관찰되는 모든 곳에서 반복적으로 확인되듯이 규모가 크고 공식적인 조직이 회복력에 중대한 기여를 하는 경우는 드물었다. 대신 공공단체와 민간단체의 일부분, 비공식적 사회 연결망, 정부기관, 개인, 사회 혁신가, 기술 플랫폼 등 다채로운 요소로 구성된 집단이 일시적이고 자발적이며 자율적인 방식으로 협력하는 경우가 많았다. 각각의 혼란 및 상황에는 저마다 독특한 특성이 숨어 있기 때문에 관련자들이 참고할 수 있을 만한 조직도가 미리 만들어져 있는 경우는 없다. 사실 혼란에 대처하는 사람들이 가장 먼저 해야 할 일 중 하나가 조직도를 만드는 것이다. 이런 유형의 조직에 붙여진 이름이 있다. 미래학자 앨빈 토플러Alvin Toffler와 경영 이론가 헨리 민츠버그Henry Mintzberg로 인해 1970년대에 많은 사람들에게 알려진 애드호크라시adhocracy가 바로 그것이다.[5] 애드호크라시의 특징으로는 비공식적인 팀 역할, 제한적 표준운영절차 활용, 빠른 주기, 선별적인 분권화, 전문팀 권한 부여, 관료 체제를 포용하지 않는 태도 등이 있다. 디지털 시대에는 마치 레고를 주무르듯 플러그 앤드 플레이

방식으로 애드호크라시를 활용할 수 있다. 애드호크라시는 앞으로 무엇이 필요할지 가늠하기 어렵고 빠르게 변하며 유동적인 환경에 잘 어울린다. 음악 장르로 표현하자면 애드호크라시는 재즈와 같다.

예를 들어 아이티 지진에 성공적으로 대처한 미션 4636의 중심에도 성공적인 애드호크라시가 있었다. 국제 적십자, 미 해병대처럼 규모가 큰 조직에서부터 대학원에 재학 중인 자원봉사자 등 개인에 이르기까지, 자율적으로 조직된 수많은 협력자들이 모두를 하나로 묶어주는 공통의 목표 및 훌륭한 소프트웨어만을 활용해 재난 대처에 힘을 모았다. 총격이 발생하지 않도록 적절한 시기에 적절한 사람과 자원을 한데 모을 줄 아는 능력을 갖고 있는 시즈파이어 폭력 차단자들이 성공할 수 있었던 것 역시 애드호크라시 덕이었다. 미션 4636과 시즈파이어 사례, 그 외의 다양한 사례에서 확인할 수 있듯이, 회복력을 갖춘 대응은 즉흥적이고 일시적이다. 또한 주변 환경에 따라 대처 속도가 결정된다.

좀 더 넓은 의미에서 보면 이 책에서 제시하는 모든 교훈과 통찰력, 전략은 결국 애드호크라시와 관련된 것이다. 지금까지 애드호크라시가 필요한 바로 그 순간에 애드호크라시가 등장하고 번성할 수 있도록 도움을 주는 수많은 사례를 살펴봤다. 인지 다양성을 확대하기 위해 노력하는 레드팀 대학의 그레그 폰트넛과 그 외 다양한 리더, 다양한 사회 연결망을 엮는 팔라우의 노아 이데옹, 전통적인 적대 세력 간의 협력을 장려하며 아브라함의 길을 만들어나가는 윌리엄 유리와 동료들, 아라비아반도에서 스워밍 전술을 활용하는 알카에다, 복잡한 군사작전을 효과적으로 관리하기 위해 이베이와 같은 접근방법을 제안한 존 아퀼라, 화폐를 보완하는 WIR, 마음수양 훈련을 통해 개개인의 적응 역량을 강화하는 방안을 제안한 엘리사 에펠과 연구진 등은 모두 애드호크라시가 모습을 드러내고 발전할 수 있도록 기여했다.

물론 정반대로 이야기할 수도 있다. 시스템이 구조적으로 과도하게 연결되어 있거나(2008년 금융위기 때 그랬던 것처럼), 이해관계자의 다양성을 제대로 대변하지 못하거나(리버티 스트리트 33번가 회의가 그랬던 것처럼), 지역사회와 함께 개입 방안을 발전시켜나가기보다 관료주의적인 태도로 지역사회에 개입하면(방글라데시의 우물 사례가 그랬던 것처럼) 애드호크라시가 싹을 틔울 수 없다.

그렇다고 해서 공식적인 기관이 회복력에 아무런 도움이 되지 않는다는 뜻은 아니다. 이런 조직 또한 당연히 회복력에 도움이 된다. 하지만 혼란이 발생했을 때 공식적인 기관의 개입을 유일한 해결책으로 여기고 이들에게 지나치게 의존하면 애드호크라시와 같은 성공적이고 즉흥적인 접근방법이 등장할 수 있는 기회를 외면하고 억누르게 된다. 안타깝게도 국제 개발과 외교에서부터 재해 복구에 이르는 다양한 분야에서 우리의 본능은 우리를 이런 길로 인도한다. 사람들은 대개 관료체제 밖에서 해답을 찾으려 들기보다 관료체제를 무작정 믿고 따르려는 성향을 갖고 있다. 지금 우리에게 필요한 것은 새로운 접근방법이다. 다시 말해서, 보유한 역량 자체는 뛰어나지만 폐쇄적인 성질을 갖고 있는 다양한 요소를 결합시키는 접근방법, 혹은 여러 요소 사이에 위치한 여백(회복력과 사회 혁신이 빈번하게 관찰되는 지점)에서 효과적으로 작용하는 접근방법이 필요하다. 회복력을 갖고 있는 조직 및 이런 조직을 이끌어나가는 중개형 리더들이 바로 이런 접근방법을 활용한다. 이들은 사람들이 아무것도 없는 여백의 공간에서 만날 수 있도록 기회와 연결성을 만들어내고 이런 만남을 허락하고 장려한다. 이런 환경하에서 리더에게 요구되는 것은 명령하고 통제하는 힘이 아니었다. 영향을 끼치고 조정하는 능력이었다.

데이터의 중요성

애드호크라시가 잘 자라려면 데이터가 필요하다. 다행스럽게도 우리는 지금 세계적인 데이터 애드호크라시의 등장을 곳곳에서 목격하고 있다. 우리의 눈앞에서 진행 중인 세계적인 혁명은 역사상 처음으로 널리 흩어져 있는 실시간 정보(다수의 중요한 시스템이 돌아가는 방식에 관한 정보)를 수집하고 여러 정보 간의 연결 관계를 찾아내는 능력을 갖춘 조직에 권한을 안겨주고 있다. 이런 유형의 개방형 데이터는 앞으로 회복력 전략에서 중요한 역할을 맡게 될 것이다.

대표적인 사례로 식수 위생 부문에서 활동하는 국제 비영리 단체 워터 포 피플이 개발한 효과적인 신개념 데이터 보고 시스템 플로우FLOW를 들 수 있다. 플로우는 워터 포 피플이 식수 및 위생과 관련된 프로젝트의 장기적인 성공을 평가하기 위해 사용하는 도구이다.[6]

워터 포 피플의 CEO이며 오랜 기간 동안 세계 물 프로젝트 부문에서 활동해온 네드 브레슬린Ned Breslin의 이야기를 들어보자. "어떤 지역사회에 처음으로 식수가 공급되면 사람들은 다 함께 기뻐합니다. 물론 당연한 일입니다. 하지만 식수와 위생을 관리하는 단체 중에는 일단 식수가 공급되고 나면 마치 모든 일이 끝난 것처럼 여기는 곳이 많습니다. 하지만 결코 그렇지 않습니다. 물이 공급된 날은 단지 첫째 날에 불과합니다. 안타깝게도 계획 자체가 부실하고 지역사회 주민들이 충분한 주인의식을 갖지 못하는 경우가 많습니다. 따라서 아프리카와 아시아에서는 식수 공급 시스템이 완성된 지 몇 년 내에 최대 60%의 프로젝트가 중단되거나 파기됩니다. 5년이나 10년 전에 파놓은 우물이 훼손된 채 내버려져 있는 곳이 많습니다. 그 옆에다가 새로운 우물을 파야 하는 거지요."

워터 포 피플은 이 같은 문제를 해결하기 위해 현장에서 일하는 사람들이 휴대전화를 이용해 물이 공급되는 곳의 상태가 어떤지 지도로 표시할 수 있도록 플로우Field Level Operations Watch, FLOW(현장 차원 운영 감시)라는 소프트웨어를 개발했던 것이다. 식수 관리에 있어서 일종의 우샤히디인 셈이다. 이 시스템은 특정한 지역 내에 위치한 수천 개에 달하는 건강 위생 관련 지점의 상태를 한눈에 보여준다. 운영 상태뿐 아니라 지역사회의 지지 현황 및 감독 상태도 알려준다. 또한 플로우 시스템은 식수를 공급하고 위생 상태를 개선하기 위한 노력에 새로운 차원의 투명성, 효율성, 책임의식, 회복력을 공급한다. 방글라데시에 이런 플랫폼이 있었더라면 상황이 얼마나 달라졌을지 상상해보자. 혹은 이런 플랫폼이 있었더라면 허리케인 카트리나가 덮쳤을 때 뉴올리언스의 대처가 얼마나 달라졌을지 상상해보자.

플로우, 우샤히디 등의 플랫폼을 통해 데이터를 확보하면 시스템의 취약성이 모습을 드러내는 지점이 어디이며 개입이 기대한 효과로 이어지지 않는 곳이 어디인지 확인할 수 있다. 정보 습득에 걸리는 기간 또한 몇 달이 아니라 몇 분 수준으로 줄어든다. 이런 종류의 데이터를 외부에서 활용할 수 있도록 만들면(사생활 및 익명성 보호를 위한 적절한 장치와 함께) 각종 데이터를 다시 섞고 연결해 훨씬 가치 있는 통찰력을 얻을 수 있다. 다시 말해 단 하나의 조직이 수집할 수 있는 수준을 훨씬 뛰어넘는 통찰력을 얻을 수 있는 것이다. 또한 머지않아 진짜 혼란이 발생할 것임을 알려주는 초기의 미약한 신호를 주변에서 들려오는 단순한 잡음과 분리하고 좀 더 여유롭게 위험 신호에 대처할 수 있다.

앞으로는 이런 데이터가 한층 정교하며 뛰어난 예측 능력을 갖고 있는 기계 학습 알고리즘의 토대가 될 것이다. 풍부한 데이터를 토대로 하는 기계 학습 알고리즘은 현재 약한 신호가 등장하고 있는 곳뿐 아니라 앞으로 신호가 나타날 것으로 예상되는 곳까지 찾아낼 수 있도록 도움을 줄 것이다. 또한 우리는 그 결과를 바탕으로 좀 더 신속하게 혹은 선제적으로 대처할 수 있다.

매일같이 발생하는 수십억 개의 소셜 미디어 데이터 포인트를 수집하고 연결해 세계 각지에서 발생하는 공중위생 분야의 전염병을 추적하는 에피데믹 IQ[7] 또한 이 같은 이론을 바탕으로 한다. 에피데믹 IQ 시스템은 셀 수 없을 정도로 많은 트위터 피드, 페이스북 업데이트, 휴대전화 문자 메시지, 블로그 포스트, 현지 신문에 실린 기사 등 세계 각지에서 수천 개의 언어로 작성되는 데이터를 실시간 감시한다. 에피데믹 IQ의 정교한 인공지능 시스템은 이처럼 엄청난 양의 데이터를 수집하고 분류해 관련성이 있을 것으로 여겨지는 내용과 그렇지 않은 내용을 분리한다. 전염병이 발생할 가능성이 있는 것으로 추정되면 인공지능 시스템은 확인을 위해 관련 데이터를 사람에게 전송한다. 기발하게도 에피데믹 IQ의 인공지능 시스템이 데이터를 전송하는 대상 중에는 페이스북의 인기 소셜게임 팜빌FarmVille을 즐기는 온라인 게이머들도 포함되어 있다.(소셜 미디어상에 올라온 어떤 내용이 실제로 질병 발생과 관련이 있는 것인지 정확하게 찾아내는 사람에게는 가상 콘텐츠가 제공된다)

사실로 확인된 데이터는 다수의 주제 전문가에게 전달되고, 주제 전문가는 검증된 전염병 모형을 활용해 데이터를 분석한다. 인공 지능 소프트웨어와 전문적인 훈련을 받지 않은 개인, 발달된 기술을 갖고 있는 전문가가 협력을 통해 방대한 디지털 모래밭에서 디지털 바늘을 찾기 위해 힘을 모으는 또 다른 종류의 애드호크라시라고 볼 수 있다.

이 방법은 효과가 있다. 최근 우간다에서 에볼라가 발생했을 때 에피데믹 IQ는 질병관리센터보다 5일, 세계보건기구보다 8일 먼저 감염 환자를 추적했다.[8] 하지만 이런 시스템이 궁극적으로 약속하는 것은 실제로 전염병이 발생하기 전에 패턴이 어디로 갈지 알려주는 데 있는지도 모른다. 인간과 동물의 이동, 교통 시스템, 무역망, 그 외 셀 수 없이 많은 기타 변수를 상호 참조하면 많은 사람들을 공황 상태에 빠뜨리지 않고도 다양한 글로벌 시스템을 구성하는 일부분을 선별적으로 고립시키고 비동기화시켜 향후에 빠른 속도로 확산될 전염병을 예방할 수도 있다. 이와 유사한 방식으로 금융계를 감시하는 시스템이 존재하면 앤드루 홀데인과 같은 조정관들이 다음 경제 위기에 대처하는 데 얼마나 도움이 될지 상상해보자.

유엔, 세계은행 등 세계적인 조직들이 세계 각지에서 진행 중인 개발 프로그램에 관한 데이터를 공개하는 것도 이런 가능성 때문이다. 다양한 조직이 데이터를 공개하면 데이터를 연계해 새로운 통찰력을 얻을 수 있다. 가령 유엔이 식량 문제 해결 활동을 통해 얻은 결과와 세계은행이 지원하는 개발 프로그램 및 워터 포 피플을 통해서 확보한 물 접근 지점의 상태 등을 연계할 수 있게 되는 것이다. 나이키, GE, IBM 등 세계적인 기업들이 자사의 운영과 관련된 수많은 측면을 둘러싼 개방 데이터 계획을 진행하는 것도 같은 이유 때문이다. 세계적인 기업들은 자사의 운영 활동과 세계적으로 중요한 추세 간의 관계를 이해했을 때 얻을 수 있는 가치가 투명성을 강화한 탓에 발생하는 비용을 훨씬 능가한다고 믿고 있다.

이런 접근방법은 정부와 비공식적 커뮤니티 네트워크를 한데 묶어 회복력 강화에 기여할 것을 약속한다. 예를 들어, 오픈 311 프로젝트는 뉴욕을 비롯한 미국의 수많은 도시에서 사용되는 공공 정보 서비스 이용 번호 311에 표준화된 인터페이스를 제공하는 곳을 목표로 한다. 표준화된 인터페이스가 만들어지면 주민들이 도로에서 움푹 팬 곳을 발견했을 때 자동으로 신고하고, 구멍이 메워졌을 때 문자로 관련 정보를 전달받고, 가능한 움푹 팬 곳이 없는[9] 경로로 연결된 출근 지도를 만들 수 있게 된다. 이런 게이트웨이는 문제가 발생했을 때 단순히 문제를 보고받는 것 이상의 역할을 할 수 있다. 거주하는 동네의 안전성과 생활환경에 대한 주민들의 느낌, 공터 활용 방안에 대한 주민들의 생각, 위기가 발생했을 때 가장 도움을 절실하게 필요로 하는 곳에서 자원봉사가 이뤄질 수 있도록 돕는 방법 등 주관적인 데이터도 수집 가능하다. 이런 노력은 회복력 강화에 도움이 된다. 도시 주민들 사이에서 협력과 협동이 이뤄지고 상상력이 생겨나고 반응성이 강화될 가능성이 높아지기 때문이다. 또한 이런 식의 노력이 이뤄지면 공식적인 정부가 할 수 있는 일의 범위를 훨씬 넘어설 정도로 비공식적인 관리방식이 다양해진다.(다시 한 번 말하지만 애드호크라시를 포용하는 것이 중요하다) 유형을 막론한 모든 조직이 기억해둬야 할 중요한 교훈은, 정보의 수집, 분석, 제공, 공유를 우선시하는 조직만이 회복력이 주는 이익을 누릴 수 있다는 것이다.

물론 그렇다고 해서 개방형 데이터 혁신에 위험이나 단점이 전혀 없다는 뜻은 아니다. 문제를 감지하고 문제에 대응하기 위해 상관관계를 만들수 있듯 악의를 갖고 있는 세력 역시 상관관계를 활용해 문제를 일으킬수 있다. 몇몇 정부(비단 전제군주나 독재자뿐 아니라)는 이미 개방형 데이터가 시민들의 삶을 추적하기 위한 매력적인 도구라는 사실을 깨닫고 있다. 물론 그 과정에서 헌법이 보장하는 시민들의 자유가 침해당할 수 있다는 사실도 알고 있다. 비단 정부뿐 아니라 범죄자와 테러리스트들도 이런 사실을 깨닫고 있다. 멕시코의 마약 범죄 조직은 전통 미디어가 마약 거래에 관한 소식을 보도하지 못하도록 조직범죄 실태를 보도한 기자들을 잇달아 살해했다. 최근에는 블로거와 소셜 미디어 사용자들을 역추적해 토막 낸 시체를 다리에 걸어놓고 '인터넷에 이상한 이야기를 올리면 이런 꼴을 당한다. 주의하도록!'[10]이라는 내용의 메모를 함께 걸어뒀다.

이와 유사한 사례로는 2장에서 충격적인 일화로 언급한 뭄바이 호텔 테러 공격 사건을 들 수 있다. 당시 현장에서 테러 활동을 하던 테러리스트들은 멀리서 상황을 조정하는 책임자와 위성전화를 통해 지속적으로 연락했다. 원격으로 상황을 조정하던 책임자는 인터넷을 뒤져 인질의 정체를 알아냈다. 검색을 통해 인질이 미국인이나 유대인이라는 사실을 찾아내면 현장에서 활동하는 동료들에게 인질을 사살하라고[11] 지시했다. 책임자는 미션 4636을 진행하는 데 도움이 되었던 원리를 잘못된 방식으로 활용했다. 두려움에 사로잡힌 사람들이 트위터에 올리는 글을 읽은 후, 현장에서 활동하는 테러리스트들이 이 상황을 좀 더 정확하게 파악하게끔 도움을 주었으며 그 결과 피해자의 숫자가 늘어났다. 시민들이 제공하는 개방형 데이터는 테러리스트들에게 커다란 도움이 되었다. 뭄바이 정부가 시민들에게 테러 공격과 관련된 정보를 더 이상 실시간으로 올리지 말 것을 부탁했을 정도였다.[12]

단순한 해답은 없다. 위기 지도 제작자들과 인도주의적 커뮤니티에서 활동하는 사람들은 안전성을 강화하고 피해를 최소화하는 행동수칙 및 공동원칙을 시행할 방법을 찾기 시작했다. 하지만 이런 노력은 개방형 데이터 공유 플랫폼이 가능한 높은 수준의 접근성과 참여도를 확보할 수 있도록 보장해달라는 요구와 언제나 팽팽하게 맞설 것이다. 결국, 우리가 살고 있는 현대 정보사회를 둘러싼 다양한 측면이 그렇듯 모든 것은 가치 판단의 문제이다. 다시 말해서, 잠재적으로 악용될 위험이 실제로 존재하긴 하지만 대체로 위험보다는 효용이 훨씬 크다.

미래 예행연습

아무리 탄탄한 데이터를 갖고 있다 하더라도, 건강한 지역사회에 혼란이 일어날 때 발생할 가능성이 있는 놀랍고 비선형적인 모든 방식을 전문가보다 정확하게 예측하기는 힘들다. 따라서 지역사회는 개연성이 있고 발생 가능하며 보다 바람직한 미래 및 이런 미래가 갖는 의미에 대해 좀 더 포괄적으로 사고해야 한다. 다시 한 번 강조하지만, 새로운 도구와 기술은 지역사회와 조직이 중요한 한계점을 지도로 표시하고, 실제로 혼란이 발생하기 전에 혼란의 결과를 미리 예행연습하고, 좀 더 나은 선택을 할 수 있도록 도와준다.

한 가지 선구적인 사례로 자연자본 프로젝트Natural Capital Project[13]라는 컨소시엄이 개발한 시나리오 계획 플랫폼 마린 인베스트Marine InVEST를 들 수 있다. 마린 인베스트 소프트웨어는 구글 지도와 시뮬레이션 게임 심시티에서 생태학적인 내용만 골라서 모아놓은 듯한 형태를 띤다. 해안가에 위치한 지역사회들은 마린 인베스트 소프트웨어를 활용해 특정 지역 내에서 발생하는 육지와 해양의 상호작용에 대해 한층 발달된 관점을 얻을 수 있다. 생태학자들은 해안의 모습을 보여주는 공간 지도와 아쿠아스케이프(물속 환경을 그림으로 표현한 것—옮긴이)에서 출발해 종 분포 현황, 생태계 서비스, 어업, 산업 활동, 해상 활동, 여가 활동, 관광 등의 요소까지 추가하고 있다. 그 결과로 탄생한 지도는 바다가 현재 우리에게 주는 편익에 실제로 내재된 금전적 가치를 보여주고 다양한 활동들이 서로 어떤 영향을 미치고 서로에게 어떤 제약을 가하는지 명확하게 드러내준다. 또한 마린 인베스트가 만들어낸 지도는 시스템 내의 가치 액면가를 변환해 달러, 어류 자원, 생물의 다양성, 방문 관광객, 보호 중인 해안의 길이 등 다양한 요소의 교환 가치를 알려준다.

이런 시스템 사이에 존재하는 연결 관계 중 상당수는 다차원적이다. 예를 들어, 시스템에 양식장을 추가하면 현지 기업의 매출이 증가할 수도 있다. 하지만 양식장 밖에서 서식하는 야생 어류 역시 양식장의 영향을 받게 될 수 있다. 양식장은 양식장 안에서 서식하는 종과 야생 환경에서 서식하는 종 모두에게 영향을 미치는 기생충이 서식하기에 완벽한 환경을 제공하기 때문이다. 그뿐만 아니라 양식장이 늘어나면 양식장에서 배출되는 오수의 양 역시 증가한다. 또한 오수의 양이 증가하면 해안 시스템 중 여가에 활용할 수 있는 부분이 줄어든다.

마린 인베스트는 이런 관계를 명확하게 명시해 해안에 위치한 지역사회들이 현실 세계에서 등장하는 질문에 그럴듯한 답을 내놓을 수 있도록 도와준다. 가령 다음과 같은 질문에 답을 하는 데 도움이 된다. 상업적 어업이 특정한 수준으로 증가하면 조업 대상이 아닌 어종에 어떤 영향이 있을까? 해양 에너지 시스템을 도입하면 해양 여가 활동 및 관광에 어떤 영향이 있을까? 일정한 부분의 해안선을 보호하면 금전적 측면 및 생물의 다양성 측면에서 미래에 얼마만큼의 비용이 발생하고, 얼마만큼의 효용을 얻을 수 있을까? 중요한 변수가 중대한 한계점에 가까워지기 전까지 어느 정도의 추가 활동이 가능할까?

이런 질문에 대한 답을 찾으면 지역사회가 바람직하지 않은 방향으로 시스템을 이끌고 갈 수도 있는 위험한 한계선을 피하게 되고, 전체론적인 관점을 토대로 서로 대립 관계에 놓여 있는 경제적 이익, 생태학적 이익, 사회적 이익 사이에서 적절한 균형점을 찾을 수 있다. 생태계 기반 수산 자원 관리와 같은 방식이다.

특정한 접근방법을 취하는 것은 전혀 비열한 행동이 아니다. 실제 사회에서는 일부 이해관계자들이 어느 정도 부당한 대우를 받을 수밖에 없기 때문이다. 가령, 실제로 어획 가능한 양보다 적은 양의 물고기만 잡게 된다거나 실제로 수용 가능한 관광객보다 적은 수의 관광객만 수용하게 된다거나 하는 문제가 발생할 수 있는 것이다. 타협의 여지가 전혀 없는 계획은 없다. 사람들이 최대치보다 약간 낮은 수준의 효율성을 받아들이도록 만드는 것은 소프트웨어 문제가 아니라 정치적인 문제이다.

마린 인베스트 팀은 이런 문제를 해결할 목적으로 특정 시나리오의 목표, 단점과 장점, 비용 등에 대한 합의를 이끌어내기 위해 지역사회와 긴밀하게 협력한다. 마린 인베스트 프로젝트에 참여 중인 과학자 앤 게리의 이야기를 들어보자. "이와 같은 방식의 참여가 이뤄지지 않으면 연구를 통해 결과를 얻는다 한들 아무런 의미가 없습니다. 반면 지역사회 구성원들이 시나리오에 적극 참여하면 대화의 본질이 달라집니다. 이해관계자들이 특정한 방향으로 상황을 이끌어나가고, 특정한 시나리오에 내재된 위험과 보상을 이해하고, 그 시나리오가 어떤 식으로 위험한 영역으로 흘러 들어가고 종래에는 실패하게 될 수 있을지 가늠할 수 있기 때문입니다. 하지만 이런 과정으로 인해 실생활에 문제가 생기지는 않습니다."

레드팀 대학을 연상케 하는 방식으로 시나리오를 활용하는 이 기법은, 지역사회 구성원들이 일련의 선택에 내재되어 있는 복잡하고 다소 불명확한 이차, 삼차적 의미를 고민하는 데 도움이 된다. 또한 이 과정을 통해 시나리오 자체의 의미뿐 아니라 이해관계자 간의 관계에 내재된 본질이 드러나는 경우가 많다. 게리의 이야기를 들어보자. "여러모로 봤을 때 이처럼 재개된 관계 및 참여 과정은 마린 인베스트 소프트웨어가 만들어낸 결과라고 볼 수 있습니다." 게리는 팔라우의 노아 이데옹과 같은 의견을 피력했다. "우리가 비과학자들과 협력하는 횟수가 많아질수록 모형이 점차 개선됩니다. 지역사회 구성원들 간의 관계 역시 마찬가지입니다."

제아무리 마린 인베스트처럼 발달된 도구라 하더라도 혼란을 초래하는 모든 원인, 혹은 혼란이 초래할 모든 결과를 정확하게 파악할 수는 없다. 항상 예기치 못한 요소가 모습을 드러내게 마련이며 그 어떤 것도 '올바른' 결정을 내리도록 강요할 수는 없다. 하지만 여러 지역사회가 다 함께 이런 시나리오에 내재된 의미를 숙고하도록 유도하면 회복력을 구축하는 데 도움이 되는 것만은 틀림없다. 발생 가능한 혼란한 상황에 대처하는 시나리오에 대해 논의하는 법을 익힌 지역사회는 어떤 혼란이 발생하건 앞으로는 좀 더 수월하게 대처할 수 있다.

회복력을 가진 곳이 주는 교훈

회복력을 얻는다는 것이 곧, 혼란을 야기하는 모든 요인을 제거한다는 뜻은 아니라는 사실을 다시 한 번 짚고 넘어갈 필요가 있겠다. 앞서 살펴봤듯이 인위적으로 연장된 안정성은 그 자체로서 취약성의 징후일 수 있다. 다시 말해서 억지로 연장된 안정성은 곧 해당 시스템 내에 너무 많은 자원이 포함되어 있을 수도 있다는 신호나 다름없다. 대형 산불을 방지하기 위해 미리 인위적으로 불을 질러 지표면의 연소 물질을 미리 태우는 사전 입화 작업을 해야 할 시점이 한참이나 지나버린 숲과 마찬가지이다. 시스템의 학습에 도움이 되는 가장 중요한 방법 중 하나가 이따금 발생하는 혼란을 직접 헤쳐나가는 것이다. 직접 문제를 이겨나가는 과정에서 시스템 전체를 한층 악화된 상태로 완전히 밀어넣지 않고도 극심한 문제를 초래할 가능성이 있는 심각한 취약성에 관심을 집중시킬 수 있기 때문이다. 정치 시스템, 지역사회, 생태계, 인프라, 경제 등에서 새로운 방식이 등장할 수 있도록 길을 내는 파괴적 혁신(슘페터의 표현을 빌리자면)의 메커니즘 역할도 한다. 규칙적이며 그다지 심각하지 않은 혼란은 시스템의 내적 다양성 역시 증대시킨다. 시스템을 구성하는 일부분이 지속적으로 씨앗을 뿌리고, 자라고, 성장하고, 생명이 사라진 후에는 시스템 전반을 위한 거름의 역할을 하도록 도와주는 것이다.

시간이 흐르면 이처럼 복잡한 주기가 회복력을 갖고 있는 장소 및 지역사회의 문화, 그 속에서 살아가는 사람들의 신념과 가치관에 영향을 미친다. 멕시코 만 연안 지역, 시카고 남부 디트로이트 등 심각한 도전을 겪은 지역에서 종종 사회적 회복력이 관찰되는 이유 중 하나가 바로 이 때문이다. 아예 일상이 되어버릴 정도로 지역 주민들의 삶을 깊숙이 파고드는 고통스러운 혼란의 경험은 회복력에 대한 심층적인 문화적 기억을 만들어낸다.

이것이 바로 우리가 들려드릴 마지막 이야기가 주는 교훈이다. 자, 지금부터 허리케인 카트리나에 훌륭하게 대처한 핸콕 뱅크Hancock Bank의 이야기를 시작해보자.

미시시피 주 걸프포트에 위치해 있으며 112년의 역사를 갖고 있는 핸콕 뱅크는 오랜 기간 동안 재난 계획 문화를 발전시켜왔다. 이런 문화 덕에 핸콕 뱅크는 카트리나가 휘황찬란한 17층 높이의 본사 건물[14]을 덮친 지 딱 사흘 만에 컴퓨터에 저장된 중요한 자료를 모두 복원하고 업무를 재개할 수 있었다.

하지만 카트리나가 덮친 현장에서는 이 같은 사실조차 별다른 도움이 되지 않는 것처럼 보였다. 핸콕 뱅크의 103개 지점 중 90개가 사라지거나 심각한 피해를 입었고, 카트리나가 휩쓸고 지나간 전 지역에서 전기 공급이 차단되었으며, 경찰과 소방관들은 재난 복구에 전념하느라 은행 부문 보호에 힘을 쏟을 여력이 없었으며, 상당수의 고객들은 신분증과 수표장[15]을 비롯해 모든 것을 잃어버렸다. 혼란이 한창인 가운데 핸콕 직원들은 고객이 얼마의 돈을 예금해두었는지는 고사하고 자사의 고객이 누구인지조차 파악할 수 없었다. 신용카드 시스템이 작동을 하지 않았기 때문에 시민들은 그 어느 때보다 절실하게 현금을 필요로 했다. 하지만 핸콕을 비롯한 현지의 모든 은행 역시 파괴된 터라 현금을 구할 길이 없었다.

이런 상황에서 어떻게 대처할 수 있었을까?

재난의 한가운데서 핸콕 뱅크 경영진은 만들어진 지 한 세기도 넘은 핸콕 뱅크 설립 헌장을 다시 한 번 보았다. 설립 헌장을 읽어 내려가던 경영진은, 그 안에 오직 사람들에게 봉사하고 지역사회를 돌봐야 한다는 내용이 있을 뿐이라는 사실을 알게 됐다.

'이윤'이라는 단어는 아예 등장하지도 않았다.

이 같은 사실을 깨달은 핸콕 뱅크 경영진은 놀라운 일을 해냈다. 부족의 범위를 넓혔던 것이다. 바람이 완전히 잦아들지 않고 주위를 맴돌고 있는 가운데 핸콕 직원들은 40개 지점 앞에 컴퓨터도 없이 늘어섰다. 카드 게임용 탁자를 비치해둔 경우도 있었고, 방수포를 쳐놓고 그 아래에서 일을 하는 경우도 있었고, 이동 주택을 이용하는 경우도 있었다. 핸콕 직원들은 종이에 성명과 주소, 사회보장번호를 기록하는 모든 사람에게 2백 달러의 현금을 나눠줬다. 꼭 핸콕 고객이 아니더라도 누구에게나 현금을 나눠줬다. 신분증이 없어도 전혀 문제 삼지 않았다. 핸콕이 시민들에게 나눠준 돈 중 상당 부분은 무너져 내린 카지노 잔해 아래에서 찾아낸 것이었다. 핸콕 직원들은 말 그대로 카지노 잔해 밑에서 찾아낸 돈을 세척하고 다림질해 사람들에게 나눠줬다.

카트리나가 모두 물러갈 때까지 핸콕은 무려 4천 2백만 달러가 넘는 돈을 현지 주민들에게 나눠줬다. 핸콕은 그저 포스트잇에 기록한 차용증을 받아두었을 뿐이다. 이 같은 핸콕의 활약은 몇 달 동안 마비에 가까운 상태에 빠질 뻔한 지역 경제를 살리는 데 도움이 되었다.

핸콕이 보여준 믿기 힘들 정도의 신뢰는 이후 엄청난 이익이 되어 핸콕에게 되돌아왔다. 이후 몇 달 동안 1만 3천 개에 달하는 신규 계좌가 핸콕에서 개설되었으며 예금 규모도 무려 15억 달러나 증가했다. 또한 맨 처음 일인당 2백 달러씩 대출해줬던 돈 중 거의 20만 달러에 달하는 돈이 3년 만에 회수되었다.[16] 이 금액은 초기에 나눠준 대출 금액의 99.5%에 달하는 액수였다.

은행은 일차적으로 장기적인 사회적 기관이며 단기적인 이윤 창출은 은행의 이차적인 기능이라는 명확하고 공통된 비전이 이처럼 놀라운 이야기의 중심에 자리 잡고 있다. 핸콕은 물론 재난이 발생할 경우에 미리 대비를 해왔었다. 하지만 그 누구도 한 번에 2백 달러씩 총 수천만 달러를 빌려주는 방법을 미리 생각해둔 적은 없었다. 핸콕이 그처럼 놀라운 방식으로 재난에 대처할 수 있었던 것은 발생 가능한 혼란에 대비하기 위한 예행연습, 강력하고 공통적인 사회적 가치, 지역사회에 대한 신뢰가 있었기 때문이다. 또한 직원 및 이해관계자들로 구성되어 있으며 자율적인 권한을 갖고 있는 애드호크라시가 있었기에 핸콕은 제비활치와 WIR처럼 재빠르게 완전히 새로운 행동 양식을 받아들여 평상시에 적용되던 운영 규칙의 효력을 잠정적으로 중단시키고 자사와 지역사회의 회복에 박차를 가할 수 있었다.

그 어떤 규제기관도 핸콕에게 행동 방안을 알려줄 필요가 없었다.

우리는 지금까지 수많은 회복력 사례를 들여다보면서 적절한 시스템과 구조, 적절한 기술 및 정보, 지역사회에 자율권을 부여하기 위한 적절한 방식, 적절한 가치관 및 마음의 습관 등 다양한 요소들이 잘 어우러지는 모습을 관찰했다.

이런 요소들이 결합되면 규모와 상황이 어떻건 여러 번에 걸쳐 승리를 거둘 수 있다. 예를 들어, 이웃들이 힘을 모아 공터에 도시 농장을 조성하면 도시의 황폐화를 막고 식량 안전성, 영양 등을 개선하는 데 도움이 된다. 약간이나마 돈을 절약할 수 있고 운동도 되고 공기 중의 이산화탄소 농도도 낮출 수 있다. 도시 농장을 가꾸는 동안 주민들의 자립 의식과 적응력이 강화될 수도 있다. 또한 차후에 위기가 닥쳤을 때 지역사회가 회복력을 발휘하는 데 도움이 되는 관계를 만들 수도 있다.

심지어 인간의 생각은 비단 자신의 회복력뿐 아니라 다른 사람의 회복력에 중요한 영향을 미친다. 리처드 데이비슨, 엘리사 에펠, 클리포드 새런, 아미시 자를 비롯한 전문가들이 공개한 연구 자료는 명상, 삶에 내재되어 있는 좀 더 커다란 의미를 찾기 위한 노력 등을 통해 회복력을 강화하는 법을 알려준다. 게리 슬럿킨은 좋든 나쁘든 이와 같은 마음의 습관에 얼마나 강력한 전염성이 숨어 있는지 알려준다. 이런 요소들을 하나로 묶으면 자신이 갖고 있는 한 개인으로서의 회복력을 자신이 속한 사교계, 지역사회, 자신이 일하고 생활하는 곳, 그리고 전 세계의 회복력과 이어주는 사슬의 첫 번째 고리를 확보할 수 있다. 자신이 믿기로 택한 것, 스스로 택한 정신적인 수양방법, 혼란에 대처하는 자신만의 방법이 모든 것에 영향을 미친다. 결국 회복력은 내면에서 밖으로 뿜어져 나오는 것이다.

회복력을 찾아가는 여정은 곧 이 시대의 위대한 도덕적 탐험이다. 우리는 회복력이라는 렌즈를 통해 우리가 다른 사람, 우리가 속한 지역사회와 기관, 우리가 살고 있는 지구와의 관계를 조정해나가야 한다. 그와 동시에 회복력을 얻기 위한 노력에는 결승선도 없고 묘책도 없다는 사실을 기억해야 한다. 어쩌면 답답한 말로 들리겠지만, 회복력은 고정적이지 않고 일회적인 특성이 있고 전체론적인 관점을 요구한다. 또한 장기적인 사고, 최대치의 효율성보다 낮은 수준의 효율성이 강조되는 것은 결국 실제의 정치가 얼마나 중요한지 반증하는 것이다. 시스템에 새로운 변화의 힘이 가해지면 회복력을 얻고자 했던 수많은 노력이 실패로 돌아갈 테고, 회복력 강화에 매우 큰 기여를 한 노력마저 서서히 빛을 잃을 것이다. 회복력은 끊임없이 재생되어야 하며 회복력을 얻기 위한 노력도 지속되어야 한다. 회복력을 얻기 위한 모든 노력은 우리에게 확실성이 아니라 또 다른 날, 또 다른 기회를 선사한다.

모든 날이 바로 그 첫날이다.

회복하는 힘이 차이를 만든다

알카에다는 테러조직 박멸을 외치는 서방의 노력을 비웃기라도 하듯 서방의 맹공격을 잘 견뎌내고 있을 뿐 아니라 고작 4,200달러를 투자해 서방의 폭탄 감지 능력이 어느 정도인지 파악하고 서방 경제에 엄청난 타격을 입히는 것을 목적으로 하는 '출혈작전'을 성공적으로 감행했다. 결핵 박테리아는 오랜 잠복기 동안 사람의 체내에서 활동을 줄인 채 숨죽이고 있다가 인간 숙주의 면역 체계가 망가지면 온 몸에서 활발하게 활동을 시작한다. 스위스에서는 일종의 상호신용 시스템 역할을 하는 대안화폐 WIR가 호황기에는 두각을 나타내지 않다가 불황이 시작되면 서서히 모습을 드러내 공식화폐를 대체한다. 제비활치는 평소에는 무척추동물을 먹지만 초가 조류로 뒤덮여 생태계가 파괴될 지경이 되면 홀연히 나타나 조류를 먹어치운다.

이 사례들에는 어떤 공통점이 있을까? 아마도 선뜻 답이 떠오르지 않을 것이다. 공통분모가 전혀 없는 개별적인 사례들을 나열한 것에 불과하다 며 아예 답을 찾으려고 시도조차 하지 않는 사람들도 있을지 모른다. 네

개의 사례에 등장하는 주인공들은 모두 평소에는 자신의 존재를 적극적으로 드러내지 않지만 특정한 조건이 충족되면 두각을 나타내고 맹위를 떨친다. 이들의 공통점은 다름 아닌 '회복하는 힘'이다.

똑같이 홀로코스트에서 살아남았음에도 입양 가정에 적응하는 데 어려움을 느끼고 성인이 돼서도 제 몫을 하는 데 어려움을 겪는 사람이 있는 반면 고아원에서부터 마치 탐험을 하듯 즐겁게 생활하고 자신이 원하는 양부모를 직접 고르려 드는 사람도 있다. 배우자를 잃은 후에 오랜 세월 동안 하염없이 괴로운 감정에 매몰돼 살아가는 사람이 있는 반면 짧은 기간 동안 슬픔을 느끼고 애도의 시간을 보낸 후 즐거운 일상을 되찾고 활기차게 살아가는 사람도 있다. 같은 상황을 겪은 사람들이 이처럼 각기 다른 반응을 보이는 것은 무엇 때문일까? 이번에도 답은 '회복하는 힘'이다.

회복하는 힘, 즉 회복력이란 무엇일까? 사실 회복력은 정의하기 쉬운 단어가 아니다. 회복력이라는 단어가 사용되는 분야가 매우 다양한 데다 어떤 분야에서 사용되느냐에 따라 회복력의 의미가 달라지기 때문이다. 엔지니어링 분야에서는 구조물이 충격을 받은 뒤 원래 상태로 되돌아오는 정도를 회복력이라 부르고, 심리학에서는 트라우마에 효과적으로 대처하는 개개인의 능력을 회복력이라 칭하며, 생태학에서는 돌이킬 수 없을 정도로 망가지지 않도록 스스로를 보호하는 생태계의 능력을 회복력이라 일컫는다.

저자들은 회복력을 '급격한 환경 변화에 직면했을 때 핵심적인 목적과 완전성을 유지하는 시스템, 기업, 인간의 능력'이라고 정의하며, 회복력의 근원을 파헤치기 위해서 이 책을 집필했다고 설명한다. 이와 같은 설명에 걸맞게 시스템 측면에서의 회복력과 인간이 갖고 있는 회복력에 대한 내용이 이 책의 전반에 묘사돼 있다.

저자들은 회복하는 힘이 갖고 있는 엄청난 영향력과 위력을 설명하기 위해 팔라우의 산호초, 아이티 지진, BP 원유 유출 사건, 금융위기, 방글라데시의 우물 오염 사태, 중동 분쟁, 시카고의 폭력 예방 프로그램 등 수많은 사례를 파헤쳤다. 그뿐만 아니라 회복력을 몸소 체험하기 위해 등산화를 신고 아브라함이 이동한 경로를 따라 걷는 등 세계 각지를 돌아다니며 많은 사람들을 만났다. 이 같은 노력의 결실이 바로 여러분의 손에 들려 있는 바로 이 책이다.

저자들이 자칫 산만해 보일 수 있을 정도로 많은 분야를 언급하고 다양한 사례를 소개하는 것은 그동안 이 책을 쓰기 위해 얼마나 많은 노력을 기울였는지 여실히 보여주기 위해서가 아니라 얼마나 많은 분야에서 회복하는 힘이 관찰되고 있으며 얼마나 많은 곳에서 회복력을 필요로 하는지 정확하게 알리기 위해서이다. 지금 우리에게 필요한 것이 바로 회복력이기 때문이다. 우리가 살고 있는 이 세계가 나날이 복잡해지는 데다 변화 속도 또한 날이 갈수록 빨라지고 있다. 게다가 충격과 혼란을 피하기는 더욱 어려워졌다. 사실 사람, 지역사회, 기업, 기관, 경제, 생태계 등 모든 존재는 혼란을 겪게 될 가능성이 있고, 그렇기 때문에 예상하지 못한 상황에 놓였을 때 좀 더 잘 대처할 방법을 찾을 필요가 있다.

이 책은 나날이 복잡해지는 세상에서 살아남는 방법을 가르쳐주는 생존 지침서와도 같다. 충격이 가해지거나 혼란이 발생했을 때 망가지지 않고 어려움을 극복하고 앞으로 나아가려면 회복하는 힘이 그 능력을 발휘해야 한다. 회복하는 힘의 역학과 패턴을 제대로 이해하고 받아들이면 우리는 이 세상을 좀 더 유연하고 다양하며 회복력이 있는 곳으로 발전시킬 수 있을 뿐 아니라 우리 스스로도 좀 더 강인한 존재로 거듭날 수 있다.

물론 조직이나 시스템의 회복력을 강화하려면 회복력을 장려하는 문화와 구조가 필요한 만큼 회복력이 개개인의 노력과는 거리가 먼 거대한 힘처럼 느껴질 수도 있다. 하지만 저자들은 사회적 회복력을 강화하기 위해서는 무엇보다 신뢰와 협력이 중요하다고 강조한다. 신뢰와 협력이 뒷받침됐더라면 세계적인 금융위기를 촉발한 리먼 브라더스가 파산하는 사태가 벌어지지 않았을지도 모른다. 이와 반대로 노아 이데옹은 신뢰와 협력을 발판삼아 중개형 리더의 역할을 멋지게 해내며 팔라우의 해양 생태계를 성공적으로 지켜냈다.

　인간의 생각은 자신의 회복력뿐 아니라 타인의 회복력, 사회의 회복력에도 지대한 영향을 미친다. 사람의 생각에는 전염성이 있기 때문이다. 개개인이 명상과 성찰을 통해 좀 더 회복력을 갖춘 존재로 거듭나면 자신이 속한 조직, 지역사회뿐 아니라 이 세상의 회복력을 강화하는 데에도 조금이나마 기여할 수 있을 것이다. 인생을 살아가다가 어려움이 찾아오더라도 오뚝이처럼 다시 일어서고 싶다면, 혼란과 불확실성의 시대를 맞이해 무사히 살아남고 번성하고 싶다면, 건강하고 유연하며 강인하고 회복력이 있는 시스템의 일원이 되고 싶다면, 우리가 살고 있는 이 세상이 돌이킬 수 없는 한계선을 넘어 파멸을 향해 치닫기 전 건강한 모습을 되찾을 수 있도록 일조하고 싶다면 망설이지 말고 이 책에 숨겨져 있는 회복력의 비밀을 파헤쳐보기 바란다.

회복력을 위해 노력하는 기구들

전 세계는 지금도 회복력이 무엇인지 제대로 이해하기 위해 노력 중이다. 또한 매일같이 중대한 발전이 이뤄지고 있다. 회복력의 본질을 제대로 이해하기 위해 앞장서고 있는 조직을 일부 여기에 소개한다.

회복력 연합The Resilience Alliance
www.resalliance.org

스톡홀름 회복력 센터Stockholm Resilience Centre
www.stockholmresilience.org

지역사회 지방 회복력 재단The Community and Regional Resilience Institute, CARRI
www.resilientus.org

과도기 네트워크Transition Network
www.transitionnetwork.org

인식의 문Doors of Perception
www.doorsofperception.com

에코트러스트Ecotrust
www.ecotrust.org

아브라함의 길Abraham Path
www.abrahampath.org

우샤히디Ushahidi
http://ushahidi.org

팝테크PopTech
http://poptech.org

미주

들어가는 글

1 James McKinley Jr., "Cost of Corn Soars, Forcing Mexico to Set Price Limits," *New York Times*, January 19, 2007. www.nytimes.com/2007/01/19/world/americas/19tortillas.html [accessed July 23, 2009].

2 "Mexicans stage tortilla protest," BBC News, February 1, 2007. http://news.bbc.co.uk/2/hi/6319093.stm [accessed July 23, 2009].

3 Ioan Grillo, "75,000 Protest Tortilla Prices in Mexico," *Washington Post*, February 1, 2007. www.washingtonpost.com/wp-dyn/content/article/2007/02/01/AR2007020100210_pf.html [accessed July 23, 2009].

4 Robert L. Bamberger and Lawrence Kumins, *Oil and Gas: Supply Issues After Katrina and Rita*, Congressional Research Service, October 3, 2005. http://assets.opencrs.com/rpts/RS22233_20051003.pdf[accessed November 25, 2011].

5 Elliot Blair Smith, "Katrina cripples 95% of gulf's oil production," *USA Today*, August 30, 2005. www.usatoday.com/money/industries/energy/2005-08-30-katrina2-refinery-usat_x.htm [accessed November 25, 2011].

6 Kent Bernhard Jr., "Pump prices jump across U.S. after Katrina," MSNBC.com, September 1, 2005. www.msnbc.msn.com/id/9146363/ns/business-local_business/t/pump-prices-jump-across-us-after-katrina/#.TtCVsqNWqUc [accessed November 25, 2011].

7 Timothy A. Wise, *Agricultural Dumping Under NAFTA: Estimating the Costs of U.S. Agricultural Policies to Mexican Producers*(Washington, DC. Woodrow Wilson International Center for Scholars, December 2009), 4.

8 Ana de Ita, "Fourteen years of NAFTA and the tortilla crisis," bilaterals.org, www.bilaterals.org/IMG/pdf/fightingFTA-en-Hi-2-h-fourteen-years-nafta-tortilla-crisis.pdf [accessed November 15, 2011].

9 Laura Carlsen, "Behind Latin America's Food Crisis," WorldPress.org, May 20, 2008. www.worldpress.org/Americas/3152.cfm [accessed December 1, 2009].

10 Walden Bello, "Manufacturing a Food Crisis," *The Nation*, June 8, 2008. www.thenation.com/article/manufacturing-food-crisis [accessed January 15, 2011].

11 "China Emerges as the Second Largest U. S. Agricultural Export Market," USDA Foreign Agriculture Service, December 20, 2010. www.fas.usda.gov/China%20Import122010.pdf [accessed January 15, 2011].

12 Miguel Llanos, "2011 already costliest year for natural disasters," MSNBC.com, July 12, 2011. http://today.msnbc.msn.com/id/43727793/ns/world_news-world_environment#.TtxX5eNWqUc [accessed December 1, 2011].

13 www.youtube.com/watch?v=tXLMeL5nVQk [accessed January 15, 2010].

14 C. S. Holling, "Resilience and stability of ecological systems," *Annual Review of Ecological Systems* 4 (1973): 1-24. See also B. Beisner, D. Haydon, and K. Cuddington, "Alternative stable states in ecology," *Frontiers in Ecology and the Environment* 1, no. 7 (2003): 376-382.

15 Marten Scheffer et al., "Catastrophic shifts in ecosystems," *Nature* 413 (2001): 591-596.

doi:10.1038/35098000.

16 Johan Rockstrom et al., "A safe operating space for humanity," *Nature* 461 (2009): 472-475. doi:10.1038/461472a.

17 U. S. Geological Survey, Twitter Earthquake Detector (TED). http://recovery.doi.gov/press/us-geological-survey-twitter-earthquake-detector-ted [accessed December 15, 2009].

18 Nathan Eagle, "Engineering a Common Good: Fair Use of Aggregated, Anonymized Behavioral Data."

19 Nathan Eagle et al., "Community Computing: Comparisons between Rural and Urban Societies using Mobile Phone Data," *IEEE Social Computing* (2009): 144-150, and personal correspondence with Nathan Eagle.

20 Alexandra Alter, "Yet Another 'Footprint' to Worry About: Water," *Wall Street Journal*, February 17, 2009. See also Lorrie Vogel, speech at the 2009 PopTech conference. http://poptech.org/popcasts/lorrie_vogel_pioneering_designs [accessed January 1, 2010].

21 Simon, "The architecture of complexity," *Proceedings of the American Philosophical Society* 106 (1962): 467-482. Haldane's "Rethinking the Financial Network" speech delivered at the Financial Student Association meeting, Amsterdam, April 2009.

22 Brian Walker and David Salt, "Resilience Thinking: What a Resilient World Might Look Like," *Sockeye Magazine*, Autumn 2007.

23 www.transitionnetwork.org, the website of the Transition movement, and Rob Hopkins, *The Transition Companion: Making Your Community More Resilient in Uncertain Times* (London: Chelsea Green Publishing, 2011).

24 http://blog.friendseat.com/del-monte-bananas-single-plastic-package [accessed August 18, 2011].

1장 견고하지만 취약한 시스템

1 J. M. Carlson and John Doyle, "Highly Optimized Tolerance: Robustness and Design in Complex Systems," *Physical Review Letters* 84 (2000): 2529-2532.

2 John Doyle, "The Architecture of Robust, Evolvable Networks: Organization, Layering, Protocols, Optimization, and Control," research overview for the Lee Center for Advanced Networking. http://leecenter.caltech.edu/booklet.html [accessed January 15, 2010].

3 John Doyle et al., "The 'robust yet fragile' nature of the Internet," *Proceedings of the National Academy of Sciences* 102, no. 41 (2005): 14497-14502.

4 Ashley Frantz, "Assange's 'poison pill' file impossible to stop, expert says," CNN.com, December 8, 2010. http://articles.cnn.com/2010-12-08/us/wikileaks.poison.pill_1_julian-assange-wikileaks-key-encryption [accessed January 15, 2011].

5 John Leyden, "Anonymous attacks PayPal in 'Operation Avenge Assange,'" *The Register*, December 6, 2010. www.theregister.co.uk/2010/12/06/anonymous_launches_pro_wikileaks_campaign [accessed December 15, 2010].

6 Richard W. Zabel et al., "Ecologically Sustainable Yield," *American Scientist*, March-April 2003, 150-157.

7 L. S. Kaufman, "Effects of Hurricane Allen on Reef Fish Assemblages near Discovery Bay, Jamaica," *Coral Reefs* 2 (1983): 43-47. Also J. D. Woodley et al., "Hurricane Allens Impact on Jamaican Coral Reefs," *Science* 214 (1981): 749-755.

8 Office of National Marine Sanctuaries, National Oceanic and Atmospheric Administration. http://sanctuaries.noaa.gov/about/ecosystems/coralimpacts.html [accessed January 15, 2009].

9 Nancy Knowlton, "Sea urchin recovery from mass mortality: New hope for Caribbean coral reefs?" *Proceedings of the National Academies of Science* 98, no. 9 (2001): 4822-4824.

10 Ibid.

11 "The California Sardine Industry," Trade Environment Database. www1.american.edu/TED/sardine. HTM [accessed January 15, 2010]. John Radovich, "The Collapse of the California Sardine Industry: What Have We Learned?" in *Resource Management and Environmental Uncertainty* (New York: Wiley, 1981).

12 Paul Raeburn, "Using Chaos Theory to Revitalize Fisheries," *Scientific American*, February 2009. See also C. H. Hsieh, "Fishing elevates variability in the abundance of exploited species," *Nature* 443 (2006): 859-862. doi:10.1038/nature05232.

13 Boris Worm et al., "Rebuilding Global Fisheries," *Science* 325 (2009): 578-585.

14 Boris Worm et al., "Impacts of biodiversity loss on ocean ecosystem services," *Science* 314 (2006): 787-790.

15 Ibid.

16 James Sanchirico, Martin D. Smith, and Douglas W. Lipton, "An Approach to Ecosystem-Based Fishery Management," Resources for the Future Discussion Paper, DP-06-40 (2006). www.rff.org/Documents/RFF-DP-06-40.pdf and www.rff.org/Publications/Resources/Pages/Managing-fish-portfolios.aspx [accessed January 15, 2010].

17 Robert M. May, Simon A. Levin, and George Sugihara, "Ecology for Bankers," *Nature* 451 (2008): 893-895.

18 Kimmo Soramaki et al., "The Topology of Interbank Payment Flows," Federal Reserve Bank of New York, Staff Report no. 243, March 2006.

19 Fedwire Funds Service annual data. www.federalreserve.gov/paymentsystems/fedfunds_ann.htm [accessed September 1, 2011].

20 Soramaki et al., "Topology of Interbank Payment Flows."

21 Ibid.

22 Andy Haldane, "Rethinking the Financial Network," speech delivered at the Financial Student Association meeting, Amsterdam, April 2009. www.bankofengland.co.uk/publications/speeches/2009/speech386.pdf [accessed May 18, 2010].

23 Ibid.

24 Ibid.

25 International Swaps and Derivatives Association. www.isda.org/uploadfiles/_docs/ISDA_Brochure_2011.pdf [accessed July 1, 2011].

26 David Bellwood, Terry Hughes, and Andrew Hoey, "Sleeping Functional Group Drives Coral-Reef Recovery," *Current Biology* 16 (2006): 2434-2439.

27 Peter Temin and Gianni Toniolo, *The World Economy Between the Wars* (Oxford: Oxford University Press, 2008), 96.

28 www.digitalhistory.uh.edu/database/article_display.cfm?HHID=462 [accessed January 15, 2010].

29 "Times Topics: The Great Depression." http://topics.nytimes.com/top/reference/timestopics/subjects/g/great_depression_1930s/index.html [accessed January 15, 2010].

30 Tobias Studer, "WIR and the Swiss National Economy," translated by Philip H. Beard, WIR Bank, Basel. www.atcoop.com/WIR_and_the_Swiss_National_Economy.pdf. [accessed November 15, 2011].

31 James P. Stodder, "Reciprocal Exchange Networks: Implications for Macroeconomic Stability," conference proceedings, 2000 IEEE EMS. http://ssrn.com/abstract=224418 [accessed July 8, 2008].

2장 감지, 규모 조절, 스워밍

1 *Inspire*, issue 3, November 2010. www.slideshare.net/yaken0/inspire-issue-3 [accessed January 15, 2011].
2 Scott Shane and Souad Mekhennet, "Imam's Path from Condemning Terror to Preaching Jihad," *New York Times*, May 9, 2010, A1.
3 *Inspire*, issue 3, November 2010.
4 "UPS cargo plane crashes in Dubai, killing two," BBC News, September 3, 2010. www.bbc.co.uk/news/world-middle-east-11183476 [accessed January 31, 2011].
5 "Bomb was designed to explode on cargo plane-UK PM," BBC News, October 30, 2010. www.bbc.co.uk/news/world-us-canada-11657486 [accessed January 31, 2011].
6 "French Minister Says Yemen Bomb Detected 17 Minutes Before Exploding," Voice of America, November 4, 2010. www.voanews.com/english/news/europe/French-Minister-Yemen-Bomb-Detected-17-Minutes-before-Exploding-106689223.html [accessed January 15, 2011].
7 *Inspire*, issue 3.
8 Caroline Gammell, "Christmas bomb plot: nine men remanded over plan to 'blow up Big Ben and Westminster Abbey,'" *Telegraph*, December 27, 2010. www.telegraph.co.uk/news/uknews/terrorism-in-the-uk/8227193/Christmas-bomb-plot-nine-men-remanded-over-plan-to-blow-up-Big-Ben-and-Westminster-Abbey.html [accessed January 15, 2011].
9 John Arquilla and David Ronfeldt, eds., *Networks and Netwars: The Future of Terror, Crime, and Militancy* (California: RAND Monograph Reports, 2001).
10 "Tuberculosis," fact sheet 104, World Health Organization, November 2010. www.who.int/mediacentre/factsheets/fs104/en/index.html [accessed January 15, 2011].
11 "2010/2011 Tuberculosis Global Facts," World Health Organization. www.who.int/tb/publications/2010/factsheet_tb_2010_rev21feb11.pdf [accessed January 15, 2011].
12 "Tuberculosis," fact sheet 104.
13 Electronic communication with Sarah Fortune.
14 "Tuberculosis and MDR-TB," Partners in Health. www.pih.org/pages/tuberculosis-and-mdr-tb [accessed February 20, 2011].
15 "Greatest Engineering Achievements of the 20th Century," National Academy of Engineering. www.greatachievements.org [accessed May 10, 2008].
16 *The Emerging Smart Grid*, Global Environment Fund and Center for Smart Energy, October 2005, 1. www.smartgridnews.com/artman/uploads/1/sgnr_2007_0801.pdf [accessed January 15, 2010].
17 Ibid.
18 Ibid.
19 *Final Report on the August 14, 2003 Blackout in the United States and Canada: Causes and Recommendations*, North American Electric Reliability Corporation U.S.-Canada Power System Outage Task Force Report. www.nerc.com/filez/blackout.html [accessed January 31, 2011].
20 http://en.wikipedia.org/wiki/Northeast_blackout_of_2003 [accessed January 31, 2011].
21 www.semp.us/publications/biot_reader.php?Biot ID=391 [accessed January 31, 2011].
22 "Blackout Stalls Economy, Transportation, Public Services," Fox News, August 15, 2003. www.

foxnews.com/story/0,2933,94795,00.html. [accessed January 31, 2011].

23 www.illinoislighting.org/loss.html [accessed January 31, 2011].

24 Massoud Amin and Phillip F. Schewe, "Preventing Blackouts," *Scientific American* 296 (2007): 60-67.

25 Ibid.

26 Kim Zetter, "H(ackers)2O: Attack on City Water Station Destroys Pump," Wired.com, November 18, 2011. www.wired.com/threatlevel/2011/11/hackers-destroy-water-pump [accessed November 25, 2011].

27 Bart Tichelman, "Using a Smart Grid to Address Our Aging Infrastructure," *Utility Automation & Engineering T&D*, October 1, 2007, 56-56.

28 Martin LaMonica, "Cisco: Smart grid will eclipse size of Internet," CNET News, May 18, 2009. http://news.cnet.com/8301-11128_3-10241102-54.html [accessed February 8, 2010].

29 Army Environmental Policy Institute, September 2009.

30 Bryant Jordan, "Gas Costs $400 a Gallon in Afghanistan," Military.com, October 20, 2009. www.military.com/news/article/gas-costs-400-a-gallon-in-afghanistan.html [accessed February 16, 2010].

31 Marine Corps Expeditionary Energy website. www.marines.mil/community/Pages/ExpeditionaryEnergy.aspx [accessed February 17, 2010].

32 Rick Maze, "'NetZero' aims to cut greenhouse gases on bases," *Marine Corps Times*, July 12, 2011. www.marinecorpstimes.com/news/2011/07/military-energy-defense-department-bases-071211w/ [accessed August 6, 2011].

33 Kris Osborn, "Army evaluating transportable solar-powered tents," December 8, 2010. www.army.mil/article/49138/army-evaluating-transportable-solar-powered-tents [accessed January 11, 2011].

34 "Solar Energy Powers Marines on Battlefield," press release, Office of Naval Research, December 7, 2009. www.onr.navy.mil/en/Media-Center/Press-Releases/2009/Greens-Solar-Energy-Marines.aspx [accessed February 17, 2010].

35 Wayne Arden and John Fox, *Producing and Using Biodiesel in Afghanistan*, June 2010. www.biodieselinafghanistan.org/uploads/AFGH-PAPR-20100609-EXEC.pdf [accessed January 11, 2011].

36 Matthew W. Kanan and Daniel G. Nocera, "In Situ Formation of an Oxygen-Evolving Catalyst in Neutral Water Containing Phosphate and CO2+," *Science* 321 (2008): 1072. doi:10.1126/science.1162018.

37 "Tata funded MIT founded startup Sun Catalytix to provide solar power storage for low income houses in India," Panchabuta.com, November 30, 2010. http://panchabuta.com/2010/11/30/tata-funded-mit-founded-startup-sun-catalytix-to-provide-solar-power-storage-for-low-income-houses-in-india [accessed January 18, 2011].

38 Energy Future Coalition. www.energyfuturecoalition.org/files/webfmuploads/Transmission%20Smart%20Grid%20Fact%20Sheet%2002.20.09.pdf [accessed January 22, 2011].

39 Amy J. C. Cuddy and Kyle T. Doherty, "Opower: Increasing Energy Efficiency Through Normative Influence," Harvard Business School Case Study N2-911-016, November 3, 2010.

40 Robert B. Cialdini, "Don't Throw in the Towel: Use Social Influence Research," *Association for Psychological Science Observer*, April 2005. www.psychologicalscience.org/observer/getArticle.cfm?id=1762 [accessed January 25, 2011].

41 Michael Watts, "The neighbourhood energy revolution," *Wired*, August 2011. www.wired.co.uk/magazine/archive/2011/08/features/the-neighbourhood-energy-revolution [accessed September 22, 2011].

42 Leslie Brooks Suzukamo, "Minnesota gets A+ for energy report cards," *St. Paul Pioneer Press*,

August 13, 2011, A12.

43 "Opower to Save One Terawatt Hour of Energy by 2012," press release, June 15, 2011. http://opower.com/company/news-press/press_releases/25 [accessed September 24, 2011].

3장 클러스터의 위력

1 United Nations Population Division, "An Overview of Urbanization, Internal Migration, Population Distribution and Development in the World," paper presented at the United Nations Expert Group Meeting on Population Distribution, Urbanization, Internal Migration and Development, New York, NY, January 21-23, 2008.

2 The Brookings Institution, *State of Metropolitan America: On the Front Lines of Demographic Transformation*, Metropolitan Policy Program at the Brookings Institution, 2010.

3 Geoffrey B. West, James H. Brown, and Brian J. Enquist, "A General Model for the Origin of Allometric Scaling Laws in Biology," *Science* 4 (1997): 122-126

4 Hillard Kaplan, Kim Hill, Jane Lancaster, and A. Magdalena Hurtado "A Theory of Human Life History Evolution: Diet, Intelligence and Longevity," *Evolutionary Anthropology* 9 (4): 156-185.

5 Luis M. A. Bettencourt, Jose Lobo, Dirk Helbing, Christian Kuhnert, and Geoffrey B. West, "Growth, Innovation, Scaling and the Pace of Life in Cities," *PNAS* 17 (2007): 7301-7306.

6 "Primates in Peril: The World's 25 Most Endangered Primates," *Primate Conservation* 24 (2009): 1-57.

7 S. A. Wich et. al., "Distribution and conservation status of the orang-utan (Pongo spp.) on Borneo and Sumatra: How many remain?" *Oryx* 42 (2008): 329-339.

8 C. Nellemann, L. Miles, B. P. Kaltenborn, M. Virtue, and H. Ahlenius (eds.), *The Last Stand of the Orangutan*, United Nations Environment Programme, 2007.

9 "Promoting the growth and use of sustainable palm oil," RSPO fact sheet, 2008. www.rspo.org/resource_centre/RSPO_Fact_sheets_Basic.pdf [accessed August 2010].

10 "The other oil spill," *Economist*, June 24, 2010. www.economist.com/node/16423833 [accessed August 15, 2010].

11 Elizabeth Rosenthal, "Once a Dream Fuel, Palm Oil May Be an Eco-Nightmare," *New York Times*, January 31, 2007. www.nytimes.com/2007/01/31/business/worldbusiness/31biofuel.html [accessed July 25, 2010].

12 "Envisat focuses on carbon-rich peat swamp forest fires," European Space Agency website. www.esa.int/esaCP/SEMRA7YO4HD_index_0.html [accessed July 22, 2010].

13 *How the Palm Oil Industry Is Cooking the Climate*, Greenpeace report, November 8, 2007. www.greenpeace.org/usa/en/media-center/reports/how-the-palm-oil-industry-is-c [accessed July 12, 2010].

14 E. Purwanto and G. A. Limberg, "Global Aspirations to Local Actions: Can Orangutans Save Tropical Rainforest?" paper presented at the Twelfth Biennial Conference of the International Association for the Study of Commons, Cheltenham, Englan d, July 14-18, 2008.

15 "Willie Smits," profile page, Ashoka.org. http://ashoka.org/fellow/willie-smits [accessed November 30, 2011].

16 Jane Braxton Little, "Regrowing Borneo, Tree by Tree," *Scientific American Earth 3.0*, 18, no. 5 (2008): 64-71.

17 "Steaming Ahead," video produced for one of Smits's foundations, Masarang, after it became a finalist in the BBC World Challenge 2007 for charities. www.youtube.com/watch?v=3_jyN_ASKDE [accessed November 30, 2011].

18 Ibid.

19 Erik Meijaard and Willie Smits on the website ConservationBytes. http://conservationbytes. com/2009/07/25/ ray-of-conservation-light-for-borneo [accessed November 30, 2011].

20 Little's article "Regrowing Borneo, Tree by Tree."

4장 심리적 회복력

1 Sarah Moskovitz, "Longitudinal Follow-up of Child Survivors of the Holocaust," *Journal of the American Academy of Child Psychiatry* 24, no. 4 (1985): 402.

2 Anna Freud and Sophie Dann, "An Experiment in Group Upbringing," *Psychoanalytic Study of the Child* 6(1951): 127-168.

3 Moskovitz, "Longitudinal Follow-up of Child Survivors of the Holocaust," 404.

4 Norman Garmezy and Eliot H. Rodnick, "Premorbid adjustment and performance in schizophrenia: Implications for interpreting heterogeneity in schizophrenia," *Journal of Nervous and Mental Disease* 129 (1959): 450-466.

5 Norman Garmezy, "Vulnerability Research and the Issue of Primary Prevention," *American Journal of Orthopsychiatry* 41 (1971): 101-116.

6 Elwyn James Anthony, "Risk, vulnerability, and resilience: An overview," in T*he Invulnerable Child* (New York: Guilford Press, 1987), 3-48. C. Kauffman, H. Grunebaum, B. Cohler, et al., "Superkids: Competent Children of Psychotic Mothers," *American Journal of Psychiatry* 136 (1979): 1398-1402. E. E. Werner and Ruth S. Smith, *Vulnerable but Invincible*: *A Longitudinal Study of Resilient Children and Youth* (New York: McGraw-Hill, 1982).

7 Ann S. Masten, "Ordinary Magic: Resilience Processes in Development," *American Psychologist* 56 (2001): 227-238.

8 Ibid.

9 George Bonanno, *The Other Side of Sadness* (New York: Basic Books, 2009), 1-231.

10 Sigmund Freud, *Mourning and Melancholia*, XVII, 2nd ed. (originally published in 1917; reprinted by Hogarth Press, London, 1955).

11 Eric Lindemann, "Symptomatology and Management of Acute Grief," *American Journal of Psychiatry* 101 (1944): 1141-1148.

12 Elisabeth Kubler-Ross, *On Death and Dying* (New York: Routledge, 1973).

13 CLOC Study: Changing Lives of Older Couples: A Multi-Wave Prospective Study of Bereavement. http://www.cloc.isr.umich.edu [accessed December 2, 2011].

14 K. Boerner et al., "Resilient or At-Risk? A Four Year Study of Older Adults Who Initially Showed High or Low Distress Following Conjugal Loss," *Journal of Gerontology: Psychological Sciences* 60B (2005): 67-73.

15 G. A. Bonanno, C. Rennicke, and S. Dekel, "Self-Enhancement Among High-Exposure Survivors of the September 11th Terrorist Attack: Resilience or Social Maladjustment?" *Journal of Personality and Social Psychology* 88, no. 6 (2005): 984-998.

16 G. A. Bonanno et al., "Psychological Resilience After Disaster: New York City in the Aftermath of the September 11th Terrorist Attack," *Psychological Science* 17, 2007. 181-186; G. A. Bonanno et al., "What Predicts Resilience After Disaster? The Role of Demographics, Resources, and Life Stress,"

Journal of Consulting and Clinical Psychology, 75, 2007. 671-682; G. A. Bonanno et al., "Psychological Resilience and Dysfunction Among Hospitalized Survivors of the SARS Epidemic in Hong Kong: A Latent Class Approach," *Health Psychology* 27 (2008): 659-667.

17 J. H. Block and J. Block, "The role of ego-control and ego-resiliency in the organization of behavior," *Development of cognition, affect, and social relations: Minnesota Symposia on Child Psychology*, 13 (1980): 39-101.

18 S. C. Kobasa, "Stressful life events, personality, and health-Inquiry into hardiness," *Journal of Personality and Social Psychology* 37 (1979): 1-11.

19 Kenneth I. Pargament, *The Psychology of Religion and Coping: Theory, Research, Practice* (New York: Guilford, 1997).

20 C. Geertz, *The Interpretation of Cultures: Selected Essays* (New York: Basic Books, 1973), 107-108.

21 E. Fuentes-Afflick, N. A. Hessol, and E. J. Perez-Stable, "Testing the epidemiologic paradox of low birth weight in Latinos," *Archives of Pediatrics and Adolescent Medicine* 153 (1999): 147-153; J. B. Gould, A. Madan, C. Qin, and G. Chavez, "Perinatal Outcomes in Two Dissimilar Immigrant Populations in the United States: A Dual Epidemiological Paradox," *Pediatrics* 111 (2003): 676-682.

22 E. E. Werner and R. S. Smith, *Journeys from Childhood to Midlife: Risk, Resilience and Recovery* (Syracuse, N. Y.: Cornell University Press, 2001).

23 S. M. Nettles, W. Mucherah, and D. S. Jones, "Understanding Resilience: The Role of Social Resources," *Journal of Education for Students Placed at Risk*, 5 (2000): 47-60.

24 S. D. Pressman, S. Cohen, G. E. Miller, A. Barkin, B. Rabin, and J. J. Treanor, "Loneliness, Social Network Size, and Immune Response to Influenza Vaccination in College Freshmen," *Health Psychology* 24 (2005): 297-306.

25 A. M. Stranahan, D. Khalil, and E. Gould, "Social isolation delays the positive effects of running on adult neurogenesis," *Nature Neuroscience* 9 (2006): 526-533.

26 "History of the Study," Dunedin Multidisciplinary Health and Development Research Unit. http://dunedinstudy.otago.ac.nz/about-us/how-we-began/history-of-the-study [accessed November 30, 2011].

27 A. Caspi et al., "Influence of Life Stress on Depression: Moderation by a Polymorphism in the 5-HTT Gene," *Science* 301 (2003): 386-389.

28 S. J. Suomi, "Risk, Resilience, and Gene X Environment Interactions in Rhesus Monkeys," *Annals of New York Academy of Sciences* 1094 (2006): 52-62. J. C. Carroll et al., "Effects of mild early life stress on abnormal emotion-related behaviors in 5-HTT knockout mice," *Behavioral Genetics* 37 (2007): 214-222.

29 Srijan Sen, Margit Burmeister, and Debashis Ghosh, "Meta-analysis of the association between a serotonin transporter promoter polymorphism (5-HTTLPR) and anxiety-related personality traits," *American Journal of Medical Genetics Part B* (2004): 85-89.doi:10.1002/ajmg.b.20158.

30 Elaine Fox, Anna Ridgewell, and Chris Ashwin, "Looking on the bright side: biased attention and the human serotonin transporter gene," *Proceedings of the Royal Society B* (March 2009): 1747-1751. doi:10.1098/rspb.2008.1788. Jan-Emmanuel De Neve, "Functional Polymorphism (5-HTTLPR) in the Serotonin Transporter Gene Is Associated with Subjective Well-Being: Evidence from a U. S. Nationally Representative Sample," *Journal of Human Genetics* 56 (2011): 456-459.

31 A. Lutz, L. L. Greischar, N. B. Rawlings, M. Ricard, and R. J. Davidson, "Long-term meditators self-induce high-amplitude gamma synchrony during mental practice," *Proceedings of the National*

Academy of Sciences 101 (2004): 16369-16373.

32 R. Davidson and A. Lutz, "Buddha's Brain: Neuroplasticity and Meditation," *IEEE Signal Process Magazine* 25 (2008): 172-176.

33 E. Maguire et al., "Navigation-related structural change in the hippocampi of taxi drivers," *Proceedings of the National Academy of Sciences* 97 (2000): 4398-4403. www.pnas.org/content/97/8/4398.full [accessed November 30, 2011].

34 C. Gaser and G. Schlaug, "Brain Structures Differ Between Musicians and Non-Musicians," *The Journal of Neuroscience* 23 (2003): 9240-9245.

35 S. Lazar et al., "Mindfulness Practice Leads to Increases in Regional Brain Gray Matter Density," *Psychiatry Research: Neuroimaging* 191 (2011): 36-43.

36 Quote taken from "Meditation Experience Is Associated with Increased Cortical Thickness," *NeuroReport* 16, no. 17 (2005): 1893-1897.

37 E. Epel et al., "Accelerated Telomere Shortening in Responses to Life Stress," *Proceedings of the National Academy of Sciences* 101 (2004): 17312-17315.

38 T. Jacobs et al., "Intense Meditation Training, Immune Cell Telomerase Activity, and Psychological Mediators," *Psychoneuroendocrinology* 36 (2011): 664-681.

39 R. Kalisch et al., "Anxiety Reduction through Detachment: Subjective, Physiological, and Neural Effects," *Journal of Cognitive Neuroscience* 17 (2005): 874-883.

40 E. A. Stanley et al., "Mindfulness-based Mind Fitness Training: A Case Study of a High-Stress Predeployment Military Cohort," *Cognitive and Behavioral Practice* 18 (2011): 566-576; E. A. Stanley and A. P. Jha, "Mind fitness: Improving operational effectiveness and building warrior resilience," *Joint Force Quarterly* 55 (2009): 144-151.

5장 협력이 필요할 때

1 H. H. Dale, "On Some Physiological Actions of Ergot," *Journal of Physiology* 34 (1906): 163-206.

2 V. du Vigneaud, C. Ressler, et al., "The Synthesis of Oxytocin1." *Journal of the American Chemical Society* 76 (1954): 3115-3121.

3 Andrew Ross Sorkin, "Lehman Files for Bankruptcy; Merrill Is Sold," *New York Times*, September 14, 2011. www.nytimes.com/2008/09/15/business/15lehman.html?pagewanted=1&sq=lehman%20brothers%20collapse&st=cse&scp=1; [accessed December 4, 2011]; see also Deborah Solomon, Dennis K. Berman, Susanne Craig, and Carrick Mollenkamp, "Ultimatum by Paulson Sparked Frantic End," *Wall Street Journal*, September 15, 2008. http://online.wsj.com/article/SB122143670579134187.html [accessed December 4, 2011].

4 Joshua Zumbrun, "Greenspan Says Crisis 'By Far' Worst, Recovery Uneven," Bloomberg, February 23, 2010. www.bloomberg.com/apps/news?pid=newsarchive&sid=a1aLQ51QXlDA&pos=3 [accessed December 4, 2011].

5 Jenny Anderson and Andrew Ross Sorkin, "Lehman Said to Be Looking for a Buyer as Pressure Builds," *New York Times*, September 10, 2008. www.nytimes.com/2008/09/11/business/11lehman.html?_r=1&hp&oref=slogin [accessed December 4, 2011].

6 *How the Masters of the Universe Melted Wall Street* (New York: Random House, 2011), 354.

7 "Ultimatum by Paulson Sparked Frantic End," *Wall Street Journal*.

8 Ibid.

9 P. J. Zak, R. Kurzban, et al., "The Neurobiology of Trust," *Annals of the New York Academy of*

Sciences 1032 (2004): 224-227; M. Kosfeld, M. Heinrichs, et al., "Oxytocin increases trust in humans," *Nature* 435 (2005): 673-676; Paul J. Zak, "The Neurobiology of Trust," *Scientific American*, June 2008, 88.

10 Kosfeld, Heinrichs, et al., "Oxytocin increases trust in humans."

11 Ibid., 673.

12 A. C. Grayling, "Beware the Destructive Nature of Greed," *New Scientist*, November 5, 2008.

13 "The Neurobiology of Trust."

14 David Cho and Neil Irwin, "No Bailout: Fed Made New Policy Clear in One Dramatic Weekend," *Washington Post*, September 26, 2008. www.washingtonpost.com/wp-dyn/content/article/2008/09/15/AR2008091503312.html?sid=ST2008091503351&s_pos= [accessed December 4, 2011].

15 Patrick Rizzo and Joe Bel Bruno, "Financial Crisis as Dow Drops 504 Points," The Associated Press, September 15, 2008. www.seattlepi.com/business/article/Financial-crisis-as-Dow-drops-504-points-1285321.php#page-1 [accessed December 4, 2011].

16 W. D. Hamilton, "The genetical evolution of social behaviour, I," *Journal of Theoretical Biology* 7 (1964): 1-16.

17 R. L. Trivers, "The evolution of reciprocal altruism," *Quarterly Review of Biology* 46 (1971): 35-57.

18 R. Axelrod, *The Evolution of Cooperation* (New York: Basic Books, 1985): 3-27.

19 Drew Fudenberg, David Rand and Anna Dreber, "Slow to Anger and Fast to Forgive: Cooperation in an Uncertain World," American Economic Review. In press.

20 S. Brosnan and F. B. M. de Waal, "Monkeys Reject Unequal Pay," *Nature* 425 (2003): 297-299.

21 Frans de Waal, "Frans de Waal Answers Your Primate Questions," Freakonomics blog, May 7, 2008. www.freakonomics .com/2008/05/07/frans-de-waal-answers-your-primate-questions [accessed December 3, 2011].

22 Solomon, Berman, Craig, and Mollenkamp, "Ultimatum by Paulson Sparked Frantic End."

23 Ibid.

24 C. K. W. de Dreu, L. L. Greer, et al., "Oxytocin promotes human ethnocentrism," *PNAS* 108 (2011): 1262-1266. www.pnas.org/content/early/2011/01/06/1015316108.full.pdf [accessed December 4, 2011].

25 S. Muzafer, O. J. Harvey, B. J. White, W. R. Hood, and C. W. Sherif, *The Robbers Cave Experiment: Intergroup Conflict and Cooperation* (Norman: University of Oklahoma Press, 1961).

26 S. Rytina and D. L. Morgan, "The Arithmetic of Social Relations: The Interplay of Category and Network," *American Journal of Sociology* 88 (1982): 88-113.

27 Edward O. Wilson, *On Human Nature* (Cambridge, Mass.: Harvard University Press, 1978): 163.

28 Ibid.

29 S. C. Wright et al., "The extended contact effect: Knowledge of cross-group friendships and prejudice," *Journal of Personality and Social Psychology* 73 (1997): 73-90; see also the Interpersonal Relationships Lab at SUNY Stony Brook: www.psychology.stonybrook.edu/aronlab- [accessed December 2, 2011].

30 Benedict Carey, "Tolerance over Race Can Spread, Studies Find," *New York Times*, November 6, 2008. www.nytimes.com/2008/11/07/us/07race.html?scp=2&sq=%22art%20aron%22&st=cse [accessed December 4, 2011].

31 US Geological Survey. http://earthquake.usgs.gov/earthquakes/eqinthenews/2010/

us2010rja6/#summary [accessed December 4, 2011]

32 "Haiti quake death toll rises to 230,000," *BBC News*, February 11, 2010. http://news.bbc.co.uk/2/hi/8507531.stm [accessed December 4, 2011]

33 "Haiti will not die, President Rene Preval insists," *BBC News*, February 12, 2010. http://news.bbc.co.uk/2/hi/americas /8511997.stm [accessed December 4, 2011]

34 "Red Cross: 3M People Affected by Quake," *CBS News*, March 9, 2010 http://www.cbsnews.com/stories/2010/01/13/world/main6090601.shtml?tag=cbsnewsSectionContent.4[accessed December 4, 2011].

35 "Some positive feedback," Mission 4636 blog, February 10, 2010. www.mission4636.org/some-positive-feedback [accessed December 4, 2011].

36 Ryan Ferrier, "Crowdsourcing the Haiti Relief: One Year Later," CrowdFlower blog, January 11, 2011.http://blog.crowdflower.com/2011/01/crowdsourcing-the-haiti-relief-one-year-later/ [accessed December 4, 2011].

37 M. S. Granovetter, "The Strength of Weak Ties," *American Journal of Sociology* 78 (1973): 1360-1380.

38 S. Aral and M. V. Alstyne, "Networks, Information and Brokerage: The Diversity-Bandwidth Trade-off," April 15, 2010. Forthcoming in the *American Journal of Sociology*.

39 Disaster Relief: The Future of Information Sharing in Humanitarian Emergencies. United Nations Foundation Report. www.unfoundation.org/news-and-media/publications-and-speeches/disaster-relief-2-report.html [accessed December 4, 2011].

40 Ibid.

6장 인지 다양성

1 Letter quoted in John Adams's *Risk* (London: UCL Press, 1995), 113.

2 D. Albury and J. Schwartz, *Partial Progress* (London: Pluto Press, 1982), 9-24.

3 S. Peltzman, "The effects of automobile safety regulation," *Journal of Political Economy* 83 (1975): 677-726.

4 J. Adams, "The efficacy of seatbelt legislation: A comparative study of road accident fatality statistics from 18 countries," Department of Geography, Occasional Paper, University College, London (1981).

5 J. Adams, "Seat Belts-Blood on My Hands?" Blog post on John Adams's website, March 5, 2008. www.john-adams.co.uk/2008/03/05/seat-belts-blood-on-my-hands [accessed December 2, 2011].

6 B. A. Morrongiello, B. Walpole, and J. Lasenby, "Understanding children's injury-risk behavior: Wearing safety gear can lead to increased risk taking," *Accident Analysis and Prevention* 39 (2007): 618-623.

7 M. Cassell et al., "Risk compensation: The Achilles' Heel of Innovations in HIV Prevention," *BMJ* 332 (2006): 332.

8 "Climber 9-1-1," *Northwest Mountaineering Journal*. www.mountaineers.org/nwmj/10/101_Rescue2.html [accessed December 2, 2011].

9 V. Napier, "Risk Homeostasis: A Case Study of the Adoption of a Safety Innovation on the Level of Perceived Risk," Vic Napier's website. www.vicnapier.com/MyArticles/Parachutes_Skydiving/skydivers_risktaking_behavior.htm [accessed December 2, 2011].

10 Adams, *Risk*; see also G. J. S. Wilde, "Critical Issues in Risk Homeostasis Theory," *Risk Analysis* 2 (1982): 249-258.

11 Adams, *Risk*, 15.

12 G. J. S. Wilde, *Target Risk: Dealing with the Danger of Death, Disease and Damage in Everyday Decisions* (Toronto: PDE Publications, 1994), chapter 7.1.

13 W. K. Viscusi, "Consumer Behavior and the Safety Effects of Product Safety Regulation," *Journal of Law and Economics* 28 (1985): 527-553.

14 Quote taken from a speech given at the National Petrochemical and Refiners Association conference in San Antonio, Texas, on March 19, 2007.

15 Jad Mouawad, "For BP, a History of Spills and Safety Lapses," *New York Times*, May 8, 2010. www.nytimes.com/2010/05/09/business/09bp.html?pagewanted=all [accessed November 29, 2011].

16 Scott Bronstein and Wayne Drash, "Rig survivors: BP ordered shortcut on day of the blast," CNN website, June 8, 2010. http://articles.cnn.com/2010-06-08/us/oil.rig.warning.signs_1_rig-transocean-bp?_s=PM:US [accessed December 2, 2011].

17 From conservativehome.blogs.com, June 3, 2010. http://conservativehome.blogs.com/platform/2010/06/oberon-houston-.html [accessed December 2, 2011].

18 J. M. Farrell and A. Hoon, "What's Your Company's Risk Culture?" National Association of Corporate Directors Directorship, April 15, 2009. www.kpmg.com/MT/en/IssuesAndInsights/Articles Publications/Documents/Risk-culture.pdf [accessed December 2, 2011].

19 Scott Page, *The Difference: How the Power of Diversity Creates Better Groups, Firms, Schools and Societies* (Princeton, N. J.: Princeton University Press, 2007), 197-239.

20 K. Dunbar, "How scientists really reason: Scientific reasoning in real-world laboratories," in R. J. Sternberg and J. Davidson (eds.), *Mechanisms of Insight.* (Cambridge, Mass.: MIT Press, 1995), 365-395.

21 던바는 실험실과 실험 참가자의 정보를 보안으로 유지하길 원했다. 그의 뜻을 존중하는 의미로, 우리는 이 실험을 설명하면서 '실험실 A'와 같이 일반적 명칭을 사용했다.

22 S. Aral and M. V. Alstyne, "Networks, Information and Brokerage: The Diversity-Bandwidth Trade-off," April 15, 2010. Forthcoming in the *American Journal of Sociology*.

23 P. Wason, "On the failure to eliminate hypotheses in a conceptual task," *Quarterly Journal of Experimental Psychology* 12 (1960): 129-140.

24 The Colbert Report: H. L. LaMarre et al., "The Irony of Satire: Political Ideology and the Motivation to See What You Want to See in *The Colbert Report*," *International Journal of Press/Politics* 14 (2009): 212-231.

7장 곤경을 이겨내고 회복하는 지역사회

1 Andrew Meharg, *Venomous Earth: How Arsenic Caused the World's Worst Mass Poisoning* (London: Palgrave Macmillan, 2004), 6.

2 Julie Reed Bell and Seth Borenstein, "2010's world gone wild: Quakes, floods, blizzards," Associated Press, December 19, 2010. www.msnbc.msn.com/id/40739667/ns/us_news-2010_year_in_review/t/s-world-gone-wild-quakes-floods-blizzards/#.TtsPJXOfvh9 [accessed December 3, 2011].

3 Maggie Black, *The Children and the Nations: The Story of UNICEF* (New York: UNICEF, 1986), 301.

4 Meharg, *Venomous Earth*, 7.

5 *Fighting Human Poverty: Bangladesh Human Development Report 2000* (UNDP: 2000) http://hdr.undp.org/en/reports/national/asiathepacific/bangladesh/name,2748,en.html [accessed December 1, 2011].

6 Meharg, *Venomous Earth*, 13.

7 Ibid., 12.

8 "Arsenic Mitigation in Bangladesh," UNICEF Fact Sheet (October 12, 2008). www.unicef.org/bangladesh/media_2121.htm [accessed Nov 4, 2011]; see also United Nations Foundation, *Arsenic Poisoning in Bangladesh and West Bengal*, U.N. Foundation Report, October 1999, 1-20.

9 "Water Related Diseases: Arsenicosis," World Health Organization. www.who.int/water_sanitation_health/diseases/arsenicosis/en [accessed December 2, 2011].

10 Barry Bearak, "New Bangladesh Disaster: Wells That Pump Poison," *New York Times*, November 11, 1998 www.nytimes.com/1998/11/10/world/death-by-arsenic-a-special-report-new-bangladesh-disaster-wells-that-pump-poison.html?pagewanted=all&src=pm [accessed on December 2, 2011].

11 Based on an email and phone conversation with Andrew Meharg regarding his research, February 16, 2011.

12 "Arsenic Mitigation in Bangladesh."

13 "Researchers Warn of Impending Disaster from Mass Arsenic Poisoning," press release, World Health Organization, September 8, 2000. www.who.int/inf-pr-2000/en/pr2000-55.html [accessed December 2, 2011].

14 S. Hanchett, "Social Aspects of the Arsenic Contamination of Drinking Water," in *Selected Papers on the Social Aspects of Arsenic and Arsenic Mitigation in Bangladesh* (Dhaka: Arsenic Policy Support Unit, Government of Bangladesh, 2006), 2.

15 Bangladesh Arsenic Mitigation Water Supply Program (BAMWSP). www.bamwsp.org [accessed December 10, 2010].

16 F. Sultana, "Gender Concerns in Arsenic Mitigation in Bangladesh," in *Selected Papers on the Social Aspects of Arsenic and Arsenic Mitigation in Bangladesh* (Dhaka. Arsenic Policy Support Unit: Government of Bangladesh, 2006), 53-84.

17 E. Field, R. Glennerster, and R. Hussam, "Throwing the Baby Out with the Drinking Water: Unintended Consequences of Arsenic Mitigation Efforts in Bangladesh," February 14, 2011. http://web.mit.edu/j-pal/www/book/Arsenic_Infant Mortality_feb10.pdf [accessed December 4, 2011].

18 Sultana, "Gender Concerns in Arsenic Mitigation in Bangladesh," 68.

19 Ibid., 53-84.

20 Ibid., 64.

21 Field, Glennerster, and Hussam, "Throwing the Baby Out with the Drinking Water," 2.

22 Sultana, "Gender Concerns in Arsenic Mitigation in Bangladesh," 69.

23 Hanchett, "Social Aspects of the Arsenic Contamination of Drinking Water," 13.

24 *Selected Papers on the Social Aspects of Arsenic and Arsenic Mitigation in Bangladesh* (Dhaka, Bangladesh: Arsenic Policy Support Unit, Government of Bangladesh, 2006), 1-92.

25 *Towards an Arsenic Safe Environment*, a joint Publication of FAO, UNICEF, WHO and WSP, March 2010. www.unicef.org/bangladesh/knowledgecentre_6131.htm [accessed January 29, 201]

26 K. Lokuge, et al., "The effect of arsenic mitigation interventions on disease burden in Bangladesh," *Environmental Health Perspectives* 112 (2004): 1172.

27 Ibid.

28 A. Schoenfeld, "Area, Village and Household Response to Arsenic Testing and Labeling of Tubewells in Araihazar, Bangladesh," Masters Thesis, Columbia University, September 6, 2005. www.ldeo.columbia.edu/~avangeen/arsenic/documents/Schoenfeld_MS_05.pdf [accessed December 4,

2011].

29 *Towards an Arsenic Safe Environment.*

30 Ibid., 4.

31 Name changed to protect the client's anonymity.

32 Bob McCarty, "2008: Chicago Murders Total Tops U.S. Soldier Deaths in Iraq," Now Public website, January 5, 2009. www.nowpublic.com/world/2008-chicago-murders-total-tops-u-s-soldier-deaths-iraq [accessed December 4, 2011].

33 Centers for Disease Control, "Pneumocystis pneumonia-Los Angeles," *Morbidity and Mortality Weekly Report* (1981): 250-252. www.cdc.gov/mmwr/preview/mmwrhtml/lmrk077.htm [accessed December 1, 2011].

34 Sharon Block, "25 Years of AIDS: June 5, 1981-June 5, 2006," University of California San Francisco Hospital website, June 5, 2006. www.ucsf.edu/news/2006/06/6955/25-years-aids-june-5-981-june-5-2006 [accessed December 4, 2011].

35 Ibid.

36 I. Rosenstock, V. Strecher, and M. Becker, "The Health Belief Model and HIV risk behavior change," in R. J. DiClemente and J. L. Peterson (eds.), Preventing *AIDS: Theories and Methods of Behavioral Interventions* (New York: Plenum Press, 1994), 5-24.

37 M. Fishbein and S. E. Middlestadt, "Using the theory of reasoned action as a framework for understanding and changing AIDS-related behaviors," in V. M. Mays, G. W. Albee, and S. F. Schneider (eds.), *Primary Prevention of AIDS: Psychological Approaches*(London: Sage Publications, 1989), 93-110.

38 M. J. VanLandingham et al., "Two views of risky sexual practices among Northern Thai males : The Health Belief Model and the Theory of Reasoned Action," *Journal of Health and Social Behavior* 36 (1995), 195-212.

39 S. E. Middlestadt and M. Fishbein, "Factors influencing experienced and inexperienced college women's intentions to tell their partners to use condoms," paper presented at the International Conference AIDS at University of Illinois at Urbana-Champaign, June 20-23, 1990.

40 Pam Belluck, "End of a Ghetto," *New York Times*, September 6, 1998. www.nytimes.com/1998/09/06/us/end-of-a-ghetto-a-special-report-razing-the-slums-to-rescue-the-residents.html?pagewanted=all&src=pm [accessed December 2, 2011].

41 A. Hill, D. G. Rand, M. A. Nowak, and N. A. Christakis, "Emotions as infectious diseases in a large social network: he SISa model," Proceedings of the Royal Society B: Biological Sciences, published online before print, July 7, 2010. http://rspb.royalsocietypublishing.org/content/early/2010/07/03/rspb.2010.1217 [accessed December 4, 2011].

42 *CeaseFire Evaluation Report*, Institute for Policy Research at Northwestern University (2008) www.ipr.northwestern.edu/publications/ceasefire.html [accessed December 4, 2011].

43 Data and Research, CeaseFire website. http://ceasefirechicago.org/data-research [accessed December 4, 2011].

8장 중개형 리더

1 Robert Earle Johannes, *Words of the Lagoon: Fishing and Marine Lore in the Palau District of Micronesia* (Berkeley: University of California Press, 1981).

2 Johannes, *Words of the Lagoon*, 17.

3 Ibid.

4 V. Kerbs and J. Holley, "Building Smart Communities Through Network Weaving," 2002-2006; and "Building Sustainable Communities Through Network Building," 2002. http://www.orgnet.com/cases. html [accessed December 4, 2011].

9장 회복력을 얻기 위한 노력

1 "Fact sheet: Kilimo Salama," Syngenta Foundation. www.syngentafoundation.org/_temp/Kilimo_Salama_Fact_sheet_FINAL.pdf [accessed November 10, 2011].

2 Ibid.

3 Rose Goslinga, speech at the 2011 PopTech conference. http://poptech.org/popcasts/rose_goslinga_farmer_microinsurance [accessed November 10, 2011].

4 Jim Roth, Michael J. McCord, and Dominic Liber, *The Landscape of Microinsurance in the World's Poorest 100 Countries* (The MicroInsurance Centre, 2007).

5 See Alvin Toffler, *Future Shock* (New York: Bantam Books, 1970) and Henry Mintzberg, *The Structuring of Organizations: A Synthesis of the Research* (Englewood Cliffs, N. J.: Prentice-Hall, 1979).

6 www.waterforpeople.org/programs/field-level-operations-watch.html [accessed July 10, 2011].

7 http://epidemiciq.com [accessed November 5, 2011].

8 Personal correspondence with Rob Munro, chief technology officer, EpidemicIQ.

9 http://open311.org [accessed July 14, 2010].

10 John Burnett, "Mexican Cartels Open New Front in War: Online," National Public Radio, November 18, 2011. www.npr.org/2011/11/18/142518965/mexican-cartels-open-new-front-in-war-online [accessed December 4, 2011]

11 Ashish Khetan, "60 Dark Hours at Hotel Taj," in *26/11 Mumbai Attacked*, H. Baweja (ed.), (New Delhi: Roli Books. 2009), 46-83.

12 www.naturalcapitalproject.org/marine/Marine InVEST_Apr2010.pdf [accessed August 1, 2010].

13 H. Raghav Rao, "Beyond Information Assurance: Information Control and Terrorism," http://icmis.iiita.ac.in/ppt/21/hrrao21_1.ppt [accessed December 4, 2011].

14 James Pat Smith, *Leadership and Mission in Resilient Organizations: Hancock Bank as a Case Study*, Community and Regional Resilience Institute. www.resilientus.org/library/GP_Resilience_Essay_Hancock_Bank_Final_8409_1249429792.pdf [accessed September 23, 2011].

15 Ken Belson, "After Hurricane Katrina, a Bank Turns to Money Laundering," *New York Times*, September 29, 2005. www.nytimes.com/2005/09/29/business/29hancock.html [accessed September 23, 2011].

16 Smith, *Leadership and Mission in Resilient Organizations*, 3.

찾아보기

438